珍藏本

纪念版

汉译世界学术名著丛书

# 林中路

〔德〕海德格尔 著

孙周兴 译

商務印書館
SINCE 1897 The Commercial Press

2017年·北京

Martin Heidegger
**HOLZWEGE**
Gesamtausgabe Band 5

本书根据德国维多里奥·克劳斯特曼出版社 1977 年全集版第 5 卷译出。

# 汉译世界学术名著丛书
# （120 年纪念版·珍藏本）
# 出 版 说 明

2017 年 2 月 11 日，商务印书馆迎来 120 岁的生日。120 年前，商务印书馆前贤怀揣文化救国的理想，抱持“昌明教育，开启民智”的使命，立足本土，放眼寰宇，以出版为津梁，沟通中西，为中国、为世界提供最富智慧的思想文化成果。无论世事白云苍狗，潮流左右激荡，甚至战火硝烟弥漫，始终践行学术报国之志，无改初心。

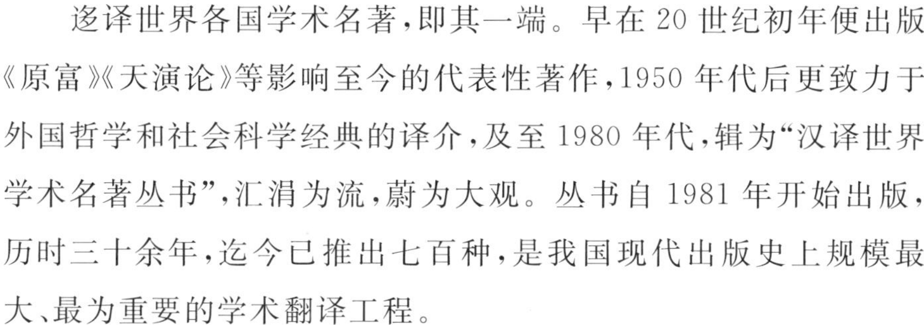

迻译世界各国学术名著，即其一端。早在 20 世纪初年便出版《原富》《天演论》等影响至今的代表性著作，1950 年代后更致力于外国哲学和社会科学经典的译介，及至 1980 年代，辑为“汉译世界学术名著丛书”，汇涓为流，蔚为大观。丛书自 1981 年开始出版，历时三十余年，迄今已推出七百种，是我国现代出版史上规模最大、最为重要的学术翻译工程。

丛书所选之书，立场观点不囿于一派，学科领域不限于一门，皆为文明开启以来，各时代、各国家、各民族的思想与文化精粹，代表着人类已经到达过的精神境界。丛书系统译介世界学术经典，引领时代思想，为本土原创学术的发展提供丰富的文化滋养，为推动中国现代学术和现代化进程做出了突出的贡献。

为纪念商务印书馆成立 120 周年，我们整体推出“汉译世界学术名著丛书”120 年纪念版的珍藏本，寄望既利于文化积累，又便于研读查考，同时向长期支持丛书出版的译者、编者和读者致以敬意。

两甲子后的今天，商务印书馆又站在了一个新的历史时间节点上。我们不仅要铭记先辈的身影和足迹，更须让我们的步伐充满新的时代精神。这是商务人代代相传的事业，更是与国家和民族的命运始终紧密相连的事业。我们责无旁贷，必须做好我们这代人的传承与创造，让我们的努力和成果不仅凝聚成民族文化的记忆，还能成为后来人可以接续的事业。唯此，才能不负前贤，无愧来者。

商务印书馆编辑部

2017 年 10 月

林乃树林的古名。林中有路。这些路多半突然断绝在杳无人迹处。

这些路叫做林中路。

每条路各自延展，但却在同一林中。常常看来仿佛彼此相类。然而只是看来仿佛如此而已。

林业工和护林人识得这些路。他们懂得什么叫做在林中路上。

# 目　录

# 1 艺术作品的本源[①] 1

本源[②]一词在此指的是，一个事物从何而来，通过什么它是其所是并且如其所是。某个东西如其所是地是什么，我们称之为它的本质。某个东西的本源就是它的本质之源。对艺术作品之本源的追问就是追问艺术作品的本质之源。按照通常的想法，作品来自艺术家的活动，是通过艺术家的活动而产生的。但艺术家又是通过什么、从何而来成其为艺术家的呢？[③] 通过作品；因为一件作品给作者带来了声誉，这就是说：惟有作品才使艺术家以一位艺术大师的身份出现。艺术家是作品的本源。作品是艺术家的本源。彼此不可或缺。但任何一方都不能全部包含了另一方。无论就它们本身还是就两者的关系来说，艺术家与作品向来都是通过一个第三者而**存在**的；这个第三者乃是第一位的，它使艺术家和艺术作品获得各自的名称。这个第三者就是艺术。

---

① 1960 年雷克拉姆版：此项尝试（1935/1937 年）依照对“真理”这个名称的不当使用（表示被克制的澄明与被照亮者）来说是不充分的。参看《路标》第 268 页以下，“黑格尔与希腊人”一文；《面向思想的事情》，第 77 页注，“哲学的终结与思想的任务”。——**艺术**：在本有（Ereignis）中被使用的自行遮蔽之澄明的产生（Her-vor-bringen）——进入构形（Ge-bild）之庇护。——作者边注

产生与构形：参看“语言与家乡”，《从思的经验而来》。——作者边注

② 1960 年雷克拉姆版：关于“本源”（Ursprung）的谈论易致误解。——作者边注

③ 1960 年雷克拉姆版：艺术家之所是。——作者边注

正如艺术家必然地以某种方式成为作品的本源，其方式不同于作品之为艺术家的本源，同样地，艺术也以另一种不同的方式确凿无疑地同时成为艺术家和作品的本源。但艺术竟能成为一个本源吗？哪里以及如何有艺术呢？艺术，它只还不过是一个词语而
2 已，再也没有任何现实事物与之对应。它可以被看作一个集合观念，我们把仅从艺术而来才是现实的东西，即作品和艺术家，置于这个集合观念之中。即使艺术这个词语所标示的意义超过了一个集合观念，艺术这个词语的意思恐怕也只有在作品和艺术家的现实性的基础上才能存在。抑或，事情恰恰相反？惟当[①]艺术存在，而且是作为作品和艺术家的本源而存在之际，才有作品和艺术家吗？

无论怎样做出决断，关于艺术作品之本源的问题都势必成为艺术之本质的问题。可是，因为艺术究竟是否存在和如何存在的问题必然还是悬而未决的，所以，我们将尝试在艺术无可置疑地起现实作用的地方寻找艺术的本质。艺术在艺术—作品中成就本质。但什么以及如何是一件艺术作品呢？

什么是艺术？这应当从作品那里获得答案。什么是作品？我们只能从艺术的本质那里经验到。任何人都能觉察到，我们这是在绕圈子。通常的理智要求我们避免这种循环，因为它是与逻辑相抵牾的。人们认为，艺术是什么，可以从我们对现有艺术作品的比较考察中获知。而如果我们事先并不知道艺术是什么，我们又如何确认我们的这种考察是以艺术作品为基础的呢？但是，与通

① 1960年雷克拉姆版：有艺术（*Es* die Kunst *gibt*）。——作者边注

过对现有艺术作品的特性的收集一样，我们从更高级的概念作推
演，也是同样得不到艺术的本质的；因为这种推演事先也已经看到
了那样一些规定性，这些规定性必然足以把我们事先就认为是艺
术作品的东西呈现给我们。可见，从现有作品中收集特性和从基 3
本原理中进行推演，在此同样都是不可能的；若在哪里这样做了，
也是一种自欺欺人。

因此，我们就不得不绕圈子了。这并非权宜之计，也不是什么缺憾。踏上这条道路，乃思想的力量；保持在这条道路上，乃思想的节日——假设思想是一种行业的话。不仅从作品到艺术和从艺术到作品的主要步骤是一种循环，而且我们所尝试的每一个具体步骤，也都在这种循环之中兜圈子。

为了找到在作品中真正起着支配作用的艺术的本质，我们还是来探究一下现实的作品，追问一下作品：作品是什么以及如何是。



艺术作品是人人熟悉的。在公共场所，在教堂和住宅里，我们可以见到建筑作品和雕塑作品。在博物馆和展览馆里，安放着不同时代和不同民族的艺术作品。如果我们根据这些作品的未经触及的现实性去看待它们，同时又不至于自欺欺人的话，那就显而易见：这些作品与通常事物一样，也是自然现存的。一幅画挂在墙上，就像一支猎枪或者一顶帽子挂在墙上。一幅油画，比如凡·高那幅描绘一双农鞋的油画，就从一个画展转到另一个画展。人们运送作品，犹如从鲁尔区运送煤炭，从黑森林运送木材。在战役期间，士兵们把荷尔德林的赞美诗与清洁用具一起放在背包里。贝多芬的四重奏存放在出版社仓库里，与地窖里的马铃薯无异。

所有作品都具有这样一种物因素(das Dinghafte)。倘若它们没有这种物因素会是什么呢?但是,我们也许不满于这种颇为粗俗和肤浅的作品观点。发货人或者博物馆清洁女工可能会以此种关于艺术作品的观念活动。但我们却必须根据艺术作品如何与
4 体验和享受它们的人们相遭遇的情况来看待它们。可是,即便人们经常引证的审美体验也摆脱不了艺术作品的物因素。在建筑作品中有石质的东西。在木刻作品中有木质的东西。在绘画中有色彩的东西,在语言作品中有话音,在音乐作品中有声响。在艺术作品中,物因素是如此稳固,以致我们毋宁必须反过来说:建筑作品存在于石头里。木刻作品存在于木头里。油画在色彩里存在。语言作品在话音里存在。音乐作品在音响里存在。这是不言而喻的嘛——人们会回答。确然。但艺术作品中这种不言自明的物因素究竟是什么呢?

对这种物因素的追问兴许是多余的,引起混乱的,因为艺术作品除了物因素之外还是某种别的东西。其中这种别的东西构成艺术因素。诚然,艺术作品是一种制作的物,但它还道出了某种别的东西,不同于纯然的物本身,即ἄλλο ἀγορεύει。作品还把别的东西公之于世,它把这个别的东西敞开出来;所以作品就是比喻。在艺术作品中,制作物还与这个别的东西结合在一起了。“结合”在希腊文中叫作συμβάλλειν。作品就是符号。[①]

比喻和符号给出一个观念框架,长期以来,人们对艺术作品的描绘就活动在这个观念框架的视角中。不过,作品中唯一的使某

① 此处“符号”(Symbol)亦可译作“象征”。——译注

个别的东西敞开出来的东西，这个把某个别的东西结合起来的东西，乃是艺术作品中的物因素。看起来，艺术作品中的物因素差不多像是一个屋基，那个别的东西和本真的东西就筑居于其上。而且，艺术家以他的手工活所真正地制造出来的，不就是作品中的这样一种物因素吗？

我们是要找到艺术作品的直接而丰满的现实性；因为只有这样，我们也才能在艺术作品中发现真实的艺术。可见我们首先必须把作品的物因素收入眼帘。为此我们就必须充分清晰地知道物是什么。只有这样，我们才能说，艺术作品是不是一个物，而还有别的东西就是附着于这个物上面的；只有这样，我们才能做出决 5
断，根本上作品是不是某个别的东西而决不是一个物。

## 物与作品

物之为物，究竟是什么呢？当我们这样发问时，我们是想要认识物之存在（即物性，die Dingheit）。要紧的是对物之物因素的经验。为此，我们就必须了解我们长期以来以物这个名称来称呼的所有那些存在者所归属的领域。

路边的石头是一件物，田野上的泥块也是一件物。瓦罐是一件物，路旁的水井也是一件物。但罐中的牛奶和井里的水又是怎么回事呢？如果把天上白云，田间蓟草，秋风中的落叶，森林上空的苍鹰都名正言顺地叫作物的话，那么，牛奶和水当然也是物。实际上，所有这一切都必须被称为物，哪怕是那些不像上面所述的东西那样显示自身的东西，也即并不显现的东西，人们也冠以物的名字。这种本身并不显现的物，即一种“自在之物”，例如按照康德的看法，就是世界整体，这样一种物甚至就是上帝本身。在哲学语言中，自在之物和显现出来的物，根本上存在着的一切存在者，统统被叫做物。

在今天，飞机和电话固然是与我们最切近的物了，但当我们意指终极之物时，我们却在想完全不同的东西。终极之物，那是死亡和审判。总的说来，物这个词语在这里是指任何全然不是虚无的东西。根据这个意义，艺术作品也是一种物，只要它是某种存在者的话。可是，这种关于物的概念对我们的意图至少没有直接的帮
6 助。我们的意图是把具有物之存在方式的存在者与具有作品之存在方式的存在者划分开来。此外，把上帝叫做一个物，也一再让我们大有顾忌。同样地，把田地上的农夫、锅炉前的火夫、学校里的教师视为一种物，也是令我们犹豫的。人可不是物啊。诚然，对于一个遇到过度任务的小姑娘，我们把她叫做还太年少的小东西，[①]之所以这样，只是因为在这里，我们发觉人的存在在某种程度上已经丢失，以为宁可去寻找那构成物之物因素的东西了。我们甚至不能贸然地把森林旷野里的鹿，草木丛中的甲虫和草叶称为一个物。我们宁愿认为锤子、鞋子、斧子、钟是一个物，但甚至连这些东西也不是一个纯然的物。纯然的物在我们看来只有石头、土块、木头，自然和用具中无生命的东西。自然物和使用之物，就是我们通常所谓的物。

于是，我们看到自己从一切皆物（物＝ res＝ens＝存在者），包

① 此处“东西”原文为 Ding，即上下文出现的“物”。——译注

括最高的和终极的东西也是物这样一个最广的范围，回到纯然的物这个狭小区域里来了。在这里，“纯然”一词一方面是指：径直就是物的纯粹之物，此外无他；另一方面，“纯然”同时也指：只在一种差不多带有贬义的意思上还是物。纯然的物，甚至排除了用物，被视为本真的物。那么，这种本真的物的物因素基于何处呢？物的物性只有根据这种物才能得到规定。这种规定使我们有可能把物因素本身描画出来。有了这样的准备，我们就能够描画出作品的那种几乎可以触摸的现实性，描画出其中还隐含着的别的东西。

现在，一个众所周知的事实是：自古以来，只要存在者究竟是什么的问题被提了出来，在其物性中的物就总是作为赋予尺度的存在者而一再地突现出来了。据此，我们就必定已经在对存在者
的传统解释中与关于物之物性的界定相遇了。所以，为了解除自 7
己对物之物因素的探求的枯燥辛劳，我们只需明确地获取这种留传下来的关于物的知识就行了。关于物是什么这个问题的答案在某种程度上是我们熟悉的，我们不认为其中还有什么值得追问的东西。

对物之物性的各种解释在西方思想进程中起着支配作用，它们早已成为不言自明的了，今天还在日常中使用。这些解释可以概括为三种。

例如，这块花岗岩石是一个纯然的物。它坚硬、沉重、有长度、硕大、不规则、粗糙、有色、部分黯淡、部分光亮。我们能发觉这块岩石的所有这些因素。我们把它们当作这块岩石的识别特征。而这些特征其实意味着这块岩石本身所具有的东西。它们就是这块岩石的固有特性。这个物具有这些特性。物？我们现在意指物

时，我们想到的是什么呢？显然，物绝不光是特征的集合，也不是这些特征的集合由以出现的各种特性的堆积。人人都自以为知道，物就是那个把诸特性聚集起来的东西。进而，人们就来谈论物的内核。希腊人据说已经把这个内核称为τὸ ὑποκείμενον[基体、基底]了。当然，在他们看来，物的这个内核乃是作为根基、并且总是已经呈放在眼前的东西。而物的特征则被叫做τὰ συβεβηκότα，[①]即总是也已经与那个向来呈放者一道出现和产生的东西。

这些称法并不是什么任意的名称。其中道出了希腊人关于在场状态(Anwesenheit)意义上的存在者之存在的基本经验。这是我们这里不再能表明的了。而通过这些规定，此后关于物之物性的决定性解释才得以奠基，西方对存在者之存在的解释才得以固定下来。这种解释始于罗马—拉丁思想对希腊词语的汲取。ὑπο-
8 κείμενον[基体、基底]成了 subiectum[主体]；ὑπόστασις[呈放者]成了 substantia[实体]；συμβεβηκός[特征]成了 accidens[属性]。这样一种从希腊名称向拉丁语的翻译绝不是一件毫无后果的事情——确实，直到今天，也还有人认为它是无后果的。毋宁说，在似乎是字面上的、因而具有保存作用的翻译背后，隐藏着希腊经验向另一种思维方式的转渡。[②] **罗马思想接受了希腊的词语，却没有继承相应的同样原始的由这些词语所道说出来的经验，即没有**



---

① 后世以“属性”(accidens)译之，见下文的讨论。——译注

② 德语动词 übersetzen 作为可分动词，有“摆渡、渡河”之意；作为不可分动词，有“翻译、改写”之意。海德格尔在此突出该词的前一含义，我们权译之为“转渡”。“翻译”不只是字面改写，而是思想的“转渡”。——译注

**继承希腊人的话**。[①] 西方思想的无根基状态即始于这种转渡。

按照流行的意见，把物之物性规定为具有诸属性的实体，似乎与我们关于物的素朴观点相吻合。毫不奇怪，流行的对物的态度，也即对物的称呼和关于物的谈论，也是以这种关于物的通常观点为尺度的。简单陈述句由主语和谓语构成，主语一词是希腊文ὑποκείμενον[基体、基底]一词的拉丁文翻译，既为翻译，也就有了转义；谓语所陈述的则是物之特征。谁敢撼动物与命题，命题结构与物的结构之间的这样一种简单明了的基本关系呢？然而，我们却必须追问：简单陈述句的结构（主语与谓语的联结）是物的结构（实体与属性的统一）的映像吗？或者，如此这般展现出来的物的结构竟是根据命题框架被设计出来的吗？

人把自己在陈述中把握物的方式转嫁到物自身的结构上去——还有什么比这更容易理解的呢？不过，在发表这个似乎是批判性的、但却十分草率的意见之前，我们首先还必须弄明白，如果物还是不可见的，那么这种把命题结构转嫁到物上面的做法是如何可能的。谁是第一位和决定性的，是命题结构呢还是物的结 9
构？这个问题直到眼下还没有得到解决。甚至，以此形态出现的问题究竟是否可以解决，也还是令人起疑的。

从根本上说来，既不是命题结构给出了勾画物之结构的标准，物之结构也不可能在命题结构中简单地得到反映。就其本性和其可能的交互关系而言，命题结构和物的结构两者具有一个共同的

---

① 在海德格尔看来，罗马—拉丁思想对希腊思想的“翻译”只是字面上对希腊之词语（复数的 Wörter）的接受，而没有真正吸收希腊思想的内涵，即希腊的“话”（单数的 Wort）。——译注

更为原始的根源。总之，对物之物性的第一种解释，即认为物是其特征的载体，不管它多么流行，还是没有像它自己所标榜的那样朴素自然。让我们觉得朴素自然的，兴许仅只是一种长久的习惯所习以为常的东西，而这种习惯却遗忘了它赖以产生的异乎寻常的东西。然而，正是这种异乎寻常的东西一度作为令人诧异的东西震惊了人们，并且使思想惊讶不已。

对这种流行的物之解释的信赖只是表面看来是凿凿有据的。此外，这个物的概念（物是它的特征的载体）不仅适合于纯然的和本真的物，而且适合于任何存在者。因而，这个物的概念也从来不能帮助人们把物性的存在者与非物性的存在者区分开来。但在所有这些思考之前，有物之领域内的清醒逗留已经告诉我们，这个物之概念没有切中物之物因素，没有切中物的根本要素和自足特性。偶尔，我们甚至有这样一种感觉，即，也许长期以来物之物因素已经遭受了强暴，并且思想参与了这种强暴；因为人们坚决拒绝思想而不是努力使思想更具思之品性。但是，在规定物之本质时，如果只有思想才有权言说，那么，一种依然如此肯定的感觉应该是什么呢？不过，也许我们在这里和在类似情形下称之为感觉或情绪的东西，是更为理性的，亦即更具有知觉作用的，因而比所有理性（Vernunft）更向存在敞开；而这所有的理性此间已经成了 ratio
10 [理智]，被理智地误解了。[1] 在这里，对非—理智的垂涎，作为未经思想的理智的怪胎，帮了古怪的忙。诚然，这个流行的物之概念

① 德文的 Vernunft（理性）与拉丁文的 ratio（理智）通常是对译的两个词语，海德格尔在这里却对两词作了区分。——译注

在任何时候都适合于任何物，但它把握不了本质地现身的物，而倒是扰乱了它。

这样一种扰乱或能避免吗？如何避免呢？大概只有这样：我们给予物仿佛一个自由的区域，以便它直接地显示出它的物因素。首先我们必须排除所有会在对物的理解和陈述中跻身到物与我们之间的东西，惟有这样，我们才能沉浸于物的无伪装的在场（Anwesen）。但是，这种与物的直接遭遇，既不需要我们去索求，也不需要我们去安排。它早就发生着，在视觉、听觉和触觉当中，在对色彩、声响、粗糙、坚硬的感觉中，物——完全在字面上说——逼迫着我们。物是αἰσθητόν［感性之物］，即，在感性的感官中通过感觉可以感知的东西。由此，后来那个物的概念就变得流行起来了，按照这个概念，物无非是感官上被给予的多样性之统一体。至于这个统一体是被理解为全体，还是整体或者形式，都丝毫没有改变这个物的概念的决定性特征。

于是，这种关于物之物性的解释，如同前一种解释一样，也是正确的和可证实的。这就足以令人怀疑它的真实性了。如果我们再考虑到我们所寻求的物之物因素，那么，这个物的概念就又使我们无所适从了。我们从未首先并且根本地在物的显现中感觉到一种感觉的涌逼，例如乐音和噪音的涌逼——正如这种物之概念所断言的那样；而不如说，我们听到狂风在烟囱上呼啸，我们听到三马达的飞机，我们听到与鹰牌汽车迥然不同的奔驰汽车。物本身要比所有感觉更切近于我们。我们在屋子里听到敲门，但我们从 11
未听到听觉的感觉，或者哪怕是纯然的嘈杂声。为了听到一种纯然的嘈杂声，我们必须远离物来听，使我们的耳朵离开物，也即抽

象地听。[①]

在我们眼下所说的这个物的概念中，并没有多么强烈的对物的扰乱，而倒是有一种过分的企图，要使物以一种最大可能的直接性接近我们。但只要我们把在感觉上感知的东西当作物的物因素赋予物，那么，物就决不会满足上述企图。第一种关于物的解释仿佛使我们与物保持着距离，而且把物挪得老远；而第二种解释则过于使我们为物所纠缠了。在这两种解释中，物都消失不见了。因此，确实需要避免这两种解释的夸大。物本身必须保持在它的自持(Insichruhen)中。物应该置于它本己的坚固性中。这似乎是第三种解释所为，而这第三种解释与上面所说的两种解释同样地古老。

给物以持久性和坚固性的东西，同样也是引起物的感性涌逼方式的东西，即色彩、声响、硬度、大小，是物的质料。把物规定为质料(ὕλη)，同时也就已经设定了形式(μορφή)。物的持久性，即物的坚固性，就在于质料与形式的结合。物是具有形式的质料。这种物的解释要求直接观察，凭这种观察，物就通过其外观(εἶδος)关涉于我们。有了质料与形式的综合，人们终于寻获了一个物的概念，它对自然物和用具物都是很适合的。

这个物的概念使我们能够回答艺术作品中的物因素问题。作

① 人与物之间首先是一种“存在关系”(人总是已经寓于物而存在)，尔后才是一种“认识关系”(人通过感觉去把握事物)，故海德格尔说，人首先“听”汽车，而不是首先听“汽车的声音”。汽车比我们所感觉的汽车声更切近于我们。这种超出“知识关系”的实存论存在学层面上的思考，在《存在与时间》中即已成型。特别可参看海德格尔：《存在与时间》，中译本，陈嘉映、王庆节译，北京1987年，第163—164页。——译注

品中的物因素显然就是构成作品的质料。质料是艺术家创造活动
的基底和领域。但我们本可以立即就得出这个明了的众所周知的
观点的。我们为什么要在其他流行的物的概念上兜圈子呢？那是 12
因为，我们对这个物的概念，即把物当作具有形式的质料的概念，
也是有怀疑的。

可是，在我们活动于其中的领域内，质料—形式这对概念不是常用的吗？确然。质料与形式的区分，而且以各种不同的变式，**绝对是所有艺术理论和美学的概念图式**。不过，这一无可争辩的事实却并不能证明形式与质料的区分是有充足的根据的，也不证明这种区分原始地属于艺术和艺术作品的领域。再者，长期以来，这对概念的使用范围已经远远地越出了美学领域。形式与内容是无论什么东西都可以归入其中的笼统概念。甚至，即使人们把形式称作理性而把质料归于非理性，把理性当作逻辑而把非理性当作非逻辑，甚或把主体—客体关系与形式—质料这对概念结合在一起，这种表象（Vorstellen）仍然具有一种无物能抵抗得了的概念机制。

然而，如果质料与形式的区分的情形就是如此，我们又该怎样借助于这种区分，去把握与其他存在者相区别的纯然物的特殊领域呢？或许，只消我们取消这些概念的扩张和空洞化，根据质料与形式来进行的这样一种描画就能重新赢获它的规定性力量。确实如此；但这却是有条件的，其条件就是：我们必须知道，它是在存在者的哪个领域中实现其真正的规定性力量的。说这个领域是纯然物的领域，这到眼下为止还只是一个假定而已。指出这一概念结构在美学中的大量运用，这或许更能带来这样一种想法，即认为：

质料与形式是艺术作品之本质的原生规定性，并且只有从此出发
13 才反过来被转嫁到物上去。质料—形式结构的本源在哪里呢？在物之物因素中呢，还是在艺术作品的作品因素之中？

自持的花岗岩石块是一种质料，它具有一种尽管笨拙、但却确定的形式。在这里，形式意指诸质料部分的空间位置分布和排列，此种分布和排列带来一个特殊的轮廓，也即一个块状的轮廓。但是，罐、斧、鞋等，也是处于某种形式当中的质料。在这里，作为轮廓的形式并非一种质料分布的结果。相反地，倒是形式规定了质料的安排。不止于此，形式甚至先行规定了质料的种类和选择：罐要有不渗透性，斧要有足够的硬度，鞋要坚固同时具有柔韧性。此外，在这里起支配作用的形式与质料的交织首先就从罐、斧和鞋的用途方面被处置好了。这种有用性（Dienlichkeit）从来不是事后才被指派和加给罐、斧、鞋这类存在者的。但它也不是作为某种目的而四处漂浮于存在者之上的什么东西。

有用性是一种基本特征，由于这种基本特征，这个存在者便凝视我们，亦即闪现于我们面前，并因而现身在场，从而成为这种存在者。不光是赋形活动，而且随着赋形活动而先行给定的质料选择，因而还有质料与形式的结构的统治地位，都建基于这种有用性之中。服从有用性的存在者，总是制作过程的产品。这种产品被制作为用于什么的器具（Zeug）。因而，作为存在者的规定性，质料和形式就寓身于器具的本质之中。器具这一名称指的是为了使用和需要所特别制造出来的东西。质料和形式绝不是纯然物的物性的原始规定性。

器具，比如鞋具吧，作为完成了的器具，也像纯然物那样，是自

持的；但它并不像花岗岩石块那样具有那种自生性。[①] 另一方面，
器具也显示出一种与艺术作品的亲缘关系，因为器具也出自人的 14
手工。而艺术作品由于其自足的在场却又堪与自身构形的不受任何压迫的纯然物相比较。尽管如此，我们并不把作品归入纯然物一类。我们周围的用具物毫无例外地是最切近和本真的物。于是，器具既是物，因为它被有用性所规定，但又不只是物；器具同时又是艺术作品，但又要逊色于艺术作品，因为它没有艺术作品的自足性。假如允许作一种计算性排列的话，我们可以说，器具在物与作品之间有一种独特的中间地位。

而质料—形式结构，由于它首先规定了器具的存在，就很容易被看作任何存在者的直接可理解的状态，因为在这里从事制作的人本身已经参与进来了，也即参与了一个器具进入其存在（Sein）[②]的方式。由于器具拥有一个介于纯然物和作品之间的中间地位，因而人们很自然地想到，借助于器具存在（质料—形式结构）也可以掌握非器具性的存在者，即物和作品，甚至一切存在者。

不过，把质料—形式结构视为任何一个存在者的**这种**状态的倾向，还受到了一个特殊的推动，这就是：事先根据一种信仰，即圣经的信仰，把存在者整体表象为受造物，在这里也就是被制作出来的东西。虽然这种信仰的哲学能使我们确信上帝的全部创造作用完全不同于工匠的活动，但如果同时甚或先行就根据托马斯主义哲学对于圣经解释的信仰的先行规定，从 materia［质料］和 forma

---

① 原文为 Eigenwüchsige，或可译为“自身构形特性”。——译注

② 1960 年雷克拉姆版：（走向其）进入其在场状态（Anwesenheit）。——作者边注

［形式］的统一方面来思考 ens creatun［受造物］，那么，这种信仰就是从一种哲学那里得到解释的，而这种哲学的真理乃基于存在者的一种无蔽状态，后者不同于信仰所相信的世界。[1]

建基于信仰的创造观念，虽然现在可能丧失了它在认识存在者整体这回事情上的主导力量，但是一度付诸实行的、从一种外来哲学中移植过来的对一切存在者的神学解释，亦即根据质料和形式的世界观，却仍然保持着它的力量。这是在中世纪到近代的过渡期发生的事情。近代形而上学也建基于这种具有中世纪特征的形式—质料结构之上，只是这个结构本身在字面上还要回溯到εἶδος［外观、爱多斯］和ὕλη［质料］的已被掩埋起来的本质那里。因此，根据质料和形式来解释物，不论这种解释仍旧是中世纪的还是成为康德先验论的，总之它已经成了流行的自明的解释了。但正因为如此，它便与上述的另外两种物之物性的解释毫无二致，也是对物之物存在（Dingsein）的扰乱。

光是由于我们把本真的物称为纯然物，就已经泄露了实情。“纯然”毕竟意味着对有用性和制作特性的排除。纯然物是一种器具，尽管是被剥夺了其器具存在的器具。物之存在就在于此后尚留剩下来的东西。但这种剩余没有在其存在特性方面得到专门规定。物之物因素是否在排除所有器具因素的过程中有朝一日显露出来，这还是一个疑问。因此，物之解释的第三种方式，亦即以质料—形式结构为线索的解释方式，也终于表现为对物的一种扰乱。

[1] 1950 年第一版：1. 圣经的创世信仰；2. 因果性的和存在者状态上的托马斯主义解释；3. 对ὄν［存在者］的原始的亚里士多德解释。——作者边注

上面三种对物性的规定方式把物理解为特征的载体、感觉多样性的统一体和具有形式的质料。在关于存在者之真理的历史进程中，这三种解释还有互相重合的时候，不过这一点我们可以暂且 16
按下不表。在这种重合中，它们加强了各自固有的扩张过程，以至于它们同样地成了对物、器具和作品有效的规定方式。于是，从中产生出一种思维方式，我们不仅特别地根据这种思维方式去思考物、器具和作品，而且也一般地根据这种思维方式去思考一切存在者。这种久已变得流行的思维方式抢先于一切有关存在者的直接经验，这种先入之见阻碍着对当下存在者之存在的沉思。这样一来，流行的关于物的概念既阻碍了人们去发现物之物因素，也阻碍了人们去发现器具之器具因素，尤其是阻碍了人们对作品之作品因素的探究。

这一事实说明为什么我们必须知道上面这些关于物的概念，为的是在这种知道中思索这些关于物的概念的来源以及它们无度的僭越，但也是为了思索它们的自明性的假象。而当我们冒险一试，尝试考察和表达出物之物因素、器具之器具因素、作品之作品因素时，这种知道就愈加必须了。但为此只需做到一点，那就是：防止上述思维方式的先入之见和无端滥用，比如，让物在其物之存在中憩息于自身。还有什么比让存在者保持原样的存在者显得更轻松的呢？抑或，以这样一个任务，我们是不是面临着最为艰难的事情，尤其是当这样一个意图——即让存在者如其所是地存在——与那种为了一个未经检验的存在概念而背弃存在者的漠然态度相对立时？我们应该回归到存在者那里，根据存在者之存在来思考存在者本身，而与此同时通过这种思考又使存在者憩息于自身。

看起来，在对物之物性的规定中，上面这种思想的运用遇到了
17 最大的阻力；因为上述种种尝试失败的原因不就在这里吗？毫不显眼的物最为顽强地躲避思想。或者，纯然物的这样一种自行抑制，这样一种憩息于自身中的无所促逼的状态，恰恰就应当属于物的本质吗？那么，难道物之本质中那种令人诧异的和封闭的东西，对于一种试图思考物的思想来说就必定不会成为亲信的东西吗？如果是这样，那我们就不可强求一条通往物之物因素的道路了。

对物之物性的道说特别艰难而稀罕。对于这一点，我们前面挑明的对物之物性的解释的历史已经是一个可靠的证据了。这一历史也就是那种命运（Schicksal），西方思想迄今都是依此命运去思考存在者之存在的。不过，我们现在不仅要确定这一点。我们同时要在这种历史中获取一种暗示。在物之解释中，那种以质料与形式为引线的解释具有一种特殊的支配地位，这难道是偶然的吗？这种物之规定起于一种对器具之器具存在的解释。器具这种存在者以一种特殊的方式靠近于人的表象，因为它是通过我们自己的制作而进入存在的。同时，这种以其存在而更显亲密的存在者，即器具，就在物与作品之间具有一个特别的中间地位。我们将循着这一暗示，首先寻找器具之器具因素。也许我们由此可以对物之物因素和作品之作品因素有所领悟。我们只是须得避免过早地使物和作品成为器具的变种。但我们也要撇开这样一种可能性，即，甚至在器具的存在方式中也还有本质性的差异起着支配作用。

然而，哪条道路通向器具之器具因素呢？我们应当如何经验

器具事实上是什么？现在必需的做法显然是必须消除那些立即又会带来通常解释的无端滥用的企图。对此，如果我们不用某种哲 18
学理论而径直去描绘一个器具，那就最为保险了。

作为例子，我们选择一个常见的器具：一双农鞋。为了对它作出描绘，我们甚至无需展示这样一种用具的实物，人人都知道它。但由于在这里事关一种直接描绘，所以可能最好是为直观认识提供点方便。为了这种帮助，有一种形象的展示就够了。为此我们选择了凡·高的一幅著名油画。凡·高多次画过这种鞋具。但鞋具有什么看头呢？人人都知道鞋是什么东西？如果不是木鞋或者树皮鞋的话，我们在鞋上就可以看到用麻线和钉子连在一起的牛皮鞋底和鞋帮。这种器具是用来裹脚的。鞋或用于田间劳动，或用于翩翩起舞，根据不同的有用性，它们的质料和形式也不同。

此类正确的说明只是解说了我们已经知道的事情而已。器具的器具存在就在于它的有用性。可是，这种有用性本身的情形又怎样呢？我们已经用有用性来把握器具之器具因素吗？为了做到这一点，难道我们不必从其用途上查找有用的器具吗？田间农妇穿着鞋子。只有在这里，鞋才成其所是。农妇在劳动时对鞋思量越少，或者观看得越少，或者甚至感觉得越少，它们就越是真实地成其所是。农妇穿着鞋站着或者行走。鞋子就这样现实地发挥用途。必定是在这样一种器具使用过程中，我们真正遇到了器具因素。

与此相反，只要我们仅仅一般地想象一双鞋，或者甚至在图像中观看这双只是摆在那里的空空的无人使用的鞋，那我们将决不会经验到器具的器具存在实际上是什么。根据凡·高的画，我们

19 甚至不能确定这双鞋是放在哪里的。[1] 这双农鞋可能的用处和归属毫无透露，只是一个不确定的空间而已。上面甚至连田地里或者田野小路上的泥浆也没有粘带一点，后者本来至少可以暗示出这双农鞋的用途的。只是一双农鞋，此外无他。然而——

从鞋具磨损的内部那黑洞洞的敞口中，凝聚着劳动步履的艰辛。这硬邦邦、沉甸甸的破旧农鞋里，聚积着那寒风料峭中迈动在一望无际的永远单调的田垄上的步履的坚韧和滞缓。鞋皮上粘着湿润而肥沃的泥土。暮色降临，这双鞋底在田野小径上踽踽而行。在这鞋具里，回响着大地无声的召唤，显示着大地对成熟谷物的宁静馈赠，表征着大地在冬闲的荒芜田野里朦胧的冬眠。这器具浸透着对面包的稳靠性无怨无艾的焦虑，以及那战胜了贫困的无言喜悦，隐含着分娩阵痛时的哆嗦，死亡逼近时的战栗。这器具属于**大地**（*Erde*），它在农妇的**世界**（*Welt*）里得到保存。正是由于这种保存的归属关系，器具本身才得以出现而得以自持。[2]



然而，我们也许只有在这个画出来的鞋具上才能看到所有这一切。相反，农妇就径直穿着这双鞋。倘若这种径直穿着果真如此简单就好了。暮色黄昏，农妇在一种滞重而健康的疲惫中脱下鞋子；晨曦初露，农妇又把手伸向它们；或者在节日里，农妇把它们弃于一旁。每当此时，未经观察和打量，农妇就知道那一切。虽然器具的器具存在就在其有用性中，但这种有用性本身又植根于器

① 1960 年雷克拉姆版：以及它们是属于谁的。——作者边注

② 此段译文引自刘小枫：《诗化哲学》，济南 1986 年，第 229 页，稍有改动。也参看中文节译本，载李普曼编：《当代美学》，邓鹏译，北京 1986 年，第 385 页以下。——译注

具的一种本质性存在的丰富性中。我们称之为可靠性（Verläßlichkeit）。借助于这种可靠性，农妇通过这个器具而被置入大地的无声召唤之中；借助于器具的可靠性，农妇才对自己的世界有了把握。世界和大地为她而在此，也为与她相随以她的方式存在的人们而在此，只是这样在此存在：[①]在器具中。我们说“只 20
是”，在这里是令人误解的；因为器具的可靠性才给这单朴的世界带来安全，并且保证了大地无限延展的自由。

器具之器具存在，即可靠性，按照物的不同方式和范围把一切物聚集于一体。不过，器具的有用性只不过是可靠性的本质后果。有用性在可靠性中漂浮。要是没有可靠性就没有有用性。具体的器具会用旧用废；而与此同时，使用本身也变成了无用，逐渐损耗，变得寻常无殊。于是，器具之存在进入萎缩过程中，沦为纯然的器具。器具之存在的这样一种萎缩过程也就是可靠性的消失过程。也正是由于这一消失过程，用物才获得了它们那种无聊而生厌的惯常性，不过，这一过程更多地也只是对器具存在的原始本质的一个证明。器具的磨损的惯常性作为器具惟一的、表面上看来为其所特有的存在方式突现出来。现在，只还有枯燥无味的有用性才是可见的。它唤起一种假象，即，器具的本源在于纯然的制作过程中，制作过程才赋予某种质料以形式。可是，器具在其真正的器具存在中远不只是如此。质料与形式以及两者的区别有着更深的本源。

自持的器具的宁静就在可靠性之中。只有在可靠性之中，我

① 1960年雷克拉姆版：“在此……存在”等于：在场（anwesend）。——作者边注

们才能发现器具实际上是什么。但对于我们首先所探寻的东西，即物之物因素，我们仍然茫然无知。尤其对于我们真正的、惟一的探索目的，即艺术作品意义上的作品的作品因素，我们就更是一无所知了。

或者，是否我们眼下在无意间，可说是顺带地，已经对作品的作品存在有了一鳞半爪的经验呢？

我们已经寻获了器具的器具存在。但又是如何寻获的呢？不
21 是通过对一个真实摆在那里的鞋具的描绘和解释，不是通过对制鞋工序的讲述，也不是通过对张三李四实际使用鞋具过程的观察，而只是通过对凡·高的一幅画的观赏。这幅画道出了一切。走近这个作品，我们突然进入了另一个天地，其况味全然不同于我们惯常的存在。

艺术作品使我们懂得了鞋具实际上是什么。倘若我们以为我们的描绘是一种主观活动，已经如此这般勾勒好了一切，然后再把它置于画上，那就是最为糟糕的自欺了。如果说这里有什么值得起疑的地方的话，那就只有一点，即，我们站在作品近处经验得太过肤浅了，对自己的经验的言说太过粗陋和简单了。但首要地，这部作品并不像起初使人感觉的那样，仅只为了使人更好地目睹一个器具是什么。倒不如说，通过这个作品，也只有在这个作品中，器具的器具存在才专门显露出来了。

在这里发生了什么呢？在这作品中有什么东西在发挥作用呢？凡·高的油画揭开了这个器具即一双农鞋实际上**是**什么。这个存在者进入它的存在之无蔽之中。希腊人把存在者之无蔽状态命名为ἀλήθεια。我们说真理，但对这个词语少有足够的思索。在

作品中,要是存在者是什么和存在者是如何被开启出来,也就有了作品中的真理的发生。

在艺术作品中,存在者之真理已经自行设置入作品中了。在这里,"设置"(Setzen)说的是:带向持立。一个存在者,一双农鞋,在作品中走进了它的存在的光亮中。存在者之存在进入其闪耀的恒定中了。

那么,艺术的本质或许就是:存在者的真理自行设置入作品。[①] 可是迄今为止,人们都一直认为艺术是与美的东西或美有
关的,而与真理毫不相干。产生这类作品的艺术,亦被称为美的艺 22
术,以区别于生产器具的手工艺。在美的艺术中,并不是说艺术就是美的,它之所以被叫做美的,是因为它产生美。相反,真理归于逻辑,而美留给了美学。

抑或,艺术即真理自行设置入作品这一命题竟会使那个已经过时的观点,即那个认为艺术是现实的模仿和反映的观点,卷土重来么?诚然,对现存事物的再现要求那种与存在者的符合一致,要求以存在者为衡度;在中世纪,人们说的是 adaequatio[符合];而亚里士多德早就说过ὁμοίωσις[肖似]。长期以来,与存在者的符合一致被视为真理的本质。但我们是不是认为凡·高的那幅画描绘了一双现存的农鞋,而且是因为把它描绘得惟妙惟肖,才成为一件作品的呢?我们是不是认为这幅画把现实事物描摹下来,并且把现实事物移置到艺术家生产的一个产品中去呢?绝对不是。

也就是说,作品绝不是对那些时时现存手边的个别存在者的

① 德语原文为:das Sich-ins-Werk-Setzen der Wahrheit des Seienden。——译注

再现，恰恰相反，它是对物的普遍本质的再现。但这个普遍本质究竟何在，又如何存在，使得艺术作品能与之符合一致呢？一座希腊神庙竟与哪个物的何种本质相符合呢？谁敢断言神庙的理念在这个建筑作品中得到表现是不可能的呢？而且实际上，只要它是一件艺术作品，那么在这件艺术作品中，真理就已设置入其中了。或者让我们来想一想荷尔德林的赞美诗《莱茵河》吧。诗人在此事先得到了什么，又是如何得到的，使得他进而能在诗中把它再现出来呢？要是荷尔德林这首赞美诗或其他类似的诗作仍不能说明现实与艺术作品之间的描摹关系，那么，另一部作品，即迈耶尔[①]的《罗
23 马喷泉》一诗，证明那种认为作品描摹现实的观点似乎最好不过了。

**罗马喷泉**

水柱升腾又倾注
盈盈充满大理石圆盘，
渐渐消隐又流溢
落入第二层圆盘；
第二层充盈而给予，
更有第三层沸扬涌流，
层层圆盘，同时接纳又奉献
激流不止又泰然伫息

① 迈耶尔（Conrad Ferdinand Meyer，1825—1898年）：瑞士德语作家。——译注

可这首诗既不是对实际现存的喷泉的诗意描画，也不是对罗马喷泉的普遍本质的再现。但真理却已经设置入作品中了。何种真理在作品中发生呢？真理当真能发生并且如此历史性地存在吗？而人们倒是说，真理乃是某种无时间的和超时间的东西。

我们寻求艺术作品的现实性，是为了实际地找到在其中起支配作用的艺术。物性的根基已经被表明为作品最切近的现实。而为了把握这种物性因素，传统的物的概念却是不够的；因为这些概念本身就错失了物因素的本质。流行的物的概念把物规定为有形式的质料，这根本就不是出自物的本质，而是出于器具的本质。我们也已经表明，长期以来，在对存在者的解释中，器具存在一直占据着一种独特的优先地位。这种过去未得到专门思考的器具存在的优先地位暗示我们，要在避开流行解释的前提下重新追问器具因素。

我们曾通过一件作品告诉自己器具是什么。由此，在作品中
发挥作用的东西也几乎不露痕迹地显现出来，那就是在其存在中 24
的存在者的开启，亦即真理之生发。[①] 而现在，如果作品的现实性只能通过在作品中起作用的东西来规定的话，那么，我们在艺术作品的现实性中寻获现实的艺术作品这样一个意图的情形如何呢？只要我们首先在那种物性的根基中猜度作品的现实性，那我们就误入歧途了。现在，我们站在我们的思索的一个值得注意的成果

① 此处名词 Geschehnis 在日常德语中意谓“事件、事变”，其动词形式 geschehen 意谓“发生、出现”。海德格尔在此强调的是“存在之真理”的动词性生成和展开。为从字面区别起见，我们且以“生发”译 das Geschehnis；而动词 geschehen 和动名词 Geschehen 则被译为“发生”。——译注

面前——如果我们还可以称之为成果的话。有两点已经清楚了：

第一，把握作品中的物因素的手段，即流行的物概念，是不充分的。

第二，我们意图借此当作作品最切近的现实性来把握的东西，即物性的根基，并不以此方式归属于作品。

一旦我们在作品中针对这样一种物性的根基，我们实际上已经不知不觉地把这件作品当作一个器具了，我们此外还在这个器具上准予建立一座包含着艺术成分的上层建筑。不过，作品并不是一个器具，一个此外还配置有某种附着于其上的审美价值的器具。作品丝毫不是这种东西，正如纯然物是一个仅仅缺少真正的器具特征即有用性和制作过程的器具。

我们对于作品的追问已经受到了动摇，因为我们并没有追问作品，而是时而追问一个物时而追问一个器具。不过，这并不是才由我们发展出来的追问。它是美学的追问态度。美学预先考察艺术作品的方式服从于对一切存在者的传统解释的统治。然而，动摇这种习惯的追问态度并不是本质性的。关键在于我们首先要开启一道眼光，看到下面这一点，即：只有当我们去思考存在者之存在之际，作品之作品因素、器具之器具因素和物之物因素才会接近
25 我们。为此就必须预先拆除自以为是的障碍，把流行的虚假概念置于一边。因此我们不得不走了一段弯路。但这段弯路同时也使我们上了路，有可能把我们引向一种对作品中的物因素的规定。作品中的物因素是不能否定的，但如果这种物因素归属于作品之作品存在，那么，我们就必须根据作品因素来思考它。如果是这样，则通向对作品的物性现实性的规定的道路，就不是从物到作

品，而是从作品到物了。

艺术作品以自己的方式开启存在者之存在。在作品中发生着这样一种开启，也即解蔽（Entbergen），也就是存在者之真理。在艺术作品中，存在者之真理自行设置入作品中了。艺术就是真理自行设置入作品中。那么，这种不时作为艺术而发生（ereignet）[1]的真理本身是什么呢？这种“自行设置入作品”（Sich-ins-Werk-Setzen）又是什么呢？

## 作品与真理

艺术作品的本源是艺术。但什么是艺术呢？在艺术作品中，艺术是现实的。因此，我们首先要寻求作品的现实性。这种现实性何在呢？艺术作品概无例外地显示出物因素，虽然方式各不相同。借助于惯常的物概念来把握作品的这样一种物之特征的尝试，已经失败了。这不光是因为此类物概念不能把捉物因素，而且是因为我们通过对其物性根基的追问，把作品逼入了一种先入之见，从而阻断了我们理解作品之作品存在的通路。只要作品的纯粹自立还没有清楚地得到显示，则作品的物因素是决不能得到判定的。

然而，作品本身在某个时候是可通达的吗？为了成功地做到 26
这一点，或许就有必要使作品从它与自身以外的东西的所有关联中解脱出来，从而让作品仅仅自为地依据于自身。而艺术家最本

① 1960年雷克拉姆版：来自本有的真理（Wahrheit aus Ereignis）！——作者边注

己的意旨就在于此。作品要通过艺术家而释放出来，达到它纯粹的自立。正是在伟大的艺术中（我们在此只谈论这种艺术），艺术家与作品相比才是某种无关紧要的东西，他就像一条为了作品的产生而在创作中自我消亡的通道。

作品本身就这样摆和挂在陈列馆和展览厅中。然而，作品在那里自在地就是它们本身所是吗？或者，它们在那里倒不如说是艺术行业的对象？作品乃是为了满足公众和个人的艺术享受的。官方机构负责照料和保护作品。鉴赏家和批评家也忙碌于作品。艺术交易操劳于市场。艺术史研究把作品当作科学的对象。然而，在所有这些繁忙折腾中，我们能遇到作品本身吗？

在慕尼黑博物馆里的《埃吉纳》群雕，索福克勒斯的《安提戈涅》的最佳校勘本，作为其所是的作品已经脱离了它们自身的本质空间。不管这些作品的名望和感染力还是多么巨大，不管它们被保护得多么完好，人们对它们的解释是多么准确，它们被移置到一个博物馆里，它们也就远离了其自身的世界。但即使我们努力中止和避免这种对作品的移置，例如在原地探访波塞冬神庙，在原处探访班贝克大教堂，现存作品的世界也已经颓落了。

世界之抽离和世界之颓落再也不可逆转。作品不再是原先曾是的作品。虽然作品本身是我们在那里所遇见的，但它们本身却
27 是曾在之物（die Gewesenen）。作为曾在之物，作品在承传和保存的领域内面对我们。从此以后，作品就一味地只是这种对象。它们面对我们，虽然还是先前自立的结果，但不再是这种自立本身了。这种自立已经从作品那里逃逸了。所有艺术行业，哪怕它被抬高到极致，哪怕它的一切活动都以作品本身为轴心，它始终只能

达到作品的对象存在。但这种对象存在并不构成作品之作品存在。

然而，如果作品处于任何一种关系之外，那它还是作品吗？作品处于关系之中，这难道不是作品的本性吗？当然是的。只是还要追问：作品处于何种关系之中。

一件作品何所属？作品之为作品，惟属于作品本身开启出来的领域。因为作品的作品存在是在这种开启中成其本质的，而且仅只在这种开启中成其本质（wesen）。[1] 我们曾说，真理之生发在作品中起作用。我们对凡·高的油画的提示试图道出这种真理的生发。有鉴于此，才出现了什么是真理和真理如何可能发生这样的问题。

现在，我们在对作品的观照中来追问真理问题。但为了使我们对处于问题中的东西更熟悉些，有必要重新澄清作品中的真理的生发。针对这种意图，我们有意选择了一部不属于表现性艺术的作品。

一件建筑作品并不描摹什么，比如一座希腊神庙。它单朴地置身于巨岩满布的岩谷中。这个建筑作品包含着神的形象，并在这种隐蔽状态中，通过敞开的圆柱式门厅让神的形象进入神圣的领域。贯通这座神庙，神在神庙中在场。神的这种现身在场是在自身中对一个神圣领域的扩展和勾勒。但神庙及其领域却并非漂
浮于不确定性中。正是神庙作品才嵌合那些道路和关联的统一 28

[1] 后期海德格尔经常把德文名词“本质”（das Wesen）作动词化处理，以动词 wesen 来表示存在（以及真理、语言等）的现身、出场、运作。我们译之为“成其本质”，亦可作“现身”或“本质化”。——译注

体，同时使这个统一体聚集于自身周围；在这些道路和关联中，诞生和死亡，灾祸和福祉，胜利和耻辱，忍耐和堕落——从人类存在那里获得了人类命运的形态。这些敞开的关联所作用的范围，正是这个历史性民族的世界。出自这个世界并在这个世界中，这个民族才回归到它自身，从而实现它的使命。

这个建筑作品阒然无声地屹立于岩地上。作品的这一屹立道出了岩石那种笨拙而无所促迫的承受的幽秘。建筑作品阒然无声地承受着席卷而来的猛烈风暴，因此才证明了风暴本身的强力。岩石的璀璨光芒看来只是太阳的恩赐，然而它却使得白昼的光明、天空的辽阔、夜的幽暗显露出来。神庙坚固的耸立使得不可见的大气空间昭然可睹了。作品的坚固性遥遥面对海潮的波涛起伏，由于它的泰然宁静才显出了海潮的凶猛。树木和草地，兀鹰和公牛，长蛇和蟋蟀才进入它们突出鲜明的形象中，从而显示为它们所是的东西。希腊人很早就把这种露面、涌现本身和整体叫做Φύσις。[①] Φύσις［涌现、自然］同时也照亮了人在其上和其中赖以筑居的东西。我们称之为大地(Erde)。在这里，大地一词所说的，既与关于堆积在那里的质料体的观念相去甚远，也与关于一个行星的宇宙观念格格不入。大地是一切涌现者的返身隐匿之所，并且是作为这样一种把一切涌现者返身隐匿起来的涌现。在涌现者中，大地现身而为庇护者(das Bergende)。

神庙作品阒然无声地开启着世界，同时把这世界重又置回到

① 希腊文Φύσις通译为“自然”，而依海德格尔之见，Φύσις是生成性的，本意应解作“出现”、“涌现”(aufgehen)等。——译注

大地之中。如此这般，大地本身才作为家园般的基地而露面。但
人和动物、植物和物，从来就不是作为恒定不变的对象，不是现成
的和熟悉的，从而可以附带地把对神庙来说适宜的周遭表现出来。 29
此神庙有朝一日也成为现身在场的东西。如果我们把一切倒转过
来[①]思考一切，我们倒是更切近于所是的真相；当然，这是有前提
的，即，我们要事先看到一切如何不同地转向我们。纯然为倒转而
倒转，是不会有什么结果的。

神庙在其阒然无声的矗立中才赋予物以外貌，才赋予人类以关于他们自身的展望。只要这个作品是作品，只要神还没有从这个作品那里逃逸，那么，这种视界就总是敞开的。[②] 神的雕像的情形亦然，这种雕像往往被奉献给竞赛中的胜利者。它并非人们为了更容易认识神的形象而制作的肖像；它是一部作品，这部作品使得神本身现身在场，因而就是（*ist*）神本身。相同的情形也适合于语言作品。在悲剧中并不表演和展示什么，而是进行着新神反抗旧神的斗争。由于语言作品产生于民众的言语，因而它不是谈论这种斗争，而是改换着民众的言说，从而使得每个本质性的词语都从事着这种斗争并且作出决断：什么是神圣，什么是凡俗；什么是伟大，什么是渺小；什么是勇敢，什么是怯懦；什么是高贵，什么是粗俗；什么是主人，什么是奴隶（参看赫拉克利特，残篇第53）。

那么，作品之作品存在何在呢？在对刚才十分粗略地揭示出来的东西的不断展望中，我们首先对作品的两个本质特征该是较

① 1960年雷克拉姆版：倒转过来——往何处呢？——作者边注

② 注意此处“外貌”（Gesicht）、“展望”（Aussicht）和“视界”（Sicht）之间的字面的和意义的联系。——译注

为明晰了。这里，我们是从早就为人们所熟悉了的作品存在的表面特征出发的，亦即是从作品存在的物因素出发的；我们通常对付作品的态度就是以物因素为立足点的。

要是一件作品被安放在博物馆或展览厅里，我们会说，作品被建立（aufstellen）了。但是，这种建立与一件建筑作品的建造意义
30 上的建立，与一座雕像的树立意义上的建立，与节日庆典中悲剧的表演意义上的建立，是大相径庭的。这种建立乃是奉献和赞美意义上的树立。这里的“建立”不再意味着纯然的设置。在建立作品时，神圣者作为神圣者开启出来，神被召唤入其现身在场的敞开之中；在此意义上，奉献就是神圣者之献祭（heiligen）。赞美属于奉献，它是对神的尊严和光辉的颂扬。尊严和光辉并非神之外和神之后的特性，不如说，神就在尊严中，在光辉中现身在场。我们所谓的世界，在神之光辉的反照中发出光芒，亦即光亮起来。树立（Er-richten）意味着：把在指引尺度意义上的公正性开启出来；而作为指引尺度，是本质性因素给出了指引。但为什么作品的建立是一种奉献着—赞美着的树立呢？因为作品在其作品存在中就要求如此。作品是如何要求这样一种建立的呢？因为作品本身在其作品存在中就是有所建立的。而作品之为作品建立什么呢？作品在自身中突现着，开启出一个**世界**，并且在运作中永远守持这个世界。

作品存在就是建立一个世界。但这个世界是什么呢？其实，当我们谈论神庙时，我们已经说明了这个问题。只有在我们这里所走的道路上，世界之本质才得以显示出来。甚至这种显示也局限于一种抵制，即抵制那种起初会把我们对世界之本质的洞察引

入迷途的东西。

世界并非现成的可数或不可数的、熟悉或不熟悉的物的单纯聚合。但世界也不是一个加上了我们对现成事物之总和的表象的想象框架。**世界世界化**,[①]它比我们自认为十分亲近的可把握和可觉知的东西更具存在特性。世界绝不是立身于我们面前、能够让我们细细打量的对象。只要诞生与死亡、祝福与诅咒的轨道不断地使我们进入存在,[②]世界就始终是非对象性的东西,而我们人 31
始终隶属于它。在我们的历史的本质性决断发生之处,在这些本质性决断为我们所采纳和离弃,误解和重新追问的地方,世界世界化。石头是无世界的。植物和动物同样也是没有世界的;它们落入一个环境,属于一个环境中掩蔽了的涌动的杂群。与此相反,农妇却有一个世界,因为她逗留于存在者之敞开领域中。器具以其可靠性给予这个世界一种自身的必然性和切近。由于一个世界敞开出来,所有的物都获得了自己的快慢、远近、大小。在世界化中,那种广袤(Geräumigkeit)聚集起来;由此广袤而来,诸神有所保存的恩宠得到了赠予或者拒绝。甚至那上帝缺席的厄运也是世界世界化的一种方式。

因为一件作品是作品,它就为那种广袤设置空间。"为……设置空间"(einräumen)在此特别意味着:开放敞开领域之自由,并

---

① "世界世界化"(Welt weltet)是海德格尔的一个独特表述,也可译为"世界世界着"或者"世界世界起来"。相类的表述还有:"存在是、存在存在"(Sein ist)、"无不、无无化"(Nichts nichtet)、"时间时间化"(Zeit zeitigt)和"空间空间化"(Raum räumt)等。——译注

② 1960年雷克拉姆版:此之在(Da-sein)。1957年第三版:本有(Ereignis)。——作者边注

且在其结构中设置这种自由。这种设置出于上面所说的树立。作品之为作品建立一个世界。作品张开了世界之敞开领域。但是，建立一个世界仅仅是这里要说的作品之作品存在的本质特性之一。至于另一个与此相关的本质特性，我们将用同样的方式从作品的显突因素那里探个明白。

一件作品从这种或者那种作品材料那里，诸如从石头、木料、铁块、颜料、语言、声音等那里，被创作出来，我们也说，它由此被置造（herstellen）出来。然而，正如作品要求一种在奉献着—赞美着的树立意义上的建立，因为作品的作品存在就在于建立一个世界，同样地，置造也是必不可少的，因为作品的作品存在本身就具有置造的特性。作品之为作品，本质上是有所置造的。但作品置造什
32 么呢？关于这一点，只有当我们追究了作品的表面的、通常所谓的置造，我们才会有所了解。

作品存在包含着一个世界的建立。在此种规定的视界内来看，在作品中哪些本质是人们通常称之为作品材料的东西呢？器具由有用性和适用性所决定，它选取适用的质料并由这种质料组成。石头被用来制作器具，比如制作一把石斧。石头于是消失在有用性中。质料愈是优良愈是适宜，它也就愈无抵抗地消失在器具的器具存在中。而与此相反，神庙作品由于建立一个世界，它并没有使质料消失，倒是才使质料出现，而且使它出现在作品的世界的敞开领域之中：岩石能够承载和持守，并因而才成其为岩石；金属闪烁，颜料发光，声音朗朗可听，词语得以言说。[①] 所有这一切

① 1960年雷克拉姆版：吐露、言说。——作者边注

得以出现，都是由于作品把自身置回到石头的硕大和沉重、木头的坚硬和韧性、金属的刚硬和光泽、颜料的明暗、声音的音调和词语的命名力量之中。

作品回归之处，作品在这种自身回归中让其出现的东西，我们曾称之为大地。大地乃是涌现着—庇护着的东西。大地是无所促迫的无碍无累和不屈不挠的东西。立于大地之上并在大地之中，历史性的人类建立了他们在世界之中的栖居。由于建立一个世界，作品置造大地。[1] 在这里，我们应该从这个词的严格意义上来思置造。[2] 作品把大地本身挪入一个世界的敞开领域中，并使之保持于其中。**作品让**[3]**大地是**[4]**大地**。[5]

作品把自身置回到大地中，大地被置造出来。但为什么这种 33
置造必须这样发生呢？什么是大地——恰恰以这种方式进入无蔽领域的大地呢？石头负荷并且显示其沉重。这种沉重向我们压来，它同时却拒绝我们向它穿透。要是我们砸碎石头而试图穿透它，石头的碎块却绝不会显示出任何内在的和被开启的东西。石头很快就又隐回到其碎块的负荷和硕大的同样的阴沉之趣中去了。要是我们把石头放在天平上面，试图以这种不同的方式来把捉它，那么，我们只不过是把石头的沉重带入重量计算之中而已。

① 显然，海德格尔这里所谓“置造”（Herstellen）不是指对象性的对事物的加工制作。——译注

② 1960年雷克拉姆版：不充分。——作者边注

③ 1960年雷克拉姆版：叫（heißt）？参看拙文“物”：四重整体（Ge-Viert）。——作者边注

④ 1960年雷克拉姆版：本有（Ereignis）。——作者边注

⑤ 此句原文为：Das Werk läßt die Erde eine Erde sein。——译注

这种对石头的规定或许是很准确的，但只是数字而已，而负荷却从我们这里逃之夭夭了。色彩闪烁发光而且惟求闪烁。要是我们自作聪明地加以测定，把色彩分解为波长数据，那色彩早就杳无踪迹了。只有当它尚未被揭示、未被解释之际，它才显示自身。因此，大地让任何对它的穿透在它本身那里破灭了。大地使任何纯粹计算式的胡搅蛮缠彻底幻灭了。虽然这种胡搅蛮缠以科学技术对自然的对象化的形态给自己罩上统治和进步的假象，但是，这种支配始终是意欲的昏晕无能。只有当大地作为本质上不可展开的东西被保持和保护之际——大地退遁于任何展开状态，亦即保持永远的锁闭——大地才敞开地澄亮了，才作为大地本身而显现出来。大地上的万物，亦即大地整体本身，汇聚于一种交响齐奏之中。不过，这种汇聚并非消逝。在这里流动的是自身持守的河流，这条河流的界线的设置，把每个在场者都限制在其在场中。因此，在任何一个自行锁闭的物中，有着相同的自不相识（Sichnicht-Kennen）。大地是本质上自行锁闭者。置造大地意思就是：把作为自行锁闭者的大地带入敞开领域之中。



34 这种对大地的置造由作品来完成，因为作品把自身置回到大地之中。但大地的自行锁闭并非单一的、僵固的遮盖，而是自身展开到其质朴方式和形态的无限丰富性之中。虽然雕塑家使用石头的方式，仿佛与泥瓦匠与石头打交道并无二致。但雕塑家并不消耗石头；除非出现败作时，才可以在某种程度上说他消耗了石头。虽然画家也使用颜料，但他的使用并不是消耗颜料，倒是使颜料得以闪耀发光。虽然诗人也使用词语，但他不像通常讲话和书写的人们那样不得不消耗词语，倒不如说，词语经由诗人的使用，才成为并且保持为词语。

在作品中根本就没有作品质料的痕迹。甚至，在对器具的本质规定中，通过把器具标识为在其器具性本质之中的质料，这样做是否就切中了器具的构成因素，这一点也还是值得怀疑的。

建立一个世界和置造大地，乃是作品之作品存在的两个基本特征。当然，它们是休戚相关的，处于作品存在的统一体中。[①] 当我们思考作品的自立，力图道出那种自身持守（Aufsichberuhen）的紧密一体的宁静时，我们就是在寻找这个统一体。

可是，凭上述两个基本特征，即使有某种说服力，我们却毋宁说是在作品中指明一种发生（Geschehen），而绝不是一种宁静；因为宁静不是与运动对立的东西又是什么呢？但它绝不是排除了自身运动的那种对立，而是包含着自身运动的对立。惟有动荡不安的东西才能宁静下来。宁静的方式随运动的方式而定。在物体的单纯位移运动中，宁静无疑只是运动的极限情形。要是宁静包含着运动，那么就会有一种宁静，它是运动的内在聚合，也就是最高 35
的动荡状态——假设这种运动方式要求这种宁静的话。而自持的作品就具有这种宁静。因此，当我们成功地在整体上把握了作品存在中的发生的运动状态，我们就切近于这种宁静了。我们要问：建立一个世界和置造大地在作品本身中显示出何种关系？

世界是自行公开的敞开状态，即在一个历史性民族的命运中单朴而本质性的决断的宽阔道路的自行公开的敞开状态（Offenheit）。大地是那永远自行锁闭者和如此这般的庇护者的无所促

① 1957年第三版：惟在此？或者这里只以被建造的方式。——作者边注

迫的涌现。世界和大地本质上彼此有别，但却相依为命。世界建基于大地，大地穿过世界而涌现出来。但是，世界与大地的关系绝不会萎缩成互不相干的对立之物的空洞的统一体。世界立身于大地；在这种立身中，世界力图超升于大地。世界不能容忍任何锁闭，因为它是自行公开的东西。而大地是庇护者，它总是倾向于把世界摄入它自身并且扣留在它自身之中。

世界与大地的对立是一种争执（Streit）。但由于我们老是把这种争执的本质与分歧、争辩混为一谈，并因此只把它看作紊乱和破坏，所以我们轻而易举地歪曲了这种争执的本质。然而，在本质性的争执中，争执者双方相互进入其本质的自我确立中。而本质之自我确立从来不是固执于某种偶然情形，而是投入本己存在之渊源的遮蔽了的原始性中。在争执中，一方超出自身包含着另一方。争执于是总是愈演愈烈，愈来愈成为争执本身。争执愈强烈地独自夸张自身，争执者也就愈加不屈不挠地纵身于质朴的恰如其分的亲密性（Innigkeit）之中。大地离不开世界之敞开领域，因
36 为大地本身是在其自行锁闭的被解放的涌动中显现的。而世界不能飘然飞离大地，因为世界是一切根本性命运的具有决定作用的境地和道路，它把自身建基于一个坚固的基础之上。

由于作品建立一个世界并置造大地，故作品就是这种争执的诱因。但是，争执的发生并不是为了使作品把争执消除和平息在一种空泛的一致性中，而是为了使争执保持为一种争执。作品建立一个世界并置造大地，同时就完成了这种争执。作品之作品存在就在于世界与大地的争执的实现过程中。因为争执在亲密性之单朴性中达到其极致，所以在争执的实现过程中就出现了作品的

统一体。争执的实现过程是作品运动状态的不断自行夸大的聚集。因而在争执的亲密性中，自持的作品的宁静就有了它的本质。

只有在作品的这种宁静中，我们才能看到，什么在作品中发挥作用。迄今为止，认为在艺术作品中真理被设置入作品的看法始终还是一个先入为主式的断言。真理究竟怎样在作品之作品存在中发生呢？也就是说：在世界与大地的争执的实现过程中，真理究竟是怎样发生的呢？什么是真理呢？

我们关于真理之本质的知识是那样微乎其微，愚钝不堪。这已经由一种漫不经心的态度所证明了；我们正是凭着这种漫不经心而肆意沉湎于对这个基本词语的使用。对于真理这个词，人们通常是指这个真理和那个真理，它意味着：某种真实的东西。这类东西据说是在某个命题中被表达出来的知识。可是，我们不光称一个命题是真的，我们也把一件东西叫做真的，譬如，与假金相区别的真金。在这里，“真的”(wahr)意指与真正的、实在的黄金一样多。而在此关于“实在之物”(dasWirkliche)的谈论意指什么呢？在我们看来，“实在之物”就是在真理中的存在者。[1] 真实就是与实在相符；而实在就是处于真理之中。这一循环又闭合了。

何谓“在真理之中”呢？真理是真实之本质。我们说“本质”， 37
我们想的是什么呢？“本质”通常被看作是所有真实之物所共同拥有的特征。本质出现在类概念和普遍概念中，类概念和普遍概念表象出一个对杂多同样有效的“一”(das Eine)。但是，这种同样

① 此处“在真理中的存在者”原文为 das in Wahrheit Seiende，或可译为“实际存在着的东西”。——译注

有效的本质（在 essentia［本质］意义上的本质性）却不过是非本质性的本质。那么，某物的本质性的本质何在？大概它只在于在真理中的存在者的所是之中。一件东西的真正本质由它的真实存在所决定，由每个存在者的真理所决定。可是，我们现在要寻找的并不是本质的真理，而是真理的本质。这因此表现为一种荒谬的纠缠。这种纠缠仅只是一种奇怪现象吗？甚或，它只是概念游戏的空洞的诡辩？或者——竟是一个深渊么？

真理意指真实之本质。我们要通过回忆一个希腊词语来思这一点。’Αλήθεια［无蔽］意味着存在者之无蔽状态。但这就是一种对真理之本质的规定吗？我们难道不是仅只做了一种词语用法的改变，也即用无蔽代替真理，以此标明一件实事吗？当然，只要我们不知道究竟必定发生了什么，才能迫使真理之本质必得在“无蔽”一词中道出，那么，我们确实只是变换了一个名称而已。

为此需要革新希腊哲学吗？绝对不是的。哪怕这种不可能的革新竟成为可能，对我们也毫无助益；因为自其发端之日起，希腊哲学隐蔽的历史就没有保持与ἀλήθεια［无蔽］一词中赫然闪现的真理之本质相一致，同时不得不把关于真理之本质的知识和道说越来越置入对真理的一个派生本质的探讨中。作为ἀλήθεια［无蔽］的真理之本质在希腊思想中未曾得到思考，在后继时代的哲学
38 中就更是理所当然地不受理会了。对思想而言，无蔽乃希腊式此在中遮蔽最深的东西，但同时也是早就开始规定着一切在场者之在场的东西。

但为什么我们就不能停留在千百年来我们已十分熟悉的真理之本质那里就算了呢？长期以来，一直到今天，真理便意味着知识

与事实的符合一致。然而,要使认识以及构成并且表达知识的命题能够符合于事实,以便因此使事实事先能约束命题,事实本身却还必须显示出自身来。而要是事实本身不能出于遮蔽状态,要是事实本身并没有处于无蔽领域之中,它又如何能显示自身呢?命题之为真,乃是由于命题符合于无蔽之物,亦即与真实相一致。命题的真理始终是正确性(Richtigkeit),而且始终仅仅是正确性。自笛卡尔以降,真理的批判性概念都是以作为确定性(Gewißheit)的真理为出发点的,但这也只不过是那种把真理规定为正确性的真理概念的变形。我们对这种真理的本质十分熟悉,它亦即表象(Vorstellen)的正确性,完全与作为存在者之无蔽状态的真理一起沉浮。



如果我们在这里和在别处将真理把握为无蔽,我们并非仅仅是在对古希腊词语更准确的翻译中寻找避难之所。我们实际上是在思索流行的、因而也被滥用的那个在正确性意义上的真理之本质的基础是什么;这种真理的本质是未曾被经验和未曾被思考过的东西。偶尔我们只得承认,为了证明和理解某个陈述的正确性(即真理),我们自然要追溯到已经显而易见的东西那里。这种前提实在是无法避免的。只要我们这样来谈论和相信,那么,我们就始终只是把真理理解为正确性,它却还需要一个前提,而这个前提就是我们自己刚才所做的——天知道如何又是为何。

但是,并不是我们把存在者之无蔽状态设为前提,而是存在者 39
之无蔽状态(即存在[①])把我们置入这样一种本质之中,以至于我

① 1960年雷克拉姆版:亦即本有(Ereignis)。——作者边注

们在我们的表象中总是已经被投入无蔽状态之中并且与这种无蔽状态亦步亦趋。不仅知识自身所指向的东西必须已经以某种方式是无蔽的，而且这一“指向某物”(Sichrichten nach etwas)的活动发生于其中的整个领域，以及同样地一种命题与事实的符合对之而公开化的那个东西，也必须已经作为整体发生于无蔽之中了。[①]倘若不是存在者之无蔽状态已经把我们置入一种光亮领域[②]，而一切存在者就在这种光亮中站立起来，又从这种光亮那里撤回自身，那么，我们凭我们所有正确的观念，就可能一事无成，我们甚至也不能先行假定，我们所指向的东西已经显而易见了。

然而这是怎么回事呢？真理作为这种无蔽状态是如何发生的呢？这里我们首先必须更清晰地说明这种无蔽状态究竟是什么。

物存在，人存在；礼物和祭品存在；动物和植物存在；器具和作品存在。存在者处于存在之中。一种注定在神性与反神性之间的被掩蔽的厄运贯通着存在。存在者的许多东西并非人所能掌握的，只有少量为人所认识。所认识的也始终是一个大概，所掌握的也始终不可靠。一如存在者太易于显现出来，它从来就不是我们的制作，更不是我们的表象。要是我们思考一个统一的整体，那么，看来好像我们就把握了一切存在者，尽管只是粗糙有余的把握。

然而，超出存在者之外，但不是离开存在者，而是在存在者之



① 此句中的“指向某物”(Sichrichten nach etwas)也可译为“与某物符合一致”，与“正确性”(Richtigkeit)有着字面的和意义的联系。——译注

② 1960年雷克拉姆版：倘若澄明不发生，亦即没有本有之发生(Ereignen)。——作者边注

前，在那里还发生着另一回事情。[①] 在存在者整体中间有一个敞开的处所。一种澄明（Lichtung）在焉。从存在者方面来思考，此种澄明比存在者更具存在者特性。因此，这个敞开的中心并非由存在者包围着，而不如说，这个光亮中心本身就像我们所不认识的无（Nichts）一样，围绕一切存在者而运行。 40

惟当存在者进入和出离这种澄明的光亮领域之际，存在者才能作为存在者而存在。惟有这种澄明才允诺、并且保证我们人通达非人的存在者，走向我们本身所是的存在者。由于这种澄明，存在者才在确定的和不确定的程度上是无蔽的。就连存在者的*遮蔽*也只有在光亮的区间内才有可能。我们遇到的每一存在者都遵从在场的这种异乎寻常的对立，因为存在者同时总是把自己抑制在一种遮蔽状态中。存在者进入其中的澄明，同时也是一种遮蔽。但遮蔽以双重方式在存在者中间起着决定作用。

要是我们关于存在者还只能说“它存在”，那么，存在者就拒绝我们，直至那个“一”和我们最容易切中的看起来最微不足道的东西。作为拒绝的遮蔽不只是知识的一向的界限，而是光亮领域之澄明的开端。但遮蔽也同时存在于光亮领域之中，当然是以另一种方式。存在者蜂拥而动，彼此遮盖，相互掩饰，少量隔阻大量，个别掩盖全体。在这里，遮蔽并非简单的拒绝，而是：存在者虽然显现出来，但它显现的不是自身而是它物。

这种遮蔽是一种伪装（Verstellen）。倘若存在者并不伪装存在者，我们又怎么会在存在者那里看错和搞错，我们又怎么会误入

① 1957年第三版：本有（Ereignis）。——作者边注

歧途，晕头转向，尤其是如此狂妄自大呢？存在者能够以假象迷惑，这就决定了我们会有差错误会，而非相反。

41 遮蔽可能是一种拒绝，或者只不过是一种伪装。遮蔽究竟是拒绝呢，抑或伪装，对此我们简直无从确定。遮蔽遮蔽着自身，伪装着自身。这就是说：存在者中间的敞开的处所，也就是澄明，绝非一个永远拉开帷幕的固定舞台，好让存在者在这个舞台上演它的好戏。恰恰相反，澄明惟作为这种双重的遮蔽才发生出来。存在者之无蔽从来不是一种纯然现存的状态，而是一种生发（Geschehnis）[①]。无蔽状态（即真理）既非存在者意义上的事物的一个特征，也不是命题的一个特征。

我们相信我们在存在者的切近的周围中是游刃有余的。存在者是熟悉的、可靠的、亲切的。可是，具有拒绝和伪装双重形式的持久的遮蔽仍然穿过澄明。亲切根本上并不亲切，而倒是阴森森的（un-geheuer）。真理的本质，亦即无蔽，是由一种否定而得到彻底贯彻的。但这种否定并非匮乏和缺憾，仿佛真理是摆脱了所有遮蔽之物的纯粹无蔽似的；倘若果真能如此，那么真理就不再是真理本身了。**这种以双重遮蔽方式的否定属于作为无蔽的真理之本质**。真理在本质上即是非真理（Un-Wahrheit）。为了以一种也许令人吃惊的尖刻来说明，我们可以说，这种以遮蔽方式的否定属于作为澄明的无蔽。相反，真理的本质就是非真理。但这个命题却不能说成：真理根本上是谬误。同样地，这个命题的意思也不是说：真理从来不是它自身，辩证地看，真理也总是其对立面。

---

① 1950年第一版：本有（Ereignis）。——作者边注

只要遮蔽着的否定（Verweigern）作为拒绝（Versagen）首先
把永久的渊源归于一切澄明，而作为伪装的否定却把难以取消的
严重迷误归于一切澄明，那么，真理就作为它本身而成其本质。就 42
真理的本质来说，那种在真理之本质中处于澄明与遮蔽之间的对
抗，可以用遮蔽着的否定来称呼它。这是原始的争执的对立。就
其本身而言，真理之本质即是原始争执（Urstreit）[①]，那个敞开的
中心就是在这一原始争执中被争得的；而存在者站到这个敞开中
心中去，或离开这个中心，把自身置回到自身中去。

这种敞开领域（das Offene）发生于存在者中间。它展示了一个我们已经提到过的本质特征。世界和大地属于敞开领域，但是世界并非直接就是与澄明相应的敞开领域，大地也不是与遮蔽相应的锁闭。而毋宁说，世界是所有决断与之相顺应的基本指引的道路的澄明。但任何决断都是以某个没有掌握的、遮蔽的、迷乱的东西为基础的；否则它就决不是决断。大地并非直接就是锁闭，而是作为自行锁闭者而展开出来的。按其自身各自的本质而言，世界与大地总是有争执的，是好争执的。惟有这样的世界和大地才能进入澄明与遮蔽的争执之中。

只要真理作为澄明与遮蔽的原始争执而发生，大地就一味地通过世界而凸现，世界就一味地建基于大地中。但真理如何发生呢？我们回答说：[②]真理以几种根本性的方式发生。真理发生的方式之一就是作品的作品存在。作品建立着世界并且置造着大

① 1960年雷克拉姆版：本有。——作者边注

② 1960年雷克拉姆版：没有答案，因为问题依然：这是什么，什么以这些方式发生？——作者边注

地，作品因之是那种争执的实现过程，在这种争执中，存在者整体之无蔽状态亦即真理被争得了。

在神庙的矗立中发生着真理。这并不是说，在这里某种东西被正确地表现和描绘出来了，而是说，存在者整体被带入无蔽状态
43 并且保持于无蔽状态之中。保持原本就意味着守护。[①] 在凡·高的油画中发生着真理。这并不是说，在此画中某种现存之物被正确地临摹出来了，而是说，在鞋具的器具存在的敞开中，存在者整体，亦即在冲突中的世界和大地，进入无蔽状态之中。

在作品中发挥作用的是真理，而不只是一种真实。刻画农鞋的油画，描写罗马喷泉的诗作，不光是显示——如果它们总是有所显示的话——这种个别存在者是什么，而是使得无蔽状态本身在与存在者整体的关涉中发生出来。[②] 鞋具愈单朴、愈根本地在其本质中出现，喷泉愈不假修饰、愈纯粹地以其本质出现，伴随它们的所有存在者就愈直接、愈有力地变得更具有存在者特性。于是，自行遮蔽着的存在便被澄亮了。如此这般形成的光亮，把它的闪耀嵌入作品之中。这种被嵌入作品之中的闪耀（Scheinen）就是美。**美是作为无蔽的真理的一种现身方式**。[③]

现在，虽然我们从几个方面对真理之本质有了较为清晰的把握，因而对在作品中在起作用的东西该是比较清楚了，但是，眼下

① 海德格尔显然在此强调德文“保持”（halten）与“守护”（hüten）的词源联系。——译注

② 1960年雷克拉姆版：本有（Ereignis）。——作者边注

③ 德语原文为：Schönheit ist eine Weise，wie Wahrheit als Unverborgenheit west。——译注

显然可见的作品之作品存在依然还没有告诉我们任何关于作品的最切近、最突出的现实性和作品中的物因素。甚至看来几乎是，在我们追求尽可能纯粹地把握作品自身的自立时，我们完全忽略了一件事情，即作品始终是作品——宁可说是一个被创造的东西。如果说有某某东西能把作品之为作品显突出来的话，那么，它只能是作品的被创作存在（Geschaffensein）。因为作品是被创作的，而创作需要一种它借以创造的媒介物，那种物因素也就进入了作品之中。这是无可争辩的。不过，悬而未决的问题还是：被创作存在如何属于作品？对此问题的澄清要求弄清下面两点： 44

一、在此何谓区别于制造和被制造存在的被创作存在和创作呢？

二、惟从作品本身的最内在本质出发，才能确定被创作存在如何属于作品以及它在多大程度上决定了作品的作品存在。作品的这种最内在本质是什么呢？



在这里，创作始终被认为是关涉于作品的。作品的本质就包含着真理的发生。我们自始就从它与作为存在者之无蔽状态的真理的本质的关系出发，来规定创作的本质。被创作存在之属于作品，只有在一种更其原始的对真理之本质的澄清中才能得到揭示。这就又回到了对真理及其本质的追问上来了。

倘若“在作品中真理起着作用”这一命题不该是一个纯粹的论断的话，那么，我们就必须再次予以追问。

于是，我们现在必须更彻底地发问：一种与诸如某个作品之类的东西的牵连，如何处于真理之本质中？为了能成为真理，那种能够被设置入作品中的真理，或者在一定条件下甚至必须被设置入作品中的真理，到底具有何种本质呢？而我们曾把“真理之设置入作品”规定为艺术的本质。因此，最终提出的问题就是：

什么是能够作为艺术而发生，甚或必须作为艺术而发生的真理？何以有艺术呢？[①]

## 真理与艺术

艺术作品和艺术家的本源是艺术。本源即是存在者之存在现
45 身于其中的本质来源。什么是艺术？我们在现实的作品中寻找艺术之本质。作品之现实性是由在作品中发挥作用的东西，即真理的发生，来规定的。此种真理之生发，我们思之为世界与大地之间的争执的实现。在这种争执的被聚合起来的动荡不安（Bewegnis）中有宁静。作品的自持就建基于此。

真理之生发在作品中发挥作用。但这样发挥作用的东西却在作品中。因而在这里就已经先行把现实的作品设定为那种发生的载体。对现存作品的物因素的追问又迫在眉睫了。于是，下面这一点终于清楚了：无论我们多么热诚地追问作品的自立，只要我们还没有领会艺术作品是一个制成品，我们就找不到它的现实性。其实这种看法是最切近而明显的；因为在“作品”一词中我们就听出制成品的意思。作品的作品因素，就在于它由艺术家所赋予的被创作存在之中。我们直到现在才提到这个最显而易见而又说明

① 这里加着重号的“有”（es gibt）的含义比较特别，含“给出”、“呈现”之意。——译注

一切的对作品的规定，看来可能是令人奇怪的。

然而，作品的被创作存在显然只有根据创作过程才可能得到把握。因此，在这个事实的强迫下，我们就不得不懂得去深入领会艺术家的活动，才能切中艺术作品的本源。纯粹根据作品本身来规定作品的作品存在，[1]这种尝试业已证明是行不通的。

如果我们现在撇开作品不管，而去追踪创作的本质，那么，我们无非是想坚持我们起初关于农鞋的油画、继之关于希腊神庙所说出的看法。

我们把创作思为一种生产（Hervorbingen）。但器具的制作 46
也是一种生产。手工业却无疑并不创作作品——这是一个奇特的语言游戏；[2]哪怕我们有必要把手工艺产品和工厂制品区别开来，手工业也没有创作作品。但是，创作的生产又如何与制作方式的生产区别开来呢？按照字面，我们是多么轻而易举地区分作品创作与器具制作，而要按照它们各自的基本特征探究生产的两种方式，又是多么举步维艰。依最切近的印象，我们在陶匠和雕塑家的活动中，在木工和画家的活动中，发现了相同的行为。作品创作本身需要手工艺行动。伟大的艺术家最为推崇手工艺才能了。他们首先要求出于娴技熟巧的细心照料的才能。最重要的是，他们努力追求手工艺中那种永葆青春的训练有素。人们已经充分看到，对艺术作品有良好领悟的希腊人用同一个词τέχνη［技艺］来表示手艺和艺术，并且用同一个名称τεχνίτης［艺人］来称呼手工技艺

① 1960年雷克拉姆版：什么叫“作品存在”？多义。——作者边注

② 在德文中，“手工艺”（das Handwerk）一词由“手”（Hand）和“作品”（Werk）合成，而“手工艺”实际上并不创作“作品”——是为“语言游戏”。——译注

家和艺术家。

因此，看来最好是从创作的手工技艺方面来确定创作的本质。但上面提到的希腊人的语言用法以及它们对事情的经验却迫使我们深思。不管我们多么普遍、多么清楚地指出希腊人常用相同的词τέχνη来称呼手艺和艺术，这种指示依然是肤浅的和有失偏颇的；因为τέχνη并非指手艺也非指艺术，也不是指我们今天所谓的技术，根本上，它从来不是指某种实践活动。

希腊文的τέχνη这个词毋宁说是知道（Wissen）的一种方式。知道意味着：已经看到（gesehen haben），而这是在“看”的广义上
47 说的，意思就是：对在场者之为这样一个在场者的觉知（vernehmen）。对希腊思想来说，知道的本质在于ἀλήθεια[无蔽]，亦即存在者之解蔽。它承担和引导任何对存在者的行为。由于知道使在场者之为这样一个在场者出于遮蔽状态，而特地把它带入其外观（Aussehen）的无蔽状态中，因此，τέχνη[技艺]作为希腊人所经验的知道就是存在者之生产；τέχνη从来不是指制作活动。

艺术家之为一个τεχνίτης[艺人]，并非因为他也是一个工匠，而是因为，无论是作品的置造（Her-stellen），还是器具的置造，都是在生产（Her-vov-bringen）中发生的，这种生产自始就使得存在者以其外观而出现于其在场中。但这一切都发生在自然而然地展开的存在者中间，也即是在φύσις[涌现、自然]中间发生的。把艺术称为τέχνη[技艺]，这绝不是说对艺术家的活动应从手工技艺方面来了解。在作品制作中看来好像手工制作的东西却有着不同的特性。艺术家的活动由创作之本质来决定和完成，并且也始终被扣留在创作之本质中。

如果不能以手工艺为引线去思考创作的本质，那么，我们应当依什么线索去思考创作的本质呢？莫非除了根据那被创作的东西即作品外，还有别的办法吗？尽管作品首先是在创作之实行中才成为现实的，因而就其现实性来说取决于创作，但创作的本质却是由作品的本质来规定的。尽管作品的被创作存在与创作相关联，但被创作存在和创作都得根据作品的作品存在来规定。现在，为什么我们起初只是讨论作品，直到最后才来考察被创作存在，也就不会令人奇怪了。如果说被创作存在本质上属于作品，正如从“作品”一词中即可听出被创作存在，那么，我们就必须努力进一步更本质性地去领会迄今为止可以被规定为作品的作品存在的东西。

根据我们已获得的对作品的本质界定，在作品中真理之生发 48
起着作用；由于这种考虑，我们就可以把创作规定为：让某物出现于被生产者之中（das Hervorgehenlassen in ein Hervorgebrachtes）。作品之成为作品，是真理之生成和发生的一种方式。一切全然在于真理的本质中。但什么是真理？什么是必定在这样一种被创作的东西中发生的真理呢？真理何以出于其本质的基础而牵连于一作品？我们能从上面所揭示的真理之本质来理解这一点吗？



真理是非真理，因为在遮蔽意义上的尚未被解蔽的东西的渊源范围就属于真理。在作为真理的非—遮蔽中，同时活动着另一个双重禁阻（Verwehren）的“非”。[①] 真理之为真理，现身于澄明

① 这个“非”，即“无蔽”（Un-verborgenheit，非—遮蔽）中的“非”（Un-），应作动词解。——译注

与双重遮蔽的对立中。真理是原始争执，在其中，敞开领域一向以某种方式被争得了，于是，显示自身和退隐自身的一切存在者进入敞开领域之中或离开敞开领域而固守自身。无论何时何地发生这种争执，争执者，即澄明与遮蔽，都由此而分道扬镳。这样就争得了争执领地的敞开领域。这种敞开领域的敞开性也即真理；当且仅当真理把自身设立在它的敞开领域中，真理才是它所是，亦即是这种敞开性。因此，在这种敞开领域中始终必定有存在者存在，好让敞开性获得栖身之所和坚定性。由于敞开性占据着敞开领域，因此敞开性开放并且维持着敞开领域。在这里，设置和占据都是从θέσις［置立］的希腊意义出发得到思考的，后者意谓：在无蔽领域中的一种建立（Aufstellen）。

由于指出敞开性自行设立于敞开领域之中，[①]思想就触及了
49 一个我们在此还不能予以说明的区域。所要指出的只是，如果存在者之无蔽状态的本质以某种方式属于存在本身（参看拙著《存在与时间》，第 44 节），那么，存在就从其本质而来让敞开性之领地亦即此之澄明（Lichtung des Da）得以出现，并引导这个领地成为任何存在者以各自方式展开于其中的领地。



真理之发生无非是它在通过它本身而公开自身的争执和领地中设立自身。由于真理是澄明与遮蔽的对抗，因此真理包含着此处所谓的设立（Einrichtung）。但是，真理并非事先在某个不可预料之处自在地现存着，然后再在某个地方把自身安置在存在者中

① 1960 年雷克拉姆版：此处“存在学差异”，参看《同一与差异》，第 37 页以下。——作者边注

的东西。这是绝无可能的，因为是存在者的敞开性才提供出某个地方的可能性和一个充满在场者的场所的可能性。敞开性之澄明和在敞开中的设立是共属一体的。它们是真理之发生的同一个本质。真理之发生以其形形色色的方式是历史性的。

真理把自身设立于由它开启出来的存在者之中，一种根本性方式就是真理的自行设置入作品。真理现身运作的另一种方式是建立国家的活动。真理获得闪耀的又一种方式是邻近于那种并非某个存在者而是存在者中最具存在特性的东西。真理设立自身的再一种方式是本质性的牺牲。真理生成的又一种方式是思想者的追问，这种作为存在之思的追问命名着大可追问的存在。相反，科学却决不是真理的原始发生，科学无非是一个已经敞开的真理领域的扩建，而且是通过把握和论证在此领域内显现为可能和必然的正确之物来扩建的。[①] 当且仅当科学超出正确性之外而达到一种真理，也即达到对存在者之为存在者的彻底揭示，它便成为哲 50
学了。



因为真理的本质在于把自身设立于存在者之中从而才成其为真理，所以，在真理之本质中就包含着那种**与作品的牵连**（Zug zum Werk），后者乃是真理本身得以在存在者中间存在的一种突出可能性。

真理之进入作品的设立是这样一个存在者的生产，这个存在者先前还不曾在，此后也不再重复。生产过程把这种存在者如此

① 海德格尔在这里罗列了真理发生的几种原始方式：艺术、建国、牺牲（宗教）和思想等；科学则不是真理的原始的发生方式，而是一种“扩建”（Ausbau），是对已经敞开的领域的“扩建”。——译注

这般地置入敞开领域之中，从而被生产的东西才照亮了它出现于其中的敞开领域的敞开性。当生产过程特地带来存在者之敞开性亦即真理之际，被生产者就是一件作品。这种生产就是创作。作为这种带来，创作毋宁说是在与无蔽状态之关联范围内的一种接收和获取。[①] 那么，被创作存在何在呢？我们可以用两个本质性的规定来加以说明。

真理把自身设立在作品中。真理惟独作为在世界与大地的对抗中的澄明与遮蔽之间的争执而现身。真理作为这种世界与大地的争执被置入作品中。这种争执不会在一个特地被生产出来的存在者中被解除，也不会单纯地得到安顿，而是由于这个存在者而被开启出来的。因此，这个存在者自身必具备争执的本质特性。在争执中，世界与大地的统一性被争得了。由于一个世界开启出来，世界就对一个历史性的人类提出胜利与失败、祝祷与亵渎、主宰与奴役的决断。涌现着的世界使得尚未决断的东西和无度的东西显露出来，从而开启出尺度和决断的隐蔽的必然性。



另一方面，当一个世界开启出来，大地也耸然突现。大地显示
51 自身为万物的载体，入于其法则中被庇护和持久地自行锁闭着的东西。世界要求它的决断和尺度，并让存在者进入它的道路的敞开领域之中。大地力求承载着—凸现着保持自行锁闭，并且力求把万物交付给它的法则。争执并非作为一纯然裂缝之撕裂的裂隙(Riß)，而是争执者相互归属的亲密性。这种裂隙把对抗者一道

① 此处译为“生产”的德语 Herv-or-bringen 含义较广，不是技术制造；其字面含义为“带出来”。故海德格尔说作为“生产”的创作是一种“带来”(Bringen)。——译注

撕扯到它们出自统一基础的统一体的渊源之中。争执之裂隙乃是基本图样，是描绘存在者之澄明的涌现的基本特征的剖面图。这种裂隙并不是让对抗者相互破裂开来，它把尺度和界限的对抗带入共同的轮廓之中。①

只有当争执在一个有待生产的存在者中被开启出来，亦即这种存在者本身被带入裂隙之中，作为争执的真理才得以设立于这种存在者中。裂隙乃是剖面图和基本图样、裂口和轮廓的统一牵联（Gezüge）。真理在存在者中设立自身，而且这样一来，存在者本身就占据了真理的敞开领域。但是，惟当那被生产者即裂隙把自身交付给在敞开领域中凸现的自行锁闭者，这种占据才能发生。这裂隙必须把自身置回到石头吸引的沉重，木头缄默的坚固，色彩幽深的热烈之中。大地把裂隙收回到自身之中，裂隙于是才进入敞开领域而被制造，从而被置入亦即设置入那作为自行锁闭者和保护者进入敞开领域而凸现的东西中。

争执被带入裂隙之中，因而被置回到大地之中并且被固定起来，这种争执乃是形态（Gestalt）。作品的被创作存在意味着：真理之被固定于形态中。形态乃是构造（Gefüge），裂隙就作为这个构造而自行嵌合。被嵌合的裂隙乃是真理之闪耀的嵌合（Fuge）。这里所谓的形态，始终必须根据那种摆置（Stellen）和集置（Gestell）来理解；作品作为这种摆置和集置而现身，因为作品建立自

① 此处 Riß 一词有“裂隙、裂口、平面图、图样”等意思，我们译之为“裂隙”；此处出现的 Grundriß、Aufriß、Umriß 等均以 Riß 为词干，几不可译解。我们权译 Grundriß 为“基本图样”，译 Auf-riß 为“剖面”，译 Umriß 为“轮廓”。——译注

身和置造自身。①

52 在作品创作中，作为裂隙的争执必定被置回到大地中，而大地本身必定作为自行锁闭者被生产和使用。不过，这种使用并不是把大地当作一种材料加以消耗甚或肆意滥用，而倒是把大地解放出来，使之成为大地本身。这种对大地的使用实乃对大地的劳作，虽然看起来这种劳作如同工匠利用材料，因而给人这样一种假象，似乎作品创作也是手工技艺活动。其实绝非如此。作品创作始终是在真理固定于形态中的同时对大地的一种使用。与之相反，器具的制作却绝非直接是对真理之发生的获取。当质料被做成器具形状以备使用时，器具的生产就完成了。器具的完成意味着器具已经超出了它本身，并将在有用性中消耗殆尽。

作品的被创作存在却并非如此。这一点从我们下面就要谈到的第二个特点来看，就一目了然了。

器具的完成状态与作品的被创作存在有一点是相同的，那就是它们都构成了一种被生产存在。但与其他一切生产不同，作品的被创作存在的特殊性在于：它是一道被带入被创作品中而被创作出来的。可是，难道所有生产品以及无论何种形成品不都这样吗？任何一个生产品，如果向来是某个东西，肯定会被赋予一种被生产存在。确实如此。不过在作品中，被创作存在是特别地被带入创作品中而创作出来的，以至于它专门从创作品中，也即从如此

① “集置”(Ge-stell)是后期海德格尔思想的一个基本词语，在日常德语中有Gestell(框架)一词。海德格尔把技术的本质思为“集置”，意指技术通过各种“摆置”(stellen)活动，如表象(vorstellen)、置造(herstellen)、订置(bestellen)、伪置(verstellen)等，对人类产生着一种不无神秘的控制和支配力量。——译注

这般的生产品中突现出来。如若情形如此，那我们也就必然能够特别地在作品中经验这种被创作存在。

从作品中浮现出来的被创作存在并不意味着，根据作品就可以发现它出自某个艺术大师之手。创作品不可作为某位高手的成就来证明，其完成者也不能因此被提升到公共声望中去。要公布出来的并不是姓名不详的作者，而不如说，这个单纯的“factum 53 
est”[存在事实]要在作品中被带入敞开领域之中；也就是说，存在者之无蔽状态在此发生了，而且是首先作为这种发生事件而发生的；也就是说，这样的作品**存在着**，而不是不存在。作品作为这种作品而存在所造成的冲击，以及这种毫不显眼的冲力的连续性，构成了作品的自持的稳固性。在艺术家以及作品形成的过程和条件都尚不为人知的时候，这种冲力，被创作存在的这个“如此”(Daß)，[①]就最纯粹地从作品中出现了。

诚然，每一件可供支配的、处于使用中的器具也包含着它被制作出来的这一“如此”。但这一“如此”在器具那里并没有凸现出来，它消失于有用性中了。一件器具越是凑手，它的“如此”就越是不引人注目（例如，一把榔头就是如此），器具就越是独一地保持在其器具存在中。一般说来，我们在每个现成事物中都能发现它存在的事实；但即便注意到这一点，也很快就以惯常的方式忘掉了。不过，还有什么比存在者存在这回事情更为寻常的呢？与之相反，在作品中，它作为这样一个作品而**存在**，这是非同寻常的事情。它

---

① 此处 Daß 在德语中是从句引导词 daß（相当于英文的 that）的大写。daß 独立用为名词的 Daß，实难以译成中文。我们权译之为“如此”或“如此实情”。——译注

的被创作存在这一发生事件(Ereignis)并没有简单地在作品中得到反映;而不如说,作品作为这样一件作品而存在,这一事件把作品在自身面前投射出来,并且已经不断地在自身周围投射了作品。作品越是本质性地开启自身,那种惟一性,即它存在而不是不存在这一如此实情的惟一性,也就越是显赫明朗。这种冲力越是本质性地进入敞开领域中,作品也就变得越是令人意外,越是孤独。在作品的生产中,包含着这样一种对“如此存在”(daß es sei)的呈献。

对作品的被创作存在的追问应把我们带到了作品的作品因素以及作品的现实性的近处。被创作存在显示自身为:通过裂隙进入形态的争执之被固定存在。在这里,被创作存在本身以特有的方式被寓于作品中,而作为那个“如此”的无声的冲力进入敞开领
54 域中。但作品的现实性并非仅仅限于被创作存在。不过,正是对作品的被创作存在的本质的考察,使得我们现在有可能迈出一步,去达到我们前面所道出的一切的目标。

作品愈是孤独地被固定于形态中而立足于自身,愈纯粹地显得解脱了与人的所有关联,那么,冲力,这种作品**存在**着的这个“如此”,也就愈单朴地进入敞开领域之中,阴森惊人的东西就愈加本质性地被冲开,而以往显得亲切的东西就愈加本质性地被冲翻。然而,这形形色色的冲撞却不具有什么暴力的意味;因为作品本身愈是纯粹进入存在者由它自身开启出来的敞开性中,作品就愈容易把我们移入这种敞开性中,并同时把我们移出寻常平庸。服从于这种移挪过程意味着:改变我们与世界和大地的关联,然后抑制我们的一般流行的行为和评价,认识和观看,以便逗留于在作品中

发生的真理那里。惟有这种逗留的抑制状态才让被创作的东西成为所是之作品。这种“让作品成为作品”，我们称之为作品之保存。① 惟有这种保存，作品在其被创作存在中才表现为现实的，现在来说也即：以作品方式在场着的。

要是作品没有被创作便无法存在，因而本质上需要创作者，同样地，要是没有保存者，被创作的东西也将不能存在。

然而，如果作品没有寻找保存者，没有直接寻找保存者从而使保存者应合于在作品中发生着的真理，那么，这并不意味着，没有保存者作品也能成为作品。只要作品是一件作品，它就总是与保存者相关涉，甚至在（也正是在）它只是等待保存者，恳求和期冀它们进入其真理之中的时候。甚至作品可能碰到的被遗忘状态也不是一无所有；它仍然是一种保存。它乞灵于作品。作品之保存意味着：置身于在作品中发生的存在者之敞开性中。可是，保存的这种“置身于其中”（Inständigkeit）乃是一种知道（Wissen）。知道却
并不在于对某物的单纯认识和表象。谁真正地知道存在者，他也 55
就知道他在存在者中间意愿什么。

这里所谓的意愿（Wollen）既非仅仅运用一种知道，也并不事先决定一种知道；它是根据《存在与时间》的基本思想经验而被思考的。保持着意愿的知道和保持着知道的意愿，乃是实存着的人类绽出地进入存在之无蔽状态之中。在《存在与时间》中思考的决心（Ent-schlossenheit）并不是一个主体的深思的行动，而是此在摆脱存在者的困囿向着存在之敞开性的开启。然而，在实存

① 德语原文为 Bewahrung，或可译为“保藏”。——译注

(Existenz)中,人并非出于一内在而到达一外在,而不如说,实存之本质乃是悬欠着(ausstehend)置身于存在者之澄明的本质性分离中。在先已说明的创作中也好,在现在所谓的意愿中也好,我们都没有设想一个以自身为目的来争取的主体的活动和行为。

意愿乃是实存着的自我超越的冷静的决心,这种自我超越委身于那种被设置入作品中的存在者之敞开性。这样,那种“置身于其中”也被带入法则之中。作品之保存作为知道,乃是冷静地置身于在作品中发生着的真理的阴森惊人的东西中。

这种知道作为意愿在作品之真理中找到了自己的家园,并且只有这样,它才是一种知道;它没有剥夺作品的自立性,并没有把作品强行拉入纯然体验的领域,并不把作品贬低为一个体验的激发者的角色。作品之保存并不是把人孤立于其私人体验,而是把人推入与在作品中发生着的真理的归属关系之中,从而把相互共同存在确立为出自与无蔽状态之关联的此之在(Da-sein)的历史性悬欠(Ausstehen)。再者,在保存意义上的知道与那种鉴赏家对
56 作品的形式、品质和魅力的鉴赏力相去甚远。作为已经看到,知道乃是一种决心,是置身于那种已经被作品嵌入裂隙的争执中去。

作品本身,也只有作品本身,才能赋予和先行确定作品的适宜的保存方式。保存发生在不同等级的知道中,这种知道具有各各不同的作用范围、稳固性和清晰度。如若作品仅仅被提供给艺术享受,这也还没有证明作品之为作品处于保存中。

一旦那种进入阴森惊人的东西中的冲力在流行和鉴赏中被截获了,则艺术行业就开始围着作品团团转了。就连作品的小心谨慎的流传,力求重新获得作品的科学探讨,都不再达到作品自身的

存在，而仅只是一种对它的回忆而已。但这种回忆也能给作品提供一席之地，从中构成作品的历史。相反，作品最本己的现实性，只有当作品在通过它自身而发生的真理中得到保存之际才起作用。

作品的现实性的基本特征是由作品存在的本质来规定的。现在我们可以重新捡起我们的主导问题了：那个保证作品的直接现实性的作品之物因素的情形究竟如何呢？情形是，我们现在不再追问作品的物因素的问题了；因为只要我们作那种追问，我们即刻而且事先就确定无疑地把作品当作一个现存对象了。以此方式，我们从未能从作品出发来追问，而是从我们出发来追问。而这个作为出发点的我们并没有让作品作为一个作品而存在，而是把作品看成能够在我们心灵中引发此种或彼种状态的对象。

然而，在被当作对象的作品中，那个看来像是流行的物的概念
意义上的物因素的东西，从作品方面来了解，实际上就是作品的大 57
地因素（das Erdhafte）。大地进入作品而凸现，因为作品作为其中有真理起作用的作品而现身；而且因为真理惟有通过把自身设立在某个存在者之中才得以现身。但是，在本质上自行锁闭的大地那里，敞开领域的敞开性得到了它最大的抵抗，并因此获得它永久的立足之所，而形态必然被固定于其中。

那么，我们对物之物因素的追问竟是多余的吗？绝对不是的。作品因素固然不能根据物因素来得到规定，但对作品之作品因素的认识，却可能把我们对物之物因素的追问引入正轨。这并非无关紧要，只要我们回想一下那些自古以来流行的思维方式如何扰乱物之物因素，如何使一种对存在者整体的解释达到统治地位，就会明白这一点的。这种对存在者整体的解释使我们对真理的原始本质茫然无知，同样也无能于对器具和作品的本质的把握。

为了规定物之物性，无论是对特性之载体的考察，还是对在其统一性中的感性被给予物的多样性的考察，甚至那种对自为地被表象出来的、从器具因素中获知的质料—形式结构的考察，都是无济于事的。对于物之物因素的解释来说，一种正确而有分量的洞察必须直面物对大地的归属性。大地的本质就是它那无所迫促的承荷和自行锁闭，但大地仅仅是在耸然进入一个世界之际，在它与世界的对抗中，才自行揭示出来。大地与世界的争执在作品的形态中固定下来，并且通过这一形态才得以敞开出来。我们只有特别地通过作品才经验到器具之器具因素，这一点适用于器具，也适用于物之物因素。我们决不能径直知道物因素，即使能知道，那也只是不确定地，也需要作品的帮助。这一点间接地证明了，在作品
58 的作品存在中，真理之生发也即存在者之开启在起作用。

然而，如果作品无可争辩地把物因素置入敞开领域之中，那么，就作品方面来说，难道作品不是必须已经——而且在它被创作之前，并且为了这种被创作——被带入一种与大地中的万物的关联，与自然的关联之中了吗？这正是我们最后要回答的一个问题。阿尔布雷希特·丢勒[①]想必是知道这一点的，他说了如下著名的话："千真万确，艺术存在于自然中，因此谁能把它从中取出，谁就拥有了艺术。"在这里，"取出"意味着画出裂隙，用画笔在绘画板上

---

① 阿尔布雷希特·丢勒（Albrecht Dürer，1471—1528年）：德国宗教改革运动时期油画家、版画家和雕塑家。——译注

把裂隙描绘出来。[①] 但是,我们同时要提出相反的问题:如果裂隙并没有作为裂隙,也就是说,如果裂隙并没有事先作为尺度与无度的争执而被创作的构思带入敞开领域之中,那么,裂隙何以能够被描绘出来呢?诚然,在自然中隐藏着裂隙、尺度、界限以及与此相联系的可能生产(Hervorbringen-können),亦即艺术。但同样确凿无疑的是,这种隐藏于自然中的艺术惟有通过作品才能显露出来,因为它原始地隐藏在作品之中。

对作品的现实性的这一番刻意寻求乃是要提供出一个基地,使得我们能够在现实作品中发现艺术和艺术之本质。关于艺术之本质的追问,认识艺术的道路,应当重新被置于某个基础之上。如同任何真正的回答,对于这个问题的回答只不过是一系列追问步骤的最后一步的最终结果。任何回答只要是植根于追问的回答,就始终能够保持回答的力量。

从作品的作品存在来看,作品的现实性不仅更加明晰,而且根本上也更加丰富了。保存者与创作者一样,同样本质性地属于作品的被创作存在。但作品使创作者的本质成为可能,作品由于其本质也需要保存者。如果说艺术是作品的本源,那就意味着:艺术
使作品的本质上共属一体的东西,即创作者和保存者,源出于作品 59
的本质。但艺术本身是什么呢?我们正当地称之为本源的艺术是什么呢?

真理之生发在作品中起作用,而且是以作品的方式起作用。

---

① 动词“取出”(reißen)与“裂隙”(Riß)有着字面的和意义的联系,含“勾画裂隙”之意。——译注

因此，艺术的本质先行就被规定为真理之自行设置入作品。但我们自知，这一规定具有一种蓄意的模棱两可。它一方面说：艺术是自身建立的真理固定于形态中，这种固定是在作为存在者之无蔽状态的生产的创作中发生的。而另一方面，设置入作品也意味着：作品存在进入运动和进入发生中。这也就是保存。于是，艺术就是：对作品中的真理的创作性保存。因此，艺术就是真理的生成和发生。[①] 那么，难道真理源出于无么？的确如此，如果这个无（das Nichts）意指的是对存在者的纯粹的不（das Nicht），而存在者则被看作是那个惯常的现存事物，后者进而通过作品的立身实存（das Dastehen）而显露为仅仅被设想为真的存在者，并且被作品的立身实存所撼动。从现存事物和惯常事物那里是从来看不到真理的。毋宁说，只有通过对在被抛状态（Geworfenheit）中到达的敞开性的筹划，敞开领域之开启和存在者之澄明才发生出来。

作为存在者之澄明和遮蔽，真理乃是通过[②]诗意创造而发生的。[③] 凡艺术都是让存在者本身之真理到达而发生；一切艺术本质上都是诗（*Dichtung*）。艺术作品和艺术家都以艺术为基础；艺术之本质乃真理之自行设置入作品。由于艺术的诗意创造本质，艺术就在存在者中间打开了一方敞开之地，在此敞开之地的敞开



---

① 此句德语原文为：Dann ist die Kunst ein Werden und Geschehen der Wahrheit。——译注

② 1960年雷克拉姆版：“诗”的值得追问之处——作为道说之用（Brauch der Sage）。对澄明与诗的关系的描述不充分。——作者边注

③ 此处动词“诗意创造”（dichten），或可译为“作诗”。——译注

性中，一切存在遂有迥然不同之仪态。凭借那种被置入作品中的、对自行向我们投射的存在者之无蔽状态的筹划（Entwurf），一切惯常之物和过往之物通过作品而成为非存在者（das Unseiende）。60
这种非存在者已经丧失了那种赋予并且保持作为尺度的存在的能力。在此令人奇怪的是，作品根本上不是通过因果关系对以往存在者发生影响的。作品的作用并不在于某种制造因果的活动，而在于存在者之无蔽状态（亦即存在[①]）的一种源于作品而发生的转变。

然而，诗并非对任意什么东西的异想天开的虚构，并非对非现实领域的单纯表象和幻想的悠荡漂浮。作为澄明着的筹划，诗在无蔽状态那里展开的东西和先行抛入形态之裂隙中的东西，是让无蔽发生的敞开领域，并且是这样，即现在，敞开领域才在存在者中间使存在者发光和鸣响。在对作品之本质和作品与存在者之真理的生发的关系的本质性洞察中，出现了这样一个疑问：根据幻想和想象力来思考诗之本质——同时也即筹划之本质——是否已经绰绰有余了。

诗的本质，现在已得到了宽泛的、但并非因此而模糊的了解，在此它无疑是大可追问的东西。我们眼下应该对之做一思考了。[②]

如果说一切艺术本质上皆是诗，那么，建筑艺术、绘画艺术、音

① 1960年雷克拉姆版：不充分——无蔽与“存在”的关系；存在等于在场状态，参看拙文“时间与存在”。——作者边注

② 1960年雷克拉姆版：也就是说，艺术的固有特性也值得追问。——作者边注

乐艺术就都势必归结为诗歌了。[①] 这纯粹是独断嘛！当然，只要我们认为，上面所说的各类艺术都是语言艺术的变种——如果我们可以用语言艺术这个容易让人误解的名称来规定诗歌的话——那就是独断了。其实，诗歌仅只是真理之澄明着的筹划的一种方
61 式，也即只是宽泛意义上的诗意创造（Dichten）的一种方式；虽然语言作品，即狭义的诗（Dichtung），在整个艺术领域中是占有突出地位的。

为了认识这一点，只需要有一个正确的语言概念即可。流行的观点把语言当作一种传达。语言用于会谈和约会，一般讲来就是用于互相理解。然而，语言不只是、而且并非首先是对要传达的东西的声音表达和文字表达。语言并非仅仅是把或明或暗如此这般的意思转运到词语和句子中去，而不如说，惟语言才使存在者作为存在者进入敞开领域之中。在没有语言的地方，比如，在石头、植物和动物的存在中，便没有存在者的任何敞开性，因而也没有不存在者和虚空的任何敞开性。

由于语言首度命名存在者，这种命名才把存在者带向词语而显现出来。这一命名（Nennen）指派（ernennen）存在者，使之**源于**其存在而**达于**其存在。这样一种道说乃澄明之筹划，它宣告出存在者作为什么东西进入敞开领域。筹划[②]是一种投射的触发，作



① 海德格尔在这里区分了诗（Dichtung）与诗歌（Poesie），前者联系于动词“作诗”（dichten），后者则是体裁分类意义上的与散文相对的文学样式。——译注

② 1960年雷克拉姆版：筹划（Entwerfen）——不是澄明之为澄明，因为在其中只是测定了计划（Entwurf）的位置，不如说：对裂隙的筹划。——作者边注

为这种投射,[①]无蔽把自身发送到存在者本身之中。而筹划着的宣告(Ansagen)即刻成为对一切阴沉的纷乱的拒绝(Absage);在这种纷乱中存在者蔽而不显,逃之夭夭了。[②]

筹划着的道说就是诗:世界和大地的道说,世界和大地之争执的领地的道说,因而也是诸神的所有远远近近的场所的道说。[③]诗乃是存在者之无蔽状态的道说(die Sage)。始终逗留着的语言是那种道说(das Sagen)之生发,在其中,一个民族的世界历史性地展开出来,而大地作为锁闭者得到了保存。在对可道说的东西的准备中,筹划着的道说同时把不可道说的东西带给世界。在这 62
样一种道说中,一个历史性民族的本质的概念,亦即它对世界历史的归属性的概念,先行被赋形了。

在这里,诗是在一种宽广意义上,同时也在与语言和词语的紧密的本质统一性中被理解的,从而,就必定有这样一个悬而未决的问题:艺术,而且是包括从建筑到诗歌的所有样式的艺术,是不是就囊括了诗之本质呢?



语言本身就是根本意义上的诗。但由于语言是存在者之为存在者对人来说向来首先在其中得以完全展开出来的那种生发,所

① 此处“筹划”(Entwerfen)与“投射”(Wurf)具有字面联系。——译注

② 1960年雷克拉姆版:只是这样?或者作为命运。参照:集置(Ge-Stell)。——作者边注

③ 后期海德格尔以“道说”(die Sage)一词指称他所思的非形而上学意义上的语言。所谓“道说”乃是“存在”——亦作“本有”(Ereignis)——的运作和发生。作为“道说”的语言乃是“寂静之音”,无声之“大音”。海德格尔也以动词 sagen 标示合乎 die Sage 的本真的人言(即“诗”与“思”)。我们也译 das Sagen 为“道说”。参看海德格尔:《在通向语言的途中》,中译本,孙周兴译,北京1997年。——译注

以，诗歌，即狭义上的诗，才是根本意义上最原始的诗。语言是诗，不是因为语言是原始诗歌（Urpoesie）；不如说，诗歌在语言中发生，因为语言保存着诗的原始本质。相反地，建筑和绘画总是已经、而且始终仅只发生在道说和命名的敞开领域之中。它们为这种敞开所贯穿和引导，所以，它们始终是真理把自身建立于作品中的本己道路和方式。它们是在存在者之澄明范围内的各有特色的诗意创作，而存在者之澄明早已不知不觉地在语言中发生了。[1]

作为真理之自行设置入作品，艺术就是诗。不光作品的创作是诗意的，作品的保存同样也是诗意的，只是有其独特的方式罢了。因为只有当我们本身摆脱了我们的惯常性而进入作品所开启出来的东西之中，从而使得我们的本质在存在者之真理达到恒定[2]时，一个作品才是一个现实的作品。

63 艺术的本质是诗。而诗的本质是真理之创建（Stiftung）。在这里，我们所理解的“创建”有三重意义，即：作为赠予的创建，作为建基的创建和作为开端的创建。[3] 但是，创建惟有在保存中才是现实的。因此，保存的样式吻合于创建的诸样式。对于艺术的这种本质构造，我们眼下只能用寥寥数语的勾勒来加以揭示，甚至这种勾勒也只是前面我们对作品之本质的规定所提供的初步线索。

真理之设置入作品冲开了阴森惊人的东西，同时冲倒了寻常

---

① 1960年雷克拉姆版：这说的是什么？澄明通过语言而发生，或者居有着的澄明才允诺道说和弃绝（Entsagen）并且因而允诺了语言？语言与肉身（语音与文字）。——作者边注

② 1960年雷克拉姆版：在置身于用（Brauch）的状态意义上。——作者边注

③ 在此作为“创建”（Stiften）的三重意义的“赠予”（Schenken）、“建基”（Gründen）和“开端”（Anfangen）都是动词性的。——译注

的和我们认为是寻常的东西。在作品中开启自身的真理决不可能从过往之物那里得到证明并推导出来。过往之物在其特有的现实性中被作品所驳倒。因此艺术所创建的东西,决不能由现存之物和可供使用之物来抵消和弥补。创建是一种充溢,一种赠予。

真理的诗意创作的筹划把自身作为形态而置入作品中,这种筹划也决不是通过进入虚空和不确定的东西中来实现的。而毋宁说,在作品中,真理被投向即将到来的保存者,亦即被投向一个历史性的人类。但这个被投射的东西,从来不是一个任意僭越的要求。真正诗意创作的筹划是对历史性的此在已经被抛入其中的那个东西的开启。那个东西就是大地。对于一个历史性民族来说就是他的大地,是自行锁闭着的基础;这个历史性民族随着一切已然存在的东西——尽管还遮蔽着自身——而立身于这一基础之上。但它也是他的世界,这个世界由于此在与存在之无蔽状态的关联而起着支配作用。因此,在筹划中人与之俱来的那一切,必须从其锁闭的基础中引出并且特别地被置入这个基础之中。这样,基础才被建立为具有承受力的基础。

由于是这样一种引出(Holen),所有创作(Schaffen)便是一种汲取(犹如从井泉中汲水)。毫无疑问,现代主观主义直接曲解 64
了创造(das Schöpferische),把创造看作是骄横跋扈的主体的天才活动。真理的创建不光是在自由赠予意义上的创建,同时也是在铺设基础的建基意义上的创建。它绝不从流行和惯常的东西那里获得其赠品,从这个方面来说,诗意创作的筹划乃来源于无(Nichts)。但从另一方面看,这种筹划也绝非来源于无,因为由它

所投射的东西只是历史性此在本身的隐秘的使命。

赠予和建基本身就拥有我们所谓的开端的直接特性。但开端的这一直接特性，出于直接性的跳跃[①]的奇特性，并不是排除而是包括了这样一点，即：开端久已悄然地准备着自身。真正的开端作为跳跃始终都是一种领先，[②]在此领先中，凡一切后来的东西都已经被越过了，哪怕是作为一种被掩蔽的东西。开端[③]已经隐蔽地包含了终结。可是，真正的开端绝不具有原始之物的草创特性。原始之物总是无将来的，因为它没有赠予着和建基着的跳跃和领先。它不能继续从自身中释放出什么，因为它只包含了把它囿缚于其中的那个东西，此外无他。

相反，开端总是包含着阴森惊人之物亦即与亲切之物的争执的未曾展开的全部丰富性。作为诗的艺术是第三种意义上的创建，即真理之争执的引发意义上的创建；作为诗的艺术乃是作为开端的创建。每当存在者整体作为存在者本身要求那种进入敞开性的建基时，艺术就作为创建而进入其历史性本质之中。在西方，这种作为创建的艺术最早发生在古希腊。那时，后来被叫做存在的
65 东西被决定性地设置入作品中了。进而，如此这般被开启出来的存在者整体被变换成了上帝的造物意义上的存在者。这是在中世纪发生的事情。这种存在者在近代之初和近代之进程中又被转换

---

① 1960年雷克拉姆版："跳跃"（Sprung），参看《同一与差异》，关于同一性的演讲。——作者边注

② 注意"跳跃"（Sprung）与"领先"（Vorsprung）之间的字面联系。——译注

③ 1960年雷克拉姆版：开端（Anfang）必须在本有意义上思为开—端（An-Fang）。——作者边注

了。存在者变成了可以通过计算来控制和识破的对象。上述种种转换都展现出一个新的和本质性的世界。每一次转换都必然通过真理之固定于形态中，固定于存在者本身中而建立了存在者的敞开性。每一次转换都发生了存在者之无蔽状态。无蔽状态自行设置入作品中，而艺术完成这种设置。

每当艺术发生，亦即有一个开端存在之际，就有一种冲力进入历史之中，历史才开始或者重又开始。在这里，历史并非意指无论何种和无论多么重大的事件的时间上的顺序。历史乃是一个民族进入其被赋予的使命中而同时进入其捐献之中。历史就是这样一个进入过程。

艺术是真理之自行设置入作品。在这个命题中隐含着一种根本性的模棱两可，据此看来，真理同时既是设置行为的主体又是设置行为的客体。但主体和客体在这里是不恰当的名称，它们阻碍着我们去思考这种模棱两可的本质。这种思考的任务超出了本文的范围。艺术是历史性的，历史性的艺术是对作品中的真理的创作性保存。艺术发生为诗。诗乃赠予、建基、开端三重意义上的创建。作为创建的艺术本质上是历史性的。这不光是说：艺术拥有外在意义上的历史，它在时代的变迁中与其他许多事物一起出现，同时变化、消失，给历史学提供变化多端的景象。真正说来，艺术为历史建基；艺术乃是根本性意义上的历史。

艺术让真理脱颖而出。作为创建着的保存，艺术是使存在者之真理在作品中一跃而出的源泉。使某物凭一跃而源出，在出自本质渊源的创建着的跳跃中把某物带入存在之中，这就是本源 66

(Ursprung)一词的意思。[①]

艺术作品的本源,同时也就是创作者和保存者的本源,也就是一个民族的历史性此在的本源,乃是艺术。之所以如此,是因为艺术在其本质中就是一个本源:是真理进入存在的突出方式,亦即真理历史性地生成的突出方式。

我们追问艺术的本质。为什么要做这样的追问呢?我们做这样的追问,目的是为了能够更本真地追问:艺术在我们的历史性此在中是不是一个本源,是否并且在何种条件下,艺术能够是而且必须是一个本源。

这样一种沉思不能勉强艺术及其生成。但是,这种沉思性的知道(das besinnliche Wissen)却是先行的,因而也是必不可少的对艺术之生成的准备。惟有这种知道为艺术准备了空间,[②]为创造者提供了道路,为保存者准备了地盘。

在这种只能缓慢地增长的知道中将做出决断:艺术是否能成为一个本源因而必然是一种领先,或者艺术是否始终是一个附庸从而只能作为一种流行的文化现象而伴生。

我们在我们的此在中历史性地存在于本源之近旁吗?我们是否知道亦即留意到本源之本质呢?或者,在我们对待艺术的态度中,我们依然只还是因袭成规,照搬过去形成的知识而已?

对于这种或此或彼的抉择及其决断,这里有一块可靠的指示牌。诗人荷尔德林道出了这块指示牌;这位诗人的作品依然摆在

① 海德格尔在此暗示了德语中“本源”(Ursprung)与“源出”(entspringen)和“跳跃”(Sprung)的字面联系。——译注

② 1960年雷克拉姆版:逗留之居所的处所。——作者边注

德国人面前，构成一种考验。荷尔德林诗云：

依于本源而居者
终难离弃原位。

——《漫游》，载《荷尔德林全集》，第4卷（海林格拉特编），第167页

# 后　　记

本文的思考关涉到艺术之谜，这个谜就是艺术本身。这里绝 67
没有想要解开这个谜。我们的任务在于认识这个谜。

几乎是从人们开始专门考察艺术和艺术家的那个时代起，此种考察就被称为美学的考察。美学把艺术作品当作一个对象，而且把它当作αἴσθησις[感知]的对象，即广义上的感性知觉的对象。现在人们把这种知觉称为体验。人体验艺术的方式，被认为是能说明艺术之本质的。无论对艺术享受还是对艺术创作来说，体验都是决定性的源泉。① 一切都是体验。但也许体验却是艺术死于其中的因素。② 这种死发生得如此缓慢，以至于它需要经历数个世纪之久。

---

① 1960年雷克拉姆版：现代艺术摆脱了体验因素吗？抑或，只是被体验的东西如此这般地发生了变化，以至于现在体验变得比以往还更为主观？现在，被体验者——"创造本能的技术因素"本身——成为制作和发明的方式。本身依然还是形而上学的"符号因素"的"非形式性"和相应的不确定性和空洞性，我之体验作为"社会"。——作者边注

② 1960年雷克拉姆版：这个命题倒并不是说，艺术完全完蛋了。只有当体验一直保持为艺术的绝对因素，才会有这样一种情况。但一切的关键恰恰在于，摆脱体验而进入此之在（Da-sein），而这就是说：获致艺术之"生成"的一个完全不同的"因素"。——作者边注

诚然，人们谈论着不朽的艺术作品和作为一种永恒价值的艺术。但此类谈论用的是那种语言，它并不认真对待一切本质性的东西，因为它担心“认真对待”最终意味着：思想（denken）。在今天，又有何种畏惧更大于这种对思想的畏惧呢？此类关于不朽的
68 作品和艺术的永恒价值的谈论具有某种内容和实质吗？或者，此类谈论只不过是在伟大的艺术及其本质已经远离了人类的时代里出现的一些肤浅的陈词滥调么？

黑格尔的《美学讲演录》是西方历史上关于艺术之本质的最全面的沉思，因为那是一种根据形而上学而做的沉思。在《美学讲演录》中有这样几个命题：

“对我们来说，艺术不再是真理由以使自己获得其实存的最高样式了”[①]（《全集》，第10卷，第1册，第134页）。[②]“我们诚然可以希望艺术还将会蒸蒸日上，并使自身完善起来，但是艺术形式已不再是精神的最高需要了”（《全集》，第10卷，第1册，第135页）。[③]“从这一切方面看，就它的最高职能来说，艺术对于我们现代人已经是过去的事了”（《全集》，第10卷，第1册，第16页）。[④]



尽管我们可以确认，自从黑格尔于1828—1829年冬季在柏林大学作最后一次美学讲座以来，我们已经看到了许多新的艺术作

① 1960年雷克拉姆版：艺术作为真理（在此即绝对者之确定性）的方式。——作者边注

② 参看黑格尔：《美学》，中译本，朱光潜译，北京1982年，第1卷，第131页。——译注

③ 同上书，第132页。——译注

④ 同上书，第15页。——译注

品和新的艺术思潮；但是，我们不能借此来回避黑格尔在上述命题中所下的判词。黑格尔决不是想否认可能还会出现新的艺术作品和艺术思潮。然而，问题依然是：艺术对我们的历史性此在来说仍然是决定性的真理的一种基本和必然的发生方式吗？或者，艺术压根儿就不再是这种方式了？但如果艺术不再是这种方式了，那么问题是：何以会这样呢？黑格尔的判词尚未获得裁决；因为在黑格尔的判词背后，潜伏着自古希腊以降的西方思想，这种思想相应于一种已经发生了的存在者之真理。如果要对黑格尔的判词作出裁决，那么，这种裁决乃是出于这种存在者之真理并且对这种真理作出裁决。在此之前，黑格尔的判词就依然有效。而因此就有必要提出下面的问题：此判词所说的真理是不是最终的真理？如果它是最终的真理又会怎样？

这种问题时而相当清晰，时而只是隐隐约约地与我们相关涉； 69
只有当我们事先对艺术之本质有了深思熟虑，我们才能探问这种问题。我们力图通过提出艺术作品的本源问题而迈出几步。关键在于洞察作品的作品特性。在这里，“本源”一词的意思是从真理的本质方面来思考的。



我们所说的真理与人们在这个名称下所了解的东西是大相径庭的；人们把“真理”当作一种特性委诸于认识和科学，从而把它与美和善区别开来，善和美则被视为表示非理论活动的价值的名称。

真理是存在者之为存在者的无蔽状态。① 真理是存在之真

① 1957年第三版：真理乃是存在者的自行照亮的存在。真理乃是区分即分解(Austrag)之澄明，在其中澄明已经根据区分得到了规定。——作者边注

理。美与真理并非比肩而立的。当真理自行设置入作品，它便显现出来。这种显现（Erscheinen）——作为在作品中的真理的这一存在和作为作品——就是美。因此，美属于真理的自行发生（Sichereignen）。美不仅仅与趣味相关，不只是趣味的对象。美依据于形式，而这无非是因为，forma［形式］一度从作为存在者之存在状态的存在那里获得了照亮。那时，存在发生为εἶδος［外观、爱多斯］。ἰδέα［相］适合于μορφή［形式］。[①] 这个σὺνολον，即μορφή［形式］和ὕλη［质料］的统一整体，亦即ἔργον［作品］，以ἐνέργεια［实现］之方式存在。这种在场的方式后来成了 ens actus［现实之物］的 actualitas［现实性］；actualitas［现实性］成了事实性（Wirklichkeit）；[②]事实性成了对象性（Gegenständlichkeit）；对象性成了体验（Erlebnis）。对于由西方决定的世界来说，存在者成了现实之物；在存在者作为现实之物而存在的方式中，隐蔽着美和
70 真理的一种奇特的合流。西方艺术的本质的历史相应于真理之本质的转换。假定形而上学关于艺术的概念获得了艺术的本质，那么，我们就决不能根据被看作自为的美来理解艺术，同样也不能从体验出发来理解艺术。

## 附　　录

在第 51 页和第 59 页上，细心的读者会感到一个根本性的

① “相”（ἰδέα）在国内通译为“理念”，译之为“相”似更合海德格尔的理解。——译注

② 德语的 Wirklichkeit 与拉丁语的 actualitas 通常是对译词。——译注

困难，它起于一个印象，仿佛“真理之固定”(Feststellen der Wahrheit)与“让真理之到达发生”(Geschehenlassen der Ankunft der Wahrheit)这两种说法是从不能协调一致的。因为，在“固定”中含有一种封锁到达亦即阻挡到达的意愿；而在“让发生”中却表现出一种顺应，因而也似乎显示出一种具有开放性的非意愿。

如果我们从贯穿本文全篇的意义上，也就是首先从“设置入作品”①这个指导性规定所含的意义上，来理解这种“固定”，那么，上面这个困难就涣然冰释了。与“摆置”(stellen)和“设置”(setzen)密切相关的还有“置放”(legen)。这三个词的意思在拉丁语中还是由 ponere 一个词来表达的。

我们必须在θέσις[置立]的意义上来思考“摆置”。所以在第48页上，我们说：“在这里，设置和占据都是从θέσις[置立]的希腊意义出发得到思考的，后者意谓：在无蔽领域中的一种建立(Aufstellen)。”希腊语中的“设置”，意思就是作为让出现的摆置，比如让一尊雕像摆置下来；意思就是置放，安放祭品。摆置和置放有“带入无蔽领域，②带入在场者之中，亦即让……呈现”的意义。设置和摆置在此绝不意味着：与现代概念中的挑衅性的自我(也即自
我主体)对峙起来。雕像的立身(Stehen)(也即面对着我们的闪耀 71
的在场)不同于客体意义上的对象的站立。“立身”(参看第21页)乃是闪耀(Scheinen)的恒定。相反，在康德辩证法和德国唯心主

① 1960年雷克拉姆版：更好地说：带入作品中；带出来，作为让(Lassen)的带(Bringen)，ποίησις[制作]。——作者边注

② 1960年雷克拉姆版：“来”(Her)：来自澄明。——作者边注

义那里，正题、反题、合题指的是在意识之主观性领域内的一种摆置。相应地，黑格尔——从他的立场出发乃是正当地——是在对象的直接设置这种意义上来阐释希腊词语θέσις[置立]的。对黑格尔来说，这种设置还是不真实的，因为它还没有经过反题和合题这两个中介（现在可参看拙文“黑格尔与希腊”，载《路标》，1967 年）。①

然而，如果我们在论述艺术作品的论文中把θέσις[置立]的希腊意义保持在眼界中，也即把它视为“在其显现和在场中让呈现出来”，那么，“固定”中的“固”(fest)就绝没有“刻板、静止和可靠”的意义。

这个“固”的意思是：“勾勒轮廓”(umrißen)、“允许进入界限中”(πέρας)、“带入轮廓中”(第 51 页)。希腊语意义上的界限并非封锁，而是作为被生产的东西本身使在场者显现出来。界限有所开放而入于无蔽领域之中；凭借在希腊的光亮中的无蔽领域的轮廓，山峦立身于其凸现和宁静中。具有巩固作用的界限是宁静的东西，也即在动荡状态之全幅中的宁静者，所有这一切适切于希腊文的ἔργον[作品]意义上的作品。这种作品的“存在”就是ἐνέργεια[实现]，后者与现代的“活力”(Energien)概念相比较，于自身中聚集了无限多的运动。

因此，只要正确地理解了真理之“固定”，它就绝不会与“让发生”相冲突。因为一方面，这个“让”不是什么消极状态，而是在θέσις[置立]意义上的最高的能动（参看拙著《演讲与论文集》，1954



① 参看海德格尔：《路标》，中译本，孙周兴译，北京 2002 年。——译注

年，第 49 页)，是一种“活动”和“意愿”。本文则把它规定为“实存着的人类绽出地进入存在之无蔽状态”(第 55 页)。另一方面，“让真理发生”中的“发生”是在澄明与遮蔽中的运动，确切地说，乃是在两者之统一中的起作用的运动，也即自行遮蔽——由此又产生 72
一切自行澄亮——的澄明的运动。这种“运动”甚至要求一种生产意义上的固定；这里，我们是在本文第 50 页所说的意义上来理解“带来”的，在那里我们曾说，创作的(创造的)生产“毋宁说是在与无蔽状态之关联范围内的一种接收和获取”。

根据前面的阐释，我们在第 51 页中所用的“集置”(Ge-stell)一词的含义就得到了规定：它是生产之聚集，是让显露出来而进入作为轮廓(πέρας)的裂隙中的聚集。通过如此这般被理解的“集置”，就澄清了作为形态的μορφή[形式]的希腊意义。实际上，我们后来把它当作现代技术之本质的明确的主导词语来使用的“集置”，是根据这里所说的“集置”来理解的(而不是根据书架和蒙太奇来理解的)。[1] 本文所说的“集置”是更根本性的，因为它是存在命运性的。作为现代技术之本质的集置源出于希腊人所经验的“让呈现”，亦即λόγος[逻各斯]，源出于希腊语中的ποίησις[创作]和θέσις[置立]。在集置之摆置中，现在也即说，在使万物进入保障的促逼(Herausfordern)中，道出了 ratio reddenda 即λόγον διδόναι[说明理性]的要求；而无疑地，今天这种在集置中的要求承接了无条件的统治地位，表象(Vor-stellen)由希腊的知觉而聚集

[1] 德文 Gestell 一词的日常含义为“支架、座架”，海德格尔以 Ge -stell 一词思技术的本质，有别于“书架”(Büchergestell)中的 Gestell 以及“蒙太奇”(Montage)的“装配”之义。——译注

为保障和固定(Sicher-und Fest-Stellen)了。

在倾听《艺术作品的本源》中的“固定”和“集置”等词语之际,我们一方面必须放弃设置和集置的现代意义,但另一方面,我们同时要看到,决定着现代的作为集置的存在乃源出于西方的存在之命运,它并不是哲学家凭空臆想出来的,而是被委诸于思想者的思想了——这个事实及其情形,也是我们不可忽视的(参看拙著《演讲与论文集》,第 28 页和 49 页)。

在第 48 页上,我们以简单的措辞给出了关于“设立”和“真理
73 在存在者中自行设立”的规定。要说明这种规定也是很困难的。这里,我们又必须避免在现代意义上以技术报告的方式把“设立”(einrichten)理解为“组织”和完成。而毋宁说,“设立”令我们想到第 51 页上所说的“真理与作品之牵连”,即真理本身以作品方式存在着,在存在者中间成为存在着的(第 50 页)。

如果我们考虑到,作为存在者之无蔽状态的真理如何仅只表示存在者本身的在场,亦即存在(参看第 60 页),那么,关于真理(即存在)在存在者中的自行设立的谈论就触及了存在学差异的问题(参看拙著《同一与差异》,1957 年,第 37 页以下)。因此之故,我们曾小心翼翼地说(《艺术作品的本源》,第 45 页):“由于指出敞开性自行设立于敞开领域之中,思想就触及了一个我们在此还不能予以说明的区域。”《艺术作品的本源》全文,有意识地、但未予挑明地活动在对存在之本质的追问的道路上。只有从存在问题出发,对艺术是什么这个问题的沉思才得到了完全的和决定性的规定。我们既不能把艺术看作一个文化成就的领域,也不能把它看作一个精神现象。艺术归属于本有(Ereignis),而“存在的意义”

（参看《存在与时间》）惟从本有而来才能得到规定。[①] 艺术是什么的问题，是本文中没有给出答案的诸种问题之一。其中仿佛给出了这样一个答案，而其实乃是对追问的指示（参看本文“后记”开头几句话）。

第 59 页和第 65 页上的两个**重要线索**就是这种指示。在这两个地方谈到一种“模棱两可”。第 65 页上，在把艺术规定为“真理之自行设置入作品”时，指明了一种“根本的模棱两可”。根据这种规定，真理一会儿是“主体”，一会儿又是“客体”。[②] 这**两种**描述都是“不恰当的”。如果真理是“主体”，那么“真理之设置入作品”这个规定就意味着：“真理之**自行**设置入作品”（参见第 59 页，第 21 74
页）。这样，艺术就是从本有（Ereignis）方面得到思考的。然而，存在乃是对人的允诺或诉求（Zusprunch），没有人便无存在。因此，艺术同时也被规定为真理之设置入作品，此刻的真理便是“客体”，而艺术就是人的创作和保存。

在人类与艺术的关系内出现了真理之设置入作品中的另一个

---

① 后期海德格尔以一个非形而上学的词语 Ereignis 来取代形而上学的“存在”（Sein）范畴。Ereignis 有“成其本身”、“居有自身”之意义，故我们考虑译之为“本有”。又鉴于海德格尔的解说，以及他对中国老子之“道”的思想的汲取（海德格尔认为，他所思的 Ereignis 可与希腊的λόγος[逻各斯]和中国的道并举，并把 Ereignis 的基本含义解释为“道说”、“道路”、“法则”等），我们也曾译之为“大道”。关于“大道”一译，可参看海德格尔：《在通向语言的途中》，中译本，孙周兴译：北京 1997 年。关于“本有”的集中思考，可参看海德格尔：《哲学论稿——从本有而来》（作于 1936—1938 年），《全集》，第 65 卷，美茵法兰克福 1989 年。值得指出的是，本书正文中较少出现 Ereignis 一词，而在作者后来在自己的样书中所加的“作者边注”中则较多地出现了该词。本文“后记”作于 1956 年，其时海德格尔的“本有”（Ereignis）之思已趋于明确了。——译注

② 此处“主体”（Subjekt）和“客体”（Objekt）两词或可译“主词”和“宾词”。——译注

模棱两可，这就是第 59 页上面所谓的创作和保存的模棱两可。按第 59 页和第 44 页上的说法，艺术作品和艺术家“同时”基于艺术的现身本质中。在“真理之设置入作品”这一标题中——其中始终未曾规定但可规定的是，谁或者什么以何种方式“设置”——隐含着存在和人之本质的关联。这种关联甚至在本文中也被不适宜地思考了——这乃是一个咄咄逼人的难题，自《存在与时间》以来我就看清了这个难题，继之在各种著作中对它作了一些表述（参看最近出版的《面向存在问题》和本文第 48 页：“所要指出的只是，……”）。[①]

然后，在这里起决定作用的问题集中到探讨的根本位置上，我们在那里浮光掠影地提到了语言的本质和诗的本质；而所有这一切又只是在存在与道说（Sein und Sage）的共属关系方面来考虑的。



一个从外部很自然地与本文不期而遇的读者，首先并且一味地，势必不是从有待思想的东西的缄默无声的源泉领域出发来设想和解说事情真相的。这乃是一个不可避免的困境。而对于作者本人来说，深感迫切困难的是，要在道路的不同阶段上始终以恰到好处的语言来说话。

① 参看海德格尔：《路标》，中译本，孙周兴译，北京 2000 年，第 453 页以下。——译注

# 2 世界图像的时代 75

形而上学沉思存在者之本质并且决定真理之本质。形而上学建立了一个时代，因为形而上学通过某种存在者解释和某种真理观点，为这个时代的本质形态奠定了基础。这个基础完全支配着构成这个时代的特色的所有现象。反过来，一种对这些现象的充分沉思，必定可以让人在这些现象中认识形而上学的基础。沉思乃一种勇气，它敢于使自己的前提的真理性和自己的目标的领域成为最值得追问的东西（参阅附录一）。

科学是现代的根本现象之一。按照地位而论，同样重要的现象是机械技术。不过，我们不能把机械技术曲解为现代数学自然科学的单纯的实践应用。机械技术本身就是一种独立的实践变换，惟这种变换才要求应用数学自然科学。机械技术始终是现代技术之本质迄今为止最为显眼的后代余孽，而现代技术之本质是与现代形而上学之本质相同一的。

现代的第三个同样根本性的现象在于这样一个过程：艺术进入美学的视界之内了。这就是说，艺术成了体验（Erleben）的对象，而且，艺术因此就被视为人类生命的表达。

第四个现代现象在于：人类活动被当作文化来理解和贯彻了。而文化就是通过维护人类的至高财富来实现最高价值。文化本质 76

上必然作为这种维护来照料自身，并因此成为文化政治。

现代的第五个现象是弃神。[①] "弃神"这个表述的意思并不是彻底地把神消除掉，并不是粗暴的无神论。弃神乃是一个双重的过程：一方面，世界图像被基督教化了，因为世界根据被设定为无限的、无条件的、绝对的东西；另一方面，基督教把它的教义重新解释为一种世界观（基督教的世界观），从而使之符合于现代。弃神乃是对于上帝和诸神的无决断状态。基督教对这种无决断状态的引发起了最大的作用。可是，弃神并没有消除宗教虔信，而毋宁说，惟通过弃神，与诸神的关系才转化为宗教的体验。一旦到了这个地步，则诸神也就逃遁了。由此而产生的空虚被历史学的和心理学的神话研究所填补了。

何种存在者理解和何种真理解释为上面这些现象奠立了基础呢？



我们把问题限制在第一个现象即科学上。

现代科学的本质何在？

何种关于存在者和真理的观点为现代科学的本质建立了基础？如若我们成功地探得了为现代科学建基的形而上学基础，那么，我们必然完全可以从这个形而上学基础出发来认识现代的本质。

我们今天使用科学一词，其意思与中世纪的 doctrina［学说］和 scientia［科学］是有区别的，但也是与古希腊的 ἐπιστήμη［知

① 此处"弃神"（Entgötterung）或可译"失神"，英文译本作"loss of the gods"。参看海德格尔：《技术之追问以及其他论文》英文版，威廉姆·洛维特（William Lovitt）译，纽约 1977 年，第 116 页。——译注

识]大相径庭的。希腊科学从来都不是精确的,而且这是因为,按其本质来看它不可能是精确的,也不需要是精确的。所以,那种认 77
为现代科学比古代科学更为精确的看法,根本就是毫无意义的看法。如此,我们也不能说,伽利略的自由落体理论是正确的,而亚里士多德关于轻的物体力求向上运动的学说是错误的;因为,古希腊人关于物体、位置以及两者关系的本质的观点,乃基于另一种关于存在者的解释,因而是以一种与此相应的不同的对自然过程的观看和究问方式为条件的。没有人会断言,莎士比亚的诗比埃斯库罗斯的诗更进步。更不可能说,现代关于存在者的观点比古希腊的更正确。所以,如果我们要理解现代科学之本质,那我们就必须首先抛弃一种习惯,这种习惯按照进步的观点,仅仅在程度上把较新的科学与较老的科学区别开来。

我们今天所谓的科学,其本质乃是研究(Forschung)。研究的本质又何在呢?



研究的本质在于:认识把自身作为程式(Vorgehen)建立在某个存在者领域(自然或历史)中。在这里,“程式”不单单指方法和程序;因为任何程式事先都需要一个它藉以活动的敞开区域。而对这样一个区域的开启,恰恰就是研究的基本过程。由于在某个存在者领域中,譬如在自然中,自然事件的某种基本轮廓(Grundriß)被筹划出来了,研究的基本过程也就完成了。筹划(Entwurf)预先描画出,认识的程式必须以何种方式维系于被开启的区域。这种维系(Bindung)乃是研究的严格性(Strenge)。凭借对基本轮廓的筹划和对严格性的规定,程式就在存在领域之内为自己确保了对象区域。通过一番对最早的同时也是决定性的现

代科学(亦即数学的物理学)的考察,我们就可以把这里的意思搞
78 清楚了。就现代原子物理学也还是物理学而言,我们在这里惟一关心的本质因素也是适合于原子物理学的。

现代物理学被叫做数学的物理学,因为,在一种优先的意义上,它应用一种完全确定的数学。不过,它之所以能够以这种方式数学地运行,只是因为,在一种更深层的意义上,它本身就已经是数学的。对希腊人来说,τὰ μαθήματα意味着那种人们在观察存在者和与事物打交道时预先知道的东西,即:物体的物体因素,植物的植物因素,动物的动物性和人类的人类特性。除了我们这里所指出的,数字也属于那种已经知道的东西,亦即数学因素(das Mathematische)。当我们在桌子上发现三个苹果,我们认识到这些苹果是三个。但数字三,三这种性质(Dreiheit),是我们早已知道了的。这就是说:数字是某种数学因素。只是因为数字是似乎最为纠缠不清的、总是已经知道的东西,从而是数学中最为熟悉的东西,所以,数学因素很快就被保留下来了,作为数字因素的名称。但绝不是说,数学因素的本质是由数字因素来规定的。一般而言,物理学乃是关于自然的知识;特殊而论,物理学乃是关于运动中的物体的知识。因为物体直接地和普遍地——即使是以各种不同的方式——显示在所有自然因素中。如果说现在物理学明确地构成为一种数学的物理学,那么这就意味着:通过物理学并且为了物理学,以一种强调的方式,预先就构成了某种已经知道的东西。这种构成并非无足轻重,而是对某种东西的筹划,这种东西后来必定成为对所寻求的自然知识而言的自然,即:具有时空关系的质点的自成一体的运动联系。在这种被假定为确定无疑的自然之基本轮廓

中,还包含着下述规定性:运动即位置变化。没有一种运动和运动 79
方向优先于其他运动和运动方向。任何位置都是相同的。没有一个时间点优先于其他一个时间点。每一种力都取决于——或者说:仅仅是——它在运动中,也即在时间单元内的位置变化量中产生的东西。在这一关于自然的基本轮廓中,任何事件都必然被看透了。惟有在这种基本轮廓的视界之内,自然事件才作为自然事件而变得显明可见。这种自然之筹划包含着它的可靠性,而这是由于,物理学的研究就它每一个追问步骤而言,从一开始就维系于这种筹划了。这种维系,即研究的严格性,总是合乎筹划而具有它自己的特性。数学自然科学的严格性乃是精确性(Exaktheit)。一切事件都必须在这里——如果它们根本上作为自然事件能够进入表象的话——预先被规定为时间—空间上的运动量。这种规定是在借助于数字和计算的度量中进行的。但数学的自然研究之所以精确,并不是因为它准确地计算,而是因为它必须这样计算,原因在于,它对它的对象区域的维系具有精确性的特性。与之相反,一切精神科学,甚至一切关于生命的科学,恰恰为了保持严格性才必然成为非精确的科学。虽然我们也能把生命理解为一种空间—时间上的运动量,但是这样一来,我们就不再是在把握生命了。历史学精神科学的非精确性并不是缺憾,而纯粹是对这种研究方式来说本质性的要求的实行。毫无疑问,甚至对历史学科学的对象区域的筹划和保证,也不仅仅具有另一种方式,而是在实施时比贯彻精确科学的严格性要困难得多。

通过筹划,通过对这种在程式之严格性中的筹划的保证,科学就成了研究。但是,筹划和严格性惟有在方法中才展开为它们所

80 是的东西。[①] 这种方法标志着对研究来说本质性的第二个特性。如果被筹划的区域将成为对象性的，那就需要我们在其纵横交织的整个多样性中去遭遇它，与之照面。因此，程式必须为照面者的多变性备下自由的眼光。惟有在变化过程的始终不同性的视界内，才能显示出特殊性亦即事实的全部丰富性。但事实必须成为对象性的(gegenständlich)。故程式必须在其变化中把变化之物表象出来，展示出来，同时依然让运动成其为一种运动。事实的恒定因素以及事实之变化本身的持续性就是“法则”(Regel)。在其过程之必然性中的变化的持续因素就是“规律”(Gesetz)。惟在法则和规律的视界内，事实才作为它们本身所是的事实而成为清晰的。自然领域中的事实研究本身乃是对法则和规律的建立和证明。借以把一个对象区域表象出来的方法，具有基于清晰之物的澄清的特性，亦即说明(Erklärung)的特性。这种说明始终是两方面的。它通过一个已知之物建立一个未知之物，同时通过未知之物来证明已知之物。说明在探究(Untersuchung)中实行。这种探究在自然科学中按各各不同的探究领域和探究目的，通过实验来进行。但自然科学并非通过实验才成为研究，而是相反地，惟有在自然知识已经转换为研究的地方，实验才是可能的。因为现代物理学本质上是数学的物理学，所以惟有它才可能是实验的。但是，由于中世纪的学说(doctrina)和古希腊的ἐπιστήμη[知识]都不是研究意义上的科学，所以在那里就没有出现实验。诚然，亚里



① 这里的“方法”是德文 Verfahren 一词的翻译，英文译本作 methodology。——译注

士多德最早就理解了，ἐμπειρία即 experientia[经验]意味着：在不同的条件下观察事物本身、事物的特性及其变化，因而是关于事物 81
在法则中的表现方式的知识。但以这种知识为目标的观察，即 experimentum[实验]，始终与作为研究的科学的内涵，与研究实验，有着本质的差异；即使古代和中世纪的观察是用数字和尺度来工作的，情形也是这样；即使这种观察是借助于某些装置和器具的，情形也还是这样。因为在那时普遍地缺失实验的决定性因素。实验始于对规律的奠基。进行一项实验意味着：表象出一种条件，据此条件，在其过程之必然性中的某种运动关系才能成为可追踪的，亦即通过计算事先可以控制的。但规律的确立却是根据对象区域的基本轮廓来进行的。这种基本轮廓给出尺度，并且制约着对条件的先行表象。这种表象——实验即始于这种表象并且借助于这种表象——绝不是任意的虚构。因此，牛顿说：hypotheses non fingo，即，奠基工作并不是任意杜撰的。奠基工作乃根据自然之基本轮廓来展开并且从中得以勾勒。实验是那种方法，这种方法在其实验装置和实施过程中受已经获得奠基的规律的支持和指导，从而得出证实规律或者拒绝证实规律的事实。自然之基本轮廓越是精确地被筹划出来，实验之可能性就变得越精确。因此，才学卓著的中世纪经院哲学家罗吉尔·培根决不可能成为现代实验科学的先驱，他始终只不过是亚里士多德的继承者。因为在那时，基督教把真理的真正地盘投入信仰中了，投入对典籍话语和教会学说的确信中了。最高的知识和学说乃是神学，是对神性的启示话语的阐释，而这种启示话语被记录在典籍中，并且由教会宣布 82
出来。认识在这里并非研究，而是对权威性话语和宣布这种话语

的权威的正确理解。因此，在中世纪的知识习得中，对不同权威的话语和学说意见的探讨具有优先地位。componere scripta et sermones[文字与言语的比较]，argumentum ex verbo[根据词语的判断]，是决定性的；这同时也是当时所采纳的柏拉图和亚里士多德哲学必然成为经院哲学的辩证法的原因所在。如果说罗吉尔·培根要求实验，而且他确实也要求实验，那么，他所指的并不是作为研究的科学的实验，而是要求用 argumentum ex re[根据事物的判断]来代替 argumentum ex verbo[根据词语的判断]，要求用对事物本身的悉心观察，即亚里士多德的ἐμπειρία[经验]，来代替对学说的探讨。

但是，现代的研究实验不光是一种在程度上和规模上更为准确的观察，而是在一种精确的自然筹划范围和职能内本质上完全不同的规律证明的方法。历史学精神科学的史料批判与自然研究中的实验相当。"史料批判"这个名称在这里标志着整个史料发掘、清理、证实、评价、保存和阐释等工作。尽管以史料批判为根据的历史学说明并没有把事实归结为规律和法则。但它也没有局限于一种对事实的单纯报道。在历史学科学中同在自然科学中一样，方法的目标乃是把持存因素表象出来，使历史成为对象。但历史只有当它已经过去时才可能是对象性的。过去之物中的持存因素，即历史学说明据以清算历史的惟一性和多样性的那个东西，总是已经一度在那里的东西，是可比较的东西。在对所有一切东西
83 的不断比较过程中，人们清算出明白易解的东西，并且把它当作历史的基本轮廓证实和固定下来。历史学说明只能达到这一步，这乃是历史学研究所能触及的区域。独一无二的东西、离奇的东西、

单纯的东西，简言之，历史中伟大的东西，从来都不是不言自明的，因而始终是不可说明的。历史学研究并没有否认历史中的伟大之物，而是把它说明为例外。在这种说明中，伟大之物是以惯常和平均之物为衡量尺度的。只要说明(Erklärung)意味着：回溯到明白易解的东西，并且只要历史学始终是研究，亦即一种说明，那么，就不存在另一种历史学说明。[①] 因为作为研究的历史学是在一种可说明和可忽略的效果联系意义上来筹划过去，并且使之对象化，所以历史学要求史料批判作为它的对象化的工具。按照历史学本身接近于新闻学的程度，这种史料批判的尺度也相应地变化。

任何一门科学作为研究都以对一种限定的对象区域的筹划为根据，因而必然是具体科学。但任何一门具体科学都必然在筹划的展开过程中，通过它们的方法而专门化为特定的探究领域。不过，这种专门化(Spezialistik)却绝非仅仅是研究结果的日益增长的不可忽视状态的令人难堪的伴生现象。它不是一种必然的弊端，而是作为研究的科学的本质必然性。专门化并非结果，而是一切研究的进步的基础。研究并不在其方法那里分崩离析而成为任意的探究，从而在探究中销声匿迹；因为现代科学被第三个基本过程即企业活动(Betrieb)所规定[②](参阅附录二)。

人们首先会把“企业活动”理解为那种现象：一门科学，无论这

① 此处“说明”(Erklärung)是作为科学的历史学的方法，而与解释学意义上的“理解”(Verstehen)或“阐释”(lntepretation)相区别。狄尔泰的名言曰：自然要说明，生命则要理解。——译注

② 这里的Betrieb殊为难译，其日常含义为“企业、工厂、生产、运行、忙碌”等。英译本作“ongoing activity”。我们权译之为“企业活动”。——译注

是一门自然科学还是一门精神科学，只是当它今天已经成为能进
行学院研究的科学，它才获得了一门科学的真正外貌。但是，研究
84 不是企业活动，因为研究工作是在研究所里进行的；而不如说，研
究所之所以是必要的，因为科学本身作为研究具有企业活动的特
点。人们藉以占有具体对象领域的方法并不是简单的累积结果。
毋宁说，借助于它的结果，方法总是使自身适应于一种新的程式。
全部以往的物理学都隐藏在机械装置中；为了进行原子裂变，这种
机械装置对物理学来说是必需的。相应地，在历史学研究中，只有
当史料本身根据历史学的说明而得到了保证，史料库存对说明来
说才是可利用的。在这些过程中，科学方法被它的结果所包围。
方法越来越适应于由它自己所开启出来的程式之可能性。这种对
它自己的结果的必然适应（Sicheinrichtenmüssen），作为不断进步
的方法的道路和手段，乃是研究的企业活动特点的本质。但研究
的企业活动特点乃是研究的研究所特点的必然性的内在根据。

在企业活动中，对对象区域的筹划首先被设置入存在者中。各种方法相互促进对结果的检验和传达，并且调节着劳动力的交换。使一种对各种方法的有计划联合变得容易的所有设置——作为措施——绝不仅仅是研究工作扩展和分叉的外在结果。而毋宁说，研究工作成了一个远远而来的、并且远远还没有得到理解的标志，标志着现代科学开始进入它的历史的决定性阶段了。现在，现代科学才开始获得它自己的完满本质。

在科学的研究所特点的扩展和固定化中发生了什么呢？无非是保障了方法对于总是在研究中成为对象的存在者（自然和历史）的优先地位。根据它的企业活动特性，科学为自己创造了与它们

相合的共属一体关系和统一性。因此，一种以研究所方式活动的 85
历史学或考古学的研究，本质上比它自己的还处于单纯博学中的精神科学院系里的学科，更接近于相应地建立起来的物理学研究。所以，科学的现代的企业活动特性的决定性展开也造就了另一类人。学者消失了。他被不断从事研究活动的研究者取而代之了。是研究活动，而不是培养广博学识，给他的工作以新鲜空气。研究者家里不再需要图书馆。他反正不断在途中。他在会议上磋商和了解情况。他受制于出版商的订货。出版商现在也一道来决定人们必须写哪一些书（参阅附录三）。

研究者必然自发地涌向根本意义上的技术人员的本质形态的范围中。只有这样，他才能保持活动能力，从而才能在其时代意义上确实地存在，不致于落伍。除此之外，还有某些时间和某些地方，能够保持着变得越来越淡薄和空洞的学究和学院的罗曼蒂克。但是，学院的有效的统一特性，以及学院的现实性，却不在于科学的源始统一过程所具有的某种精神力量；这种精神力量发源于学院，因为它得到学院的培育，并且在学院中得到了保存。学院实际上是一个设置；由于管理上的封闭，学院这种设置在形式上还是独一无二的，它使得诸科学力求分离开来而进入专门化和企业活动的特殊统一性的过程成为可能，并使之昭然可睹。因为现代科学固有的本质力量直接明显地在企业活动中发挥作用，所以，也只有自发的研究企业活动，才能从自身出发先行勾勒和建立一种符合自身的与其他企业活动的内在统一性。

科学的现实体系在于一种有关存在者之对象化的程式和态 86
度的并存一致性——这种一致性总是根据计划而被适当地安排

好了。这一体系所要求的优先地位并不是对象领域的某种虚构的、僵化的内容上的关系统一性，而是最大可能的自由的、但却被控制的可变性，亦就是使研究进入那个始终起指导作用的任务之中的转换和连接过程的可变性。科学越是惟一地具体到对其工作进程的完全推动和控制上，这种企业活动越是明确地转移到专门化的研究机构和专业学校那里，则科学也就越是无可抵抗地获得对它们的现代本质的完成。然而，科学和研究者越是无条件地严肃对待它们的本质的现代形态，它们就能够更明确地并且更直接地为公共利益把自己提供出来，而同时，它们也就更无保留地必然把自己置回到任何公益劳动的公共的平凡无奇之中。

现代科学在对特定对象领域的筹划中建立自身，同时也使自身个别化。这种筹划是在相应的、受严格性保证的方法中展开自身的。具体的方法适应于企业活动，并在其中确立自身。筹划(Entwurf)与严格性(Streng)，方法(Verfahren)与企业活动(Betrieb)，它们相互需要，构成了现代科学的本质，使现代科学成为研究。

我们沉思现代科学的本质，旨在从中认识现代科学的形而上学基础。何种关于存在者的观点和何种关于真理的概念为科学成为研究奠定了基础呢？

作为研究，认识对存在者做出说明，说明存在者如何以及在何
87 种程度上能够为表象所支配。当研究或者能预先计算存在者的未来过程，或者能事后计算过去的存在者时，研究就支配着存在者。可以说，在预先计算中，自然受到了摆置；在历史学的事后计算中，

历史受到了摆置。[①] 自然和历史便成了说明性表象的对象。这种说明性表象计算着自然，估算着历史。只有如此这般地成为对象，如此这般地是(ist)对象的东西，才被视为存在着的(seiend)。惟当存在者之存在于这种对象性中被寻求之际，才出现了作为研究的科学。

这种对存在者的对象化实现于一种表象(Vor-stellen)，这种表象的目标是把每个存在者带到自身面前来，从而使得计算的人能够对存在者感到确实，也即确定。当且仅当真理已然转变为表象的确定性(Gewißheit)之际，我们才达到了作为研究的科学。最早是在笛卡尔的形而上学中，存在者被规定为表象的对象性，真理被规定为表象的确定性了。笛卡尔的主要著作的标题为："Maditationes de prima philosophia"，即《第一哲学沉思集》。[②] Πρώτη Φιλοσοφία[第一哲学]乃是亚里士多德所创造的一个名称，标示着后来被称为形而上学的东西。整个现代形而上学，包括尼采的形而上学，始终保持在由笛卡尔所开创的存在者阐释和真理阐释的道路上(参阅附录四)。

在这里，如果说作为研究的科学乃是现代的一个本质性现象，那么，构成研究的形而上学基础的东西，必然首先而且预先就从根本上规定了现代之本质。我们可以看到，现代之本质在于：人通过向自身解放自己，摆脱了中世纪的束缚。但这种正确的描绘却还

① 此处译为"摆置"的德文动词 stellen 在海德格尔这里有特殊含义，应联系海德格尔所思的"表象"(Vor-stellen)来理解，更应联系他所思的"集置"(Ge-stell)来理解。——译注

② 参看笛卡尔：《第一哲学沉思集》，庞景仁译，北京 1996 年。——译注

是肤浅的。它导致了一些谬误，这些谬误阻碍着我们去把握现代
88 的本质基础并且由此出发去测度其本质的范围。无疑地，随着人的解放，现代出现了主观主义和个人主义。而同样确凿无疑的是，在现代之前，没有一个时代创造了一种可比较的客观主义；此前也没有一个时代，有非个人因素以集体的形态在其中发挥作用。在这里，本质性的东西乃是主观主义和客观主义之间的必然的交互作用。但正是这种交互的制约指示着更为深刻的过程。

决定性的事情并非人摆脱以往的束缚而成为自己，而是在人成为主体(Subjekt)之际人的本质发生了根本变化。但我们必须把Subjectum[一般主体]这个词理解为希腊词语ὑποκείμενον[基体、基底]的翻译。这个希腊词语指的是眼前现成的东西，它作为基础把一切聚集到自身那里。主体概念的这一形而上学含义最初并没有任何突出的与人的关系，尤其是，没有任何与自我的关系。

但如果人成了第一性的和真正的一般主体，那就意味着：人成为那种存在者，一切存在者以其存在方式和真理方式把自身建立在这种存在者之上。人成为存在者本身的关系中心。可是，只有当对存在者整体的理解发生变化之际，这样一回事情才是有可能的。这种变化在何处显示出来？按照这种变化，现代之本质是什么呢？

如若我们来沉思现代，我们就是在追问现代的世界图像。[①]通过与中世纪的和古代的世界图像相区别，我们描绘出现代的世

① 在日常德语中，“世界图像”(Weltbild)作“世界观”或“宇宙观”。联系到海德格尔下面的讨论，我们取更为字面的直译“世界图像”，意谓人的表象活动把世界把握为“图像”。——译注

界图像。但是，为什么在阐释一个历史性的时代之际，我们要来追问世界图像呢？莫非历史的每个时代都有它的世界图像，并且是这样，即，每个时代都尽力谋求它的世界图像？或者，世界图像的追问就是现代的表象方式，并且仅仅是现代的表象方式吗？

什么是一个世界图像呢？显然，是关于世界的一个图像。但 89
何谓世界呢？所谓图像又意味着什么？世界在这里乃是表示存在者整体的名称。这一名称并不局限于宇宙、自然。历史也属于世界。但就连自然和历史，以及在其沉潜和超拔中的两者的交互贯通，也没有穷尽了世界。在世界这一名称中还含有世界根据的意思，不论世界根据与世界的关系是如何被思考的（参阅附录五）。

说到“图像”一词，我们首先想到的是关于某物的画像。据此，世界图像大约就是关于存在者整体的一幅图画了。但实际上，世界图像的意思要多得多。我们用世界图像一词意指世界本身，即存在者整体，恰如它对我们来说是决定性的和约束性的那样。“图像”在这里并不是指某个摹本，而是指我们在“我们对某物了如指掌”[1]这个习语中可以听出来的东西。这个习语要说的是：事情本身就像它为我们所了解的情形那样站立在我们面前。“去了解某物”[2]意味着：把存在者本身如其所处情形那样摆在自身面前，并且持久地在自身面前具有如此这般被摆置的存在者。但是，对于图像的本质，我们还没有一个决定性的规定。“我们对某事了如指

① 这里的“我们对某物了如指掌”（wir sind über etwas im Bilde）可按字面直译为“我们在关于某物的图像中”。——译注

② 此处“去了解某物”（sich über etwas ins Bild setzen）可按字面直译为“把自身置入关于某物的图像中”。——译注

掌”不仅意味着存在者根本上被摆到我们面前，还意味着存在者——在所有它所包含和在它之中并存的一切东西中——作为一个系统站立在我们面前。“在图像中”（Im Bilde sein），这个短语有“了解某事、准备好了、对某事作了准备”等意思。在世界成为图像之处，存在者整体被确定为那种东西，人对这种东西做了准备，相应地，人因此把这种东西带到自身面前并在自身面前拥有这种东西，从而在一种决定性意义上要把它摆到自身面前来（参阅附录六）。所以，从本质上看来，世界图像并非意指一幅关于世界的图像，而是指世界被把握为图像了。这时，存在者整体便以下述方式被看待了，即：惟就存在者被具有表象和制造作用的人摆置而言，
90 存在者才是存在着的。在出现世界图像的地方，实现着一种关于存在者整体的本质性决断。存在者的存在是在存在者之被表象状态（Vorgestelltheit）中被寻求和发现的。



然而，只要存在者**没有**在上述意义上得到解释，那么，世界也就不能进入图像中，也就不可能有世界图像。存在者在被表象状态中成为存在着的，这一事实使存在者进入其中的时代成为与前面的时代相区别的一个新时代。“现代世界图像”（Weltbild der Neuzeit）和“现代的世界图像”（neuzeitliches Weltbild）这两个说法讲的是同一回事，它们假定了某种以前绝不可能有的东西，亦即一个中世纪的世界图像和一个古代的世界图像。世界图像并非从一个以前的中世纪的世界图像演变为一个现代的世界图像；而不如说，根本上世界成为图像，这样一回事情标志着现代之本质。相反地，对于中世纪来说，存在者乃是 ens creatum［受造物］，是作为最高原因的人格性的创世的上帝的造物。那时，存在者存在意味

着：归属于造物序列的某个特定等级，并且作为这样一种造物符合于创造因（即 analogia entis）（参阅附录七）。但在这里，存在者之存在从来就不在于：存在者作为对象被带到人面前，存在者被摆置到人的决定和支配领域之中，并惟有这样才成为存在着的。

现代的存在者阐释与古希腊的阐释相距更远了。古希腊思想关于存在者之存在的最古老表达之一是：Τὸ γὰρ αὐτὸ νοεῖν τε καὶ εἶναι。[①] 巴门尼德的这个命题说的是：由于为存在所要求和规定，存在者之觉知归属于存在。存在者乃是涌现者和自行开启者，它作为在场者遭遇到作为在场者的人，也即遭遇到由于觉知在场者而向在场者开启自身的人。存在者并不是通过人对存在者的直观——甚至是在一种具有主观感知特性的表象意义上的直观——才成为存在着的。毋宁说，人是被存在者所直观的东西，是被自行开启者向着在场而在它那里聚集起来的东西。被存在者所直观，[②]被牵引入存在者之敞开领域中并且被扣留于其中，从而被这种敞开领域所包涵，被推入其对立面之中并且由其分裂标识出来——这就是在伟大的希腊时代中的人的本质。所以，为了完成他的本质，希腊人必须把自行开启者聚集（λέγειν）和拯救（σώζειν）入它的敞开性之中，把自行开启者接纳和保存于它的敞开性之中，并且始终遭受着（ἀληθεύειν）所有自身分裂的混乱。希腊人作为

① 巴门尼德的这个残篇被通译为“思想与存在是同一的”。而海德格尔对之有不同的译解。——译注

② 1950 年第一版：被作为在场、作为εἶδος［爱多斯］的存在所关涉。——作者边注

存在者的觉知者而存在,[①]因为在希腊,世界不可能成为图像。但另一方面,在柏拉图那里,存在者之存在状态被规定为εἶδος(即外观、样子),这乃是世界必然成为图像这样一回事情的前提条件;这个前提条件远远地预先呈报出来,早已间接地在遮蔽领域中起着决定作用(参阅附录八)。

与希腊的觉知不同,现代的表象意指着完全不同的东西。这种表象的含义最早由repraesentatio一词表达出来了。表象在这里的意思是:把现存之物当作某种对立之物带到自身面前来,使之关涉于自身,即关涉于表象者,并且把它强行纳入到这种与作为决定性领域的自身的关联之中。何处有这种事情发生,人们就在那里了解了存在者。[②] 但由于人如此这般地了解存在者,人就炫耀他自己,[③]亦即进入普遍地和公开地被表象的东西的敞开区域之中。借此,人就把自身设置为一个场景(die Szene),在其中,存在者从此必然摆出自身(sich vor-stellen),必然呈现自身(sich präsentieren),亦即必然成为图像。人于是就成为对象意义上的存在者的表象者(der Repräsentant)。

但这一过程的新颖之处绝不在于:现在,人在存在者中间的地位完全不同于中世纪和古代人了。决定性的事情乃是,人本身特别地把这一地位采取为由他自己所构成的地位,人有意识地把这

---

① 这里的"觉知者"(der Vernehmer)联系于动词"觉知"(vernehmen)。"觉知"不是对象性的认知,而可以说是海氏所标榜的"思"(denken)。——译注

② 此句原文为"der Mensch setzt über das Seiende sich ins Bild",可直译作:"人就把自身置入关于存在者的图像中"。——译注

③ 此句原文为:er setzt sich selbst in die Szene,也可直译作:"他把自己置入场景中"。——译注

种地位当作被他采取的地位来遵守，并把这种地位确保为人性的 92
一种可能的发挥的基础。根本上，惟现在才有了诸如人的地位之类的东西。人把他必须如何对作为对象的存在者采取立场的方式归结到自身那里。于是开始了那种人的存在方式，这种方式占据着人类能力的领域，把这个领域当作一个尺度区域和实行区域，目的是为了获得对存在者整体的支配。回过头来看，由这种事件所决定的时代不仅仅是一个区别于以往时代的新时代，而毋宁说，这个时代设立它自身，特别地把自己设立为新的时代。成为新的(Neu zu sein)，这乃是已经成为图像的世界所固有的特点。

因此，如果我们把世界的图像特性解说为存在者之被表象状态，那么，为了充分把握被表象状态的现代本质，我们就必须探寻出“表象”(vorstellen)这个已经被用滥了的词语和概念的原始的命名力量，那就是：摆置到自身面前和向着自身而来摆置。[①] 由此，存在者才作为对象达乎持存，从而才获得存在之镜像(Spiegel des Seins)。世界之成为图像，与人在存在者范围内成为主体，乃是同一个过程(参阅附录九)。

惟因为人根本上和本质上成了主体，并且只是就此而言，对人来说就必然会出现这样一个明确的问题：人是作为局限于他的任性和放纵于他的专横的“自我”，还是作为社会的“我们”；是作为个人还是作为社会；是作为社会中的个体，还是作为社团中的单纯成员；是作为国家、民族和人民，还是作为现代人的普遍人性——人才意愿成为并且必须成为主体，即他**作为**现代生物**已经是**的那个

① 原文为：das vor sich hin und zu sich her Stellen。——译注

主体？惟当人本质上已经是主体，人才有可能滑落入个人主义意
93 义上的主观主义的畸形本质之中。但是，也只有在人**保持**为主体之际，反对个人主义和主张社会是一切劳作和利益之目标领域的明确斗争，才有了某种意义。

对于现代之本质具有决定性意义的两大进程——亦即世界成为图像和人成为主体——的相互交叉，同时也照亮了初看起来近乎荒谬的现代历史的基本进程。这也就是说，对世界作为被征服的世界的支配越是广泛和深入，客体之显现越是客观，则主体也就越主观地，亦即越迫切地突现出来，世界观和世界学说也就越无保留地变成一种关于人的学说，变成人类学。毫不奇怪，惟有在世界成为图像之际才出现了人道主义。而正像在希腊的伟大时代中不可能有世界图像这类东西，同样地，那时也不可能有一种人道主义发挥作用，所以，比较狭窄的历史学意义上的人道主义，无非是一种伦理学—美学的人类学。在这里，“人类学”（Anthropologie）这个名称并不是指某种关于人的自然科学研究。它也不是指在基督教神学中被确定下来的关于受造的、堕落的和被拯救的人的学说。它标志着那种对人的哲学解释，这种哲学解释从人出发并且以人为指归，来说明和评估存在者整体[①]（参阅附录十）。

世界解释愈来愈彻底地植根于人类学之中，这一过程始于18世纪末，它在下述事实中获得了表达：人对存在者整体的基本态度被规定为世界观（Weltanschauung）。自那个时代起，“世界观”这

---

① 按照海德格尔的意思，他这里所谓“人类学”（Anthropologie）实可译为“人类中心主义”或“人类中心论”。——译注

个词就进入了语言用法中。一旦世界成为图像，人的地位就被把捉为一种世界观。诚然，“世界观”一词会带来一种误解，仿佛这里的事情仅只关系到一种对世界的怠惰的考察。所以，早在19世纪，人们就很合理地强调指出，世界观也意味着，甚至首先意味着 94
生活观。不过，“世界观”一词依然保持自身为表示人在存在者中间的地位的名称，这个情况给出了一个证明，说明一旦人已经把他的生命当作主体带到了关系中心的优先地位上，世界如何决定性地成了图像。这意味着：惟就存在者被包含和吸纳入这种生命之中而言，亦即，惟就存在者被体验（er-lebt）和成为体验（Er-lebnis）而言，存在者才被看作存在着的。正如任何人道主义对古希腊精神来说必然是格格不入的，同样地，根本也不可能有一种中世纪的世界观；说有一种天主教的世界观，同样也是荒谬无稽的。现代人越是毫无节制地大步进入他的本质形态之中，一切事物就必定必然而合法地成了现代人的体验；同样确凿无疑的是，希腊人是绝无可能在奥林匹克的庆典上拥有体验的。

现代的基本进程乃是对作为图像的世界的征服过程。在这里，“图像”（Bild）一词意味着：表象着的置造之构图。① 在这种置造中，人为一种地位而斗争，力求在其中成为那种给予一切存在者以尺度和准绳的存在者。因为这种地位确保、组建和表达自身为世界观，所以，现代对于存在者的关系在其决定性的展开过程中成为各种世界观的争辩，而且不是任意的世界观的争辩，而只是那些

① 此处“表象着的制造之构图”原文为“Gebild des vorstellenden Herstellens”。应注意其中“构图”（Gebild）与“图像”（Bild）的联系。——译注

世界观的争辩——这些世界观已经占取了具有最终坚决态度的人的极端的基本立场。为了这种关于世界观的斗争，并且按照这种斗争的意义，人施行其对一切事物的计算、计划和培育的无限制的暴力。作为研究的科学乃是这种在世界中的自行设立(Sicheinrichten)的不可缺少的形式，是现代在其中飞速地——以一种不为参与者所知的速度——达到其本质之完成的道路之一。随着这一关于世界观的斗争，现代才进入了它的历史的最关键的和也许最能持久的阶段(参阅附录十一)。

95 这一进程的一个标志是，庞大之物(das Riesenhafte)到处并且以最不相同的形态和乔装显现出来。这当儿，庞大之物同时也在愈来愈细微的方向上呈示出来。我们想想原子物理学的数据即可领会此事了。庞大之物在某种形式中突现出来，而这种形式表面上看来恰恰是使庞大之物消失——如飞机对大距离的消灭，无线电对那些陌生的和冷僻的日常世界所作的任意的、凭某种技巧便可制造的表象或摆出活动(Vor-stellen)。不过，如果我们以为，庞大之物只是纯粹数量的无限伸展的空虚，那我们也就想得太肤浅了。如果我们发现，以持续地尚未曾在之物(das Nochniedagewesene)为形态的庞大之物仅仅源起于某种夸张和过火行为的盲目欲望，那我们也就看得太短浅了。如果我们认为凭着“美国主义”这个口号就已经说明了这种庞大之物的现象，那我们就根本没有作什么思考[①](参阅附录十二)。



而毋宁说，庞大之物乃是那种东西，通过它，量成为某种特有

① 此处“美国主义”(Amerikanismus)或可译“美国方式”。——译注

的质，从而成为某种突出的大。每个历史性的时代不仅与其他时代相比有不同的大，而且它也总是具有它特有的关于大的概念。但一旦在计划、计算、设立和保证过程中的庞大之物从量突变为某种特有的质，那么，庞大之物和表面上看来总是完全能得到计算的东西，恰恰因此成为不可计算的东西。后者始终是一种不可见的阴影；当人成了主体而世界成了图像之际，这种阴影总是笼罩着万物（参阅附录十三）。

通过这种阴影，现代世界就把自身投入到一个避开了表象的空间之中，并因此赋予那种不可计算之物以其特有的规定性和历史的独一性。但这种阴影却指示着一个拒绝为我们今人所知的其
他东西（参阅附录十四）。不过，只要人在对时代的一味否定中游 96
游荡荡，那么，他就绝不能去经验和思考这种拒绝让人知道的东西。那种出于低三下四和骄傲自大的混杂而向传统的逃遁，本身并不能带来什么东西，无非是对历史性瞬间视而不见和蒙昧无知而已。

惟有在创造性的追问和那种出自真正的沉思的力量的构形中，人才会知道那种不可计算之物，亦即才会把它保存于其真理之中。真正的沉思把未来的人投入那个“区间”（Zwischen）中，在其中，人归属于存在，却又在存在者中保持为一个异乡人（参阅附录十五）。荷尔德林知道了这一点。在一首题为《致德国人》的诗的结尾处，荷尔德林唱道：

我们的有生之年是多么局促，
我们观看和计算我们的年岁之数，

但诸民族的年岁，
莫非有一只凡人的眼睛看见了它们？

倘若你的灵魂在渴望中颤动
超越于自己的时光之上，悲哀地
你于是逗留在寒冷的海滨
在你的所有中，而从不认识它们。

## 附 录

（一）这样一种沉思既不是对所有人来说都必然的，也不是每个人都能完成的或者哪怕仅仅承受的。相反，无沉思状态却普遍地属于实行和推动活动的某些特定阶段。不过，沉思之追问绝不会沦于无根据和无疑问之境，因为这种追问先行追问着存在。对于沉思而言，存在始终是最值得追问的东西。沉思在存在那里遭遇到极端的抵抗，这种抵抗阻止着沉思，使之不能严肃对待进入其
97 存在之光亮中的存在者。对现代之本质的沉思把思想和决断设置入这个时代的本真的本质力量的作用范围内。这些本真的本质力量如其作用的那样发挥作用，是任何日常的评价活动所不能触及的了。面对这些本质力量，只有一种对分解（Austrag）[①]的准备，

① 德语中 Austrag 一词有“解决、裁决、调解”等义；其动词形式 austragen 有“解决、澄清、使有结果、分送”等义。海德格尔以 Austrag 一词来思存在与之存在者之“差异”的区分化运作，并赋予此词以中心词语的地位。我们权且把 Austrag 译为“分解”，勉强取“区分”和“解决（调解）”的双重意思。——译注

或者，却是一种向无历史性的逃遁。但在这里，举例说来，肯定技术，或者，出于一种无可比拟地更本质性的态度，把“整体动员”[①]——如果它被认作现成的东西——绝对地设定起来，这样做，都还是不够的。关键是要不断地先行根据在其中起支配作用的存在之真理来把握时代的本质，因为只有这样，才能同时也经验到那种最值得追问的东西，后者从根本上包含和约束着一种超越现成之物而进入未来的创造（Schaffen），并且使人的转变成为一种源出于存在本身的必然性。[②] 没有一个时代能被否定的裁决消除掉。这种否定只是把否定者抛出轨道。但是，为了在未来经受住考验，在其本质中并且借助于其本质之力量，现代要求一种沉思的源始性和作用范围；我们今天的人也许正对这种沉思做着某些准备，但我们绝不能先就掌握它。

（二）“企业活动”一词在这里并无贬义。但由于研究在本质上是企业活动，所以，那种始终可能的“一味忙碌”的勤勉活动，[③]同时也唤起一种最高现实性的假象，而研究工作的挖掘活动就是在这种现实性背后完成的。当企业活动在方法中不再基于常新的筹划之实行而保持开放，而只是抛弃这种给定的筹划，甚至也不再证实它自己的不断累积的结果以及对结果的清算，而是一味地追逐



① 此处“整体动员”（die totale Mobilmachung）是恩斯特·荣格尔（Ernst Jünger）的一个中心论题，意指现代的一个本质现象，即人通过技术意志实现对地球的统治。海德格尔根据尼采思想来考察荣格尔的观点，把“整体动员”理解为强力意志形而上学的最后实现，或者“积极的虚无主义”的最后阶段。可参看海德格尔：《面向存在问题》，载《路标》，第 379 页以下。——译注

② 1950 年第一版：用（Brauch）。——作者边注

③ 此处所译的“企业活动”（Betrieb）和“一味忙碌”（bloßer Betrieb）实为勉强的意译，且没有很好地传达出两词的字面联系。——译注

这种结果和计算，这时候，企业活动就成为“一味忙碌”了。这种“一味忙碌”无论何时都必须被制止，而这恰恰是因为研究在本质上乃是企业活动。如若人们只是在安静优雅的博学中寻找科学的
98 科学因素，那么无疑地，看起来仿佛对企业活动的拒绝也就意味着对研究之企业活动特性的否定。确实，研究愈纯粹地成为企业活动，并因而登上其业绩的适当水平，则研究中的勤勉忙碌特性的危险就愈持久地增长。最后就会出现一个状况，在那里“企业活动”与“一味忙碌”之间的区别不光成为不可认识的，而且也成为不现实的了。正是这种处于自明之物的平均中的对本质与非本质的协调，使得作为科学形态的研究能够持久，从而根本上使现代能够持久。但是，研究从何处获得对那种在其企业活动范围内的“一味忙碌”的抗衡力量呢？



（三）出版事业的不断增长的重要性的根据不仅在于：出版商（也许通过书业的途径）对于公众的需求有着更好的了解，或者，他们比作者们更能掌握行情。不如说，从出版商通过预订的有限的图书和著作的发行，如何必然把世界带入公众的图像之中并且把世界确定在公众状态中这个角度来看，他们特有的工作有着一种有计划的、自行设立的运行方式。文集、套书、著作系列和袖珍版的风行，已经是这种出版工作的一个结果；这种工作又是与研究者的意图相切合的，因为研究者通过丛书和文集不但能更容易、更快速地成就名声，而且即刻可以在更广大的公众那里获得轰动效果。

（四）从历史上看，笛卡尔形而上学的基本立场继承了柏拉图—亚里士多德的形而上学，尽管有其新的开端，但还是活动在同一个问题中：存在者是什么？（Was ist das Seiende?）这个问题并

没有以这种套式出现在笛卡尔的《沉思》中；但这一点仅能证明，对 99
这个问题的变换了的回答是如何从根本上早已规定了基本立场。笛卡尔对存在者和真理的解释工作首先为一种知识学或知识的形而上学的可能性创造了前提条件。惟有通过笛卡尔，实在论才能够去证明外部世界的实在性，才能去拯救那个自在存在者。

在莱布尼茨以来的德国思想中得到完成的对笛卡尔基本立场的本质性改变，绝没有克服后者的基本立场。这些改变才只是展示出笛卡尔基本立场的形而上学作用范围，并为19世纪这个还是现代以来最黑暗的世纪创造了前提条件。这些改变间接地把笛卡尔的基本立场固定在某个形式中，通过这个形式，这些改变本身几乎是不可识别的，但并不因此更少具有现实性。相反地，纯粹的笛卡尔—经院哲学及其唯理论已经丧失了任何力量，无能于对现代起进一步的构成作用。从笛卡尔开始了西方形而上学的完成过程。但因为这样一种完成又只有作为形而上学才是可能的，所以现代思想才具有了它自身的伟大。

笛卡尔把人解释为Subjectum［一般主体］，从而为后来的形形色色的人类学创造了形而上学的前提条件。随着人类学的涌现，笛卡尔欢庆他的最大胜利。通过人类学，形而上学便开始过渡到那种对所有哲学的简单终止和取消的过程之中。狄尔泰否定形而上学，根本上已不再理解形而上学的问题，面对形而上学的逻辑一筹莫展；这乃是狄尔泰的人类学基本立场的内在结果。他的“哲学的哲学”乃是一种对哲学所做的人类学上的取消工作的凸出形式，而不是一种对哲学的克服。因此，任何一种人类学——它随心所欲地利用以往的哲学，却又把后者宣布为多余的哲学——也有

100 其优越之处，那就是：它清楚地看到了那种随着对人类学的肯定所需要的东西。由此，精神状况便获得了某种廓清，而同时，对诸如国家社会主义哲学之类的荒谬产物的艰辛制作只会造成混乱。世界观虽然需要并且利用哲学的博学，但它不需要任何一种哲学，因为它作为世界观已经接受了某种特有的对存在者的解说和构形。但无疑地，人类学也不能做某件事情。人类学不能克服笛卡尔，甚至也不能反抗笛卡尔；因为，结果又如何会与它立身其上的基础作斗争呢？

要克服笛卡尔，只有通过克服他本人所建立起来的东西，只有通过克服现代的、同时亦即西方的形而上学。但在这里，“克服”却意味着：对意义问题的原始追问，亦即对筹划领域问题的原始追问，从而也是对存在之真理（Wahrheit des Seins）问题的原始追问——而存在之真理问题同时揭示自身为真理之存在（Sein der Wahrheit）问题。

（五）正如我在《存在与时间》一书中所阐发的那样，世界概念只有在“此之在”（Da-sein）的问题的视界内才能得到理解；而“此之在”的问题又始终被嵌入存在之意义（而非存在者之意义）的基本问题之中了。

（六）图像（Bild）的本质包含有共处（Zusammenstand）、体系（System）。但体系并不是指对被给予之物的人工的、外在的编分和编排，而是在被表象之物本身中结构统一体，一个出于对存在者之对象性的筹划而自行展开的结构统一性。在中世纪是不可能有一种体系的，因为在那里，只一有符合（Entsprechungen）之秩序才是本质性的，而且是在上帝的造物意义上的和被预定为上帝的创造的存在者的秩序。对希腊人来说，体系就更为格格不入了，尽管人们在现代——但完全错误地——在谈论柏拉图和亚里士多德的 101
“体系”。研究中的企业活动是某种对体系的构造和设立；同时，这种体系在交互关系中也规定着这种设立。在世界成为图像之处，就有体系起着支配作用，而且不只是在思想中起支配作用。但是，在体系占支配地位之处，也总是存在着一种可能性，即，它有可能向那种仅仅被制作和堆砌起来的体系的外在性蜕变。当筹划的原始力量付诸阙如之际，就会出现这种情形。莱布尼茨、康德、费希特、黑格尔和谢林的本身各各相异的体系的惟一性尚未为人们所把握。这些思想家的体系的伟大之处在于，它们并不像笛卡尔的体系那样，是从作为 ego［自我］和 substantia finita［有限实体］的主体出发来展开自身的，相反地，它们或者像莱布尼茨那样从单子出发，或者像康德那样从先验的、植根于想象力的有限理性之本质出发，或者像费希特那样从无限的自我（lch）出发，或者像黑格尔那样从作为绝对知识的精神出发，或者像谢林那样从自由——作为任何一个其本身通过对根据与实存的区分而得到规定的存在者的必然性——出发，来展开自身。

对于现代的存在者解释来说，与体系同样本质性的乃是对价值的表象。惟当存在者成为表象（Vor-stellen）之对象之际，存在者才以某种方式丧失了存在。这种丧失是十分不清晰和不确实地被追踪到的，并且相应地很快就得到了弥补，因为人们赋予对象和如此这般得到解释的存在者以一种价值，并根本上以价值为尺度来衡量存在者，使价值本身成为一切行为和活动的目标。由于一切行为和活动被理解为文化，价值便成为文化价值，进而，文化价值竟成为对一种为作为主体的人的自我确证服务的创造(Schaffen)的最高目标的表达。由此出发,仅只还有一步之遥,就可以把价值本身变成自在之对象了。价值是对那种在作为图像
102 的世界中的表象着的自身设立活动的需求目标的对象化。价值似乎表达出这样一个事实,即:人们在与价值的关联地位中才推动了最富价值的东西本身,但价值恰恰是对变得平淡无奇、毫无隐秘的存在者之对象状态的微弱无力的蒙蔽。无人为纯粹价值而献身。为了揭示19世纪的本质,人们注意到了赫尔曼·洛采[1]独特的中间地位。洛采重新解释了柏拉图的价值观念,同时以《微观世界》为标题进行了“一种人类学的尝试”(1856年);这种人类学依然基于德国唯心主义的精神而接近于后者的思维方式的高贵和纯朴,却也向实证论开启了这种思维方式。由于尼采的思想始终被禁囿于价值观中,所以,他必然要以一种逆转方式,把他的根本思想表达为对一切价值的重估。只有当我们成功地摆脱价值观念来理解尼采的思想,我们才能达到一个立足点,由此立足点出发,形而上学最后一位思想家的著作才成为一项追问任务,而作为我们的历史的必然性,尼采对瓦格纳的敌对态度才成为可理解的了。

(七)符合(Entsprechung),被思为存在者之存在的基本特征的符合,先行标画出那些完全确定的可能性和方式,即这一在存在者之内的存在的真理设置入作品的可能性和方式。中世纪的艺术

① 赫尔曼·洛采(Hermannn Lotze, 1817—1881年):德国唯心论哲学家,著有《微观世界》、《形而上学》等。——译注

作品和这个时代的无世界图像状态乃是一体的。

（八）可是，大约在苏格拉底时代的一个智者不是早就大胆地声称：人是万物的尺度，是存在者存在的尺度，也是不存在者不存在的尺度吗？普罗泰戈拉的这个命题听起来难道不像笛卡尔说的话么？尤其是，难道柏拉图不是把存在者之存在把捉为被直观到的东西，即ἰδέα［相］么？难道在亚里士多德那里，与存在者 103
本身的关联不是θεωρία，即纯粹观看（Schauen）么？不过，普罗泰戈拉的这个智者派哲学命题并非主观主义，正如笛卡尔也不可能仅仅对古希腊思想作了一种颠倒。诚然，通过柏拉图的思想和亚里士多德的追问，实现了一个决定性的、但始终还保持在希腊关于存在者的基本经验范围内的对存在者和人的解释的转变。恰恰是作为对智者哲学的斗争因而处于与智者哲学的依赖关系中，这种转变了的解释才成为如此决定性的，以至于它成了希腊思想的终结，而这种终结同时间接地为现代准备了可能性。因此之故，后来，不只在中世纪，而且贯穿现代直至今天，柏拉图和亚里士多德的思想能够被看作地地道道的希腊思想，而所有前柏拉图的思想只是被看作对柏拉图的一个准备。由于人们长期以来习惯于认为希腊精神贯穿于现代的人文主义解释中，所以，我们始终未曾以让存在保持其独一性和奇异性的方式，去沉思向古代希腊开启自身的存在。普罗泰戈拉的命题曰：πάντων χρημάτων μέτρον ἐστίν ἄνθρωπος，τῶν μὲν ὄντων ὡς ἔστι ῖῶν δὲ μὴ ὄντων ὡς οὐκ ἔστιν（参看柏拉图：《泰阿泰德篇》152a）。

“（各个）人是万物（即在人的使用和需要中，因而始终在人周围的物，即χρήματα χρῆσθαι）的尺度，是在场者如其在场那样在

场的尺度，也是不在场者不在场的尺度”。[①] 在这里，其存在有待决断的存在者被理解为在人的周围自发地于此领域中在场的东西。但人是谁呢？对此，柏拉图在同一段文字中给出了答复，他让苏格拉底这样说道：Οὐκοῦν οὕτω πως λέγει，ὡς οἷα πὲν ἓκαστα ἐμοὶ φαίνεται τοιαῦτα πέν ἔστιν ἐμοί οἷα δὲ σοὶ, τοιαῦτα δὲ αὐ σοί ἄνθρωοπς δὲ σύ τε καὶ ἐγώ;“他（普罗泰戈拉）不是领会了下面这一点么？作为当下某物向我显示出来的，
104 对我来说（也）就是具有这种外观的某物；而作为某物向你显示出来的，对你来说又是具有那种外观的某物？而你和我一样，都是人”。[②]

可见，在这里，人是当下具体的人（我、你、他和她）。这个ἐγώ［我］可以与笛卡尔的我思（ego cogito）相合吗？绝不能。因为，同样必然地规定着普罗泰戈拉和笛卡尔的两种形而上学基本立场的一切本质性因素，是各各不同的。一种形而上学基本立场的本质性因素包括：

一、人之为人的方式和样式，亦即人之为其自身的方式和样式；自身性（Selbstheit）的本质方式，这种自身性绝不与自我性（Ichheit）相等同，而是根据与存在本身的关联而得到规定的；

二、对存在者之存在的本质解释（Wesensauslegung）；

三、对真理的本质筹划（Wesensentwurf）；

四、人据以在有些地方成为尺度的那种意义（Sinn）。

---

① 这是海德格尔做的翻译，有别于通译：“人是万物的尺度，是存在者存在的尺度，也是不存在者不存在的尺度。”——译注

② 此句通译为：“他不是说，事物对于你就是它向你显现的那样，对于我就是它向我显现的那样，而你和我都是人？”——译注

在上述形而上学基本立场的诸本质要素中，无论哪一个要素都不能与其他要素分离开来而得到理解。每一个要素都已经表明某种形而上学基本立场的整体。为什么以及在何种程度上恰恰是这四种要素先行包含和构成了某种形而上学基本立场本身，这是一个不再能够根据形而上学和通过形而上学来加以追问和回答的问题了。这已经是一个根据形而上学之克服来谈论的问题了。

诚然，对普罗泰戈拉来说，存在者始终关涉于作为ἐγώ[我]的人。但是这种与自我的关联具有何种特性呢？ἐγώ[我]逗留于无蔽领域的范围内，无蔽领域被分派给向来作为这个范围的ἐγώ[我]了。于是，它觉知着作为存在者的在此范围内在场的一切东西。对在场者的觉知植根于这种在无蔽状态之范围内的逗留。通过在在场者那里的逗留，才有(*ist*)自我对于在场者的归属关系。这一对敞开的在场者的归属用界线把在场者与不在场者区划开来。从这些界线中，人获得并且保持着在场者和不在场者的尺度。由于人局限于当下无蔽领域，人才接受一种尺度，此尺度一向把某 105
个自身(Selbst)限定于此或彼。人并非从某个孤立的自我性(Ichheit)出发来设立一切在其存在中的存在者都必须服从的尺度。具有希腊式的与存在者及其无蔽状态的基本关系的那个人是μέτρον(即尺度)，因为他采纳了那种向着以自我方式被限定的无蔽状态之范围的限制(Mäßigung)，并因之承认存在者之遮蔽状态和关于存在者的在场或不在场的不可决断性，类似地也承认关于本质现身之物的外观的不可决断性。所以，普罗泰戈拉说(参看第尔斯：《前苏格拉底残篇》，普罗泰戈拉 B.4)：περὶ μὲν θεῶν οὐκ ἔχω εἰδνέαι, οὔθ' ὡς εἰσίν, οὔθ' ὡς, οὐκ εἰσίν οὔθ ὁποῖοί τινες

ἰδέαν“至于神，我确实不能知道什么（以希腊方式来讲：“看见”某物），既不知道它们存在，也不知道它们不存在，更不知道它们如何以其外观（即ἰδέα[相]）存在。”

πολλὰ γὰρ τὰ κωλύοντα εἰδέναι, ἥ τ’ἀδηλότης καὶ βραχὺς ὢν ὁ βίος τοῦ ἀνθρώπον。“因为阻碍着人们去觉知存在者本身的事情有很多种：例如，存在者的非敞开状态（遮蔽状态），以及人寿的短促。”①

我们满可以惊奇于苏格拉底针对普罗泰戈拉的这一番深思熟虑而就后者所说的话（参看柏拉图：《泰阿泰德篇》152b）：εἰκὸς μέντοι σοφόν ἄνδαρ μὴ ληρεῖν。“可以猜想，他（普罗泰戈拉）作为一个沉思的人（在他关于人是μέρτον[尺度]的命题中）是不会随便瞎吹八道的。”

普罗泰戈拉的形而上学基本立场仅只是对赫拉克利特和巴门尼德的基本立场的一个制限，而这种制限亦即一种保持。智者派哲学惟有在智慧σοφία[智慧]的基础上才有可能，亦即在希腊对作为在场之存在和对作为无蔽之真理的解释的基础之上才有可能——这种无蔽本身始终是一种对存在的本质规定性，因为在场者就是从无蔽状态那里，在场是从无蔽领域本身那里得到规定的。但笛卡尔离开希腊思想的开端有多远呢？这种对人的解释——它
106 把人表象为主体（Subjekt）——是如何与希腊思想格格不入的？正因为在Subjectum[一般主体]这个概念中，还回响着那种以已

---

① 此句通译为：“至于神，我既不能说它们存在，也不能说它们不存在，因为阻碍我认识这一点的事情很多，例如问题晦涩，人寿短促。”——译注

经变得不可认识和毋庸置疑的在场(也即持续地摆在眼前的东西)的形式出现的为希腊人所经验到的存在之本质,亦即ὑποκείμενον[基体、基底]之ὑποκεῖσθαι[建基],所以从中还能看出形而上学基本立场的转变的本质。

通过对在场者的觉知而保持那个当下始终受限定的无蔽状态之范围(人之为μέτρον[尺度]),这是一回事情。而通过对人人可得的并且对所有人都具有约束力的可表象之物的计算而进入到可能的对象化的无限制领域之中,又是另一回事情了。

在希腊智者派哲学中,不可能有任何一种主观主义,因为在那里,人不可能是一般主体。人之所以不能成为一般主体,是因为在那里,存在乃是在场,真理乃是无蔽状态。

在无蔽状态中发生着φαντασία[呈现],即在场者之为这样一个在场者的显现,对本身向着显现者在场的人而言的一种显现。但作为表象着的主体,人进行想象活动,也就是说,人活动在imaginatio[想象]之中,因为他的表象活动把存在者构想(einbilden)为作为对象的存在者,使之进入作为图像的世界之中。



(九)存在者如何竟能以突出的方式展现为一般主体,从而主体因素得以达到了统治地位?因为直到笛卡尔,甚至在笛卡尔形而上学的范围内,存在者——就其是某个存在者而言——还是一个sub-jectum[一般主体],即ὑπο-κείμενον[基体、基底],也即某个从自身而来摆在眼前的东西,它作为本身同时奠基了它持续的固有特性和变幻不居的状态。一个在本质性方面无条件的、因而别具一格的Sub-jectum[一般主体](作为一个具有奠基作用的基础)的优先地位,源出于人对某个fundamentum absolutum inconcus-

sum veri tatis(自足的、不可动摇的确定性意义上的真理的基础)
107 的要求。这种要求为何并且如何达到其决定性的权能和作用呢?这种要求源自那种人的解放,在此解放中,人挣脱了基督教的启示真理和教会学说的束缚,而成为那种以自身为准绳的立法者。藉着这种解放,自由——亦即受某种义务的束缚——的本质,被重新设定起来。但因为按照这种自由,自我解放的人本身设定义务,所以这种义务从此以后就有可能得到不同的规定。这种义务可以是人的理性及其法则,或者是根据这种理性而被设立起来、并且对象性地被安排的存在者,或者是那种尚未被安排的、只有通过对象化活动才能加以掌握的、要求在某个时代得到控制的混沌(Chaos)。

可是,这种解放并不知道自己始终还没有摆脱那种肯定和保证了人的灵魂的得救的启示真理的束缚。因此,这种**摆脱了**天启式得救确定性(Heilsgewißheit)的解放,本身必然是一种**走向**某种确定性(Gewißheit)的解放;而在后一种确定性中,人为自己确保了真实——作为对他自己的知识(Wissen)的意识。这只有通过自我解放的人自己对可知之物的确定性的保证才是可能的。但这样一回事情得以发生,只是由于人从自身出发并且为了自身,确定了对他来说什么是可知的,知识和对意识的确证(即确定性)意味着什么。于是,笛卡尔形而上学的任务就成为:为人的解放——走向作为自身确定的自我规定的自由的解放——创造形而上学的基础。然而,这个基础不但本身必然不是一个确定的基础,而且,由于禁阻了来自其他区域的任何尺度,它同时必然具有这样一种特性,即:所要求的自由的本质通过这个基础而被设定为自我确定性

了。不过，一切由其本身确定的东西同时也必须保证那个存在者为确定的——对此存在者来说，这样一种知识必定是确定的，108
通过这种存在者，一切可知之物必定获得了保证。fundamentum［基础］，那种自由的基础，为自由奠立基础者，即一般主体，必定是一个满足上述本质要求的确定之物。一个在所有这些方面都别具一格的一般主体就成为必然的了。这一构成基础和赋予基础的确定之物是何种东西呢？是 ego cogito（ergo）sum［我思（故）我在］。确定之物是一个命题，它宣称：与人的思维同时相随（共同地和同样持续着），人本身无可置疑地也一道在场着，现在也就是说，一道被给予自身。思维即表象（vor-stellen），是与被表象者——即作为 perceptio［知觉］的 idea［观念］——的表象关系。

表象在此意谓：从自身而来把某物摆置（stellen）到面前来，并把被摆置者确证为某个被摆置者。这种确证必然是一种计算，因为只有可计算状态才能担保要表象的东西预先并且持续地是确定的。表象不再是对在场者的觉知（Vernehmen），这种觉知本身就归属于在场者之无蔽状态，而且是作为一种特有的在场归属于无蔽的在场者。表象不再是“为……自行解蔽”，而是“对……的把捉和掌握”。[1] 在表象中，并非在场者起着支配作用，而是进攻（Angriff）占着上风。现在，按照那种新的自由，表象就是从自身而来向已被确证之物的首先要确证的领域的一种挺进。存在者不再是

① 此处“为……自行解蔽”（das Sichentbergen für...）是希腊式的“觉知”（vernehmen），而“对……的把捉和掌握”（das Ergreifen und Begreifen von...）是指现代的“表象”方式。——译注

在场者，而是在表象活动中才被对立地摆置的东西，亦即是对象(Gegen-ständige)。表象乃是挺进着、控制着的对象化。[①] 由此，表象把万物纠集于如此这般的对象的统一体中。表象乃是 coagitatio[心灵活动]。

与某物的任何关系，诸如意欲、采取立场、感知等等，自始就是表象，是被人们译为“思想”的 cogitans。因此，笛卡尔才能用一个起初令人诧异的名称 cogtatio 来命名 voluntas[意志]和 affectus[情感]的一切方式，即全部 actiones[行为]和 passiones[感觉]。

109 在 ego cogito sum[我思我在]中，cogitare 就是在这一本质性的和新的意义上被理解的。一般主体，即基础确定性，是表象着的人的无论何时都得到确证的与被表象的人或非人的存在者(即对象)的共同被表象状态。基础确定性乃是无可置疑地无论何时都可表象的和被表象的 me cogitare = me esse[我思 = 我在]。这乃是自我确证的表象之一切计算活动的基本等式。在这种基础确定性中，人确信：作为一切表象活动的表象者，从而作为一切被表象状态以及任何确定性和真理的领域，他得到确证了，现在也即说，他**存在**(ist)了。惟因为人以此方式在基础确定性——即 me cogitare = me esse[我思 = 我在]的 fundamentum absolutum inconcussum[绝对不可动摇的基础]——中必然地被一道表象出来了，只是因为向自己解放自身的人必然地归属于这种自由的一般主体，惟因此，人才可能(而且必然是这种人本身)成为别具一格的存在者，成

① 此句原文为：Das Vor-stellen ist vor-gehende, meistemde Ver-gegenständlichung。——译注

为一个 Subjectum[一般主体],后者从原初真实的(即确定的)存在者方面来看在所有 Subjecta[一般主体]中具有优先地位。在确定性之基本等式中,进而在真正的一般主体中,道出了 ego[自我];这并不意味着,人现在是从自我和利己方面被规定的。它只是说:成为主体,现在成了作为思维着和表象着的生灵的人的特性。人的自我效力于这个一般主体。在这个 Subjectum[一般主体]中建基的确定性本身虽然是主体的(subjektiv),即是在一般主体的本质中发挥作用的,但它并非利己的(egoistisch)。确定性对任何一个作为本身亦即作为一般主体的自我来说都是约束性的。同时,所有通过表象的对象化而被确定为可靠的、并从而被确定为存在着的东西,是对任何人都具有约束力的。但没有什么东西能够逃避这种对象化,后者同时始终是关于什么可被看作对象这样一回事情的决定。对可能的对象化之领域以及有关这种对象化的决定权的无条件失范(Entschränkung),乃属于 110
Subjectum[一般主体]之主体性的本质和作为主体(Subjekt)的人的本质。[①]

现在我们也就弄清楚了:在何种意义上,人作为主体想要成为并且必定成为存在者(亦即客体、对象)的尺度和中心。现在,人不再是那种对觉知的限制(Mässigung)意义上的μέτρον[尺度]了;

① 按照海德格尔的解释,被通译为"主体"的 Subjectum 原意(也在希腊意义上)为"根据"、"基础",而并不专指人;以它特指人这种突出的存在者,乃是近代(笛卡尔)以来的事情。中文的"主体"一词含义较广,实也有"根据"、"基础"之意。为了把海德格尔所用 Subjectum 与 Subjekt 两词在译文上区别开来,而又不至于失落两者之间的联系,我们权把 Subjectum 译为"一般主体",把 Subjekt 译为"主体"。——译注

这种对觉知的限制是把觉知限制于在场者——每个人始终趋向它而在场——的无蔽状态的当下具体范围。作为一般主体，人乃是ego[自我]的co-agitatio[心灵活动]。人把自身建立为一切尺度的尺度，即人们据以测度和测量（计算）什么能被看作确定的——也即真实的或存在着的——东西的那一切尺度的尺度。自由作为一般主体的自由是新的。在《第一哲学沉思集》中，向着新自由的人的解放被带向其基础即一般主体那里。现代人的解放并非才始于“我思故我在”，笛卡尔的形而上学也不只是一种被补交给这种自由、因而从外部被添造到这种自由上的形而上学，一种意识形态意义上的形而上学。在co-agitatio[心灵活动]中，表象把一切对象事物聚集到被表象状态的“共同”之中。现在，cogitare[思维]的ego[自我]在被表象状态的自我确证着的“共处”中，亦即在con-scientia[意识]中，获得了其本质。con-scientia[意识]是对在由人保存下来的被表象状态范围中的对象——与表象着的人一道——的共同摆置。一切在场者从被表象状态中获得了其在场状态（Anwesenheit）的意义和方式，也即在repraesentatio中的在场（Praesenz）的意义。作为coagitatio[心灵活动]的一般主体，ego[自我]的con-scientia[意识]乃是以此方式别具一格的主体的主体性，规定着存在者之存在。



《第一哲学沉思集》根据被规定为conscientia[意识]的主体性，对Subjectum[一般主体]的存在学作了先行描述。人成了一
111 般主体。因此，人能够按照他对自身的理解和意愿来规定和实现主体性的本质。作为启蒙时代的理性动物，人并不比那个人——他把自己理解为民族，意欲成为民众，作为种族培育自身，最后赋

予自身以地球的主人的权能——更少是主体。在所有这些主体性的基本立场中,某种不同的自我性(Ichheit)和利己主义也才是可能的,因为人始终被规定为我和你,我们和你们了。主观的利己主义——它多半不知道自我预先已经被规定为主体了——可以通过把“自我”嵌入“我们”之中来加以消除。由此,主体性只是获得了权力。在以技术方式组织起来的人的全球性帝国主义中,人的主观主义达到了它登峰造极的地步,人由此降落到被组织的千篇一律状态的层面上,并在那里设立自身。这种千篇一律状态成为对地球的完全的(亦即技术的)统治的最可靠工具。现代的主体性之自由完全消融于与主体性相应的客体性之中了。人不能凭自力离弃其现代本质的这一命运,或者用一个绝对命令中断这一命运。但是,人能够在先行思考之际来深思一点,即:人类的主体存在一向不曾是、将来也绝不会是历史性的人的开端性本质的惟一可能性。一片遮蔽着的土地上空的一朵变幻不定的阴云,这乃是一种阴暗过程,它把那种由基督教的救恩确定性提供出来的真理——作为主体性之确定性的真理——笼罩在一个始终不为主体性所经验的本有事件(Ereignis)之上。

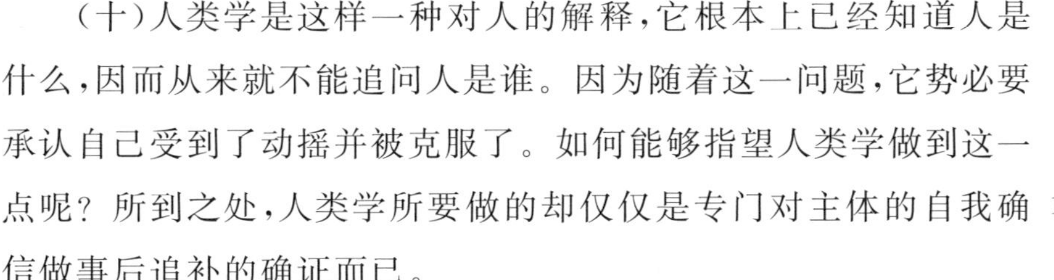

(十)人类学是这样一种对人的解释,它根本上已经知道人是什么,因而从来就不能追问人是谁。因为随着这一问题,它势必要承认自己受到了动摇并被克服了。如何能够指望人类学做到这一点呢?所到之处,人类学所要做的却仅仅是专门对主体的自我确 112
信做事后追补的确证而已。

(十一)因为现在,自我完成的现代的本质正在融合而进入不言自明的东西之中。惟当这种不言自明的东西通过世界观而得到了确证之际,适合于一种原始的存在之疑问的可能温床才能成长起来;这种存在之疑问开启出一个领地,由此得以决定存在是否依然能够胜任一个上帝,存在之真理的本质是否更原初地要求着人的本质。惟在现代之完成达到其特有的伟大性的毫无顾忌的地步之际,也才为未来的历史做了准备。

(十二)美国主义是某种欧洲的东西。它是那种尚未得到理解的庞大之物的变种;这种庞大之物尚未被释放出来,甚至根本还不是从完全的和被聚集起来的现代之形而上学本质中生长出来的。实用主义对美国主义的美国式阐释始终还处于形而上学领域之外。

(十三)日常流行的意见只在阴影中看到光的缺失——如果不说是光的完全否定的话。但实际上,阴影乃是光的隐蔽的闪现的证明,这种证明虽然是不透明的,却是可敞开的。按照这个阴影概念,我们把不可计算之物经验为那种东西,它游离于表象,但在存在者中是赫然敞开的并且显示着隐蔽的存在。



(十四)但是,如果拒绝本身必定成为最高的和最强烈的对存在的揭示活动,那么情形又会如何呢?从形而上学出发来理解(也即从存在问题出发,以“什么是存在者?”这种形式来发问),存在的隐蔽本质,即拒绝,首先揭示自身为绝对不存在者,也即无(Nichts)。
113 不过,作为存在者的虚无因素(das Nichthafte),无乃是纯粹否定(das bloß Nichtige)的最激烈的对立面。无从来不是一无所有,它同样也不是某个对象意义上的某物;无乃是存在本身——当人已然克服了作为主体的自身,也即当人不再把存在者表象为客体之际，人就被转让给存在之真理了。[1]

（十五）这一敞开的"区间"就是此之在，而此之在这个词是在存在之解蔽和遮蔽的绽出领域这一意义上来理解的。[2]

---

① 此处动词"转让"原文为 übereignen，应联系于海德格尔所思的"本有"（Ereignis）的"居有"（ereignen）。——译注

② 这里的"此之在"（Da-sein），英译本作"存在之敞开状态"（the openness-for-Being），是一种意译了。——译注

115

# 3　黑格尔的经验概念[①]

《意识**经验**的科学》是黑格尔1807年在出版他的《精神现象学》这部著作时所用的标题。加重点号的“经验”一词位于另外两个名词中间。“经验”所说的就是“现象学”之所是。黑格尔用这种强调的方式来使用“经验”一词，其用意何在呢？在就“科学的体系”所作的序言之后有一段文字，乃是这部著作的导论，这个导论回答了我们上面的问题。在原版中，这个导论的原文如下：[②]

（一）如果有人觉得在哲学里在开始研究事情本身以前，即在研究关于绝对真理的具体知识之前，有必要先对认识自身加以了解，即是说，先对人们借以把握绝对的那个工具，或者说，先对人们赖以观察绝对的那个手段，加以考察，这乃是一种很自然的想法。这样一种想法或考察，显然是有理由的，一方面，这是因为可以有各种各样的认识，有的种类可以比别的种类更适宜于达到我们的终极目的，而因此就有可能在它们中间作出错误的抉择，另一方面，这也是因为既然认识是一种属于一定种类具有一定范围的能

---

① 1950年第一版：未曾明言地从本有（Ereignis）而来进行思考。——作者边注

② 译文参照黑格尔：《精神现象学》，中文版，贺麟、王玖兴译，北京1983年，上卷，第51—62页。少数几处略有改动。——译注

力，那么对于它的性质和界限如果不加以比较确定的规定，则通过它而掌握到的，就可能是些错误的乌云而不是真理的青天。这种想法甚至于一定变成为一种信念，相信通过认识来替意识获取那种自在存在着的东西这一整个办法就其概念来说是自相矛盾的，相信在认识与绝对之间存在着一条划然区别两者的界限。因为如 116
果认识是我们占有绝对本质所用的工具，那么我们立刻就能看到，使用一种工具于一个事物，不是让这个事物保持它原来的样子，而是要使这个事物发生形象上变化的。再或者说，如果认识不是我们活动所用的工具，而是真理之光赖以传达到我们面前来的一种消极的媒介物，那么我们所获得的事物也不是像它自在存在着的那个样子，而是它在媒介物里的样子。在这两种情况下，我们所使用的手段都产生与它本来的目的相反的东西出来；或者毋宁可以说，我们使用手段来达取目的，根本是件于理不合的事情。不错，这种不利的情况，似乎可以通过我们对**工具**的作用的认识而得到补救，因为认清了工具的作用以后，我们就有可能把我们通过工具而获得的关于绝对的观念里属于工具的那一部分从结果里抽出去，从而获得关于绝对的纯粹真理。但是，这种补救的办法，事实上只能把我们引回到我们原来所在的地方去。因为，如果我们用工具将某一个东西加以改造，然后又把工具所作的改变从这个改变了的东西那里予以取消，那么这个东西——在这里是指绝对——对我们来说就不多不少重新恢复了它没经过这一度多余的麻烦以前的样子。或者，如果说绝对并不因工具而发生什么改变，只是被吸引得靠近我们一些，就像小鸟被胶竿吸引过来那样，那么绝对假如不是自在自为地就在并且就愿意在我们近旁存在，它就一定要嘲笑这样的一种诡计；因为在这种情况下，认识就是一种诡计。为什么呢？因为认识通过它的多方面的辛勤努力，装出一副神情，令人觉得它的努力完全不是仅仅去产生直接的、因而毫不费力的关系而已。再或者，如果我们研究我们将其想象为一种**媒介物**的认识，从而认清了这媒介物对光线的折射规律，然后把光线的折射从结果里抽除出去，那么这样地抽除折光作用的办法也完全是无用的；因为认识不是光线的折射作用，认识就是光线自身，光
117 线自身才使我们接触到真理，而如果光线被抽除出去，那么，指点我们的岂不只还剩下一个纯粹的方向或空虚的地点了吗？

（二）同时，如果说这种害怕犯错误的顾虑，是对那种完全无此种顾虑而直接开始工作并实际进行认识的科学所采取的一种不信任，那么我们就不理解，为什么不应该反过来对这种不信任采取不信任，即是说为什么这种害怕犯错误的顾虑本身不已经就是一种错误？事实上这种顾虑乃是把某些东西，真正地说，是把很多东西，假定为真理，并以此为根据，产生许多考虑，得出许多推论，而这样被假定的东西，本身究竟是不是真理，倒是应该先行审查的。更确切地说，它假定着将**认识**视为一种**工具**和**媒介物**的**观念**，它也假定着**我们自身与这种认识之间**有一种**差别**，而它尤其假定着：**绝对站在一边而认识站在另一边**，认识是自为的与绝对不相关联的，却倒是一种真实的东西，换句话说，认识虽然是在绝对以外，当然也在真理以外，却还具有真理性——这样的一种假定，不禁使人觉得那所谓害怕错误，实即是害怕真理。

（三）我们所以得出这样的结论，乃是因为只有绝对是真的，或只有真理是绝对的。不同意这个结论的人，当然可以作出这种区

别，硬说一种认识虽然不像科学所愿望的那样认识绝对，却也还是真的认识，硬说一般的认识虽然没有能力把握绝对，却可能有能力把握别种真理。但是，我们终究要看到，发表这样议论的人都是由于他们作了一种模模糊糊的区别，认为有一种绝对的真理和一种别样性质的真理；同时我们也将看到，像绝对、认识这样的词汇，它们都假定着一种意义，而这种意义则正是现在才应该去努力获取的。

（四）我们根本不必去操心考虑，像这样的一些把认识当作一种用以把握绝对的工具或我们赖以窥见真理的媒介物等无用的观
念和说法（可以说一切关于与绝对不相关联的认识和关于与认识 118
不相关联的绝对的观念，都归结于工具和媒介物等关系上）；我们也完全无须去注意那些借口，它们都是没有能力从事于科学的人从假定这样一些关系中所找到的借口，借以逃避科学研究的辛勤劳动，同时还借以装出一副严肃认真和奋勉努力的样子；同样地，我们也用不着费心替这一切一切去寻找答案，因为它们都是会被当作偶然的和任意的概念而抛弃掉的，而且甚至于使用这些字眼，如绝对、认识、客观与主观，以及其他无数的、被假定大家都已熟知其意义的那些字眼，都可以被认为是一种欺骗。因为，佯言它们的意义已为众所周知以及每个人本身都具有关于它们的概念等等，这似乎毋宁只是一种计谋，想逃避其主要任务，即是说，想借以免除提供这种概念的任务。其实，与此相反，另外的一种工作倒应该说是更有理由予以免除，即，我们大可不必去注意那些足以根本否定科学的观念和说法，因为这些观念和说法只构成一种空的知识现象，当科学出现时，空的知识现象就会立即消逝的。但是，正在

出现过程中的科学.本身也还是一种现象;科学的出现,还不是真正的、实现了的和展开了的科学自身。所以无论我们鉴于**科学与另外一种知识并列**在一起从而把科学也想象为现象,或者把那另外一种不真实的知识称之为科学的现象,都是没有什么差别的。不过科学毕竟必须摆脱这种现象;而它要想做到这一点,就只有转过来面对着这种现象。因为,科学要抛弃或驳斥一种不是真理的知识,说它是对事物的一种庸俗见解,则不能全凭断言,断言自己是完全另一种性质的知识,至于那种庸俗的见解在自己看来一文不值等等;也不能全凭揣想,说在这种不真的知识本身存在着一种较好知识的朕兆。如果只作**断言**,那么科学等于声明它自己的价
119 值与力量全在于它的**存在**,但不真的知识恰恰也是诉诸**它的存在**而**断言**科学在它看来一文不值的;**一个**赤裸的枯燥的断言,只能跟另一个断言具有完全一样多的价值而已。我们说科学更不能凭借对一种较好知识的揣想,认定它存在于不真实的知识里而又是在这里指示着真实的科学,乃是因为如果这样,那么从一方面说,科学又同样诉之于一种赤裸的存在了,而从另一方面说,它之诉诸它自身,并不是它自在自为地存在的自身,而毋宁是存在于不真实的知识里的,即它的一种坏的存在方式,它的现象。由于这个缘故,我们在这里应该将正在显现为现象的知识加以陈述。

(五)现在,既然这个陈述只以正在显现为现象的知识为对象,它本身就似乎不是那种在其独有的形态里发展运动着的自由的科学;而从这个观点上看,这种陈述毋宁可以被视为向真知识发展中的自然意识的道路,或灵魂的道路;灵魂在这个道路上穿过它自己的本性给它预订下来的一连串的过站,即经历它自己的一系列的

形态，从而纯化了自己，变成为精神；因为灵魂充分地或完全地经验了它自己以后，就认识到它自己的自在。

（六）自然的意识将证明它自己只是知识的概念或是不实在的知识。但由于它直接把自己视为实在的知识，于是在它看来这条道路就具有否定的意义，概念的现实化对它而言就毋宁成了它自身的毁灭；因为它在这条道路上丧失了它的真理性。因此，这条道路可以视为是**怀疑**的道路，或者说得更确切些，是绝望的道路；因为在这里所发生的不是通常的所谓怀疑；通常的怀疑乃是对某种假定的真理的动摇，在动摇之后，怀疑重新消失而原来的真理重新出现，于是终于事情又恢复到怀疑以前的样子。相反地，这里的这种怀疑，乃是对现象知识的非真理性的一种自觉的洞见，对于这种现象知识而言，毋宁只有真正没现实化的概念才是最实在的东西。 120
因此，这种彻底的怀疑主义也不是严肃地追求真理和从事科学的人所自以为业已具备了的那种**决心**，即，决心在科学里不因权威而听从别人的思想，决心亲自审查一切而只遵从自己的确信，或者说得更好些，决心亲自产生一切而只承认自己的行动是真实的。意识在这条道路上所经历的它那一系列的形态，可以说是意识自身向科学发展的一篇详细的形成史。上述的决心把这个发展形成的过程以决心的简单方式呈现出来，当作是直接已经完结了和实现了的东西；但是，与这种不真实的情况相反，这条怀疑的道路乃是一个现实的形成过程。遵从自己的确信，诚然要比听从别人的权威高强些，但从出于权威的意见转变为出于自信的意见，意见的来源虽有转变，并不必然地就使意见的内容也有所改变，并不一定就会在错误的地方出现真理。如果我们执着于意见和成见的系统，

那么究竟这样意见来自别人的权威或是来自自己的信心是没有什么差别的，惟一的差别是后一种方式下的意见更多一种虚浮的性质罢了。相反地，只有对显现为现象的意识的全部领域都加以怀疑，只有通过这样的怀疑主义，精神才能善于识别真理，因为它已不复寄望于所谓自然的观念、思想和意见，不管它们是自己的或是别人的。至于径直地就想去识别和审查的那种意识，由于它本身还充满和纠缠着这些自然的观念、思想和意见，事实上就没有能力做它想做的事情。

（七）不实在的意识的各个形式，由于它们之间有依序前进的必然性和互相关联的必然性，将自己发展出**完整**的形式体系来。
121 为了便于明了这一点，我们可以暂且一般地指出：把不真实的意识就其为不真实的东西而加以陈述，这并不纯然是一种**否定**的运动。一般地说，自然的意识对这种陈述所持的见解，就是这样的一种片面的见解；而一种知识，如果它以这种片面性为本质，它就是不完全的意识的形态之一，这种形态的意识投身于形成发展的过程，并将在过程中呈现出来。因为这种片面的见解就是怀疑主义，怀疑主义永远只见到结果是**纯粹的虚无**，而完全不去注意，这种虚无乃是特定的虚无，它是对于**结果之所自出**的那种东西的虚无（或否定）。但事实上，如果虚无是对结果之所自出的虚无，那它就纯然是真实的结果；它因而本身就是一种**特定的**虚无，它就具有一种**内容**。终止于虚无或空虚的抽象性上的怀疑主义，是不能超越这抽象性而继续前进的；它必须等待着看看是否有什么新的东西显现出来，以便它好投之于这同一个空虚的深渊里去。相反，当结果被按照它真实的情况那样理解为**特定的**否定时，新的形式就立即出

现了，而否定就变成了过渡；有了这种过渡，那穿过意识形态的整个系列的发展进程，就将自动地出现了。

（八）正如发展进程的序列一样，**目标**也是知识所必需确定的；目标就是知识不需要再超越它自己的那个地方，就是它找到了它自己的那个地方和概念符合于对象、对象符合于概念的那个地方。趋向这个目标的发展进程，因而也就是前进无已、不可遏止的，不以目标以前的任何过站而满足的。凡只局限于度过着一种自然的生活的东西，就不能够由它自己来超越它的直接的实际存在；但它会被另外一种力量迫使它超出自己，而这个被迫超出自己就是它的死亡。但是意识本身就是它自己的**概念**，因此它直接就是对于界限的超越，而且由于这个界限属于它自身，所以它就是对它自身的超越；有了个别的存在，也就同时在意识里有了彼岸，即使这种 122

彼岸只是并存于界限的**旁边**，像在空间直观里那样。因此，意识感受着从它自身发出的这种暴力，一定要败坏它整个的有限满足。当意识感受到这种暴力的时候，恐惧的意识很可能因害怕真理而退缩回来，竭力去保全它那陷于消灭危险中的东西。但是，恐惧的意识是不可能宁静下来的：首先，尽管它想安居于无思无虑的懒惰中，它的思想却在干犯着这种无思无虑，它的心神不宁却在扰乱着这种懒散；其次，尽管它把自己巩固起来，成了一种心情，在这种心情之下，它确信一切东西就**其自己的类属**而言都是**好的**，但有这样的确信的意识也同样地感受暴力，它感受从理性方面来的暴力，因为理性正是认为某个东西之所以不好是由于它只是一个类属。或者再换一方面说，害怕真理的意识也很可能躲在一个幌子下面自欺欺人，认为害怕真理毕竟还比任何自己杜撰出来或从别人那里学来的思想要聪明些；而其挂在外面的幌子则仿佛在说，正是由于有了对真理的热烈渴求，才使它自己很难于，甚至不可能找到别的真理，而只能找到虚浮的意识所取得的真理；这种虚浮，善于把真理都一一予以败坏，从而退回自身，陶醉在它自己的知性之中，即，陶醉于会瓦解一切思想却不会从中取得其一切内容而只会从中找到赤裸的自我的那种理解力中，——这种虚浮，乃是一种满足，必须听其自然，不去管它，因为它逃避普遍，而只追求自为的存在。

（九）关于进程的方式和必然性，我们暂时一般地谈了这些，现在我们再来谈谈关于**系统陈述的方法**，可能也有些用处。这种陈述，既然被想象为**科学**对待**现象**知识的一种**行动**和对**认识的实在的一种考虑和审查**，那么不先作一种假定，不先设立**尺度**以为根据，显然是无法进行的。因为审核考查就在于使用某种已被承认

123 了的尺度，就在于产生被考查的东西与尺度之间的相等或不相等以决定其对与不对；因而一般地说，尺度，以及科学也一样，如果科学是尺度的话，在进行考查时是被当作**本质**或**自在物**而承认了的。但是在这里，科学刚才出现，所以无论是科学自身，或者任何其他的尺度，都还没有证明自己是本质或自在的东西；而没有这样的一种东西，审查就显然不可能进行。

（十）这是一个矛盾。如果我们注意一下在意识里知识的抽象规定是什么和真理的抽象规定是什么，则这个矛盾和这个矛盾的消除就将表现得更加确切。因为，意识是把自己跟某种东西**区别开来**而同时又与它相**关联着**的；或者用流行的话说，这就是，有某种**为意识**的东西；而这种**关联**或某种东西的**为一个意识的存在**，这

个特定的方面，就是**知识**。但是我们把**自在的存在**跟这种为一个他物的存在区别开来；同样地，与知识发生了关联的存在也跟它区别开来并且被设定为也是**存在**于这种关联之外的；这个自在的存在的这一方面，就叫做**真理**。至于这些规定的真正内容是什么，在这里与我们毫不相干；因为既然显现为现象的知识是我们讨论研究的对象，那么它们的规定也就是首先被按其直接对我们呈现的那样接受下来了的；而它们对我们的呈现，则正是像我们方才说过的那样。

（十一）如果我们现在来研究知识的真理，这就好像我们要研究知识的**自在**存在。可是在这种研究里，知识是**我们的**对象，它是为我们的存在；而这样一来，知识的自在毋宁就成了知识的**为我们**的存在了；我们所认为是它的本质的东西，毋宁就会不是它的真理而仅仅是我们关于它的知识了。本质或尺度就将存在于我们这里，而那种应该与尺度相比较并通过这种比较而予以决定的东西，就不是必然地要去承认这个尺度。

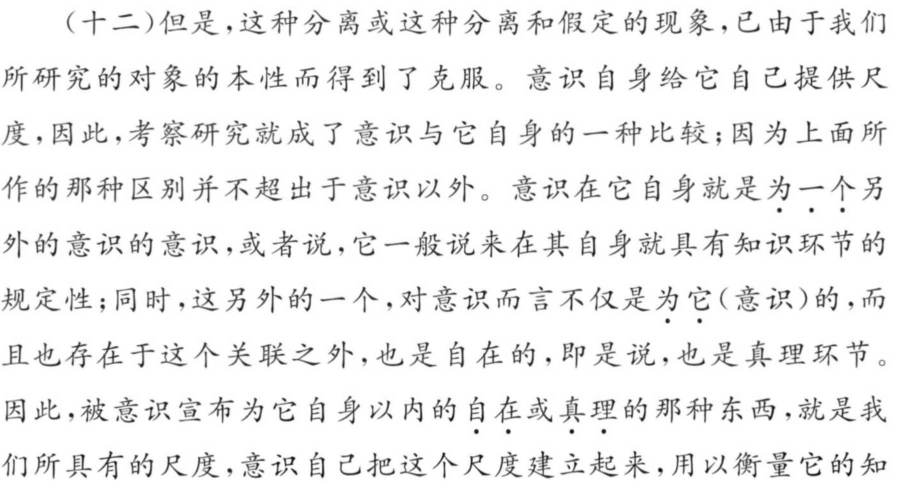

（十二）但是，这种分离或这种分离和假定的现象，已由于我们所研究的对象的本性而得到了克服。意识自身给它自己提供尺 124
度，因此，考察研究就成了意识与它自身的一种比较；因为上面所作的那种区别并不超出于意识以外。意识在它自身就是**为一个**另外的意识的意识，或者说，它一般说来在其自身就具有知识环节的规定性；同时，这另外的一个，对意识而言不仅是**为它**（意识）的，而且也存在于这个关联之外，也是自在的，即是说，也是真理环节。因此，被意识宣布为它自身以内的**自在**或**真理**的那种东西，就是我们所具有的尺度，意识自己把这个尺度建立起来，用以衡量它的知

识。如果我们把知识称为概念，而把本质或真理称为存在物或对象，那么所谓审查考核就是去看看概念是否符合于对象。但如果我们反过来把对象的本质或自在称为概念而另一方面把作为对象的概念理解为对象，即是说，把概念理解为为他的，那么审查考核就是去看看对象是否符合于它自己的概念。显而易见，这两个过程乃是一回事情。可是具有本质重要性的是，我们在整个考察研究过程中必须牢牢记住，概念和对象，为他的存在与自在的存在，这两个环节都在我们所研究的这个知识本身之内，因而我们不需要携带我们的尺度来，也不需要在考察研究的时候应用我们的观念和思想：由于我们丢开这些东西，我们就能够按照事物自在的和自为的样子来考察它。

（十三）但是，就概念和对象、衡量的尺度和被衡量的东西都已现成存在于意识自身之内这一方面来看，不仅我们的任何额外的行动是多余的，而且我们也根本不需要去比较它们和认真地考查它们；因此，同样就这一方面来看，既然意识自身考查自己，那么我们还能做的也就只有单纯的袖手旁观了。因此意识一方面是关于
125 对象的意识，另一方面又是关于它自己的意识；它是关于对它而言是真理的那种东西的意识，又是关于它对这种真理的知识的意识。既然两者都是为意识的，所以意识本身就是它们两者的比较；它的关于对象的知识之符合于这个对象与否，乃是对这同一个意识而言的。诚然不错，对于意识来说，对象就只是像意识所认识它的那个样子，意识似乎不可能窥探到对象的不是为意识的那个本来面目或其自在的存在，因而也就不能根据对象来考查它的知识。但是，意识之一般地具有关于一个对象的知识这一事实，恰恰就已经

表明是有区别的：一个环节是某种自在于意识之外的东西，而另一个环节是知识，或者说，是对象的为意识的存在。根据这个现成存在着的区别，就能进行比较考查。如果在这个比较中双方不相符合，那么意识就必须改变它的知识，以便使之符合于对象；但在知识的改变过程中，对象自身事实上也与之相应地发生变化；因为从本质上说现成存在着的知识本来是一种关于对象的知识：跟着知识的改变，对象也变成了另一个对象，因为它本质上是属于这个知识的。意识因而就发现，它从前以为是自在之物的那种东西实际上并不是自在的，或者说，它发现自在之物本身就仅只是对它（意识）而言的自在。当意识在它的对象上发现它的知识不符合于这个对象时，对象自身就保持不下去，换句话说，当尺度所考查的东西在考查中站立不住时，考查所使用的尺度自身也就改变；而考查不仅是对于知识的一种考查，而且也是对考查的尺度的一种考查。

（十四）意识对它自身——既对它的知识又对它的对象——所实行的这种辩证的运动，就其潜意识产生出新的真实对象这一点而言，恰恰就是人们称之为经验的那种东西。在这里我们应该把刚才谈到的那个运动过程中的一个环节更加明确地指出，以便我们能以一道新的光线照明下面的陈述的科学方面。意识知道某种 126
东西，这个东西、这个对象是本质或自在；但它也是为意识的自在；因此，在这种真理上就出现了双重意义。我们看到，意识现在有了两种对象，一种对象是第一个自在，另一种是这个自在的为意识的存在。后者初看起来好像只是意识对其自身的反映，不是一种关于对象的表象，而是一种关于意识对前一种对象的知识的表象。但是如同我们前面所指出的那样，前一种对象在运动中改变了自

己;它不复是自在,它已被意识到它是一种只为意识的自在;而这样一来,这个自在的为意识的存在就是真实的东西,但这又等于说,这个自在的为意识的存在就是本质,或者说,就是意识的对象。这个新的对象包含着对第一种对象的否定;新对象乃是关于第一种对象的经验。

(十五)在我们对经验过程的这个陈述里,有一个环节似乎使这里所说的经验与通常所理解的经验不尽一致。在这里,从第一种对象以及从这种对象的知识发展到另一种对象,即,发展到人们称之为经验的那种对象,其间的过渡被说成为:对第一种对象的知识,即,第一种自在的为意识的存在,本身变成了第二种对象。与此相反,通常所理解的情况则好像我们是从一种另外的对象上经验到我们的第一种对象的非真实性的,而这另外的一种对象,是我们偶然地从外面找到的对象;因而归根到底我们所有的对象,只是那种对自在而自为的东西的单纯的把握。但按照上述的那种看法,新对象的出现显然是通过一种意识本身的转化而变成的。像这样来考察事物,乃是我们的额外做法,通过这种考察,意识所经历的经验系列,就变成一个科学的发展进程;只是,这种考察并不考察我们正在考察着的那种意识。但我们在这里的情况,也就跟
127 我们在前面讨论这种陈述与怀疑主义的关系时所说的是同一个情况,即是说,从一个不真实的知识里产生出来的任何一次结果,都不会变成一个空无所有,而必然地要被理解为对产生结果的那个东西的否定;每一次的结果,都包含着以前的知识里所包含着的真理。这种情况在这里表现成这样:由于当初作为对象而出现于意识之前的东西归结为关于这个对象的一种知识,并且由于自在变

成了自在的一种为意识的存在，变成了一种新的对象，因而也就出现了一种新的、具有不同于以前的本质的意识形态。这种情况，就使意识形态的整个系列按照它们的必然性向前发展。不过，这种必然性，或者说，新对象的出现——新对象在意识的不知不觉中出现于意识面前——在我们看起来，仿佛是一种暗示发生于意识背后的东西。因此，在意识的运动过程里就出现了一种环节，即自在的存在或为我们的存在，这种存在是为我们的（我们研究意识过程的人，知道它出现），而不是为意识的（意识并不知道它的出现），因为意识正在聚精会神地忙于经验自身。然而这种为我们出现的存在，它的内容却是为意识的，我们只另外把握了它的形式，亦即它的纯粹的出现；所以就它是为意识的而言，这种新出现或新发生的东西只是一种对象，而就它是为我们的而言，它就同时又是一种形成运动。

由于这种必然性，这条达到科学的道路本身已经就是科学了，而且就其内容来说，乃是关于意识的经验的科学。

（十六）意识对其自身的经验，按其概念来说，是能够完全包括整个意识系统，即，整个的精神真理的王国于其自身的；因而真理的各个环节在这个独特的规定性之下并不是被陈述为抽象的、纯粹的环节，而是被陈述为意识的环节，或者换句话说，意识本身就是出现于它自己与这些环节的关系中的；因为这个缘故，全体的各
个环节就是意识的各个形态。意识在趋向于它的真实实存的过程 128
中，将要达到一个地点，在这个地点上，它将摆脱它从外表看起来的那个样子，从外表上看，它仿佛总跟外来的东西，即总跟为它（意识）而存在的和作为一个他物而存在的东西纠缠在一起；在这个地

点上，现象即是本质；因而恰恰在这个地点上，对意识的陈述就等于是真正的精神科学；而最后，当意识把握了它自己的这个本质时，它自身就将标示着绝对知识的本性。

**【黑格尔】**[①]

（一）如果有人觉得在哲学里在开始研究事情本身以前，即在研究关于绝对真理的具体知识之前，有必要先对认识自身加以了解，即是说，先对人们借以把握绝对的那个工具，或者说，先对人们赖以观察绝对的那个手段，加以考察，这乃是一种很自然的想法。这样一种想法或考察，显然是有理由的，一方面，这是因为可以有各种各样的认识，有的种类可以比别的种类更适宜于达到我们的终极目的，而因此就有可能在它们中间作出错误的抉择；另一方面，这也是因为既然认识是一种属于一定种类具有一定范围的能力，那么对于它的性质和界限如果不加以比较确定的规定，则通过它而掌握到的，就可能是些错误的乌云而不是真理的青天。这种想法甚至于一定变成为一种信念，相信通过认识来替意识获取那种自在存在着的东西这一整个办法就其概念来说是自相矛盾的，相信在认识与绝对之间存在着一条划然区别两者的界限。因为如果认识是我们占有绝对本质所用的工具，那么我们立刻就能看到，使用一种工具于一个事物，不是让这个事物保持它原来的样子，而是要使这个事物发生形象上变化的。再或者说，如果认识不是我

① 以下是海德格尔对黑格尔的上面这段文字的逐节阐释，为便于参照，我们仿英文版的做法，将原文各节重新引在相应的海德格尔的阐释文字前面；各节前加上“黑格尔”和“海德格尔”字样。——译注

们活动所用的工具，而是真理之光赖以传达到我们面前来的一种消极的媒介物，那么我们所获得的事物也不是像它自在存在着的那个样子而是它在媒介物里的样子。在这两种情况下，我们所使用的手段都产生与它本来的目的相反的东西出来；或者毋宁可以说，我们使用手段来达取目的，根本是件于理不合的事情。不错，这种不利的情况，似乎可以通过我们对工具的作用的认识而得到补救，因为认清了工具的作用以后，我们就有可能把我们通过工具而获得的关于绝对的观念里属于工具的那一部分从结果里抽出去，从而获得关于绝对的纯粹真理。但是，这种补救的办法，事实上只能把我们引回到我们原来所在的地方去。因为，如果我们用工具将某一个东西加以改造，然后又把工具所作的改变从这个改变了的东西那里予以取消，那么这个东西——在这里是指绝对——对我们来说就不多不少重新恢复了它没经过这一度多余的麻烦以前的样子。或者，如果说绝对并不因工具而发生什么改变，只是被吸引得靠近我们一些，就像小鸟被胶竿吸引过来那样，那么绝对假如不是自在自为地就在并且就愿意在我们近旁存在，它就一定要嘲笑这样的一种诡计；因为在这种情况下，认识就是一种诡计。为什么呢？因为认识通过它的多方面的辛勤努力，装出一副神情，令人觉得它的努力完全不是仅仅去产生直接的、因而毫不费力的关系而已。再或者，如果我们研究我们将其想象为一种媒介物的认识，从而认清了这媒介物对光线的折射规律，然后把光线的折射从结果里抽除出去，那么这样地抽除折光作用的办法也完全是无用的；因为认识不是光线的折射作用，认识就是光线自身，光线自身才使我们接触到真理，而如果光线被抽除出去，那么，指点

我们的岂不只还剩下一个纯粹的方向或空虚的地点了吗？

**【海德格尔】**

第一节陈说哲学的实事。哲学“观照在场者之为在场者，并且（观照）在后者（即在场者）那里凭本性就已经居支配地位的东西”，θεωρεῖ τὸ ὂν ᾗ ὂν καὶ τὰ τούτῳ ὑπάρχοντα καθ’ αὑτό（亚里士多德：《形而上学》，第4卷，第1章，1003a21）。[①]“居支配地位”关涉到那种在无蔽状态中达乎显露的东西。哲学观照在其在场中的在场者。此种观照活动考察在场者。它力求达到在场者，以致把在场者仅仅看作这样一个在场者。哲学就在场者的样子来观察在场者。在这种观照活动的观看中并无深奥的思想。θεωρία［观照］乃是使一切认识冷静下来的过程。黑格尔以他的思想语言说：哲学乃“关于绝对真理的具体知识”。同时，结果已经表明，真实存在者乃是以精神为其现实性的现实事物。而精神之本质则基于自我意识中。

在其关于近代哲学史的讲演中（《黑格尔全集》，第15卷，第328页），黑格尔讲完弗兰西斯·培根和雅各布·波默之后接着说：“我们现在才真正讲到了新世界的哲学，这种哲学是从笛卡尔开始的。从笛卡尔起，我们踏进了一种独立的哲学。这种哲学明白：它自己是独立地从理性而来的，自我意识是真理的本质环节。
129 在这里，我们可以说到了自己的家园，可以像一个在惊涛骇浪中长

① 亚里士多德的这句话通译为：“它（哲学）研究‘有’本身，以及‘有’凭本性具有的各种属性。”——译注

期漂泊之后的船夫一样，高呼‘陆地’。……在这个新的时期，哲学的原则是思维，是从自身出发的思维……。”①

思维在它自己的思维对象无可动摇的确定性中寻求 fundamentum absolutum[绝对基础]。哲学在其中有在家之感的那块陆地，乃是知识的无条件的自身确定性。这块陆地只是逐步地得到征服和完全测量的。当绝对基础被思考为绝对本身时，人们便完全占有了这块陆地。对黑格尔来说，绝对就是精神：在无条件的自我认识的确定性中寓于自身而在场的东西。这里，对存在者之为存在者的具体知识就是关于在其绝对性中的绝对的绝对知识。

但是，这种栖居在自我意识的陆地上的近代哲学，根据这块陆地的气候，要求自己预先确定它的原则。它要事先理解认识，才能绝对地认识。不知不觉中，认识在这里显现为一种手段，而对这一手段的正当使用又是认识所必需操心的。一方面需要在表象的不同方式中发现和挑选出惟一地适合于绝对认识的方式。这乃是笛卡尔所关心的。另一方面，是要测度出曾经被挑选出来的关于绝对的认识的本性和界限。这乃是康德所关心的。但是，一旦人们去操心作为一种掌握绝对的手段的认识，则必然产生一种信念，认为在与绝对的关系中，任何一种相对的手段始终是与绝对格格不入的，并必然不能对绝对发生作用。如果认识乃一种手段，那么，任何认识绝对的意愿就都成为一种荒谬的意图，无论在这里手段具有一种工具的特性，还是具有一种媒介物的特性。在前一情形

① 参看黑格尔：《哲学史讲演录》，中文版，贺麟、王太庆译，北京 1981 年，第 4 卷，第 217 页。——译注

中，我们作为活动者忙碌于作为工具的认识；在后一情形中，我们
130 经受着作为媒介物的认识，通过这种媒介物，真理之光才能通达我们的心灵。

我们或许还可以做些努力，把在对绝对的把握或者考核当中在绝对身上变化的东西和保持不变的东西区分开来，由此来考查手段，并通过这种考查来补救上述的这种弊端，即，手段恰恰没有起中介作用这种弊端。但如果我们排除手段所引起的变化，也即不使用手段，那么手段也就没有使我们获得未曾变化的绝对的剩余物。然而，从根本上看来，对手段的考查并不知道它所做的事情。这种考查必然鉴于认识对于绝对的合适性而在绝对那里来测度认识。它必须已经认识了这种绝对而且是认识了绝对本身，否则，所有关键的划界就都会落入空虚之中。此外还表明，这种考查关心对工具的探讨更甚于关心对绝对的认识。但如果说认识的目的依然是通过工具而更接近于绝对本身，那么这种意图势必要在绝对面前成为笑柄。如果认识自始就想千方百计地摆脱绝对与认识者的直接关系，以便事先澄清批判工作，那么，所有这些有关认识的批判性忙乱折腾又有何用呢？对工具的批判性考查并没有把绝对放在心上，而且反对它自身的更好的直接认识。但是绝对也没有嘲笑批判性努力；因为这样做，它就必然要与这种批判性努力分享一个假定，即，认识是一种手段，它本身即绝对还远离于认识，以致认识需要用力劳作才能捕捉到绝对。但这样的话，绝对就不是绝对了。

可是，仅仅是附带地，并且是在一个从句当中，黑格尔道出了一点：“绝对本来就在并且愿意在我们近旁。”这种“在我们近旁”

(παρουσία)本身就是真理之光即绝对自身向我们照射的方式。131
对绝对的认识处于真理之光的光线中,回复它,反射它,从而在其本质中就是这种光线本身,绝不是光线藉以穿越的纯粹媒介物。对绝对的认识要走的第一步,就是径直获得和接受在其绝对性中的绝对,亦即在我们近旁的绝对。这种“在我们近旁在场”(Bei-uns-an-wesen),即在场(Parusie),乃是自在自为的绝对的本色。如果哲学作为对绝对的认识严肃地对待它作为这样一种认识的本质,那么它就已经是具体的认识,这种认识表象着在其真理性中的现实本身。在第一节的开头和行文中,看来黑格尔似乎想响应那种自然表象对一种认识的考查的批判性要求。实际上,黑格尔的目的是要指出在我们近旁的在其在场中的绝对。借此,我们只是专门被引入我们已经在其中的与绝对的关系之中。黑格尔仿佛以这种方式放弃了近代哲学的所有批判性成就。难道他不是借此从根本上抛弃了一切考查,而主张回复到任意的断言和假定中吗?绝对不是。相反地,黑格尔倒是要为考查做好准备。这种准备工作的第一步就在于:我们要放弃关于认识的通常观念。但如果认识不是一种手段,那么考查的任务也不再可能是评价认识是否适宜于作一种中介。如果认识自始就不可能是一种手段,那么,也许考查就已经足以让我们去发现认识的本性了。不但我们考查的对象,即认识,而且考查本身,都显示出一个不同的本质。

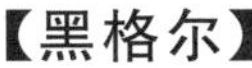

**【黑格尔】**

(二)同时,如果说这种害怕犯错误的顾虑,是对那种完全无此种顾虑而直接开始工作并实际进行认识的科学所采取的一种不信任,那么我们就不理解,为什么不应该反过来对这种不信任采取不信任,即是说为什么这种害怕犯错误的顾虑本身不已经就是一种错误?事实上这种顾虑乃是把某些东西,真正地说,是把很多东西,假定为真理,并以此为根据,产生许多考虑,得出许多推论,而这样被假定的东西,本身究竟是不是真理,倒是应该先行审查的。更确切地说,它假定着将认识视为一种工具和媒介物的观念,它也假定着我们自身与这种认识之间有一种差别,而它尤其假定着:绝对站在一边而认识站在另一边,认识是自为的与绝对不相关联的,却倒是一种真实的东西,换句话说,认识虽然是在绝对以外,当然也在真理以外,却还具有真理性——这样的一种假定,不禁使人觉得那所谓害怕错误,实即是害怕真理。



**【海德格尔】**

第二节触着了一种批判的核心,以往一切通过科学对认识所
132 作的哲学批判都要经受这种批判。黑格尔在下面的所有段落中均不再使用“哲学”这个名称。他谈论科学。因为近代哲学此间已经进入了它的本质的完成过程中,这是由于近代哲学把它首次踏入的那块坚固陆地完全地占有了。这块陆地,着眼于表象及其所表象的东西来看,就是表象的自身确定性。完全地占有这块陆地,这意味着:去认识在其无条件的本质中的自我意识的自身确定性,并在这种作为一般认识的认识中存在(sein)。[1] 哲学现在就是自身确定性的认识之范围内的无条件的认识。哲学在这种认识本身中

[1] 1950 年第一版:亦即认识(wissen)。——作者边注

完全驾轻就熟，游刃有余了。哲学的全部本质通过对认识的无条件的自我认识而得以实现。哲学即是这种科学。科学这个名称并不意味着，哲学是在其他现成的科学那里获得其榜样，并且把这种榜样完全地理想地实现出来。当“科学”这个名称在绝对形而上学范围内取代了“哲学”这个名称，那么，前者就在进行着无条件的自我认识的主体的自身确定性的本质中获得了它的含义。主体在此是真实地亦即确定地摆在眼前之物，是 subiectum，即ὑποκείμενον［基体、基底］，也就是自古以来的哲学当作在场者来认识的东西。哲学成了科学，因为哲学保持为哲学。哲学致力于对存在者之为存在者的观照。但自莱布尼茨以降，存在者是如此这般地对思想显现出来，即**每一个** ens qua ens［作为存在者的存在者］都是一个 res cogitans［思维体］，并且在这个意义上乃是主体。如此这般的主体存在，原因并不在于这个思维者的观点，而在于存在者之存在。当然，主体不是在热衷于自身的利己主义意义上的主观因素。主体是在与客体的表象性关系中成其本质的。但是，作为这种关系，主体已经是与自身的表象性关系。表象通过向主体再现客体 133
而把客体呈现出来；而在这种再现（Repräsentation）中，主体自身把自己呈现出来了。呈现（Präsentation）乃主体的自我意识意义上的认识的基本特性。[①] 呈现是在场（παρουσία）的一种本质方式。作为这种在场，呈现乃是具有主体特性的存在者之存在。作为以自身为条件的亦即无条件的自我认识，自身确定性乃是主体

① 这里权译为“表现”的 Repräsentation 与译为“呈现”的 Präsentation 难以区别。英译本把前者与“表象”（Vorstellen）等同起来，均译作 representation。——译注

的存在状态（οὐσία）。主体的主体存在，即主体—客体关系，乃是主体的主体性。主体性存在于无条件的自我认识中。以自我认识的方式，主体成就了其本质，结果，主体为了成为主体只是忙碌于这种成就，也即忙碌于认识。主体的主体性作为绝对的自身确定性就是“科学”。只要存在者以这种对认识的无条件的自我认识的方式存在，则存在者（τὸ ὄν）便作为存在者（ᾗ ὄν）而存在。因此之故，把这种存在者作为存在者表象出来的表现，亦即哲学，本身就是科学了。

作为主体的主体性，无条件的自我认识乃是绝对之绝对性。哲学是绝对认识。哲学是科学，因为哲学意求绝对之意志，亦即意求在其绝对性中的绝对。如此这般意求着，哲学意求去观照存在者之为存在者。有这番意求，哲学才意求其本质。哲学是科学。在这个命题中的“是”绝不意指，哲学本身包含着作为谓词的科学的规定性；而是意味着：哲学作为绝对认识而存在，而且只有这样，哲学才归属于绝对之绝对性中，并以它自己的方式来实现这种绝对性。作为绝对认识的哲学之所以是科学，绝不是因为它力求使它的方法精确化，使它的结果变得具有强制性，并从而把它自身与那种就本质和范围而言逊色于它的东西，即科学研究，作等闲视之。

134 哲学是科学，因为哲学在绝对地认识之际保持其工作。与以往的批判性分析对认识所提出的“顾虑”相同的“顾虑”，对哲学而言是格格不入的。黑格尔故意说“此种顾虑”。他并没有断言，科学可以不假思索地进行其活动而把考查当作耳边风。毋宁说，从关于绝对的认识来看，绝对认识比它一向能够成为以往的批判的可疑方式这回事情更值得思虑。对一种关于绝对的认识的通常的批判性顾虑虽然有犯错误的危险，但它只是在某种关系范围内才可能犯错误，这种关系已经不假思索地被先行假定为真实的关系，因为被看作某种手段的认识成了错误本身。害怕犯错误的顾虑表面看来是考查性的，本身其实是一种错误。何以如此呢？

只要认识被看作某种手段（工具或者媒介物）——认识多久以来被看作手段，又何以被看作手段了呢？——那么认识就被视为某种在绝对和认识者之间自为地出现的东西。认识与绝对相分离，但同时也与运用认识的我们相分离。如此这般完全相互分离开来，绝对站在一边，而认识者站在另一边。但是站在一边的那个绝对是什么？站在无论哪一边的绝对是什么呢？无论如何，它不是绝对。

但同时，分析批判把认识视为某种现实的东西，即使没有把它视为第一位的和决定性的现实。这种批判于是依据某种真理，也即，依据某种对它来说确定的东西，而这种确定的东西的确定性无疑还是与一切确定之物的无条件的自身确定性相分离的。这种在 ego cogito［我思］意义上的 ens creatum［受造物］，作为 ens certum［确定之物］，它没有绝对也可以是确定的，进而必须像笛卡尔所做的那样，通过一种上帝之证明的隐蔽方式事后加以确证。批 135
判性顾虑虽然意求获得某种绝对的东西，但它想在没有绝对的情况下蒙混过关。甚至当这种顾虑暂时把绝对取消于不可通达之境，并且在表面上尽可能地拔高这种绝对时，它似乎也是按照绝对来进行思考的。但是，这种徒劳地忧虑于对绝对的高估的批判，实际上贬低了绝对。它把绝对贬降为它的思虑和手段的限制之中。

它试图把绝对逐出其在场，似乎无论什么时候都可以把绝对的绝对性事后引入似的。貌似批判性的对过于仓促的错误的害怕乃是对已经逗留于此的那个真理的无批判的逃避。相反地，如果科学先行获得和专门接受了它自己的本质，那么，它就已经对自身做了考查。这种考查包含着一种认识，即是认识到，作为绝对认识的科学处于绝对之在场中。但所有这一切都是以下面一节的陈述为依据的。

**【黑格尔】**

(三)我们所以得出这样的结论，乃是因为只有绝对是真的，或只有真理是绝对的。不同意这个结论的人，当然可以作出这种区别，硬说一种认识虽然不像科学所愿望的那样认识绝对，却也还是真的认识，硬说一般的认识虽然没有能力把握绝对，却可能有能力把握别种真理。但是，我们终究要看到，发表这样议论的人都是由于他们作了一种模模糊糊的区别，认为有一种绝对的真理和一种别样性质的真理；同时我们也将看到，像绝对、认识这样的词汇，它们都假定着一种意义，而这种意义则正是现在才应该去努力获取的。

**【海德格尔】**

第三节说：只有绝对是真的。只有真理是绝对的。这两个命题是不加论证地设立起来的。之所以没有对它们作出论证，是因为没有一种论证能达到这两个命题的基础。之所以没有一种论证能达到这两个命题的基础，是因为论证本身作为论证意图总是离开了这两个命题的基础。这两个命题是未经论证的，但并不是任意的，不是任意的断言。这两个命题是不可论证的。它们设定了首先为自身建基的东西。在这两个命题中，有那种自在自为地意愿在我们近旁存在的绝对之意志在说话。

自从近代哲学踏入了它的坚固陆地之后，作为确定性的真理便起着支配作用。真理是在无条件的自我认识中被认识的东西。先前，真理被视为表象与存在者的符合一致。它是表象的一个特性。但作为确定性，真理现在乃是表象本身，因为表象自身投向自身，并且把它自己确证为再现。被认识状态已经确证了它自己的 136
认识，并且是面对自己在自身那里做这种确证的；它因而也已经从任何具体的关于对象的表象那里抽身而去。它不再维系于对象，以便在这种维系中拥有真理。认识脱离了与对象的关系。作为自身的投送者而进行自我认识的表象摆脱（absolvere）了那种要求，即在对对象的片面表象中寻找它的足够的可靠性。此种摆脱使这种表象得以持存，而且这样一来，这种表象便不再一味地沉湎于其对象。自身确定性的这种从对象性关系那里的自我摆脱乃是它的完成（Absolvenz）。这种完成的特性是，它触及每一种仅仅直接与对象相涉的关系。完成只是就它在各个方面都完结了也即都完成了而言才是完成。在其完成之实现（Absolvieren ihrer Absolvenz）中，表象的自身确定性达到可靠性，对它来说也即达到其本质的自由。它明显地摆脱了与对象的片面维系和对对象的单纯表象。这种无条件的自身确定性从而就是它自己的绝对化。完成（对关系的摆脱）、实现（这种摆脱的完全状态）和绝对化（出于这种完全状态的释放），这三者的统一体标示着绝对者之绝对性。绝对

性的所有这些环节都具有再现的特性。绝对者之在场就在其中成其本质。只有在无条件的自身确定性意义上的真理才是绝对者。只有这里所描述的自我表象的绝对性才是真理。

然而，每一种说明，无论它做得多么详细，都使得这两个命题空洞无物。它甚至增加了误解；因为这两个命题所道出的，乃是精神现象学。精神现象学**存在**于它的表现之中。因此之故，黑格尔只是直截了当地提出了这些命题，而不顾冒任意独断之假象的危险。但他说出这些命题，乃是为了使我们对作为绝对认识的科学所意求的东西做好准备。从其方式来看，科学只意求绝对所意愿的东西。

137 绝对之意志就是要自在自为地在我们近旁存在。眼下，这也就是说：由于绝对具有这样的意志，并且由于我们是认识者，所以在我们近旁的只有绝对真理。因此，无论谁依然主张，除了绝对认识——哲学未加考查地自以为具有这种绝对认识——之外还另有其他的真理，他都是不知道他所说的东西的。一旦他指出一种真理，他就已经表象了绝对。但只要人们——看起来认真地、谨慎地——区分一种绝对的真理和一种别样性质的真理，那么人们就在一种模模糊糊的分别中打转。人们已经使模糊成了批判的原则和关于科学的裁决的尺度。而这门科学只是致力于为绝对、认识、真理、客观、主观等词语获取它们的含义。但这就要求，科学随其最初的步骤就已经进入绝对的在场，也即达到它的绝对性。否则的话，它就不是科学。如果这是正确的，那么就连去从事那种在真理领域之外和真理水平之下的思索，也已经违背了科学的本性。如果科学如此这般地防止这种不当的批判性顾虑，那么，它却始终还有这样的嫌疑，即：它尽管绝对地断言自己是绝对认识，但并没

有证明自己是绝对认识。科学于是最顽固地违背了它假托实现了的确定性要求。科学因此必须把自己带到那个法庭面前，只有这个法庭能够裁定科学的考查何在。这个法庭只能是绝对之在场。于是，任务又是要阐明绝对之绝对性。

**【黑格尔】**

（四）我们根本不必去操心考虑，像这样的一些把认识当作一种用以把握绝对的工具或我们赖以窥见真理的媒介物等无用的观念和说法（可以说一切关于与绝对不相关联的认识和关于与认识不相关联的绝对的观念，都归结于工具和媒介物等关系上）；我们也完全无须去注意那些借口，它们都是没有能力从事于科学的人从假定这样一些关系中所找到的借口，借以逃避科学研究的辛勤劳动，同时还借以装出一副严肃认真和奋勉努力的样子；同样地，我们也用不着费心替这一切一切去寻找答案，因为它们都是会被当作偶然的和任意的概念而抛弃掉的，而且甚至于使用这些字眼，如绝对、认识、客观与主观，以及其他无数的、被假定大家都已熟知其意义的那些字眼，都可以被认为是一种欺骗。因为，佯言它们的意义已众所周知以及每个人本身都具有关于它们的概念等等，这似乎毋宁只是一种计谋，想逃避其主要任务，即是说，想借以免除提供这种概念的任务。其实，与此相反，另外的一种工作倒应该说是更有理由予以免除，即，我们大可不必去注意那些足以根本否定科学的观念和说法，因为这些观念和说法只构成一种空的知识现象，当科学出现时，空的知识现象就会立即消逝的。但是，正在出现过程中的科学，本身也还是一种现象；科学的出现，还不是真正

的、实现了的和展开了的科学自身。所以无论我们鉴于**科学与另外一种知识并列**在一起从而把科学也想象为现象，或者把那另外一种不真实的知识称之为科学的现象，都是没有什么差别的。不过科学毕竟必须摆脱这种现象；而它要想做到这一点，就只有转过来面对着这种现象。因为，科学要抛弃或驳斥一种不是真理的知识，说它是对事物的一种庸俗见解，则不能全凭断言，断言自己是完全另一种性质的知识，至于那种庸俗的见解在自己看来一文不值等等，也不能全凭揣想，说在这种不真的知识本身存在着一种较好知识的朕兆。如果只作**断言**，那么科学等于声明它自己的价值与力量全在于它的存在，但不真的知识恰恰也是诉诸**它的存在**而**断言**科学在它看来一文不值的；**一个**赤裸的枯燥的断言，只能跟另一个断言具有完全一样多的价值而已。我们说科学更不能凭借对一种较好知识的揣想，认定它存在于不真实的知识里而又是在这里指示着真实的科学，乃是因为如果这样，那么从一方面说，科学又同样诉之于一种赤裸的存在了，而从另一方面说，它之诉诸它自身，并不是它自在自为地存在的自身，而毋宁是存在于不真实的知识里的，即它的一种坏的存在方式，它的现象。由于这个缘故，我们在这里应该将正在显现为现象的知识加以陈述。

**【海德格尔】**

第四节指出在绝对者的在场中起支配作用的意志，即自在自
138 为地在我们近旁存在的意志，对我们认识者所提出的要求。流行的对哲学认识的批判不假思索地把这种意志看作一种手段。这种批判借此表明，它既没有能力认识绝对认识，也没有能力实行这种

绝对认识。这种无能就是无能于先于一切地去感知和接受绝对之在场，也就是无能于科学。致力于思索和考查的奋勉努力回避了为投入到这样一种接受中去的科学研究的辛勤劳动。绝对并不在梦乡中赋予我们以进入绝对之在场的步骤。这个步骤是十分困难的，绝不是因为我们——就像人们所认为的那样——首先必须从外部的某个地方而来才得以进入在场，而是因为，在在场内部并因而从在场而来，我们必须把我们与在场的关系带出来，并且把这种关系带到在场面前。因此之故，科学的辛勤劳动并不仅仅在于，固执的认识者劳累不堪地致力于那个步骤。而毋宁说，科学的辛勤劳动起于它与在场的关系。

绝对之绝对性，彻底地自我完成着的绝对，乃是无条件的自身确定性的自我把握的任务。它乃是经受分裂状态的痛苦的劳累，而绝对之本质在其中得以实现的无限的关系就作为这样一种分裂状态而存在。黑格尔早就指出：“一只打补丁的袜子比一只破袜子要好，而自我意识却并非如此。”当黑格尔谈到概念工作，他并不是指学究们的绞尽脑汁的辛劳，而是指绝对本身从无条件的自身确定性中迸发出来，而进入它的自我把握的绝对性之中。但与绝对的这样一种辛勤劳动相一致的，是那种标识着在场之特性的无所费心，因为这种在场(Parusie)乃是在我们近旁的在场(Anwesen)的关系。绝对直接作为绝对而归属于这种关系。与在绝对使它的在场状态并且使自身在这种在场状态中显现出来的辛勤劳动相应的，是科学研究的辛勤劳动。后者的费力取决于前者的努力。相 139
反地，对批判性考查的辛勤推动避开了科学的辛勤劳动中最困难的事情，那就是去思索这样一回事情：有待批判性考查的认识乃是

绝对认识，也就是哲学。对哲学认识的流行批判的习惯行为就犹如那些想表象一棵橡树而又毫不留意它是一棵树的人们的做法。

我们因此或许就尝试了把批判性行为看作一种欺骗，因为这种批判性行为佯言要去考查那种首先根本就没有显示给考查的东西。它唤起一种假象，似乎已经具有了本质性的概念，而实际上，一切都取决于首先给出关于绝对、认识、真实、客观和主观等的概念。批判性的顾虑根本就不在它不断谈论的事情那里。这种考查方式是一种“空的知识现象”。如果科学用不着费心与这样一种批判进行争辩（因为科学本身为保持它的本质就需要费尽心机），那又会怎样呢？如若科学满足于在没有批判性的先行审理的情况下直接地自身出现，那又如何呢？不过，在这里，黑格尔在这一节的中间位置加了一个关键的“但是”：

“但是，正在出现过程中的科学，本身也还是一种现象”；科学的出现也像另外的知识一样。科学虽然能够作出断言，让我们确信它是绝对认识，一切其他的表象都必定要在这种绝对认识面前消逝。但是，由于科学是如此趾高气扬，所以它尤其接近于那些空的知识现象。这些空的知识现象也只能作出断言，要我们确信它们是存在的。这一种断言就如同前一种断言一样干巴巴。单纯的断言不会使现实知识的活生生的血液涌出来。不过，科学不可能以另外的方式从空的知识现象那里脱颖而出。它或许会指出，它
140 本身就是那样一种知识，这种知识不自觉地在自身那里寻求不真实的知识。科学或许会作为这样一种在不真实的东西中被揣想的真理而出现。但这样一来，科学就会重新陷于空洞的断言中。此外，科学还会声称自己是以一种与作为绝对认识的科学很不相称

的方式出现的。保持为纯粹被揣想的真理,这是与成为自在自为的真理相距甚远的。

科学出现时的情形又如何呢?当科学出现时,它必然是显现出来的。但问题是,科学只有在其中才能显现出来的那种显现是什么。显现首先意味着:以自我断言的方式同时出现。进一步,显现还意味着:显露出来,在显露出来的同时指向尚未出现的其他东西。显现也意味着:让本身没有显现的或者绝不会显现的其他东西显露出来。不过,这些显现方式是与科学的出现不相适合的;因为科学绝不会以这些方式把自己展现出来,并因此完全地把自己确立起来。另一方面,科学也不可能一下子就达到绝对认识。它必须使自己进入其真理而产生出来,但也使它的真理一道产生出来。在科学显露出来的每个阶段上面,科学都表现为绝对的科学,而且,它是绝对地表现出来的。因此,与科学相应的显现只可能在于这样一回事情,即:科学在其自我产出中把自己陈述出来,并因此把自己确立为显现着的知识。科学只能如此出现,即通过对正在显现为现象的知识的陈述而出现。在这里,而且只有在这里,我们才能得知,科学真正地作为它本身在其中出现的那种显现是什么。

在其显现中,科学以其本质的丰富性把自己表象出来。空的知识现象的消失,并不是由于它遭到摈弃或者只是被抛在一边了。
一味地正在显现为现象的知识根本上是不会消失的,而是要深入 141
其显现之中。在那里,它显现为不真实的知识,也就是说,显现为在绝对知识的真理范围内还不真实的知识。对正在显现为现象的知识的陈述表达必须在这种知识的显现中——科学就是作为这种知识的显现而产生出来的——反对知识的假象，但却是以和解的方式来反对的，这种方式甚至在纯粹的假象中也照亮了光芒的纯粹闪现。相反地，如果这种纯粹的假象仅仅当作谬误而被拒绝掉，那么，就连它的闪现也还没有得到感知。诚然，甚至科学的自行展开的出现也绝不是由于科学仅仅克服了假象。那样的话，真理就还要受非真理的奴役。科学的显现在那种闪现中有其必然性，这种闪现甚至为假象所需要，以便它能成为一种纯粹的假象。

黑格尔的话——“但是，正在出现过程中的科学，本身也还是一种现象”——是有歧义的，而且是出于一种很高的意图来说的。科学不仅是那种意义上的现象，在这种意义上，不真实的知识的空洞现象就其根本上自行显示出来而言也是一种现象。不如说，科学本身就是在独一无二的意义上的现象，就此意义来说，科学作为绝对认识乃是光芒，这种光芒就是绝对，是照耀着我们的真理本身的光。根据这种光芒的闪现而显现出来，这意思就是说：在自我呈现着的表现的丰富光辉中在场。显现乃是真正的在场本身，是绝对之在场。依照其绝对性，绝对从自身而来就在我们近旁存在。在意愿在我们近旁存在的意志中，绝对是在场着的。自在地、如此这般自行带出之际，绝对才自为地存在。惟由于在场之意志的缘故，对正在显现为现象的知识的陈述才是必然的。这种陈述必须始终致力于绝对之意志。陈述本就是一种意愿，也即说，它不是一种愿望和追求，而是行为本身——假如这种行为专注于它的
142 本质的话。眼下，当我们认识到这种必然性，我们就必须来思考这种陈述是什么，以便了解到这种陈述的情形如何，借此我们便能够以这种陈述的方式去存在，也就是说，能够去实行这种

陈述。

**【黑格尔】**

（五）现在，既然这个陈述只以正在显现为现象的知识为对象，它本身就似乎不是那种在其独有的形态里发展运动着的自由的科学；而从这个观点上看，这种陈述毋宁可以被视为向真知识发展中的自然意识的道路，或灵魂的道路；灵魂在这个道路上穿过它自己的本性给它预订下来的一连串的过站，即经历它自己的一系列的形态，从而纯化了自己，变成为精神；因为灵魂充分地或完全地经验了它自己以后，就认识到它自己的自在。

**【海德格尔】**

第五节引发出上面所说的那种思考。由于科学陈述着正在显现为现象的知识，科学本身就必然通过这种陈述及其过程完全地显现出来。这样，科学就并不是喧嚷不休地出现在某个地方。科学的出现在于，它逐步地表明自己是它所是的东西。这种表明是在何种舞台上发生的呢？除了在自然表象的眼睛面前之外，又会在何处呢？这种表象逐步通过其现象的多样性去追踪正在显现为现象的知识，同时要追究，一味地显现为现象的知识如何从一个过站到另一个过站去摆脱假象，并且最后呈现为真实的知识。对一味地显现为现象的知识的陈述伴随着自然表象通过知识的前院直到达到绝对知识的大门口。对一味地显现为现象的知识的陈述乃是自然意识通向科学的道路。在这条道路上，由于非真理的假象越来越跌落下来，所以，这条道路乃是把灵魂纯化为精神的道路。

对一味地显现为现象的知识的陈述是一种 itinerarium mentis in Deum[通向天国之路的精神游记]。

对自然意识来说,并且对哲学来说,有什么能够比这条道路上的游记更受欢迎、更有用呢?因为所描写的道路是循着现象伸展的,所以它乃是一条现象的道路。跟随所与之物的经验在一切认识活动中理应得到在纯粹构造和解析面前的优先性。对于正在显现为现象的知识的陈述,即现象学,遵循的是现象。它走的是经验的道路。它伴随着自然表象一步一步地进入哲学科学的领域中。

143 如果我们以自然表象的目光来考察对正在显现为现象的知识的陈述,那么,这种陈述的实际情形就是如此。自然表象始终联系于它认为当下在自身面前具有的东西。但这种相对的看法能够在任何时候洞察到绝对的知识吗?不能。在一味地显现为现象的知识的名义下——唯这种知识才可望导向真实的知识——向自然意识表象出自己的东西,乃是一种纯然的假象。不过,直到现在,甚至哲学也认为,精神现象学乃是一个旅行指南,是一本游记,它伴随着日常意识走向哲学的科学认识。但如果这样来理解,则精神现象学在表面看来的样子就不是在其本质中的现象学了。而这种假象的欺骗不是偶然的。它乃是其本质的后果,挤逼并且掩盖着其本质。就其本身而言,假象令人迷惑。在这里混入哲学之中的自然表象把正在显现为现象的知识视为一味地显现为现象的知识,而在这种知识背后隐蔽着一种并不显现出来的知识。何是,陈述绝不是对区别于真实知识的一味地显现为现象的知识的陈述;这种真实知识乃是陈述所要达到的。恰恰相反,陈述只是对在其显现中的正在显现为现象的知识的陈述。这里所谓"只是"并不是

说，陈述还不是科学，而是说，陈述不是所有方面的科学。正在显现为现象的知识的显现乃是知识的真理。对在其显现中的正在显现为现象的知识的陈述本身就是科学。在陈述开始的那一刻，陈述就是科学了。黑格尔说："现在，既然这个陈述只以正在显现为现象的知识为对象，它本身就似乎不是……科学，而毋宁可以被视为……"黑格尔既不是谈论一种一味地显现为现象的知识，也没有说，陈述还要发展为科学，更没有断言，陈述只能被理解为一个旅行指南，如果它要在其本质中得到把捉的话。 144

然而，陈述绝不是领着自然表象在意识形态的博物馆四处游荡，以便在参观结束时穿过一扇特殊的门，把这种自然表象释放到绝对知识中去。而毋宁说，随着它的第一个步骤——如果不说在它的第一个步骤之前的话——，陈述解除了那种自然意识，这种自然意识按其方式根本就无能于跟随陈述。对正在显现为现象的知识的陈述绝不是自然意识所行进的通道。但它也不是那样一条道路，这条道路逐步远离于自然意识以便进而在其过程的某个地方流注入绝对知识的海洋里。但陈述仍然是一条道路。陈述仍然果断地往返行进在一个中间地带，一个在自然意识与科学之间起支配作用的中间地带。

**【黑格尔】**

（六）自然的意识将证明它自己只是知识的概念或是不实在的知识。但由于它直接把自己视为实在的知识，于是在它看来这条道路就具有否定的意义，概念的现实化对它而言就毋宁成了它自身的毁灭；因为它在这条道路上丧失了它的真理性。因此，这条道路可以视为是怀疑的道路,或者说得更确切些,是绝望的道路;因为在这里所发生的不是通常的所谓怀疑;通常的怀疑乃是对某种假定的真理的动摇,在动摇之后,怀疑重新消失而原来的真理重新出现,于是终于事情又恢复到怀疑以前的样子。相反地,这里的这种怀疑,乃是对现象知识的非真理性的一种自觉的洞见,对于这种现象知识而言,毋宁只有真正没现实化的概念才是最实在的东西。因此,这种彻底的怀疑主义也不是严肃地追求真理和从事科学的人所自以为业已具备了的那种决心,即,决心在科学里不因权威而听从别人的思想,决心亲自审查一切而只遵从自己的确信,或者说得更好些,决心亲自产生一切而只承认自己的行动是真实的。意识在这条道路上所经历的它那一系列的形态,可以说是意识自身向科学发展的一篇详细的形成史。上述的决心把这个发展形成的过程以决心的简单方式呈现出来,当作是直接已经完结了和实现了的东西;但是,与这种不真实的情况相反,这条怀疑的道路乃是一个现实的形成过程。遵从自己的确信,诚然要比听从别人的权威高强些,但从出于权威的意见转变为出于自信的意见,意见的来源虽有转变,并不必然地就使意见的内容也有所改变,并不一定就会在错误的地方出现真理。如果我们执着于意见和成见的系统,那么究竟这样意见来自别人的权威或是来自自己的信心是没有什么差别的,惟一的差别是后一种方式下的意见更多一种虚浮的性质罢了。相反地,只有对显现为现象的意识的全部领域都加以怀疑,只有通过这样的怀疑主义,精神才能善于识别真理,因为它已不复寄望于所谓自然的观念、思想和意见,不管它们是自己的或是别人的。至于径直地就想去识别和审查的那种意识,由于它本身还充满和纠缠着这些自然的观念、思想和意见，事实上就没有能力做它想做的事情。

**【海德格尔】**

第六节着手来描绘陈述这条道路，并且说明陈述必然在其中运动、从而使正在显现为现象的知识本身得以显露出来的那个中间地带。因此，这第六节是从一个区分开始的，这个区分逐节地在多个角度上凸现出来；而同时始终蔽而不显的是：这些多样的角度如何联系为一体，构成它们的统一性的基础又是什么。首先要考察的是自然的意识与实在的知识之间的区分。

黑格尔用“意识”和“知识”两个名称来表示同一个东西。这两个名称是相互阐释的。“意识”表示：在知识状态中存在。知识本身提交、呈现并因此规定着“有意识”(Bewußt-sein)中的“有”(-sein)的方式。[1] 在这种状态中特别是：被意识的东西(也即知识者直接表象的东西)和知识者(即表象者本身)以及作为其行为的 145
表象。而“知道”则意味着：vidi，我已经看到，我已经获得了关于某物的观点，对于某物的洞识。完成式的“我已经看到”就是现在时的“我知道”，在这种现时在场中已经看到的东西才是在场的。在这里，“看”被思考为表象中的“面前具有某物”(Vor-sich-haben)。表象呈现出来，不论在场之物是一个感官上被感知的东西，还是一个非感性地被思考或被意愿或被感受的东西。表象从

① 海德格尔在此把德文“意识”一词写作 Bewußt-sein(亦可译为“有意识”)，以突出其中的“有”或“存在”(-sein)，标明“意识”或“有意识”是主体的“存在”方式。——译注

一开始就有所看见，它乃是对被看见的东西的察看，是 idea［观念］，不过是在 perceptio［知觉］意义上的观念。知觉一向就拥有了某个在场之物本身，并且对它进行审查、打量和确证。表象在意识的所有方式中起支配作用。它既不仅仅是一种直观，也不只是判断概念意义上的思维。表象自始就专注于一种“已经看到”（coagitat）。在这种专注中有被看见的东西现身在场。conscientia［意识］乃是专注于具有被表达者之在场的方式的在场状态中。作为“有所看见”的方式，表象把景象（即图像）带入在场之中。表象乃是在作为有所看见的知识中起支配作用的图像之带入（Einbringen des Bildes）：即是想象（Einbildung）。意识就是：在出于被表象状态的带来中在场。以这种方式存在并且作为共属一体的东西而存在的，是直接被表象的东西、表象者及其表象。



“意识”或者“有意识”（Bewußt-sein）这个名称命名着一种“存在”或“有”。但这种“存在”（-sein）对我们来讲不应该是一个空洞的词语。它表示：以被看见者之聚集的方式在场。而按照久已成为习惯的词语用法来看，这里所用的“存在”（-sein）一词也意指以这种方式存在的存在者本身。表示这种以知识方式存在的存在者的另一个名称是“主体”：普遍地已经摆在眼前的东西，在场者，从而也是伴随一切意识的东西，即，在其表象活动中的表象者本身，而表象活动把它所表象的东西呈送给自己并因此把它置回原处了。
146 表象以再现方式呈现出什么。这一先行于开发被表象者的东西的存在，作为在自身中反思的主体—客体关系的主体的存在，被叫做主体性。主体性乃是具有再现方式的在场。在被表象性的状态中在场，这意味着：在知识中，作为知识呈现出来，亦即在显露的直接意义上进入无蔽状态而显现出来，也就是：在场，此在（Dasein）。作为这样一种意识，意识本就是显现者。意识或知识的直接此在就是显现，而且，显现的场所作为显现的舞台是在显现中并且通过显现本身而被构成的。现在，我们兴许更清楚看到了，“对正在显现为现象的知识的陈述”这个名称意味着什么。它的意思并不是对一种仅仅在单纯的假象中才出现的东西的陈述。它的独一无二的意思乃是：对在其显现中的知识——这种知识直接地无非就是显现者——的表象。陈述随着正在显现为现象的知识把存在着的意识本身表象出来，也即把它表象为现实的、实在的知识。

这种现实的现实性，即主体的主体性，乃是显现本身。而这个存在者的存在，即显现，却如同一切存在者的一切存在一样，在一切形而上学中只是就存在者作为存在者自己陈述出来（ὄν ᾗ ὄν）而言才进入表象的。但ὄν［存在者］现在却是 ens qua ens perceptum［作为知觉存在者的存在者］。它在通过作为 conscientia［意识］而存在的 cogitationes［思维］的呈现中在场。现在，必须被陈述的就是作为主体的主体，作为显现者的显现者。对现象知识的陈述乃是现实意识本身的存在学。

陈述是一条道路，但并不是从前哲学的表象到哲学之间的一个路段。哲学本身就是道路，是陈述着的表象的通道。这个通道的运动必定取决于陈述所跟随的东西，取决于现象意识本身，也即取决于实在的知识——后者乃是自然的知识的真理。

于是，黑格尔得以着手来描绘陈述的本质。他不过是用了一 147
句话，凭这句话，他就把实在的知识本身突出来了：“自然的意识将证明它自己只是知识概念或是不实在的知识。”

自然的知识与实在的知识相对待。那么，自然的就不是实在的，而实在的就不是自然的。人们或许会认为，两者是同一东西。自然的东西就是从自然而来、属于自然、与自然相合的东西。自然乃是无所操心的存在者本身。这种无所操心的存在者难道不能被认为是实在吗？——而人们所理解的实在即是现实，无非是存在者本身，也即自然。黑格尔是联系于本身就是显现者的那种知识或意识来使用“自然”与“实在”的区分的。主体以显现方式在场；客体与主体相随，并且在其与主体的关系中在场。显现着的主体乃是在场着的知识，乃是自然的意识。但根据黑格尔的话，对显现为现象的知识的陈述将证明自然的意识是不实在的知识。自然的意识将证明它自己甚至“只是知识的概念”。人们或许会认为，黑格尔的意思是说，自然乃是一个单纯的概念，因此不是现实的东西。人们或许会认为，与这种把自然挥发为一种单纯的抽象的做法相对，现在重要的是恢复作为现实的自然的合法权利。然而，黑格尔并没有否认自然是某种现实的东西；他倒是向我们表明，自然不可能是现实性，不可能是存在者之存在。这样，黑格尔也绝没有说，自然只是一个概念。他倒是说：自然的意识将证明它自己”只是知识的概念或是不实在的知识”。这里所谓“只是知识的概念”的意思，只能根据黑格尔借“实在的知识”这个表述所作的思考来决定。

实在的东西乃是真实存在的东西。自笛卡尔以来，真实的东西，即 ens verum[真实之物]，就是 ens certum[确定之物]：也即在
148 确定性中认识自己的东西，在知识中在场的东西。但只有当确定

的存在者作为存在者被意识到时，它才真正地被意识了。这是当ens[存在者]的esse[存在]专门被表象，在其存在中的存在者，亦即在其实在性中的实在，被意识时，才发生的情形。实在的知识是那种知识，它无论何时何地都表象着在其存在者状态（实在性）中的存在者，在其显现中的显现者。对实在的实在性的知识因此被叫做实在的知识。如果自然的知识证明它自己是不实在的知识，那么这就是说：它表明自己是那种知识，这种知识普遍地并没有把存在者表象为这个存在者，而是在它的表象中一味地维系于存在者。如果它寻求在其真理性中的存在者，那么，它始终是试图根据存在者来说明存在者。这样，意识在其中得以呈现出来的那个存在者，对意识来说就是只向意识才呈现出来并因此被看作自然的东西。由于这样一种表象在向它呈现出来的存在者中自行呈现出来，并因此为存在者所包围，故这种知识乃是自然的知识。但是，即使是这种知识，也只有当它在没有对它有所认识的情形下就具有了对存在者之存在者状态的一般表象时，才能在存在者本身中呈现出来，才能普遍地把一切看作存在者。对存在者的自然的表象，本身就必然是这种对存在者之存在者状态的一般表象，但它并没有任何特殊的对于存在者之存在者状态或实在之实在性的认识。自然的意识在它对存在者的表象中，并不关注存在，但必然要重视存在。它不仅不一般地把存在者之存在一并表象出来，因为如果没有存在之光的话，它甚至不可能失落在存在者那里。从这个角度来看，自然的意识就只不过是一般的和不确定的关于存在者状态的表象："只是知识的概念"，而不是那种对实在之实在性来说确定的知识。

黑格尔在这里使用了“概念”一词，其含义是根据规定着自然
149 思维之形式和规则的逻辑学说而来的传统含义。概念一般地是关于某物的表象；“只是……的概念”说的是，这种表象甚至没有专门把捉到它所表象的东西。但自然的意识具有这样一种特性，即，它不仅不断地在被表象的存在者中呈现出来，而且同时还把这个存在者看作惟一真实的存在者，并因而把它的知识看作实在的知识。因此之故，黑格尔在文中继续写道：“但由于它（自然的意识）直接把自己视为实在的知识，于是在它看来这条道路（即对在其显现中的现象知识的陈述的道路）就具有否定的意义……”无论实在的知识在哪里把存在者之存在置入光亮中，自然的知识都不会去关注这回事情，因为它自己的真理借此就会受到质疑。自然的知识遵循着它本身。在它面前显露出来的一切归于下面这句话：它是并且始终是我的（das Meine），而且作为这种所意谓的东西（Gemeinte），它是存在者。① 如果说黑格尔把表象理解为意见，那么，他同样在“意见”这个词中听出了几种意思：直接指向某物，对所与之物的可靠接受，以及在保持和断言某物是它本身这种意义上的意见。后面这种意见乃是自然的意识在其中运动的一切表象的基本机制。因此，黑格尔在这一节中可以说：自然的意识“执着于意见的系统之中”。



黑格尔所谓的自然的意识，绝不能等同于感性的意识。自然的知识存活于一切精神形态中，所有这些精神形态各有其存活方

---

① 注意这里的“我的”（das Meine）、“所意谓的东西”（Ge-meinte）与“意见”（Meinen）之间的字面和意义联系。——译注

式——尤其是绝对知识的那种形态，这种绝对知识发生为绝对的形而上学，并且只是偶尔为少数几个思想家所洞识。在19世纪和20世纪的实证主义面前，这种形而上学并没有瓦解；我们毋宁说， 150
现代技术世界在其无条件的要求中无非就是自然的意识，这种自然的意识按照它的意见方式，在对一切事物的势不可挡的对象化过程中，实施着对一切存在者的无条件的、自我确证的可制造性。但即使是这样，绝对形而上学也还不是那个东西的原因——这个东西以其方式把自己确立为对在技术之本质中发生的事情的证实。意识的自然要素并不在于感性的和感官上可感知的东西中，而在于那个直接向意识呈现出来、并且作为这种呈现者直接进入意识之中的东西中。以这种方式，自然的意识也接纳了一切非感性的东西，后者或者是理性和逻辑中的非感性因素，或者是精神中的超感性因素。

相反地，一旦现象知识的显现显露出来，那么在知识中重要的就是这种显现了。自然的意识看到自己被置入另一种光亮中了，但却从来不能洞察它的真理，因为这种真理现在表明自己是还不真实的东西；原因就在于，它本身所是的显然者的显现乃是它自己的真理性和实在性。对显现的陈述把“只是知识的概念”的那个东西实现出来。它把实在带入其实在性之中，并使这种实在性在实在中获得支配地位。这样一来，显现者既没有被消除，也没有与实在的知识分道扬镳。前者被保存于后者中，而后者实际上就是显现者自身，也即它的实在性和真理性。自然的意识与实在的知识实际是同一的，因为前者（作为还不是真实的东西与后者作为前者的真理性）必然是共属一体的。但两者恰恰因此也不是相同的。①

从自然的意识角度来看，对在其显现中的现象知识的陈述不
151 断地动摇着被自然的意识看作真实的东西。我们可以把这样一种对真理的动摇理解为怀疑。不过，单纯怀疑的道路，正如笛卡尔的沉思过程所表明的那样，却是别有特色的。诚然，它对表象的多种方式加以置疑，但这种置疑仅仅是为了保持在起始位置上，由此起始位置而来，沉思才得以启程，去学会那种本身根本不能怀疑的怀疑。这条怀疑的道路只是说明怀疑已经把自己带入一种可靠性中了，而这种可靠性被看作 fundamentum absolutum［绝对基础］。不过，这个绝对者的绝对性既没有被怀疑，也没有被追问，甚至也没有在其本质方面得到命名。黑格尔的道路则是另一条道路，因为黑格尔知道，一种绝对的认识只有当它无论如何都以绝对性为开端时才能存在。因此，只有对黑格尔的思想来说，自然的意识才在它所特有的地方显现出来；而笛卡尔虽然涉足了现代哲学的那块陆地，也就是作为 ego cogito［我思］的 subiectum［一般主体］，但从根本上说，他终究没有看到那片陆地上的风光。

对自然的意识而言，在对现象知识的绝对陈述中，绝没有任何一种向其真理性的回归。对在其显现中的显现者的陈述的道路"乃是对现象知识的非真理性的一种自觉的洞见，对于这种现象知识而言，毋宁只有真正没现实化的概念才是最实在的东西"。自然

① 在海德格尔的思想语汇中，"同一"(das Selbe)与"相同"(das Gleiche)有异，前者是有区分的共属一体的"同"，或者说，是同中有异，后者是无区分的空洞的等同。——译注

的意识在这条道路上最终失去了它以往的真理性，但它同时绝没
有失去它自己。而不如说，它按照其陈旧的方式把自己确立在新
的真理性中了。从现象知识的科学的观点来看，陈述的道路对自
然的意识来说乃是绝望的道路，虽然自然的意识并不知道这一点。
但自然的意识本身是从不绝望的。绝望意义上的怀疑乃是陈述的
事情，也就是绝对认识的事情。不过，即使是陈述，它在这条道路
上也并不是对自己绝望，而是对自然的意识绝望，因为自然的意识
从来就不想把始终是它本身所是的那种知识的单纯概念实现出
来，但依然不停地自以为具有知识的真理性，冒充自己是知识的唯 152
一尺度。陈述愈完全地穿过绝望的道路，科学就愈迅速地完成它
自己的显现。

对现象知识的陈述完全淹没在绝望状态之中。它乃是绝望的完成。黑格尔说，它是“彻底的怀疑主义”。借此，我们重获了“怀疑”一词的原本含义；σκέψις意味着：看、观望、察看，去看存在者作为存在者是什么和如何存在。这样来理解，怀疑就是在看的同时追踪存在者之存在。它的观望预先已经看到了存在者之存在。它从这个角度去察看事情本身。思想家本身就是怀疑者，他们由于那种进入存在的怀疑来怀疑存在者。

怀疑笼罩在那种光线的光芒中；自在自为地寓于我们而存在的绝对之绝对性就是作为这种光线来触动我们的。怀疑的“已经看到”是那种 vidi（我已经看到和我现在正在看），它看到的是实在的实在性。但如果实在性乃是现象知识的显现，那么，这种显现就只是这样来达到陈述的，即：陈述跟随着显现并且作为这种随员而运动。在这种运动中，显现者的显现就来到了陈述面前。而在这

种到来中，显现者本身却离开了，因为它把自己看作实在了。这种同时的到来和离开乃是意识本身所是的那种运动。意识就在自然的知识与实在的知识的统一中，作为这种统一，意识便根据当下对它本身的认识来面对自己，并且在这种面对中显现出来。因此，意识在任何时候都是一种形态。怀疑归于意识本身，意识展开为怀疑主义，怀疑主义在显现者之显现中把意识之形态带出来，把它转
153 变为另一种形态。意识乃是具有彻底的怀疑主义之方式的意识。怀疑主义乃是意识本身之历史，而意识本身既不仅仅是自在的自然意识，也不仅仅是自为的实在知识，毋宁说，它首先乃是自在自为的两者的原始统一。那种显现之到来和显现者之离开的运动乃是这样一个事件，它从一个形态到另一个形态，把意识带入景象(Anblick)之中，也即把意识带入其本质的图像之中。意识之历史随着这个图像而把在其显现中的意识本身产生出来。这一历史乃是“意识自身向科学发展的**形成**史”。黑格尔在此没有说：自然的意识向哲学的意识的形成；因为他所思索的只是现象意识的显现，这种现象意识处于它完全的显露中，意识作为这种现象意识已经是科学自身了。

彻底的怀疑主义乃是历史的历史性；作为这种历史，意识形成为绝对知识的显现。怀疑主义在这里不再仅仅被看作个别主体的一种态度。因为那样看的话，怀疑主义就始终不过是那种主观的决心，即决心绝不依赖于他人的权威，而是亲身——也即根据这个特殊主体的心智——去检验一切事物。虽然这种怀疑主义依据的是一个自我表象的自我本身具有的观点，但它绝不是一种进入到存在者之存在中去的怀疑。后面这种怀疑并没有返回到一种受限

制的自明性的狭隘视界中，它洞见了现象知识的整个范围，因为它放眼看到现象知识的显现。这个个别地自我表象的 ego cogito［我思］始终被囿禁于这个范围之内。然而，如果我们比黑格尔所能思及的更本质性地来看，即使这个范围也许也只不过是对 ego cogito［我思］的 ens certum［确定之物］的 esse［存在］的记忆，而且是以这种记忆向绝对知识的实在性的扩展为形态的。诚然，这种 154
扩展需要先行的怀疑，就是对无条件的主体性的自行显现的广度的怀疑。但此种先行同时也是决然而完全的向那种存在者之真理的退却；这种存在者之真理作为绝对的确定性，把自己看作存在本身了。

在这里，我们已不能回避一种对语言用法的说明，因为这种说明在此期间已成为必需的了。黑格尔明确地建立了他的术语，他用“存在者”(das Seiende)这个名称来表示在直接表象中成为意识之对象的那个东西。这个对象是片面地仅仅按照对立(das Gegenstehen)方面被表象的东西，而其中并没有考虑到表象和表象者。作为这种意义上的存在者的名称，存在(das Sein)乃是表示实际上根本还不是真实的和实在的那个东西的名称。黑格尔用“存在”来命名在他看来还非真实的实在性。相应地，他也是这样来阐释古代哲学的。因为古代哲学还没有踏上哲学的陆地，也即还没有进入自我意识中——惟在其中，被表象的对象才成其本身，所以，古代哲学所思考的实在只是存在者而已。黑格尔始终在“单纯存在”(nur Sein)的狭隘意义上来理解“存在”，因为真实存在者乃是 ens actu，也即那种现实，这种现实的 actualitas(即现实性)就在于自我认识的确定性的知识中。惟有这种确定性才能在事实上——现在也即说，始终根据绝对知识的确定性——要求一切现实性（即这种现实性）“存在”。于是，在这里，当存在被认为已经消失了之际，它其实又返回来了。但科学的绝对知识却对此概无认识。

与黑格尔的语言用法相区别，我们所使用的“存在”这个名称，既表示跟随康德的黑格尔所谓的对象性和客观性，也表示黑格尔所设想的真正现实的东西和他所谓的精神的现实性。对于εἶναι，即希腊的存在，我们并不是像黑格尔那样来解说的，并不是从黑格尔的观点出发，把它解说为一种尚未获得其本身的主体性的直接
155 表象的对象性，也即并不是根据这种主体性，而是根据希腊的Ἀλήθεια［无蔽］，把它解说为那种出于无蔽状态、并且入于无蔽状态的在场（Anwesen）。但是，这种在场（Präsenz），这种在意识之怀疑的再现中发生的在场，乃是在场状态的一种方式，这种在场状态就犹如希腊人的οὐσία［在场］，是从一种遮蔽着的时间尚未被思索的本质而来成其本质的。自希腊思想的开端，一直到尼采关于相同者之永恒轮回的学说，存在者的存在者状态就是作为存在者之真理而发生出来的；这种存在者的存在者状态在我们看来只不过是存在的一种方式而已，尽管是一种决定性的方式，而存在绝非必然地仅仅显现为在场者之在场状态。[①] 按照黑格尔使用存在这个词的方式，严格地看来，他便不再可以用一个还包含着“存在”

① 1950年第一版：因为存在是存在者之存在（参看第386页），所以存在属于存在学差异，并且因此本身就指引着一个更为原始的本质。由此可明见，形而上学如何认识存在（存在状态），只不过是存有（Seyn）的一个方式。存在——这个来自形而上学的名称——作为对区分（Unterschied）而言的存有。——作者边注

(sein)一词的名称，来表示他所谓的现实的真正现实性，即精神。但他却往往这样来表示，因为精神之本质始终是自我意识(das Selbst-bewußt-sein)。这种语言用法当然不是一种不准确的和不连贯的术语的结果，而是植根于存在本身自行揭示和自行遮蔽的那种隐而不显的方式中。

相反地，如果我们在对黑格尔原文的审视中用“存在”一词来表示现象知识的显现，又表示绝对之绝对性，那么，这初看起来就仿佛是一个任意之举。但实际上，我们的这种语言用法既不是任意的，也不是纯粹术语上的一个情形；当然，这是有前提的，其前提是：根本上，思想的语言是可以与术语联结起来的，而术语本质上乃是科学的一个工具。从其命运中生长出来的思想的语言却把另一种思想所思考的东西召唤到其思想的光亮之中，以便把这另一种思想开放到它特有的本质中。

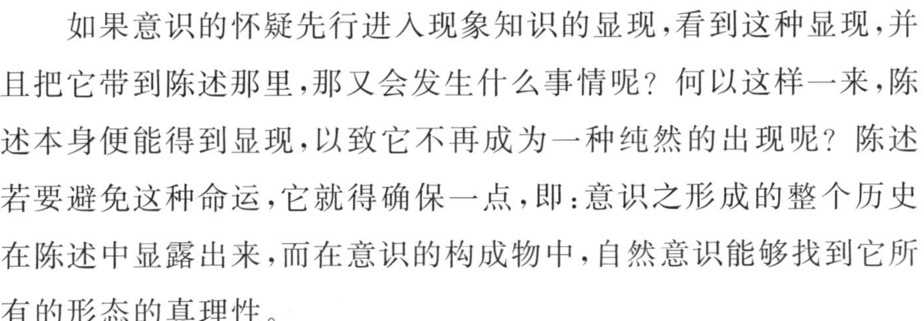

如果意识的怀疑先行进入现象知识的显现，看到这种显现，并 156
且把它带到陈述那里，那又会发生什么事情呢？何以这样一来，陈述本身便能得到显现，以致它不再成为一种纯然的出现呢？陈述若要避免这种命运，它就得确保一点，即：意识之形成的整个历史在陈述中显露出来，而在意识的构成物中，自然意识能够找到它所有的形态的真理性。

**【黑格尔】**

(七)不实在的意识的各个形式，由于它们之间有依序前进的必然性和互相关联的必然性，将自己发展出**完整的**形式体系来。为了便于明了这一点，我们可以暂且一般地指出：把不真实的意识就其为不真实的东西而加以陈述，这并不纯然是一种否定的运动。一般地说，自然的意识对这种陈述所持的见解，就是这样的一种片面的见解；而一种知识，如果它以这种片面性为本质，它就是不完全的意识的形态之一，这种形态的意识投身于形成发展的过程，并将在过程中呈现出来。因为这种片面的见解就是怀疑主义，怀疑主义永远只见到结果是纯粹的虚无，而完全不去注意，这种虚无乃是特定的虚无，它是对于结果之所自出的那种东西的虚无（或否定）。但事实上，如果虚无是对结果之所自出的虚无，那它就纯然是真实的结果；它因而本身就是一种特定的虚无，它就具有一种内容。终止于虚无或空虚的抽象性上的怀疑主义，是不能超越这抽象性而继续前进的；它必须等待着看看是否有什么新的东西显现出来，以便它好投之于这同一个空虚的深渊里去。相反，当结果被按照它真实的情况那样理解为特定的否定时，新的形式就立即出现了，而否定就变成了过渡；有了这种过渡，那穿过意识形态的整个系列的发展进程，就将自动地出现了。



**【海德格尔】**

第七节展开关于“不实在的意识的各个形式的完整体系”的问题。这些形式乃是现象知识的形态，因为这种现象知识还没有在其显现中向自己显现出来，从而还没有被置入它的实在性之中。形态的完整显露只能从这种到达过程中产生。而这种到达过程乃是显现的发展进程。它必须是一个必然的发展进程。因为只有这样，它才能确保那种不留任何偶然的漏洞的完美性。陈述过程中的这种发展进程的必然性的根据何在呢？这种发展进程的本质的根据何在呢？

在这里，为了以正确的方式来作出回答，我们不可听从那种见解，那就是自然的意识一般地关于现象知识的陈述所持的见解。这种见解原则上是片面的；因为自然的表象始终只盯着一个方面（这个方面在它看来甚至也不是一个方面，而就是整体），只盯着直接照面之物的方面。至于另一方面，也即存在者之存在的方面，自然的意识是决不加以关注的。自然意识的这一根本性的片面性甚至可以显露为意识的一个本己形态。它必定在意识的形成历史中呈现出来。它显示为那种怀疑主义，后者在一切认识和行为中最后终止于这样一个结论，即：被认为已经获得的丰富的知识完全是虚无的。作为无条件的诡辩法的纯粹怀疑癖，这种怀疑主义的结 157
果始终是空洞的虚无。

何以在这一意识形态中，自然知识的片面性被提升为一个有意识的原则了呢？这是因为，自然的意识无论何时何地都只发现存在者，即显现者，都只根据这一发现结果来判断一切照面者。并不具有这一发现结果的方式的东西，则沦于一个绝对命令中，即沦于“如此这般的东西并不存在”这样一个绝对命题中。并不具有自然意识——它只发现存在者——的发现结果的方式的东西，乃是存在。因此，显现者之显现，即实在之实在性，在自然的意识的视界内被看作某种虚无的东西。根据自然的意识的判断，构成现象知识之陈述的每一个步骤都会导致虚无的结果。事实上，这种陈述甚至从来都没有超越它的已经把它带向虚无的最初步骤。这种陈述将如何由此而继续进行？又将何所往呢？任何一种发展进程始终都是拒绝陈述的，除非陈述不断地从某处获得现象知识的另一个形态，以便在其中发现假定的显现，并且随着这种显现重又沦于虚无中。

自然的意识无论何时对现象知识的陈述作出判断，它都必定持有那种见解；而那种见解也往往充分地表现在那些针对黑格尔哲学而提出来的所谓哲学的抗辩中。为防御这种抗辩，黑格尔本人在眼下这一节中只是说：所谓的在其显现中的现象知识的陈述所导致的虚无，并不是空洞的虚无，而是“对于结果之所自出的那种东西的虚无”。但是，显现来自显现者本身。因此，如果在陈述的发展进程中对这种陈述而言给出自身的东西并不从这个过程由之而来的那个地方给出自己，也绝不从这个过程的下一个步骤所前往的那个地方给出自己，那么，就用不着奇怪，陈述的过程对自
158 然的意识来说始终是格格不入的。于是，就更必须预先防止自然的意识对陈述的发展进程所具有的那个片面的见解把一切都混淆起来。

**【黑格尔】**

（八）正如发展进程的序列一样，**目标**也是知识所必需确定的；目标就是知识不需要再超越它自己的那个地方，就是它找到了它自己的那个地方和概念符合于对象、对象符合于概念的那个地方。趋向这个目标的发展进程，因而也就是前进无已、不可遏止的，不以目标以前的任何过站而满足的。凡只局限于度过着一种自然的生活的东西，就不能够由它自己来超越它的直接的实际存在；但它会被另外一种力量迫使它超出自己，而这个被迫超出自己就是它的死亡。但是意识本身就是它自己的**概念**，因此它直接就是对于

界限的超越，而且由于这个界限属于它自身，所以它就是对它自身的超越；有了个别的存在，也就同时在意识里有了彼岸，即使这种彼岸只是并存于界限的旁边，像在空间直观里那样。因此，意识感受着从它自身发出的这种暴力，一定要败坏它整个的有限满足。当意识感受到这种暴力的时候，恐惧的意识很可能因害怕真理而退缩回来，竭力去保全它那陷于消灭危险中的东西。但是，恐惧的意识是不可能宁静下来的：首先，尽管它想安居于无思虑的懒惰中，它的思想却在干预着这种无思无虑，它的心神不宁却在扰乱着这种懒散；其次，尽管它把自己巩固起来，成了一种心情，在这种心情之下，它确信一切东西就其自己的类属而言都是好的，但有这样的确信的意识也同样地感受暴力，它感受从理性方面来的暴力，因为理性正是认为某个东西之所以不好是由于它只是一个类属。或者再换一方面说，害怕真理的意识也很可能躲在一个幌子下面自欺欺人，认为害怕真理毕竟还比任何自己杜撰出来或从别人那里学来的思想要聪明些；而其挂在外面的幌子则仿佛在说，正是由于有了对真理的热烈渴求，才使它自己很难于，甚至不可能找到别的真理，而只能找到虚浮的意识所取得的真理；这种虚浮，善于把真理都一一予以败坏，从而退回自身，陶醉在它自己的知性之中，即，陶醉于会瓦解一切思想却不会从中取得其一切内容而只会从中找到赤裸的自我的那种理解力中，——这种虚浮，乃是一种满足，必须听其自然，不去管它，因为它逃避普遍，而只追求自为的存在。

**【海德格尔】**

第八节描写意识的形成史在其中运行的那个历史过程的运动

特征。贯穿于知识形态之完整序列的发展进程被认为是由自己给出自身的。“由自己”在这里只能意味着：根据意识在自身中如何成为一个过程的方式。因此，现在就必须来考察意识。相应地，这一节摊出了黑格尔在我们讨论的这段话中道出的三个关于意识的命题中的第一个。所谓“意识的形成”意思是：意识使它自己了解它的本质，即成为绝对认识意义上的科学。这里蕴含着双重的东西：意识在其显现中显现出自己，而同时，意识根据它自己的本质，按照其显露的本质性方面把自己确定起来，并因而把自己组织为它的诸形态的王国。意识本身既不仅仅是自然的意识，也不仅仅是实在的意识。它也不是这两者的单纯合并。意识本身就是自然的意识和实在的意识的原始统一体。但实在的知识和自然的知识并不像无生命的贮存物那样处于意识之中。意识是实在的知识和自然的知识，因为意识在两者的原始统一体中，并且作为这个统一体把自己显现出来。[①] 两者在意识中是有区别的。这个区别是这样一个区别，它作为自然的知识的不安区别于实在的知识，作为实在的知识的不安区别于自然的知识。意识本身在自身中就是自然的知识与实在的知识之间的相互区别的不安。历史过程的运动植
159 根于意识本身的这种不安，并且也已经从这种不安中获得了方向。意识既不是事后才被置入运动之中的，也并不是才被指引到它的方向中的。

在形成史的过程中，自然的意识表明自己“只是知识的概念”。



① 1950年第一版：存在宛若完全自行显现；“绝对理念”自在自为在场——作为完全的自行在场(Sichanwesen)。——作者边注

但这里的“只是”已经足够了。因为，自然的意识在它对存在者的表象中必然地——尽管是不明确地——把存在者之存在状态一道表象出来，就此而言，自然的意识借助于它本身而超越了自己，但又不是在它本身之外。自然的意识不仅没有取得任何关于“概念”的知识（事实上自然的意识总是已经作为这种“概念”而存在），它甚至认为没有“概念”也无关紧要；而实际上，自然的意识逗留于其中的任何特定的存在者领域，就其广度并按其可支配性的方式而言，惟一地取决于作为对于存在者之存在者状态的知识的意识本身是什么。但自然的意识对自己掩盖了那种自我超越的在意识中起支配作用的不安。它避开这种不安，并因此以其方式把自己与这种不安联系在一起。它把它的意见视为真实，因而要求自为的真理，并且证实：它认为是它的东西并不是它的东西。它自己的意见不断地透露出那种不可遏制地向自我超越拉扯的不安。对现象知识的陈述只需要把自己投入这种不安中，以便在发展进程的过程中存在。运动的不可遏制性却只能由这种不安在自身中遵循的东西来决定。这种不安遵循着那个拉扯它的东西。那就是实在的实在性，后者只有当它在其真理性中显现自己之际才存在。从发展进程的方向来看，这种实在性乃是过程的目标。从意识的不安方面来思考，过程始于目标。过程乃是一种从目标而来的运动；诚然，这个目标并不被抛在后面，而是恰恰随着运动本身达到了它的展开。对知识来说，其过程的目标是在它自己的本质中设定了 160
的——目标就是知识的本质本身。意识在其不安中本身就是目标的先行设定。因此，第八节以这样一句话开始它的任务，来描写意识的活动：“正如发展进程的序列一样，目标也是知识所必须确定

的。”可是，这一节并没有探讨目标，至少没有在人们借以设想一个目标的那种形态中来探讨目标，也即没有像人们所做的那样，把目标看作某物向之推进的那个东西。如果在这里我们可以用机械学的谈法作为权宜之计，那么，我们就不妨说：在意识的形成史的历史过程中，发展进程并不是由意识的特定形态而来被向前推动的，并且被推入尚未决定的东西之中，而毋宁说，它是由已经被确定了的目标来牵引的。在这种吸引中，有吸引力的目标把自己带出来，使自己进入其显现中，并且从一开始就把意识过程带入它的完整状态的完全之中。

彻底的怀疑主义通过它的怀疑已经把这样一个目标收入视野中，并因而把它纳入意识本身的不安的中心中。由于这个中心不断地开始运动，所以，在知识之本质中起支配作用的怀疑已经囊括了意识的一切可能的形态。与此相应，还不真实的知识的形式的范围就是完整的。陈述据以表象出一切在其显现中的现象知识的那种方式，无非是在意识之本质中起支配作用的怀疑的共同实行。这种怀疑自始就忍受着那种不可遏制的东西，通过它，意识被撕裂而出离自身，也即自然的知识被拉入实在的知识之中。由于这种撕裂，自然的意识便失去了被它视为它的真理和生命的那个东西。因此，这种撕裂就是自然的意识的死亡。在这种不断的死亡中，意识奉献出它自己，目的是从奉献中获得它自己的再生。自然的意
161 识在这种撕裂中遭受一种暴力。但这种暴力来自意识本身。这种暴力是意识本身中的不安的支配作用。这种支配作用乃是绝对之意志；这个绝对意愿在其绝对性中自在自为地在我们近旁存在——这里所谓我们，就是始终以自然意识的方式在存在者中间

逗留的人们。

现在，我们所谓关于意识的第一个命题也许能够得到阐明了："但是意识本身就是它自己的概念……"这话的意思与第六节开头一句"自然的意识将证明它自己只是知识的概念……"的意思有某些不同之处。现在谈的不是自然的意识，而绝对地是意识本身。现在强调的是"概念"一词。"概念"在这里的意思是：意识在其真理性中对自己显现出来。真理的本质在于无条件的确定性。根据这种确定性，只要一个被意识之物仅仅一般地被表象，那么它就还没有被把握。毋宁说，它在其被意识状态中，必须返回去联系于与之相应的知识，并且在这种联系中与这种知识本身一道被表象出来。只有这样，这个被意识之物才完全在知识中存在，而这种知识由此就成了一种全面的又是无条件的意识的表象（概念性把握）。在与这种概念——意识在其中得以把握它本身——的关系中，自然的意识始终"只是概念"。因为，就自然的意识是意识而言，它具有一种关于一般被意识状态的表象。仅仅由于意识本身就是它自己的概念，自然的意识作为意识本身的一部分才能固执于仅仅成为知识的概念。但我们要充分理解第一个关于意识的命题的话，那是有条件的，其条件是：我们不仅要注意到黑格尔所强调的"概念"与"只是概念"之间的区分，而且要思索在前面几节的过程中处于我们的沉思眼界内的东西。在"但是意识本身就是它自己的概念"这句话中，真正强调的是其中的"是"（ist）。这意味着：意识完 162
成它的自我显现本身，而且，意识在自我显现中为自己构成显现的场所，因为这个场所包含在意识的本质中。于是，意识在其概念中找到了它自身。

由于黑格尔的第一个关于意识的命题揭示了意识的真理，所以，他现在也就能够说明自然的意识何以是不实在的知识了。他也把自然的意识称为不真实的意识。但这绝不意味着，自然的意识只不过是错误、欺诈和迷误的垃圾。而毋宁说，这倒是意味着：自然的意识始终是还不真实的意识，它被那种把它拉入其真理之中的暴力所压服。自然的意识感受到这种暴力，并且陷于对它自己的持存的恐惧中。黑格尔——人们对他的理性主义未能作出充分的褒和贬——在一个关键的地方指出了自然的意识与存在者之存在的关系，在那里，他谈到“暴力的感受”。这种对意志（绝对就作为这种意志而存在）之暴力的感受标志着自然的意识在其中“只是知识的概念”的那种方式。但是，如果我们竟认为，在黑格尔的看法中，那种使意识逃避存在者之存在的自然的恐惧作为这种自然的存在关系，无疑也就是哲学借以思考存在者之存在的那种方式，或者干脆说是那种机构，仿佛当思想不得不归结于感受时，哲学也已经即刻听任单纯的感受摆布了，而并没有被建基于科学之上——如果我们这样认为，那是愚不可及的。这种肤浅的看法与往常一样，在今天也仍有其市场。不过，这种看法本身就是那种知性的虚浮的一部分，这种知性沉湎于它自己的无思想状态的惰性中，并且把一切都消解在这种惰性中。这一节随着关于意识的第一个命题而放眼观望知识之真理；在这一节的结尾，知识的非真理
163 性以“赤裸的自我”的形态显现出来，而这个“赤裸的自我”由于把自己限制在它所照面的存在者中而得到了它惟一的满足。

“赤裸的自我”乃是表示哲学中通常意见的专横行为的名称。但这个名称却并不指称与我们这个共同体相区别的孤立的自我。

相反，“赤裸的自我”恰恰就是具有共同意见的许多人的主体。“赤裸的自我”生活在“人们”(man)的利己主义中，后者由于对彻底的怀疑主义的恐惧而遁入意见的教条主义之中。这种教条主义的一贯原则是：对现象知识的陈述视而不见，拒绝与陈述之发展进程同行。因此，流行见解的教条主义必然要沉湎于自己。哲学在做出这一判决时并没有摈弃自然的意识。无论它的情形如何，这实际上都是因为科学是还不真实的东西的真理性，从而恰恰就是还不真实的东西本身，但却在其真理性中**存在**。只有哲学才发现了在其自然性中的自然的意识，并且承认了这种意识。然而，当这种自然的意识把自己夸张为哲学，以便消除与哲学的界限，并且背弃这种作为对存在者之存在的认识的哲学时，哲学便与自然的意识失之交臂了。但这时候，哲学所错失的也只是那种东西，这种东西本身就已经背弃了哲学，避开了哲学；而哲学在这种错失中却关注着自然的意识，而且仅仅关注这种自然的意识，目的是为了成为意识之真理显现于其中的那个过程。

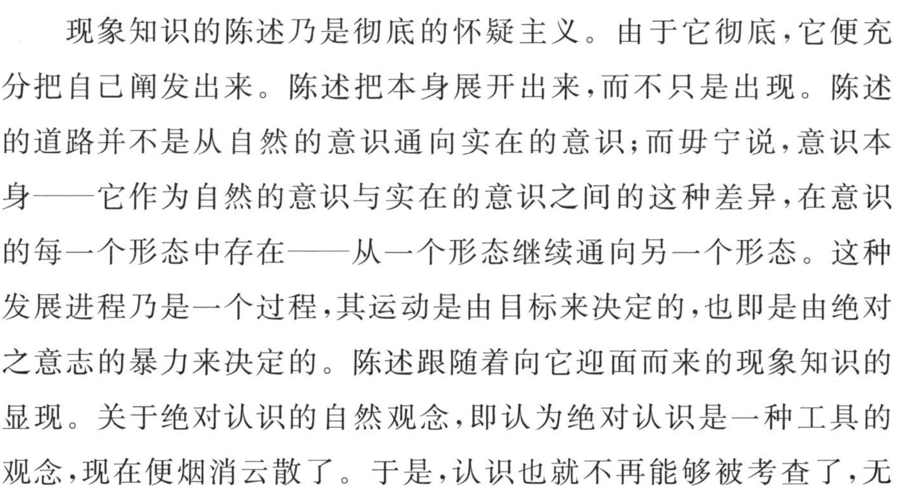

现象知识的陈述乃是彻底的怀疑主义。由于它彻底，它便充
分把自己阐发出来。陈述把本身展开出来，而不只是出现。陈述
的道路并不是从自然的意识通向实在的意识；而毋宁说，意识本
身——它作为自然的意识与实在的意识之间的这种差异，在意识 164
的每一个形态中存在——从一个形态继续通向另一个形态。这种
发展进程乃是一个过程，其运动是由目标来决定的，也即是由绝对
之意志的暴力来决定的。陈述跟随着向它迎面而来的现象知识的
显现。关于绝对认识的自然观念，即认为绝对认识是一种工具的
观念，现在便烟消云散了。于是，认识也就不再能够被考查了，无

论如何，不再是一种用于对象身上的工具了。此外，由于陈述把自己展示出来，所以考查看来根本上也是多余的了。如此，按照这种解释，陈述就可以直接开始。但假如它还不曾开始，它就不会开始。沉思的新篇章随之而来。这表明，现象知识的陈述的本质还没有充分地被带到我们跟前，我们还没有获得我们与这种陈述的适恰关系。陈述与被陈述的东西如何联系为一体，两者究竟是否以及在何种程度上是同一东西而又没有流失于无差别性之中，这些问题还是模糊不清的。如若绝对自在自为地就在我们近旁存在，那么，绝对的认识如何能够成为一条通向绝对的道路呢？如若在这里我们竟还可以谈论一条道路的话，那么，我们也只能谈论绝对本身所走的道路，因为绝对本身就是这条道路。现象知识的陈述可以成为这条道路，这种过程吗？陈述的本质变得更加神秘莫测了。清楚的只有一点，即：与绝对相分离的陈述并没有从某处而来，以自然的意识对认识的表象方式来面对绝对。



**【黑格尔】**

（九）关于进程的方式和必然性，我们暂时一般地谈了这些，现在我们再来谈谈关于系统陈述的方法，可能也有些用处。这种陈述，既然被想象为科学对待现象知识的一种行动和对认识的实在的一种考虑和审查，那么不先作一种假定，不先设立尺度以为根据，显然是无法进行的。因为审核考查就在于使用某种已被承认了的尺度，就在于产生被考查的东西与尺度之间的相等或不相等以决定其对与不对；因而一般地说，尺度，以及科学也一样，如果科学是尺度的话，在进行考查时是被当作本质或自在物而承认了的。

但是在这里，科学刚才出现，所以无论是科学自身，或者任何其他的尺度，都还没有证明自己是本质或自在的东西；而没有这样的一种东西，审查就显然不可能进行。

**【海德格尔】**

第九节却又径直谈论这种关于认识的自然观念。当然，这样做仅仅是为了重新提出关于绝对认识的审核考查的问题。认识不是任何工具——这一事实还不能使认识的考查失去效力；相反地，
认识的考查现在才可能使自己成为可疑的问题。如果陈述把现象 165
知识带入其显现中，那它就把还不真实的意识置入其真理性中了。它根据显现者的显现来测度显现者。显现乃是尺度。陈述从何处取得这种尺度呢？由于科学担负着对现象知识的考查，所以，科学本身就充当了这种考查的权威，从而也就是这种考查的尺度。假如科学的出现就在于陈述的具体阐明，那么，科学实际上必然已经在其最初步骤中把考查的尺度当作一种已经被证明的尺度而一道带出来了。一方面，科学为了阐明自己，需要这种尺度；另一方面，这种尺度也只能在阐明中产生出来，假如一种绝对的认识无论在哪里都不能采纳尺度的话。如果陈述必须以其真理性来测度不真实的知识，那么，陈述就不得不统一于不可统一的东西。不可能的东西阻挡着陈述的道路。如何能够消除这个障碍呢？

**【黑格尔】**

（十）这是一个矛盾。如果我们注意一下在意识里知识的抽象规定是什么和真理的抽象规定是什么，则这个矛盾和这个矛盾的

消除就将表现得更加确切。因为，意识是把自己跟某种东西区别开来而同时又与它相关联着的；或者用流行的话说，这就是，有某种为意识的东西；而这种关联或某种东西的为一个意识的存在，这个特定的方面，就是知识。但是我们把自在的存在跟这种为一个他物的存在区别开来；同样地，与知识发生了关联的存在也跟它区别开来并且被设定为也是存在于这种关联之外的；这个自在的存在的这一方面，就叫做真理。至于这些规定的真正内容是什么，在这里与我们毫不相干；因为既然显现为现象的知识是我们讨论研究的对象，那么它们的规定也就是首先被按其直接对我们呈现的那样接受下来了的；而它们对我们的呈现，则正是像我们方才说过的那样。

**【海德格尔】**

第十节继续展开沉思，以表明，黑格尔并不是用逻辑论证来调和与消除陈述之本质中的矛盾。表面上不可统一的东西并不在陈述的本质当中。它在于那种不充分的方式中，以这种方式，我们——始终还为自然的意识的表象方式所掌握的我们——看到了陈述。陈述是以知识的显现为目标的。一种知识也是陈述。两者归于意识本身。如果有关尺度和考查的问题根本上有某种依据，那么，它只能在意识本身中根据意识本身获得其答案。意识本身作为意识在自身中就是像尺度和标准之类的东西吗？意识之为意识从自身而来就是一种考查吗？这里，意识本身更清晰地置入本
166 质性的视野中了。不过，还没有显露出来的是，这种沉思的目标是意识之本质中的何种基本特征。

在前面几节中，似乎根本还没有关于意识说些什么，而在这里，黑格尔便开始暗示出两个规定，“如它们在意识那里出现的那样”。他把这两个规定称为知识和真理。它们被称为“抽象的规定”，因为它们是通过一种对意识的审视而产生出来的；这种审视无视于意识构造及其统一性的丰富本质。在这里，意识被理解为它直接地，亦即总是片面地，向自然的表象呈现出来的样子。

“意识”意味着：某物在被意识者的状态中。但被意识者在知识中，并且作为一种知识而存在。被意识者乃是意识以知识方式与之发生关系的东西。被意识者即是处于这种关系中的东西。它存在，因为它“为”意识而存在。如此这般的存在者是以“为……存在”的方式存在的。但“为……存在”乃是知识的一种方式。以这种方式，某物“为意识”而存在；而它作为被意识者为意识而言又是另一个东西。在作为“为……存在”的知识中，某物“为意识”而言是一个东西，又是另一个东西。但是，被意识者在知识中不仅一般地被表象出来；而不如说，这种表象把被意识者意指为一个自在地存在的、亦即真实存在的存在者。被意识者的这种自在的存在，被叫做真理。同样，真理“为意识”是一个东西（一个被表象者），同时又是另一个东西（一个自在的存在者）。意识的两个规定，即知识和真理，相互区别为“为……存在”和“自在的存在”。黑格尔只把眼光转向这两个规定，而没有深入讨论“这些规定的真正内容是什么”。不过，虽然没有明言，但黑格尔在这里却是有意地指出了意识的一个突出的基本特征。这一节的开头几句甚至附带地指出了这个基本特征。

167 在意识中，某物区别于意识[①]并且通过意识而区分开来。作为它本身并且通过它本身，它便是一个东西与另一个东西的关系。然而，在这种区分中被区分出来的东西(在主体中对主体而言的客体)，恰恰是通过这种区分而始终联系于具有区分作用的东西。意识在表象中把某物与其自身分离开来，但被分离开来的东西却向着自己。意识在自身中作出本身不是任何区分的区分。作为这种区分，意识在其本质中是模棱两可的。由于这种模棱两可，那两个规定——知识和真理，“为……存在”和“自在的存在”——往往就直接出现在意识中，而且，这两个规定本身就是模棱两可的。

那么，根据这两个规定来看，作为表象本身而保持为意识之方式的陈述又是什么呢？陈述把在其显现中的显现者表象出来。它就知识的真理来探究知识。它就知识的真理来考查知识。它在区分的区分作用中运动，而意识本身就作为这种区分而**存在**。着眼于这种区分来看，就有一种本质可能性的全景开放出来，我们就能看到，陈述是从它运动于其中的那个东西中获得其考查的尺度和特征的。而一旦我们从意识本身来看，看清了测度性考查的目标所在，那么，这种前景就愈加清晰了。

**【黑格尔】**

(十一)如果我们现在来研究知识的真理，这就好像我们要研究知识的**自在**存在。可是在这种研究里，知识是**我们的**对象，它是**为我们**的存在；而这样一来，知识的自在毋宁就成了知识的**为我们**

① 1950年第一版：对意识。——作者边注

的存在了；我们所认为是它的本质的东西，毋宁就会不是它的真理而仅仅是我们关于它的知识了。本质或尺度就将存在于我们这里，而那种应该与尺度相比较并通过这种比较而予以决定的东西，就不是必然地要去承认这个尺度。

**【海德格尔】**

第十一节直接追问，什么是现象知识的陈述所探究的东西。
但只有当它不仅追问什么是陈述所探究的东西，而且追问谁是探
究者之际，这个问题才算是直接被提了出来。因为，如果有待探究
的东西是一个被意识的东西的话，那么，对从事探究的我们来说，
它就在我们的知识之中。科学陈述在其显现中的现象知识；随着 168
对这种科学的特征的描绘，我们突然进入陈述的运作中了。这表
明，我们已经在运作中，因为陈述所陈述的东西是“为我们”存在
的。因此，一个不可回避的问题是：这种“为我们”在科学中起着何
种作用。这个问题所及的领域是我们现在几乎还没有猜度到的。

如果我们就知识的真理来考查知识，那么我们所探究的是什么呢？真理是自在的存在。知识是为一个意识的存在。如果我们探究知识的真理，我们就是在寻求知识自在地所是的那个东西。不过，通过我们的探究，知识就会成为我们的对象。假如我们把在其自在存在中的知识摆到我们面前来，那么它就成了一种为我们的存在。那样的话，我们就把捉不到知识的真理，而只是把捉到我们关于知识的知识。为我们的存在就始终成了我们借以衡量知识的自在存在的尺度。但知识何以能够适合于一个尺度——这个尺度把应当得到衡量的东西颠倒过来，使之成了尺度本身？如果现

象知识的陈述必须遵循那种由对意识的两个规定(即知识和真理)的考虑得出来的方式,那么,陈述就只能不断地把它自己的行为颠倒为其反面。

**【黑格尔】**

(十二)但是,这种分离或这种分离和假定的现象,已由于我们所研究的对象的本性而得到了克服。意识自身给它自己提供尺度,因此,考察研究就成了意识与它自身的一种比较;因为上面所作的那种区别并不超出于意识以外。意识在它自身就是为一个另外的意识的意识,或者说,它一般说来在其自身就具有着知识环节的规定性;同时,这另外的一个,对意识而言不仅是为它(意识)的,而且也存在于这个关联之外,也是自在的,即是说,也是真理环节。因此,被意识宣布为它自身以内的自在或真理的那种东西,就是我们所具有的尺度,意识自己把这个尺度建立起来,用以衡量它的知识。如果我们把知识称为概念,而把本质或真理称为存在物或对象,那么所谓审查考核就是去看看概念是否符合于对象。但如果我们反过来把对象的本质或自在称为概念而另一方面把作为对象的概念理解为对象,即是说,把概念理解为为他的,那么审查考核就是去看看对象是否符合于它自己的概念。显而易见,这两个过程乃是一回事情。可是具有本质重要性的是,我们在整个考察研究过程中必须牢牢记住,概念和对象,为他的存在与自在的存在,这两个环节都在我们所研究的这个知识本身之内,因而我们不需要携带我们的尺度来,也不需要在考察研究的时候应用我们的观念和思想;由于我们丢开这些东西,我们就能够按照事物自在的和

**自为的**样子来考察它。

**【海德格尔】**

第十二节把陈述从上面这个新出现的困难中解救出来。这是
通过简单地指出陈述所陈述的对象的本性而带来的自由眼界。对
象乃是意识本身。它的本性是自行进入显现而涌现出来的东西。
意识从其本性而来就具有一种尺度的特征吗？如果它有，那么意
识必须由自己来提供一种可能性，使自己既成为尺度，又成为被衡
量的东西。意识必须是那种东西，它在自身中在这个方面被区分
开来，但同时又没有被区分出来。诸如此类的事情已经在第十节 169
中得到了揭示。意识的根本的模棱两可——即意识是表象的区
分，而表象又不是任何区分——指示着意识之本性中的两重性。
这种两重性包含着一种可能性，即，意识在本质上同时既是尺度，
又是被尺度衡量的东西。如果我们并不是把这种模棱两可看作缺
乏明确性，而是把它看作意识本身的本质统一性的标志，那么，意
识就在其模棱两可中显示出那两个最初分别地被表象的规定（即
知识和真理）的共属一体。从意识之本性中产生出衡量和尺度的
可能性。

黑格尔用关于意识的第二个命题，来描绘那种表象着现象知识的陈述的对象的本性。在第八节中道出的第一个关于意识的命题是："但是意识本身就是它自己的**概念**。"现在接着有了第二个命题："意识自身给它自己提供尺度。"这个句子的语言用法引人注目。但这种对我们来说有些怪异的语言用法对黑格尔来讲则是亲切的，而且是基于作为对象的本性向他显示出来的东西。为什么

黑格尔说“给它自己”(an ihm selbst),而不是说“给本身”(an sich selbst)呢？因为在意识的本性中就含有一个为意识的尺度。这个尺度并不是从某个地方取来的,以便意识自在地采纳这个尺度,并且因此自为地拥有这个尺度。这个尺度也不是从外部被应用到意识身上的。它就蕴含在意识本身中。而且这是因为,由于意识以两重性方式既是尺度又是被衡量的东西,从意识而来就已经产生出具有尺度性质的东西了。然而,这里难道不是同样可以说,或者更好地应该说,意识自身“给本身”提供尺度吗？但什么是意识本身呢？当意识寓于自己而存在时,那就是意识本身;当意识合乎本己地自为地存在,并如此这般地自在自为地存在时,它就是寓于自己而存在。假如说意识自身“给本身”提供尺度,那么,严格地看

170 来,这就意味着:意识为自己给出自身的尺度。但通常地,意识恰恰并不关心在真理性中存在的东西。另一方面,真理也并非从天上掉到意识身上。意识本身就是它自己的概念。因此,它便具有它自己的尺度。因此,它本身就“给它自己”提供了尺度。这个“给它自己”具有双重意思:意识在其本质中包含着尺度。但包含在它那里而并不在其他任何东西那里的,并不是意识径直就给予本身的东西。意识自身“给它自己”提供尺度。它提供,但同时又没有提供。

就自然的意识表象自在的存在者而言,被表象者就是真理,而且是“为它”的,即为直接表象着的意识的。与“给它自身”相应,当黑格尔想说意识把它径直表象出来的东西看作真理时,他使用了这个“为它”。径直表象着之际,意识完全投入被表象者之中,而且并不特别地把被表象者归结于表象者本身。诚然,意识在其表象

中具有被表象者，但并不是自为的，而只是“为它的”。不过，随着意识为它而表象的真理，意识同时“为我们”——专注于真理的真理性的我们——给它自己提供了真理的真理性，也即提供了尺度。由于我们把现象知识本身陈述出来，我们便把显现采纳为尺度，以便借此来衡量那种把这一显现者看作尺度的知识。在现象知识中，知识所意识到的东西是真理。如果我们把这种真理称为对象，把知识称为概念，那么，从显现者的显现的角度对显现者的考查性陈述就在于：我们要去审视，看看知识，把自然的意识看作其知识的那种知识，是否符合于真理。或者，如果我们反过来把我们要考查的知识称为对象，把被意识之物的自在称为概念，那么，考查的
要旨就是去审视，看看对象是否符合于概念。这种解说的关键点 171
在于：每当我们表象在其显现中的显现者时，我们所衡量的东西和我们借以衡量的东西，都归于意识本身之中。意识把考查的两个本质性环节提供给它自己。对我们陈述者来说，由此就得出了那个准则，它指导着一切对在其显现中的显现者的表象活动。这个准则就是：抛开你们关于显现者的观念和思想。相应地，绝对认识的基本态度并不在于，耗费认识和论证去扰乱现象意识，而在于，丢开所有这些认识和论证。通过这种丢开，我们便达到了纯粹的审视，这种审视使我们看到了显现。在审视中，我们得以“按照事物自在的和自为的样子来考察它”。但这个事物乃是现象知识本身。事物的实际性，即实在的实在性，乃是显现本身。

现象意识在它本身就是被衡量的东西和尺度。黑格尔对两者归于意识本身这回事情所作的说明的方式，看来犹如一种可疑的、纯粹字面的游戏，留给我们一种怀疑。意识包含着知识和在知识

中被意识的真理。无论我们把知识称为概念,把真理称为对象,还是反过来把真理称为概念,把知识称为对象,结果似乎都是同一的。实际的结果也是同一的。但因此之故,两者就绝不是相同的,我们如何使用概念和对象这两个名称,也绝不是无关痛痒的事情。如果我们把在自然的意识中表象出来的东西叫做对象,那么,这个对象就是"为它的"对象,也即为自然的意识的对象。但如果我们把知识称为对象,那么,作为现象知识的知识就是"为我们的"对
172 象,也即为我们——就其显现来考察显现者的我们——的对象。如果自然的意识借以表象出被意识者的那种知识被叫做概念,那么,概念性的把握就是把某物作为某物表象出来。这时,"概念"一词就是在传统逻辑意义上被理解的。相反地,如果我们把在意识中被表象出来的真理称为概念,而知识作为我们的对象是从这个概念上得到衡量的,那么,这个概念就是真理的真理性,是现象知识在其中得以达到其本身的那种显现。



对于对象和概念这两个名称的使用初看起来是任意的,实际则不然。在我们看来,这种使用自始就维系于意识的本性,也即黑格尔在第一个关于意识的命题中道出的意识的本性:"但是意识本身就是它自己的**概念**。"在意识把某物看作它的真理之处,它将把它的真理性的一个形态实现出来。真理乃是"为它的"对象。真理性乃是"为我们的"对象。由于意识本身就是它自己的概念,所以意识自身给它自己提供尺度。在显现者中显现出——不是"为它的",而是"为我们的"——显现者的显现。黑格尔在下面这句话中道出了这一点(对这句话,我们现在加了几处着重号,以便更清晰地理解它):"因此,被意识宣布为它自身以内的'自在'或'真理'

的那种东西，就是我们（而且是作为绝对认识者的我们）所具有的尺度，意识自己把这个尺度建立起来，用以衡量它的知识。”

既然我们可以从意识本身而来使用考查的尺度，所以在这方面，根本就无需我们的额外的行动了。不过，就我们本身是意识而言，我们能够使用的那个东西，借此还没有明确地成为可供我们使用的东西。如果陈述处在纯粹审视的准则控制中，那么，晦暗不明的事情恰恰是，我们如何能通过简单地丢开我们的观点来接受某个东西，并且就能具有尺度本身。我们承认，被衡量的知识和尺度
都归于意识之中，以至于我们在这里只需接受它们；但即便是这 173
样，倘若没有我们的额外的行动，衡量活动及其实行也是不可能发生的。难道陈述中的一切本质性因素归根到底不是依赖于我们自己的行为的吗？如果没有考查，则无论是被衡量的东西，还是尺度，都不能成其所是。那么，这种考查本身的情形又如何呢？

**【黑格尔】**

（十三）但是，就概念和对象、衡量的尺度和被衡量的东西都已现成存在于意识自身之内这一方面来看，不仅我们的任何额外的行动是多余的，而且我们也根本不需要去比较它们和认真地考查它们；因此，同样就这一方面来看，既然意识自身考查自己，那么我们还能做的也就只有单纯的袖手旁观了。因此意识一方面是关于对象的意识，另一方面又是关于它自己的意识；它是关于对它而言是真理的那种东西的意识，又是关于它对这种真理的知识的意识。既然两者都是为意识的，所以意识本身就是它们两者的比较；它的关于对象的知识之符合于这个对象与否，乃是对这同一个意识而

言的。诚然不错，对于意识来说，对象就只是像意识所认识它的那个样子，意识似乎不可能窥探到对象的不是为意识的那个本来面目或其自在的存在，因而也就不能根据对象来考查它的知识。但是，意识之一般地具有关于一个对象的知识这一事实，恰恰就已经表明是有区别的：一个环节是某种自在于意识之外的东西，而另一个环节是知识，或者说，是对象的为意识的存在。根据这个现成存在着的区别，就能进行比较考查。如果在这个比较中双方不相符合，那么意识就必须改变它的知识，以便使之符合于对象；但在知识的改变过程中，对象自身事实上也与之相应地发生变化；因为从本质上说现成存在着的知识本来是一种关于对象的知识：跟着知识的改变，对象也变成了另一个对象，因为它本质上是属于这个知识的。意识因而就发现，它从前以为是自在之物的那种东西实际上并不是自在的，或者说，它发现自在之物本来就仅只是对它（意识）而言的自在。当意识在它的对象上发现它的知识不符合于这个对象时，对象自身就保持不下去，换句话说，当尺度所考查的东西在考查中站立不住时，考查所使用的尺度自身也就改变；而考查不仅是对于知识的一种考查，而且也是对考查的尺度的一种考查。

**【海德格尔】**

第十三节通过表述和解说关于意识的第三个命题来回答上述问题。这第三个命题毫不起眼地隐藏在一个从句中。用主句的形式来讲，这个命题就是："意识自身考查自己。"这就是说：只要意识是意识，那么意识就是考查。意识一词乃是现代形而上学的基本词语；只有当我们在思考“意识”中的这一“存在”(-sein)之际一并思考了考查的特性，尤其是一种由知识的意识所决定的考查的特性，这时，我们才思考了意识这个基本词语。

在考查中，被衡量的东西和衡量的尺度这两者一道存在。因此，两者聚合在意识中，这绝不是把一方应用到另一方这样一种附加行为的结果。意识的本性乃在于两者的结合，这种本性已经在多方面显示出来了。自然的意识乃是关于被它视为真理的那个对象的直接知识。自然的意识同时也是一种关于它对对象的知识的知识，即使它并没有特别地回头专注于这种知识。关于对象的意识和关于知识的意识是同一东西；对这同一东西而言，对象和知识都是被认识的东西。对象和知识“乃是为这同一个意识的”。一方和另一方同时为同一东西即意识本身而存在。意识为它而言就是两者的相互区分。按其本性来看，意识就是把一方与另一方进行比较。这种比较就是考查。“意识自身考查自己”。

然而，真正说来，意识始终只是这种方式成为考查的，即：意识 174
只有在一种生成过程中才发觉，知识是否符合于对象从而成为真实的对象，对象是否符合于知识根本上认识的那个东西。只有当这样一种生成在意识中发生时，才有考查。当意识发现它直接看作真理的那个东西的实际真理性时，这样一种生成就攫住了意识；也就是说，当意识发现，一旦它在对象的对象性中表象对象，它便确定地认识到什么，这时，这样一种生成就在意识中发生了。相应地，对意识来说，无论是在对象背后，还是在意识对对象的直接表象背后，都还存在着某种东西——意识必须发现的某种东西，意识必须启程前往的某种东西。启程在此同时意味着：“对……开启自

身”和“动身上路去……”。

对第一个关于意识的命题的解说已经表明:自然的意识“只是知识的概念”。诚然,意识具有一个关于它的作为对象的对象的普遍观念,同样也具有一个关于它的作为知识的知识的普遍观念。但自然的意识并没有参与这个“作为”(als),因为它只是承认直接被表象出来的东西,尽管后者之被表象始终一味地借助于这个“作为”。由于自然的意识按照它自己的心智,并不关心这个“作为”,所以它以自己的固执,绝不自发地回到那个作为它的背景奇怪地面对着它的东西那里。这样看来,意识是比较但又不是比较。在其关于对象的表象中,意识按其本性就是在“自在的存在”与“为它的存在”之间的区分,在真理与知识之间的区分。意识不只是这种自身不是区分的区分,而毋宁说,意识与此一体地乃是对象与其对象性的比较,是知识与其被认识状态的比较。意识自身就是比较,但自然的意识却绝没有专门去实行这种比较。



175 在意识之本性中,知识和对象分裂开来,但绝不能相互分离。同样地,在意识之本性中,对象和概念在“作为”中分裂开来,但绝不能相互分离。在意识之本性中,这两者自身分裂开来,但绝不能相互分离。黑格尔区分出所有这一切,但又把所有这一切纳入一个普遍的区分中拉平了,从而没有让它们进入它们的本己之中——这种情况自有其隐蔽的原因,其原因在形而上学的本质中,而不在黑格尔哲学的形而上学基本立场中。从形而上学的隐蔽本质中也可以找到原因,说明那些差异被拉平之后的那个水平是由一方与另一方之间的差别来决定的,而这种差别在 ratio[理性]的区分中表现出来。黑格尔把这种区分把捉为否定之否定。

凭着应有的谨慎和必要的保留态度，我们可以着眼于黑格尔所设定的区分，来提出一个我们以前在其他地方已经指出过的差异。由于自然的意识径直面对作为一个存在者的对象，同样又径直面对作为某个存在者的它关于对象的知识，而且始终保持在那里，所以，自然的意识可以叫做存在状态上的意识。“存在状态上的”（ontisch）这个表述源出于希腊文的τὸ ὄν，即存在者，它意味着与存在者相关的东西。但希腊文的ὄν，即“存在者”，本身包含着存在状态（即οὐσία［在场］）的一个特有本质，这个本质在其历史过程中绝不是始终如一的。如果我们在思想中使用ὄν和“存在者”（Seiendes）这两个词语，那么，我们首先就假定了：我们思考，也即我们关注着，何以意义始终变化，意义总是怎样历史地确定下来。如果因为存在状态已经揭示自身为对象性，从而存在者作为对象显现出来，并且如果存在者相应地被称为非对象性的东西，那么，所有这一切就已经立足于存在学之上，这种存在学把ὄν［存在
者］规定为ὑποκείμενον［基体、基底］，把ὑποκείμενον［基体、基底］ 176
规定为subiectum［一般主体］，而又根据意识的主体性来规定subiectum［一般主体］的存在。由于ὄν既意味着“存在者”，又意味着“存在”，[①]所以，这个ὄν作为“存在者”就可能被聚集（λέγειν）到它的“存在”（Seiend）那里。实际上，按照它的两义性，ὄν作为存在者已经被聚集到存在状态中了。它是存在学上的。但凭着ὄν的本质并且根据ὄν的本质，这种聚集，即λόγος［逻各斯］，总是不断

① 海德格尔认为希腊文ὄν有“存在者”（Seiendes）和分词“存在”（Seiend）的双重意义。——译注

变化的；而随着这个λόγος［逻各斯］，存在学也总是不断变化的。自从ὄν即在场者作为φύσις［自然］涌现出来，希腊思想家就认为在场者的在场植根于φαίνεσθαι［显现］中，即植根于无蔽领域的自行显示着的显现中。相应地，在场者的多样性，即τὰ ὄντα［诸存在者］，被思考为那种东西，它在其在场中简单地被接受为在场者。接受（Annehmen）在这里意味着：不加考虑地承认，满足于在场者。接受（δέχεσθαι）更无别的。因为，这种接受没有进一步去思在场者之在场。它始终停留于δόξα［意见］中。与此相反，νοεῖν［思想］则是那种觉知（Vernehmen），它专门觉知在其在场中的在场者，并且先行探入其中。①



两义性的ὄν既指在场者，也指在场。它同时指这两者，而绝非指其中之一。与ὄν的这种根本的两义性相应，对δοκοῦντα［假象］的δόξα［意见］，也即对ἐόντα［在场者］的意见，与εἶναι［存在、是］之νοεῖν［思想、觉知］，也即ἐόν［存在］之思想，是一体地联系着的。νοεῖν［思想］所觉知的东西，并不是有别于单纯假象的真实存在者。而毋宁说，δόξα［意见］直接觉知在场者本身，但并不觉知νοεῖν［思想］所觉知的在场者之在场。

如果我们根据ὄν的自行遮蔽着的两义性，在在场者与在场的双重性中来思考形而上学的本质（这种思考在今后是必然要做的），那么，形而上学的开端便与西方思想的开端是同时发生的。
177 相反地，如果我们把形而上学的本质看作一个超感性世界与一个

① 希腊思想中的νοεῖν一般译为“思想”，海德格尔往往以德文的vernehmen（觉知）译之、释之。它不是一种主体的对象性行为，而是一种归属性的应合、期待。——译注

感性世界之间的分离，并且把超感性世界看作真实存在者，而把感性世界视为仅仅是假象的存在者，那么，形而上学就是以苏格拉底和柏拉图为发端的。然而，随他们的思想而发端的，只不过是对那种早先的在ὄν中的双重性所作的特殊方向上的阐释。形而上学的非本质（Unwesen）即始于这种阐释。此后直到今天，人们从这种非本质而来，曲解了形而上学的真正的本质开端。不过，如果我们考虑到，即便在形而上学的本质开端中，那种在ὄν之两义性中起支配作用的差异始终还是未曾思的，而且正是这种“始终未曾思”构成了形而上学的本质，那么，我们这里所思的非本质就不是什么否定性的东西。与这种未曾思相应，ὄν的λόγος［逻各斯］也始终是未获根据的。但正是这种未获根据的东西给予存在—学（Onto-Logie）以其本质的强力。

在存在学这个名称背后，存在之历史对我们遮蔽着自身。“存在学的”（ontologisch）意味着：完成那种聚集，即把存在者聚集到其存在状态中。那种本质，它由于向来按照存在者之无蔽状态而忍受着存在之历史，从而就其本性而言处于这种历史中——这种本质是存在学的。因此，我们就可以说：意识在其对存在者的直接表象中乃是存在状态上的意识。对它来说，存在者乃是对象。但对对象的表象把对象作为对象表象出来，尽管这回事情还没有为思想所把捉。表象已经把对象聚集到它的对象性之中，因而就是存在学上的意识。然而，由于它并没有思考对象性本身（尽管它已经把这种对象性表象出来了），所以，自然的意识乃是存在学上的，而又还不是存在学上的。我们说，存在状态上的意识乃是前存在学的。作为这样一种意识，自然的、存在状态上暨前存在学上的

(ontisch-vorontologisch)意识潜在地是存在状态上的真理与存在学上的真理性之间的区分。因为有意识(Bewußt-sein)意味着:这种区分**存在**(sein),所以,意识根据其本性乃是对存在状态上和存
178 在学上被表象之物的比较。作为比较,意识便在考查中。意识的表象在其本身就是一种自然的自我检验。

因此,意识自身之成为自然的意识,绝不仅仅是这样,即,意识始终可以说隔绝于它的在真理性中的对象和它的在确定性中的知识。自然的意识植根于它自己的本性。它以其本性的方式之一存在。但它自身并不是它的本性。毋宁说,意识绝不能靠自己获得本性,从而获得那种不断地在它背后发生的东西,这乃是意识的本性所决定的。但作为自然的前存在学上的意识,意识已经走上了通向其真理性的道路。不过,在这条道路上,意识也就不断地返回来,并且始终是为它的。通常的意见并不想审视,看看真正地在它视为真理的东西背后隐藏着、并且自行隐匿的东西是什么。它拒绝这种审视——而怀疑正是作为这种审视去查看事实上作为真理性而在真实之物背后的东西是什么。也许有朝一日,怀疑能够看到,对哲学观点来说始终在后面的东西实际上是在前面的。自然的意识绝不可能达到它的真理性的背后,因为那是它的背景;它的真理性自身事实上乃是那种光亮的前景——在这种光亮范围之内,已经有作为一种"已经看到"的任何知识和意识的方式了。

不过,哲学本身不时抗拒着怀疑。它更愿偏袒自然的意识的常规意见。尽管它承认,对象之为对象必定具有对象性。但对象性对它来说只不过是非对象的东西而已。哲学偏袒常规意见,并试图对它作出保证,让它相信它是正当的;因为哲学认为,这种非

对象的东西只能在常规意识的表象中被表象出来，而这种表象因
此是不充分的，只是一种单纯的符号游戏；这些保证容易为自然的
意识所接受，甚至使自然的意识获得了一种印象，让它感觉这些保 179
证就是批判的哲学，因为它们对存在学采取了怀疑的态度。但这
种怀疑只不过是怀疑的假象，因此是为躲避思想而向意见系统的
逃遁。

相反地，如果怀疑是作为彻底的怀疑主义来实现的，那么，思想在形而上学范围内就展开为由存在学上的意识专门完成的对存在状态上的意识与前存在学上的意识的比较。存在学上的意识并不是与自然的意识相分离的，而是回到作为存在状态上的表象和前存在学上的表象的原始统一的意识的本性之中。如果这种比较一旦发生，那么就有考查在进行之中。在这种比较的发生中，意识就在显现中向自己显现出来。它是自我在场的。它存在着。意识通过在其真理中自我生成而存在。

这种生成通过考查的展开而存在；而考查即是一种比较。考查根本上只可能通过先行于自己来展开。怀疑先于自身看见，并且自行预见。怀疑预见到知识及其对象在它们的真理性中是什么。第六节已经指出，自然的意识在考查的道路上丧失了它的真理性。如果它的被假定的真理是就真理性而被审视的，那么显而易见，知识并不符合于它的对象，因为它并不想对对象的对象性作出反应。为了与对象的真理性相适应，意识必须改变以往的知识。而就在它改变它关于对象的知识的同时，对象也已经改变了自己。

这里，对象性就是对象了；而现在所谓对象，不再能根据先前关于对象的意见来确定了。但即便对象性只是根据先前的对象，

同时只是消极地，并且总是越来越消极地被假装为非对象的东西，
180 这时候，那种先前关于对象的意见也还推动着它的知识。哲学致力于成为对常规意见的漫不经心的无能的大肆颂扬。

在预见到现象知识之显现的考查性比较中，不仅是关于对象的自然知识（作为被假想为惟一的和真正的真实知识）经不起考查，而且对象本身也失去了它作为考查之尺度的地位。在构成意识自身之本性的考查中，无论是被考查的东西还是尺度，都没有经受住考查。两者在那个本身在考查过程中出现的东西面前没有经受住考查。

**【黑格尔】**

（十四）意识对它自身——既对它的知识又对它的对象——所实行的这种辩证的运动，就其潜意识产生出新的真实对象这一点而言，恰恰就是人们称之为经验的那种东西。在这里我们应该把刚才谈到的那个运动过程中的一个环节更加明确地指出，以便我们能以一道新的光线照明下面的陈述的科学方面。意识知道某种东西，这个东西、这个对象是本质或自在；但它也是为意识的自在；因此，在这种真理上就出现了双重意义。我们看到，意识现在有了两种对象，一种对象是第一个自在，另一种是这个自在的为意识的存在。后者初看起来好像只是意识对其自身的反映，不是一种关于对象的表象，而是一种关于意识对前一种对象的知识的表象。但是如同我们前面所指出的那样，前一种对象在运动中改变了自己；它不复是自在，它已被意识到它是一种只为意识的自在；而这样一来，这个自在的为意识的存在就是真实的东西，但这又等于

说，这个自在的为意识的存在就是**本质**，或者说，就是意识的**对象**。这个新的对象包含着对第一种对象的否定；新对象乃是关于第一种对象的经验。

**【海德格尔】**

第十四节开头一句说：“意识对它自身——既对它的知识又对它的对象——所实行的这种**辩证的**运动，**就其潜意识产生出新的真实对象这一点而言**，恰恰就是人们称之为**经验**的那种东西。”这里，黑格尔以“经验”一词所指为何呢？他指的是存在者之存在。存在者此间已成了主体，并由此成了客体和客观的东西。存在自古以来就意味着：在场。意识——即根据被认识状态而存在的东西——在其中在场的方式乃是显现。作为其所是的存在者，意识乃是现象知识。以“经验”这个名称，黑格尔指的是显现者本身，即ὂν ᾗ ὄν［存在者作为存在者］。在“经验”一词中所思的是这个ᾗ［作为］。根据这个ᾗ［作为］（拉丁文的qua，德文的als），在其存在状态中的存在者得到了思考。“经验”现在不再是表示一种认识方式的名称。就存在根据存在者而被领会为这样一个存在者而言，“经验”现在是存在之词语（das Wort des Seins）。“经验”指的是主体的主体性。“经验”表示在“有意识”（Bewußt-sein）一词中的“存在”（-sein）的意思——而且是这样，即，只有根据这个“存在”，“意识”（Bewußt-）一词中有待思的东西才变得清晰起来，才会成为有约束力的。

“经验”这个奇怪的词语作为表示存在者之存在的名称进入我们的思考中，这乃是因为：已经到时候了。诚然，这个词的用法完 181

全脱离了通常的语言用法，也完全脱离了哲学的语言用法。但它是作为黑格尔的思想所坚持的事情本身的成果而发生的。这种语言用法本质上不同于单纯的谈论方式；对这种用法的合法性辩护就在于黑格尔在前面几节中着眼于意识的本性而洞见到的东西中。关于意识的三个命题勾勒出意识之本性的基本结构：

> 但是意识本身就是它自己的概念。
> 意识自身给它自己提供尺度。
> 意识自身考查自己。

第二个命题从下述角度来阐明第一个命题：它表明，意识得以把握在其真理性中的自身的“它自己的概念”，乃是这种自我把握的过程的尺度，而这个尺度与被衡量的东西一起，归于意识之中。第三个命题指示出被衡量的东西与尺度的原始统一性，而意识就是作为这个原始统一性成其本质的，因为它自身就是考查性的比较，从这种比较而来，两者才与显现者的显现一道显露出来。显现的本质乃是经验。“经验”这个词现在已然具有那种含义，即它在对意识之本性的说明中已经包含着的那种含义。

但通过前面的考察，凭着这三个关于意识的命题，已经得出了某种东西，这种东西必须总是已经得到了命名，因为从其自身的方式来看，它是不可回避的。黑格尔本人直到在其中出现了“经验”这个关键词语的那一节才道出了这个东西。所有这三个命题的动词都是有歧义的：第一个命题中的“是”，第二个命题中的“提供”以及第三个命题中的“考查”。

意识本身是它自己的概念，同时又不是它自己的概念。意识以下述方式是它自己的概念，即：概念在意识中生成，而意识在概念中找到自己。

意识自身给它自己提供尺度，同时又没有给它提供尺度。意 182
识提供尺度，是因为意识之真理性来自意识自身，而意识自身作为绝对确定性达到其显现。意识又没有提供尺度，因为意识总是一再扣留着尺度，从而可以说把尺度隐瞒起来——这个尺度，作为始终非真实的对象，是承受不了什么的。

意识自身考查自己，但又没有考查自己。意识考查自己，因为意识根本上乃是根据那种对对象性和对象的比较才成其所是的。意识又没有考查自己，因为自然的意识固执于它的意见，未经考查地把它的真理冒充为绝对真理。

以这种两义性，意识泄露出它的本质的基本特征：它已经是某种东西，同时又还不是某种东西。意识意义上的存在意味着：居留于“已经”的“尚未”中，而且，这种“已经”就在“尚未”中在场。在场自身就是一种入于“已经”的自我指引。它动身走上通向这个“已经”的道路。它自身为自己构成道路。意识的存在就在于它自行运动，它为自己开辟道路。存在，被黑格尔思考为经验的存在，具有运动的基本特征。黑格尔在这一节的开头就道出了经验的本质，他说：“……**辩证的**运动……”恰恰就是人们称之为经验的那种东西，而且在此是根据现象知识的科学所陈述的东西来理解的。倘若我们认为，黑格尔仅仅是把陈述标识为一种经验，以强调陈述必须遵循现象，并避免沦于空洞的构造，那么，我们这种看法或许是对原文最糟糕的曲解了。这里要思考的经验并不属于陈述，并

不是陈述之特性的一个标志，相反地，倒是陈述归属于经验之本质。经验乃是显现者本身的显现。对显现的陈述是显现的一部
183 分，属于显现，因为显现乃是意识在其中实现其实在性的运动。

黑格尔以着重号把这种运动称为“辩证的”。无论是在前面的段落中，还是在下面的段落中，他都没有对这个仅仅在这里使用的术语作出解释。因此，我们试图根据前面关于意识之本性的思考所得出的结论来理解这种辩证的东西。人们或许也可以根据正题、反题和合题的统一，或者根据否定之否定，来说明这种辩证的东西。不过，任何方式的论题都在意识中有其本质，就连否定性——根据否定被理解的否定性——也植根于意识之中。但意识的本质被认为只有通过它的本性的展开才能得到规定。同样地，辩证法是否仅仅是认识的方法，或者辩证法是不是作为某种实在的客观实在本身的一个特性——这个问题，我们且撇开不究。只要实在之实在性存在，这种实在性如何植根于意识之存在中，以及这种存在的情形如何等问题还没有得到确定的解决，则上面的问题就还是一个假问题。关于辩证法的探讨犹如人们根据静止的污水来解释喷涌的源泉。也许，通向源泉的道路还远着呢。但我们必须做出努力，借黑格尔的帮助，指出这条道路的方向。

意识作为意识乃是它自己的运动，因为意识乃是存在状态上暨前存在学上的知识与存在学上的知识之间的比较。前一种知识需要后一种知识。后一种知识向前一种知识提出要求，要求成为前一种知识的真理性。在一方与另一方之间（δια），有这些要求的话语，有一种λέγειν［言说、放置、聚集］。在这种对话中，意识向自己说出它的真理性。这种διαλέγειν［对话］乃是一种διαλέγεσθαι

[自行聚集]。[①] 但这种对话并不滞留于意识的某一种形态中。作
为对话,它穿越(δια)意识之形态的整个领域。在这种穿越中,它 184
把自身聚集到它的本质的真理性中。这种普遍的聚集即διαλέγειν
[对话]乃是一种自行聚集(即διαλέγεσθαι)。

意识是作为自然的知识与实在的知识之间的对话[②]的意识,这种对话贯穿意识的所有形态而完成对意识之本质的聚集。就意识之形成既作为自行聚集着的对话又作为自行表达着的聚集发生出来而言,意识的运动是辩证的。

惟有根据存在状态上暨存在学上的意识的辩证特性,我们才能取得意识之表象的论题特性。因此,把辩证法描述为正题、反题与合题的统一体,这始终是正确的,但也始终只是一种派生出来的描述。对于把辩证法解释为无限的否定性的做法,情形亦然。这种无限的否定性的基础乃是意识的对话形态向绝对概念的普遍的自行聚集;而作为绝对概念的意识就在其完成了的真理性中存在。论题—肯定特性和否定着的否定是以原始辩证的意识之显现为前提的,但绝不构成意识之本性的成分。我们既不能在逻辑上根据表象的肯定和否定来解释辩证法,也不能在存在状态上把它确定为实在的意识范围内的一种特殊的活动和运动方式。辩证法作为一种显现方式归属于存在,而存在作为存在者的存在状态从在场中展开出来。黑格尔不是辩证地把握经验,而是根据经验的本质来思考辩证法。经验乃是那个作为主体的根据主体性而得到规定

① 希腊文διαλέγεσθαι是διαλέγειν的动态或被动态形式。——译注

② 1950年第一版:在何种意义上这也适合于"逻辑学"?何者之间的对话?——作者边注

的存在者的存在状态。

185 经验的决定性的本质环节在于:意识在经验中获得新的真实对象。这里重要的是作为真理性之发生的新对象的发生,而不在于一个对象被看作某种与认识相对的东西了。实际上,我们现在不再能够把对象思考为与表象相对立的东西,而是要把它思考为那种东西,它与旧的对象(还不是真实的对象)相对立而作为意识的真理性产生出来。经验乃是意识——就意识存在而言——驶向其概念的方式;而意识作为它的概念才实际地存在。这种行驶着的伸展在显现着的真理中通达真理性之显现。在通达真理性之际,它也就达到显现本身的自我显现。经验中的"行驶"具有"拉、牵引、移动"的原始含义。[①] 木匠在建造房屋时沿着木梁在某个方向上移动。行驶是一种"伸向……",比如一个人迁移到另一个的视野中。行驶是一种"护送着达到……",比如牧人外出放牧,护送牧群上山。所以,经验乃是伸展着和通达着的达到。经验乃是一种在场方式,也即一种存在方式。通过经验,显现着的意识本身入于其本己的在场寓于自身而在场。经验把意识聚集于它的本质的聚集之中。

经验乃是在自我表象中成其本质的在场者的在场状态的方式。一向在意识之形成史中对意识而言产生出来的新对象,并不是某种真实之物和存在者,而是真实之物的真理性,是存在者之存在,是显现者之显现,是经验。根据第十四节末尾一句话来看,新

① 德文"经验"(das Erfahren)的词根为"行驶"(das Fahren),在海德格尔看来具有"拉、牵引、移动"(das Ziehen)之义。——译注

的对象无非就是经验本身。

在其 esse[存在]中的 ens[存在者]的 essentia[本质]乃是在场(Präsenz)。而在场乃以呈现(Präsentation)方式成其本质。但 186
由于 ens[存在者],即 subiectum[一般主体],此间已经成了 res cogitans[思维体],所以,这种呈现在自身中同时又是表象着的,也即是再现(Repräsentation)。黑格尔在“经验”一词中所思考的东西首先说明 res cogitans[思维体]作为 subiectum co-agitans[心灵主体]是什么。经验是绝对主体的呈现;这个绝对主体乃在再现中成其本质并因而自我完成。经验乃是绝对主体的主体性。作为绝对再现的呈现,经验是绝对者的在场(Parusie)。经验是绝对之绝对性,是绝对在彻底的自行显现中的显现。一切都取决于我们把这里所谓的经验思考为意识的存在。但存在意味着在场。在场公布自身为显现。显现眼下乃是知识的显现。经验作为存在成其本质;在这种存在中,蕴含着作为显现之特性的表象(呈现意义上的表象)。即使是在经验知识的通常意义上使用“经验”一词时,黑格尔首先关心的也是在场因素。这时,他把经验理解为“对当前事物本身的注意”(参看《精神现象学》序言,霍夫麦斯特版,第 14 页)。相当谨慎地,黑格尔绝不只是说,经验乃是对当前事物的注意,而是说,经验是对在其在场中的当前事物的注意。

经验关涉在其在场中的在场者。但意识通过考查自己而存在,就此而言,意识驶向它的在场,以便通过这种在场。现象知识的显现必然在其在场中再现自己,也即陈述自己。陈述属于经验,并且归属于经验之本质。陈述不只是经验的可有可无的配对物。因此,只有当我们揭示出现象知识的陈述以何种方式归属于显现

187 本身，这时候，我们才能把在其完全的本质中的经验思考为绝对主体意义上的存在者之存在状态。倒数第二节（即第十五节）就是要完成最后一个步骤，以进入作为绝对之此在（Dasein）的经验的本质中。

**【黑格尔】**

（十五）在我们对经验过程的这个陈述里，有一个环节似乎使这里所说的经验与通常所理解的经验不尽一致。在这里，从第一种对象以及从这种对象的知识发展到另一种对象，即，发展到人们称之为经验的那种对象，其间的过渡被说成为：对第一种对象的知识，即，第一种自在的为意识的存在，本身变成了第二种对象。与此相反，通常所理解的情况则好像我们是从一种另外的对象上经验到我们的第一种对象的非真实性的，而这另外的一种对象，是我们偶然地从外面找到的对象；因而归根到底我们所有的对象，只是那种对自在而自为的东西的单纯的把握。但按照上述的那种看法，新对象的出现显然是通过一种意识本身的转化而变成的。像这样地来考察事物，乃是我们的额外做法，通过这种考察，意识所经历的经验系列，就变成一个科学的发展进程；只是，这种考察并不考察我们正在考察着的那种意识。但我们在这里的情况，也就跟我们在前面讨论这种陈述与怀疑主义的关系时所说的是同一个情况，即是说，从一个不真实的知识里产生出来的任何一次结果，都不会变成一个空无所有，而必然地要被理解为对产生结果的那个东西的否定；每一次的结果，都包含着以前的知识里所包含着的真理。这种情况在这里表现成这样：由于当初作为对象而出现于

意识之前的东西归结为关于这个对象的一种知识，并且由于自在变成了自在的一种为意识的存在，变成了一种新的对象，因而也就出现了一种新的、具有不同于以前的本质的意识形态。这种情况，就使意识形态的整个系列按照它们的必然性向前发展。不过，这种必然性，或者说，新对象的出现——新对象在意识的不知不觉中出现于意识面前——在我们看起来，仿佛是一种暗示发生于意识背后的东西。因此，在意识的运动过程里就出现了一种环节，即自在的存在或为我们的存在，这种存在是为我们的（我们研究意识过程的人，知道它出现），而不是为意识的（意识并不知道它的出现），因为意识正在聚精会神地忙于经验自身。然而这种为我们出现的存在，它的内容却是为意识的，我们只另外把握了它的形式，亦即它的纯粹的出现；所以就它是为意识的而言，这种新出现或新发生的东西只是一种对象，而就它是为我们的而言，它就同时又是一种形成运动。

由于这种必然性，这条达到科学的道路本身已经就是科学了，而且就其内容来说，乃是关于意识的经验的科学。

**【海德格尔】**

第十五节开头讨论的是自然的意识所具有的关于人们所谓的经验的观念。这个观念是与黑格尔所思考的经验背道而驰的。这意味着：在形而上学上被思考的经验对自然的意识来说始终是难以达到的。它乃是存在者的存在状态，因此，我们无论在哪里都不能把它当作存在者范围内的一个存在着的物件而把它发现出来。如果我们要从某个对象那里，譬如在我们使用的某个工具那里，取得令人满意的经验，那么，我们就要在我们所经验的对象被应用于其上的那个对象上取得这种经验。如果我们要在某个人身上取得简单的经验，那么，我们就要在某些特定的时机，在这个人得以证明自己的情形和关系中来取得经验。我们就某个对象所取得的经验并不关涉这个对象本身，而是关涉到另一个我们所提供的对象，我们参与其中的对象。在通常的经验（即 experiri）中，人们是根据由其他对象设定起来的条件来看要考查的对象的。这些其他对象给出了我们要考查的对象的条件。如果我们不得不改变我们以往所具有的关于要考查的对象的观念，那么，我们就从新提供出来的那些对象中分得了这种改变所带来的新东西。旧对象的非真理性显示在新对象上面，而后者是我们要直接表象的，以便同样地在表象之际把它置入与那个我们想对之有所经验的已经熟悉了的对象的比较关系之中。而在意识本身藉以存在的那种经验中，情形恰恰相反。



如果我们表象一个对象的对象性，一个真实之物的真理性，那
188 么我们就取得了有关旧对象的经验，而且，这样一来，恰恰在旧对象那里，产生了新的对象，即对象性。在旧对象那里，并且由之而来，新对象升起并进入其状态之中。因此，要紧的事情是，不仅要坚持不向另一个直接现成的对象逃遁，而且首先要专门去探究旧对象。自然的意识把它所表象的东西和它的表象直接表象为存在者，而不去注意它同时已经表象出来的存在。所以，如果自然的意识要去关注存在者之存在，那么，它不仅必须保持在存在者那里，而且必须返回到在它对存在者的表象中已经处于被表象状态的东西那里，由此来探究存在者。就显现者的显现显露出来而言，意识

已经以某种方式扬弃了通常的表象，并且从显现者返回到显现那里了。

在显现的自行显现中起支配作用的是“意识本身的转化”。转化乃是意识的经验的基本特征。实际上，它乃是“我们的额外做法”。在意识的这种转化中自行陈述出来的东西，并不是“为意识”的，也即并不是为自然的意识的。在这种转化中自行陈述出来的东西，并不是“为它”的，即并不是为“我们所考察的”意识的，而是“为我们”的，是为我们所考察的“我们”的。这个“我们”是谁呢？

这里的“我们”就是那些人，他们虽然在自然的意识的转化中让这种意识保留在其意见中，但同时又特别地观看着显现者的显现。这种特别地专注于显现的观看，乃是怀疑藉以实行的那种审视；这种怀疑预见了绝对之绝对性，并且先行对这种绝对性有了准备。在彻底的怀疑主义中显露出来的东西“为我们”而显示自身，亦即为那些在思考存在者之存在状态之际已经具备存在的人们而显示自身。在怀疑中起支配作用的意识的转化乃是一个配备过程，意识正是通过这个过程而对显现有了准备。诚然，向如此这般被配备者显示自身的东西，就其内容而言，是归属于意识本身的，189
并且是“为它”的。但显现者显示自身的方式——亦即作为显现——乃是显现者的外观，即它的εἶδος[爱多斯、外观]，后者形成一切显现者，把一切显现者置入景观之中并赋以形象，那就是μορφή[形式]，即forma。黑格尔称之为“形式”。这个形式绝不是“为它”的，不是为自然的、直接表象着的意识的。就这个形式为意识而存在而言，它对意识来说始终仅仅作为对象而存在，而绝不是对象性。形式，即存在者之存在状态，是“为我们”的，这个“我们”在

转化中并不直接观看显现者，而是观看显现者之显现。意识的转化乃是一种表象的转化；它并不从直接的表象拐向偏门旁道上去，而毋宁说，它是在自然意识的范围内去关注那种东西，这种东西使得直接的表象能够把某物当作在场者来加以知觉。

在意识的转化中，我们关心的是任何一种自然意识都不能发现的东西。我们观看的是“发生于意识背后的东西”。这也包含了转化。通过转化，显现者之显现得以进入陈述之中。惟有这种转化才把经验翻转并设置入陈述中。通过这种转化，意识的经验便“提升到科学的发展进程”中。陈述把存在者之存在表象出来。它乃是关于ὄν ᾗ ὄν[存在者作为存在者]的科学。我们在转化中转向对显现者本身的审视；这种转化把我们的观看带入科学的发展进程中。针对存在者之存在的怀疑把存在者置回到它本身，以致存在者作为存在者在“作为”(als)中显示自身。这种转化特别地使这个ᾗ[作为]在与ὄν[存在者]的关联中发生出来。这样，经验的决定性因素——意识自身通过这种经验而在其显现中自行显现——就在这种转化中。但这种转化却是“我们的额外做法”。

190 然而，在前面几节中(特别如在第十二节中)，黑格尔不是已经花了全部的思考，想要表明，在现象知识的陈述中我们恰恰必须撇开我们的观念和思想，才得以保持“纯粹的审视”吗？在第十三节中，黑格尔不是明确地说，意识自身考查自己，因此“我们的额外做法”是多余的吗？通过撇开一切额外做法，我们得以达到这样一点，即，显现者从自身而来在其显现中显示自身。但这种撇开不会自行发生。如果连放手不干也是行为，那么，这种撇开也是一种行为了。这种行为必然是一种额外的做法。因为，只有当彻底的怀疑主义的怀疑预见到存在者之存在时，存在者才能自由地从自身而来显现出来，并且让它的显现闪耀出来。意识之转化的额外做法乃是让显现者本身显现出来。这种额外做法并不是把与经验格格不入的东西强加给经验。毋宁说，它只是特别地从经验本身中产生出包含在作为意识之存在的经验中的东西；而这种意识，根据第一个关于意识的命题来看，自身就是它自己的概念。所以，这种额外做法甚至也绝不能消除那种对陈述来说必需的纯粹的审视。在这种额外做法中，并且通过这种额外做法，纯粹的审视倒是开始了。因此，这种审视保持在额外做法中。

在前一节中，黑格尔说，经验乃是意识本身对它自身所实行的运动。这种实行乃是那种力量的运作——绝对之意志作为这种力量而意求绝对在其绝对性中寓于我们在场。绝对作为意志而存在；这种意志以经验方式运作。经验乃是伸展着和通达着的到达——显现就是作为这种到达而自行显现的。作为这种到达（在场），经验标示着意志之本质，这种本质与经验的本质一道，自行遮蔽于存在之本质中。我们这里所思考的经验既不是一种认识方式，也不是通常所见的意欲方式。绝对之意志作为经验而运作，寓 191
于我们而存在，也即作为显现者而为我们显现出来。显现者在其显现中为我们陈述出自己，因为我们对转化是有额外的贡献的。这种额外做法因此意求绝对之意志。这种额外做法本身乃是绝对之绝对性所意愿的东西。意识的转化并没有把我们这边的什么自私自利的东西强加给绝对。它把我们置回到我们的本质中，这种本质在于：在绝对之在场（Parusie）中在场（anwesen）。这对我们来说意味着：把在场陈述出来。经验之陈述根据经验之本质而有

所意愿，意愿成为经验的一部分。额外做法揭示出我们在审视中亲近于绝对之绝对性的情况。

经验乃是存在者之存在。存在者此间已经显现在意识之特性中，并且作为显现者**存在**于呈现中。但如果经验之本质包含着陈述，如果陈述以转化为基础，如果作为我们的额外做法的转化乃是对我们的与绝对之绝对性的本质关系的实行，**那么，我们的本质本身就归属于绝对之在场**。转化乃是深入绝对性的怀疑。它转化一切在其显现中的显现者。由于预先具备了显现，它超过一切显现者本身，包含一切显现者，并且开启出显现在自身中自行显现出来的那个场所的范围。在这个场所中，并且贯穿这个场所，陈述展开其行程，它不断地以怀疑方式先行于自己。在转化中，陈述在自身面前具有绝对之绝对性，从而在自身那里具有绝对。转化开启并界定了意识之形成史的场所。如此这般，转化便保证着意识经验的完整性和发展进程。意识之运动是由于意识先行于自身，在先行于自身之际返回到自身那里，在返回之际又展开为意识之在场，
192 并且作为在场而成为**持续**的。意识的彻底的、持续的在场状态乃是绝对之存在。通过转化，现象知识便在其显现中并且仅仅在这种显现中显示自身。显现者外化而进入其显现。通过这种外化，意识便出离而进入其存在之极致。但意识既没有因此而离开自身和它的本质，绝对也并没有由于这种外化而落入其空虚的软弱之中。而毋宁说，这种外化是显现之丰富性的保持，所凭靠的是意志的力量，而绝对之在场就是作为这种意志而运作的。绝对之外化乃是它的进入其绝对性的显现过程中的回忆。外化根本不是那种进入抽象的异化，相反地，恰恰是通过外化，显现才在显现者本身

中成为游刃有余的。

无疑，一个完全不同的问题是，是否和在何种程度上，主体性是存在之本质的特有命运——在其中，存在之无蔽状态（而不是存在者之真理）自行**隐匿**，从而规定着一个特有的时代。在主体性范围内，每个存在者本身都成了对象。一切存在者都是根据这种持存化并且在这种持存化中成为存在者的。如果说，在技术的本质建基于其中的这个主体性时代里，自然被当作存在而与意识对立起来，那么，这种自然就只是那种存在者，就是作为现代的技术对象化过程之对象的存在者——这种对象化过程毫无差异地向事物和人类的持存发起进攻。

惟有意识之转化首先特别地开启出那个区间（δια），在此区间范围内，自然的意识与绝对的知识之间的对话才达到它自己的语言。同时，作为针对绝对之绝对性的怀疑，这种转化也开启出那个完整的领域，贯穿（δια）这个领域，意识才把它的历史聚集到完成了的真理性之中，并且以此方式形成它自己。意识之转化揭示着双重的λέγεσθαι［言说］中的双重的“之间”（δια）。首先并且一般 193
地，这种转化形成了那种运动的辩证法的本质空间，而经验就是作为这种辩证的运动，展开自身而成为意识的存在。

意识之转化乃是怀疑之观看的实行；怀疑观看着，因为它已经具备了绝对性，从而通过绝对性而拥有了绝对性。怀疑的“已经看到”（vidi）是有关绝对性的知识。意识的转化乃是那种展开为现象知识之陈述的知识的本质中心。于是，陈述就是意识本身向着显现中的自行显现发展的过程。它是“走向科学的道路”。作为如此这般被理解的走向科学的道路，陈述本身就是科学；因为陈述在其中展开自身的这条道路乃是经验意义上的运动。在经验中并且作为这种经验而运作着的力量，乃是在其在场（Parusie）中意求自身的绝对之意志。在这种意志中包含着那条道路的必然性。

黑格尔把他在第十四节和第十五节中关于经验的本质所得出的思考结果概括为一个句子。他把这个句子与前一段文字分开来，构成单独的一句。这个句子于是便立即把前面的所有段落都汇集到一个决定性的思想中。这个句子如下：

> 由于这种必然性，这条达到科学的道路本身已经就是**科学**了，而且就其内容来说，乃是关于**意识的经验**的科学。

如果我们把这个句子中带着重号的词语放在一起，它们就构成了黑格尔起先给《精神现象学》所加的标题，即："意识经验的科学"。从字面上看，前面各节就是展开对这个标题的阐释。经验是
194 现象知识本身的显现。意识经验的科学把显现者作为显现者陈述出来。这个显现者乃是ὄν[存在者]，即意识意义上的存在者。陈述的怀疑θεωρεῖ τὸ ὂν ᾗ ὂν καὶ τὰ τούτῳ ὑπὰρχοντα καθ’ αὑτό，"观照（在显现中的）在场者作为（如此）在场者，并因而（观照）在后者（在其显现中的显现者）那里凭本性就已经居支配地位的东西"。①

陈述自己为那种意志的力量做好了准备；作为这种意志，绝对意求着它的在场状态（Parusie）。亚里士多德把他所描绘的对存

① 亚里士多德：《形而上学》第4卷，第1章，1003a21。——译注

在者作为存在者的观照称为ἐπιστήμη τις[某种知识]，就是我们的观看和知觉寓于在场者本身而持留的一种方式。作为寓于持续在场者的持留的方式，ἐπιστήμη[知识]本身就是人类寓于无蔽的在场者而在场的一种方式。如果我们用“科学”来翻译ἐπιστήμη一词，并且随心所欲地认为这个词的意思就是我们一般地在“科学”这个名称下所了解的东西，那么，我们就把自己逼入歧途了。而如果我们在这里用“科学”来译这个ἐπιστήμη，那么，要使这种阐释成为合理的，我们就必须把知识理解为“已经看到”，并且根据那种“看”来思考“已经看到”——这种“看”面对在场者本身的外观，并且注视着在场状态本身。从如此这般得到思考的知识来看，绝非偶然地，亚里士多德的ἐπιστήμη τις[某种知识]就与黑格尔所谓的“科学”有着本质的关联，尽管这门科学的知识随着在场者之在场的变化而发生了变化。如果我们仅仅在这一意义上来理解“科学”这个名称，那么，人们通常所谓的诸门科学便是等而次之的科学了。诸门科学根本上就是哲学，但它们之为哲学，乃是由于它们离弃了它们自己的基础，并且以自己的方式把自己建立在哲学已经为它们开启出来的领域之中。这个领域就是τέχνη[技艺]之领域。

亚里士多德把他所描绘的科学，即考察作为存在者的存在者 195
的科学，称为第一哲学。但第一哲学不仅仅要考察在其存在状态中的存在者，而且也考察那种完全与存在状态相符合的存在者，即最高存在者。这个最高存在者，τὸ θεῖον，即神性者，也在一种十分奇怪的歧义性中被称为“存在”。第一哲学作为存在学，也是关于真实存在者的神学。更确切地，也许应该把它称为有神论(Theiologie)。关于存在者之为存在者的科学，本身就是存在—

神学的(onto-theologisch)。[①]

与此相应，黑格尔没有把现象知识的陈述称为意识经验的科学，而是把它称为“科学”。它只是科学“的”一部分。因此，在“意识经验的科学”这个名称之上，还明确地有“第一部分”的字样。意识经验的科学本就指示着科学的另一部分。这另一部分并不低于第一部分，正如第一哲学范围内的神学并不低于存在学。但两者当中无论哪一方也并不高于另一方。两者相互间也不是同等的。两者一向各有自己的方式，而又是同一的。这种关于第一部分和第二部分的说法始终是浅薄的；但它也不是偶然的，因为自柏拉图和亚里士多德以降直到尼采，形而上学的存在—神学本质的统一性基础始终是深深地被遮蔽着的，以至于连对这个基础的追问也还没有过。而存在学和神学倒是在变动不居的观点上动摇不定，一会儿存在学，一会儿神学，被认为是第一哲学范围内的第一性的和真正的科学。对于黑格尔来说，意识经验的科学，也即关于在其此在中的真实存在者的存在学，指示着作为“真正科学”的科学的另一部分。

**【黑格尔】**

(十六)意识对其自身的经验，按其概念来说，是能够完全包括整个意识系统，即，整个的精神真理的王国于其自身的；因而真理的各个环节在这个独特的规定性之下并不是被陈述为抽象的、纯

---

① 后期海德格尔把西方形而上学的本质机制理解为“存在—神—逻辑学”(Onto-Theo-Logik)，以标明形而上学是“存在学”和“神学”的一体。特别可参看海德格尔的《同一与差异》中的《形而上学的存在—神—逻辑学机制》一文。——译注

粹的环节，而是被陈述为意识的环节，或者换句话说，意识本身就是出现于它自己与这些环节的关系中的；因为这个缘故，全体的各个环节就是**意识的各个形态**。意识在趋向于它的真实实存的过程中，将要达到一个地点，在这个地点上，它将摆脱它从外表看起来的那个样子，从外表上看，它仿佛总跟外来的东西，即总跟为它（意识）而存在的和作为一个他物而存在的东西纠缠在一起；在这个地点上，现象即是本质；因而恰恰在这个地点上，对意识的陈述就等于是真正的精神科学；而最后，当意识把握了它自己的这个本质时，它自身就将标示着绝对知识的本性。

**【海德格尔】**

第十六节是这段导论的结尾，它对上述联系作了展望。但只
有当我们注意到，经验乃是那个作为意识而在意识之形态中在场 196
的存在者的存在状态，这时，上述的这种联系才会表明自己。在场者之在场状态，即ὄν［存在者］的οὐσία［在场］，对于希腊思想家来说——自从ὄν作为φύσις［自然］涌现出来——就是φαίνεσθαι［显现］，即：自行显示着的显现。与此相应，在场者的多样性（即τὰ ὄντα［诸存在者］）被思考为那种在其显现中直接被接受的东西，即：τὰ δοκοῦντα［假象］。δόξα［意见］直接地采纳和接受在场者。相反地，νοεῖν［思想］则是那种觉知，它采纳在场者作为这样一个在场者，并且就其在场方面来审察在场者。由于ὄν［存在者］即在场者是两义的，既意味着在场者本身又意味着在场，所以，这个ὄν［存在者］本质上必然地并且原始地与νοεῖν［思想］和δόξα［意见］相关联。

即使是那个在确定性中被认识的东西的存在，也具有在场的基本特征。它作为显现而成其本质。但在知识的在场中，也即在 res cogitans［思维体］意义上的 subiectuum［主体］的在场中，显现不再是作为εἶδος［爱多斯］的 idea［理念］的自行显示，而是作为 perceptio［知觉］的 idea［理念］自行显示。现在，显现乃是以再现领域中的呈现为方式的在场。现象知识的显现乃是意识的直接在场。但这种在场是以经验的方式成其本质的。随着这种经验，绝对，即精神，得以进入被展开了的“精神真理的整个王国”中。可是，精神真理的各个环节乃是意识的各个形态，后者在经验的过程中摆脱了那一切东西——这一切东西一向只对自然的意识来说看来才是真理，因为它们在自然意识的历史中一向只是为它的。相反地，一旦经验已经被完成，则显现者的显现就得到了纯粹的闪现；作为这种纯粹的闪现，绝对绝对地寓于它自身而在场，绝对自身就是本质了。在这种纯粹的闪现中，运作着那种由经验的运动对意识本身所实行的力量。在经验中起支配作用的绝对之力量
197 “推动意识趋向它的真实实存”。在这里，实存（Existenz）意味着以自行显现为方式的在场。在这一点上，绝对之纯粹显现就是它的本质。



在场（parusie）是那种在场状态，在其中绝对在我们近旁存在，同时又作为这个绝对寓于它自身。所以在这一点上，显现的陈述也就等于是“真正的精神科学”。现象知识的科学通向真正的科学，归于真正的科学。真正的科学陈述出，绝对自身在其在场状态中如何向其本身在场。真正的科学乃是“逻辑科学”。这个名称是传统式的。逻辑被看作关于概念的知识。但概念——意识作为

概念才是它自己的概念——现在指的是处于它自己对自身的绝对把握中的那个绝对的绝对自我把握。关于这种概念的逻辑乃是有关绝对的存在学上的有神论。它并不像意识经验的科学那样陈述出绝对之在场，而是陈述出在其向自身的在场中的绝对状态。

在“意识经验的科学”这个标题中，加了着重号的“经验”一词位于中间。它在意识与科学之间起中介作用。在这方面看，这个标题的意思是与事情本身相一致的。作为意识的存在，经验本就是那种转化，借助于这种转化，意识才在其显现中把自己陈述出来。这就是说：在陈述中，经验就是科学。但自然的表象直接地来理解这个标题，并且仅仅在下述意义上来理解它，即：科学的对象是经验，而这种经验又是关于意识的经验。不过，被冠以这个标题的这部著作正是通过对意识的转化的陈述来阐述这种转化的。而这种转化是把自然的意识倒转过来。因此，只要我们还按照自然意识的习惯来读解这个标题，那么，这个标题就还没有得到理解。“经验的”和“意识的”这两个第二格并不是指一个第二格宾语，而是指一个第二格主语。[①] 主语（主体）是意识，而不是科学。意识 198
才是以经验方式存在的主体。而经验乃是科学的主体（主语）。另一方面，无可争议的是，第二格宾语亦有其意义，尽管这只是因为第二格主语的作用所致。确切地说，两者当中，没有哪一个对于另

① 根据日常德语的语法看来，“意识（的）经验的科学”（Wissenschaft der Erfahrung des Bewußtseins）这个标题中的主语（主词）是“科学”，“意识（的）”和“经验（的）”都是第二格，限定“科学”这个主语。但海德格尔却认为，在此“意识”才是主语。——译注

一个有优先性。两者都指示着在其主体性中的绝对主体的主体—客体关系。着眼于这个在经验中有其本质的主体—客体关系，我们必须把自己置入这个起中介作用的词语的中心，时时既瞻前又顾后地来思考这个标题。

在两种意义中，第二格都指示着那种关系，这种关系为转化所利用，而向来没有予以特别的思考，那就是：作为存在者与存在的关系的存在与存在者的关系。辩证的运动确立于其中的场所虽然被转化开启出来了，但是，这个场所**作为**那种关系的敞开领域恰恰被掩蔽起来了。自然的意识与绝对的意识之间的怀疑的对话在对绝对之绝对状态的先行观看中洞见了这个场所。辩证的怀疑乃是思辨哲学的本质。在标题中出现的第二格既不仅仅是主语（主体）的，也不仅仅是宾语（客体）的，甚至也不只是两者的结合。它们属于辩证的—思辨的第二格。这种第二格之所以在标题中显示出来，只是因为它自始就贯通着那种语言，即意识的经验在完成它的陈述时所说的语言。

最初选定的标题《意识**经验**的科学》在著作付梓时被删掉了。但解说标题的这个段落保留了下来。这个标题则由另一个标题取
199 而代之了。它就是现在的《精神现象学科学》。所以，虽然保留下来的段落根本就没有讨论精神现象学，但它成了对新标题的恰当阐释。当这部著作在1807年出版时，也是有这个新标题的；当时，这部著作被冠以一个总题目，叫做《科学体系，第1部，精神现象学》。而当这部著作在黑格尔去世后不久作为黑格尔《全集》第2卷原封不动地再版时（1832年），它的标题只叫做《精神

现象学》了。标题中不易察觉地删去了一个冠词“这个”。[1] 但在这个举动后面，却隐藏着黑格尔思想及其传达方式的一个决定性变化。从内容上看，这种变化涉及体系；从时间上说，这种变化始于《精神现象学科学》发表后不久；而且，也许是黑格尔转入纽伦堡人文中学接受教职，才诱发和强化了这种变化。他在中学的教学活动进而也对他后来重新接受的大学教学活动产生了影响。

当《精神现象学》最初发表时，《科学体系》这个总标题具有辩证的—思辨的多义性。它并不意味着：分门别类地把诸科学编排到一个设想出来的秩序中。它也并不意味着：把作为科学的哲学系统地描述出来。《科学体系》指的是：科学在自身中就是绝对之绝对性的绝对体制。主体的主体性是这样成其本质的，即，它在自我认识之际使自己适应于其结构的完整性。这种自我适应就是主体性的存在方式。“体系”乃是绝对的共同出现，绝对自行聚集到它的绝对性之中，并且通过这种聚集而得以在它自己的在场状态中持存。科学乃是体系的主体，而不是它的客体。但科学是这样成为主体的，即，科学在归属于主体性的同时一道构成了绝对之绝对性。在首次出版《精神现象学》那阵子，科学对黑格尔来说就是关于作为存在者的真实存在者的存在—有神论上的知识。它以双 200
重方式把其整体展开为“精神现象学科学”和“逻辑学”。在当时，黑格尔的“逻辑学”是绝对的有神论，而不是存在学。而存在学则

① 《精神现象学》1807 年初版时，书名为《科学体系，第 1 部，精神现象学》(System der Wissenschaft Erster Teil, die Phänomenologie des Geistes)；1832 年再版时，只叫《精神现象学》了，且删去了“现象学”一词前的冠词“这个”(die)。——译注

被展开为“意识经验的科学”。现象学是“第一科学”，逻辑学是在被理解为存在者本身之真理的第一哲学范围内的真正科学。存在者本身之真理乃是形而上学的本质。但就像他之前的康德和他之后的谢林（后期谢林）一样，黑格尔也没有克服学院形而上学的说教体系所具有的久已固定下来的力量。尼采竭力反对这种体系，仅仅是因为尼采的思想必然还停留在本质性的、存在—有神论的形而上学体系中。

那么，黑格尔为何抛弃了最初选定的《意识**经验**的科学》这个标题呢？我们不得而知。但我们不妨对此加以猜度。是黑格尔对他自己强调地置之于中间位置的“经验”一词感到畏惧了吗？在这里，这个词乃是表示存在者之存在的名称。对康德来说，它是指惟一可能的关于存在者的理论知识。重新去聆听“经验”（erfahren）一词的原始意义的回声（黑格尔也许听到了这种回声）：“经验”作为伸展着的到达，这种“到达”作为在场、εἶναι[存在、是]、存在的方式——这看起来难道不是太过冒险了吗？把这一古老的音调提升为这部著作所说的语言的基本音调，甚至在并没有出现“经验”一词的地方也这样做——这看起来难道不是过于大胆了吗？在这部著作行文过程的所有关键段落中，在启承转折的地方，这个词确实都出现了。诚然，在最后描述作为精神的意识的显现的那个主要部分中，这个词又隐退了。但另一方面，在著作完成后所写的前言中，黑格尔也还谈到了“精神经验的体系”。

201 可是，《意识**经验**的科学》这个标题还是消失掉了。而与之相随，“意识”一词也一起从著作的标题中消失掉了，尽管意识作为自我意识构成了绝对之绝对性的本质领域，尽管意识乃是现代形而

上学的陆地——这块陆地现在已经把自己当作“科学体系”来占有了，并且完全地测度了自己。

《意识**经验**的科学》这个标题消失后，代之以新的标题：《精神现象学的科学》。这个新标题的构造与旧标题十分一致。我们必须同样地把它的第二格理解为辩证的—思辨的。取代“经验”一词的，是在学院哲学中已经常用的名称“现象学”。**经验的本质乃是现象学的本质**。φαίνεσθαι[显现]，即被称为“精神”的绝对主体的自行显现，以存在者状态上的意识与存在学上的意识之间的对话的方式聚集自身。现象学中的“学”(-logie)乃是两义的διαλέγεσθαι[自行聚集]意义上的λέγεσθαι[言说]，后者标志着意识的经验借以**是**意识的存在的那种运动。现象学乃是精神与其在场(Parusie)之对话的自行聚集。现象学在这里是表示精神之此在(Dasein)的名称。精神是现象学的主体，而不是现象学的对象。这个词在这里既不意味着一门哲学学科，它甚至也不是表示一种特殊的、意在描述所与之物的研究方式的名称。但由于绝对向着其在场的自行聚集本质上要求着陈述，故现象学的本质就包含着一种规定性，即成为科学——而这并不是因为现象学是精神的一种表象，而是因为它是精神的此在，即精神的在场状态。因此，恰当地看，《精神现象学》这个简化了的标题并没有落入不确定性之中。202
它逼使我们的思想进入终极可能的聚精会神之中。“精神现象学”意味着：运作中的绝对之在场(Parusie)。《精神现象学》一书出版十年后，“现象学”在黑格尔《百科全书》(1817年)的学院体系中被贬降为精神哲学的一个狭隘部分。犹如在18世纪那样，“现象学”这个名称再度成为一门学科的名称。这门学科介于人类学与心理

学之间。

但如果说精神现象学是意识的经验，那么，这种精神现象学究竟是什么呢？它就是彻底的怀疑主义。经验乃是自然的意识与绝对的知识之间的对话。自然的意识乃是在任何时代里都历史性地此在着的精神。不过，这种精神并不是什么意识形态。它作为主体性乃是现实的现实性。历史性的精神在任何时候都是靠自身回忆自己。而绝对的知识乃是对此在着的精神的显现的陈述。它完成着精神王国的存在构造的“机制”。对话的过程把自身聚集到它在其过程中才达到的那个领域中，以便在穿越这个领域之际把自己确立于其中，并且在如此这般通达这个领域之际在其中在场。对话的这一通达过程乃是一条绝望的道路，在这条道路上，意识总是丧失它尚不真实的东西，总是献身于真理的显现。在“彻底的怀疑主义”的对话的完成中，有一个警句如是说：“它完了（es ist vollbracht）。”这个警句是在那条道路的场所里说的，在那里，意识本身走向它的死亡，它被绝对的力量撕裂开来而进入它的死亡中。在这部著作结尾处，黑格尔把精神现象学称为“绝对精神的墓地”。

精神现象学科学乃是绝对之神学，它着眼于在辩证的—思辨
203 的受难节中的绝对之在场。在这里，绝对趋于死亡。上帝死了。这话可以有任何别的意思，惟独没有“不存在上帝”的意思。但“逻辑学”却是关于在其作为绝对概念的自我认识中的绝对的科学；这个绝对原初地寓于自身而在场。“逻辑学”是关于在创造之前的绝对之绝对性的神学。这两门神学都是存在学，都是世俗的。它们思考世界的世界性，而世界在此意味着：存在者整体，这个存在者

具有主体性的基本特征。如此理解的世界是这样来规定它的存在者的，即，存在者是在那种再现着绝对的再现中在场的。但绝对知识的科学之所以是关于世界的世俗神学，并不是因为它把基督教神学和教会神学世俗化了，而是因为它包含于存在学的本质中。存在学比任何一种基督教神学更为古老，而后者必须首先是现实的，然后才能开始一种世俗化过程。绝对之神学乃是关于存在者之为存在者的知识，它在希腊思想家那里显露出它的存在—神学的本质，并且遵循着这种本质，但始终没有深入其基础来追踪这种本质。绝对科学的语言向我们表明，从其认识的东西和认识方式来看，基督教神学乃是形而上学。

“意识的经验是彻底的怀疑主义”和“现象学是绝对精神的墓地”——这两个句子把这部著作的完成与它的开端联结起来了。不过，在《精神现象学》中根本性的东西并不是作为一个思想家的成果的作品，而是作为意识本身之现实性的作品。由于现象学是经验，是存在者之存在状态，所以，现象学也就是把自行显现聚集到那种从绝对的闪现而来的显现之中。

但聚集着的自行集中却是意志的未曾被道出的本质。意志在
寓于我们的绝对的在场中意求着自身。“现象学”本身就是存在， 204
按照这种存在的方式，绝对才在我们近旁自在自为地存在。这种
存在有所意求，因为意志乃是这种存在的本质。有待思索的事情
是，存在如何获得这种本质。

“在我们近旁存在”属于绝对之绝对性。倘若没有这种“在我们近旁”，绝对就会是孤寂的东西，不能在显现者中向自己显现出来。它就不能涌现出来，进入其无蔽状态中。如若没有这种涌现

(φύσις),它就不会有生命(ζωή)。经验乃是自然的知识与绝对的知识之间的对话运动。经验作为具有统一作用的统一体而聚集;根据这个统一体,经验才是这两种知识。经验乃是自然的意识的本性,后者在其现象形态的偶然性中历史性地存在。经验乃是这些在其显现的机制中的形态的自我理解。所以,这部著作结束于这样一句话:“两者汇合在一起,被概念式地理解了的历史,就构成绝对精神的回忆和墓地,也构成它的王座的现实性、真理性和确定性,没有这个王座,绝对精神就会是没有生命的、孤寂的东西。”①绝对在其绝对性中需要作为崇高位置的王座,它在那里坐定,而绝不屈尊自贬。



绝对之在场发生为现象学。经验乃是存在,按照这种存在,绝对意愿在我们近旁存在。由于本质上包含在经验中的陈述所要陈述的无非是在场意义上的现象学,所以,在这部著作开头一节的末尾,就已经指出了该著作的终点,即:在场(Parusie)。绝对已经自在和自为地在我们近旁存在,并且就意愿在我们近旁存在——这一点仅仅是很不显眼地在一个从句中提到的。而在该著作的结尾处,这个从句成了单一的主句。“在我们近旁”展示为“非有我们不可”了。

在我们引的这段导论开头的“在我们近旁”中,“我们”的本质还是未曾得到思考的。而在这部著作结尾处的“非有我们不可”
205 中,“我们”的本质已经得到了规定。“我们”就是那些人——怀疑

① 参看黑格尔:《精神现象学》,中文版,贺麟、王玖兴译,北京 1983 年,下卷,第 275 页。——译注

地给予存在者之存在以特别的关注，从而真正地重视存在。

圆圈闭合了。这部著作最后的词语又回头呼应着它的开端，并隐失于它的开端中。因为往往被称为《精神现象学》之导论的这十六节文字，本就是现象学的真正开端。

在1807年初版中，并没有“导论”这个标题。只是在随后为这个版本所加的目录中，序言之后的这段文字才被冠以“导论”的标题，这也许是为了消除由目录的约束引起的麻烦。因为按实情来讲，这段文字并不是导论；因此，只是在这部著作完成之后，黑格尔才撰写了一个规模上要大得多的序言。这段十六节的文字并不是导论，因为它不可能是这样一种导论。它之所以不可能是这样一种导论，是因为对现象学来说是没有什么导论的。而现象学之所以没有导论，是因为对它来说不可能有什么导论。精神现象学乃是绝对之在场。在场乃是存在者的存在。对人来说，没有什么关于存在者之存在的导论（导引），因为人的本质处于存在的护送中，就是这种护送本身。由于绝对的“在我们近旁存在”起着支配作用，我们就已经在在场中了。我们绝不可能是从外部的某处而来被护送到在场中去。但我们如何是在绝对之在场中存在的呢？我们按自然意识的习惯在这种在场中存在。对自然意识来说，一切事物都这样显现出来，就仿佛一切在场者都是相互并列的。即便是绝对，通常也向自然的意识显现为某种与所有其他事物并列的东西。就连那种高于通常被表象的存在者的东西，也是与自然的意识相对待的。这是在向上的方向上现存的并列，而我们本身就在这种并列中存在。在跟随其表象倾向之际，自然的意识滞留于存在者那里，而没有去关注存 206

在——尽管存在自始就吸引了自然的意识，甚至把它吸引入那种向着存在者之存在的倾向之中了。但如果自然的意识注意到存在，它就会向我们保证说，存在乃是某种抽象的东西。把自然的意识吸引到它自己的本质中去的东西，声称自己是某种被抽象的东西。对自然的意识来说，不可能有比这种意见更大的对它的本质的颠倒了。

与这种颠倒比较，自然的意识漫游于其中的那种反转就大为逊色了；而且，自然的意识试图用一种反转的机制来消除另一种反转，而并不去思考真正的颠倒。因此，对意识来说始终迫切的一件事情是，从这种对存在者之存在的无所顾视的状况中回头，而转向显现者之显现。自然的意识不能被引向它已经在的地方。但在转化中，自然的意识也不会离弃它在存在者中间的逗留。它将特别地在其真理性中接受这种逗留。

从字面上看，我们可以把第十六节视为对那个随后被删除了的标题的解说。但从实事方面看，重要的并不是一本书的标题，而是著作本身。甚至著作本身也并不重要，重要的是它的陈述，即：经验，作为绝对之在场的本质现身（das Wesende）的现象学。但进一步讲，重要的也不是我们对之有所认识了，而是：我们自身在经验中存在，这种经验是我们的存在本身的本性——“存在”在古老的传统意义上就是：寓于……在场者而在场（anwesend bei... dem Anwesenden）。

这段十六节的导论就是把自然的意识引回到对其逗留之所的占有过程中。这种占有是通过意识的转化而发生的事情；通过转化，意识获得了经验，而经验乃是绝对之在场的真实发生。为了把

自然的意识从其习惯表象中取回来、并且把它引回到经验之中，我 207
们必须以那些观念为起点，就是以自然的意识借以直接地回答一切对于绝对认识的要求的那些观念为起点。这种以自然表象的意见为起点的做法标志着这段文字的各个段落的风格，决定着各个段落的联系。

这部著作的核心部分是从这段导论开始的。这段导论乃是那种贯穿着彻底的怀疑主义的怀疑的开端。开始怀疑意味着：把那种进入绝对之绝对性中的“已经看到”实行起来，并且保持这种绝对性。这段文字是一个不可回避的机会，促使自然的意识在自身那里引发出知识；意识已经在这种知识中，因为意识自身就是它自己的概念。惟当我们已经完成了意识的转化，而我们在这种转化中转向了精神的显现，这时，显现者才作为“为我们”的显现者而在场。“为我们”恰恰并不表示“相对于我们”——相对于通常的表象者。“为我们”意味着：“自在”(an sich)，也即从绝对之绝对性而来的显现和进入其显现的纯粹领域中。

只有当这段导论促使我们进入作为陈述之真正开端的转化之中时，意识经验的陈述才能开始。它绝对地始于绝对之绝对性。它始于在场之意志的极端力量。它始于在其显现中的绝对的极端外化。为了能够先行观入这种显现，我们必须如其显现出来的那样来接纳显现者，并且中止我们关于显现者的意见和看法。但这样一种对显现者的接纳和对我们的看法的中止乃是一种行为，这种行为只有从转化的额外做法中才取得它的可靠性和持久性。我们的额外做法在于：我们怀疑地，也即睁开眼睛，去面对那种已经
在在场中走向我们的现象知识的显现；结果，我们就在那条道路上 208

了，在这条道路上，经验就是绝对之现象学。

陈述一开始就让“感性确定性”绝对地显现出来：

> 那最初或者直接是我们的对象的知识，不外乎那本身是直接的知识，亦即对于直接之物或者存在者的知识。我们对待它也同样必须采取直接的或者接纳的态度，因此对于这种知识，必须只像它所呈现给我们那样，不加改变，并且不让在这种认识中夹杂有概念的把握。①

一旦感性确定性的显现的陈述得到了完成，被陈述视为存在者和真实之物的那个东西的存在就从中产生出来，成为一个新的对象，即确定性的真理性；这种确定性乃是自我认识着的自我意识。对“意识自身确定性的真理性”的显现的陈述始于下面的句子：

> 确定性前此的各个方式对意识说来其真理都是意识自身以外的某种东西。但这个真理的概念在我们经验到、认识到它的过程中便消失了。就对象是直接地自在而言——不论这对象是感性确定性的存在者、知觉的具体事物、或知性的力——它毋宁被表明为真正地并不存在，而这种自在反而证明它自身仅仅是为他物而存在的一个方式；这种抽象的、自在的对象的概念扬弃其自身于现实的对象中，或者说，那最初的

① 参看黑格尔：《精神现象学》，中文版，贺麟、王玖兴译，北京 1983 年，上卷，第 63 页。——译注

直接的观念扬弃其自身于经验到、认识到它的过程中；而这种确定性消失其自身于真理性中。[1]

① 参看黑格尔:《精神现象学》,中文版,贺麟、王玖兴译,北京 1983 年,上卷,第 115 页。——译注

209 # 4 尼采的话"上帝死了"

下面的解释试图指明,从何而来我们兴许有朝一日能够提出虚无主义的本质的问题。我们的解释起于一种思想,这种思想着手要在西方形而上学历史的范围内对尼采的基本立场作某种廓清。这一番指明工作将揭示西方形而上学的一个阶段,它也许是形而上学的最终阶段,因为就形而上学通过尼采而在某种程度上自行丧失了它本己的本质可能性而言,我们不再能够看到形而上学的其他什么可能性了。形而上学由于尼采所完成的颠倒还只不过是倒转为它的非本质了。[1] 超感性领域成了感性领域的一种不牢靠的产品。而随着这样一种对它的对立面的贬降,感性领域却背弃了它自己的本质。对超感性领域的废黜同样也消除了纯粹感性领域,从而也消除了感性与超感性之区分。这种废黜超感性领域的过程终止于一种与感性(αἰσθητόν)和非感性(νοητόν)之区分相联系的"既非—又非"。这种废黜终结于无意义状态。不过,它始终是那些通过单纯地赋予意义来逃避无意义状态的令人迷惑的尝试的前提,而这个前提是未经思虑的和不可克服的。

① 按照日常德语的用法,此处的"非本质"(Unwesen)也可译为"混乱"、"捣乱"和"胡作非为"。——译注

在下面的讨论中，我们一概把形而上学思为存在者之为存在者整体的真理，而不是把它看作某一位思想家的学说。每个思想家总是在形而上学中有其基本的哲学立场。因此，我们可以用他的名字来称呼某种形而上学。但是，根据我们这里所思的形而上学之本质来看，这绝不意味着，各种形而上学都是那个作为文化创造活动的公共范围内的突出人物的思想家的成就和财产。在形而上学的每一个阶段，总是显出一条道路的一段，而这条道路乃是存 210
在之命运在关于存在者的真理的险峻时期为自己开辟出来的。尼采本人以形而上学的方式解说了西方历史的进程，并且把这种进程解说为虚无主义的兴起和展开。对尼采形而上学的深入思考成了一种对现代人的处境和位置的沉思，而现代人的命运却还是很少就其真理方面被经验到的。可是，任何这种方式的沉思，如果不只是空洞的鹦鹉学舌的报告的话，都超出了所要沉思的东西。这种超出绝不是某种加高，甚或超过，也并不就是一种克服。说我们要沉思尼采的形而上学，这并不是说，我们现在除了考虑他的伦理学、知识论和美学之外，也要并且首先要考虑他的形而上学；而只是意味着，我们试图严肃地把尼采当作一个思想家来对待。而思想对尼采来说也就是：把存在者作为存在者表象出来。一切形而上学的思想都是存在一学(Onto-logie)，或者，它压根儿什么都不是。

对于我们这里所尝试的沉思来说，关键的是期备一个质朴无华的思想步骤。这种期备性的思想的要旨在于揭示那个运作空间，在此运作空间内，存在本身[①]能够在人的本质方面把人重新纳

① 1950 年第一版：本有(Ereignis)。——作者边注

入一种原初的关联之中。[①] 去期备，这乃是这样一种思想的本质。

这种本质性的、因而普遍地从任何方面来看都只是期备性的思想毫不显眼地运行着。在这里，任何一种共思（Mitdenken），不论它表现得多么笨拙，多么具有试探性，都是一种根本性的帮助。
211 共思成了一种不起眼的、不能通过作用和效果来加以证实的播种，它播下的种子也许从来看不到禾苗和果实，从来不知道收获。这些种子被用于播种，还更应该说，是被用于对播种的期备。

播种之前要犁田。就是要开垦出那片田野，那片由于形而上学的土地的无可回避的统治地位而必然保持在未知之中的田野。现在要紧的是，首先猜度这片田野，进而寻找这片田野，进而开垦这片田野。要紧的是向这片田野作一种初步的行进。尚属未知的田间小路有许多条。但对于每个思想家来说，他向来只被指定了一条道路，即他的道路；思想家必然总是一再在这一条道路的踪迹中来回行走，旨在最终把这条道路当作他的道路（但从来不是属于他的道路）来遵循，并且把在这一条道路上可经验的东西道说出来。

也许《存在与时间》这个标题就是这样一条道路的路标。按照那种本质性的、为形而上学所要求的、并且总是一再被重新寻求的形而上学与诸科学（它们乃是形而上学孳生的后裔）的交织关系，期备性的思想有时也必然要在诸科学的范围内活动；因为，诸科学始终还以多样的形态要求先行给出知识和可知之物的基本形式，不论这是有意识的，还是以诸科学的作用和效果的方式来要求的。

① 1950 年第一版：用（Brauch）。——作者边注

诸科学愈是赤裸裸地去追逐它们被先行规定了的技术本质及其外在表现，就愈是明确地澄清了关于在技术中被要求的知识之可能性的问题，关于这种可能性的特性、界限及其正当性的问题。

期备性的思想及其实行包含着一种在诸科学中间的思想方面的教育。对此，难的是找到适恰的形式，以便这种在思想方面的教育不至于陷入一种与研究和学究的混淆。这一意图还是岌岌可危的，尤其是当思想同时并且始终还不得不首先去寻找它自己的栖 212
留之所时。在诸科学中间运思，这意思就是说：与诸科学交臂而过，而没有鄙视诸科学。

我们并不知道，西方历史的命运对我们的民族和西方来说具有哪些可能性。而且，这些可能性的外在的构成和设置也不是首先必需的东西。重要的只是这样一回事情，即，思想方面的学习者要共同学习，同时，在以他们的方式共同学习之际，要保持在道路上，并且在适当的瞬间在此存在。

下面的解释以其意图和效果而保持在那种从《存在与时间》而来得到思考的经验的领域之中。思想不断地关注着这样一个事件，即：在西方思想的历史中，尽管人们自始就着眼于存在而思考了存在者，但存在之真理始终还是未曾被思的，它作为可能的经验不仅向思想隐瞒起来了，而且，西方思想本身以形而上学的形态特别地、但却一无所知地掩盖了这一隐瞒事件。[①]

期备性的思想因此必然地保持在历史性沉思的领域中。对于这种思想来说，历史并不是时代的序列，而是那个同一者的独一无

① 1950年第一版：拒绝与扣留。——作者边注

二的切近，这个同一者以命运的无法估量的方式、并且基于变化多端的直接性而关涉着思想。①

眼下我们要沉思的是尼采的形而上学。尼采的思想自以为是以虚无主义（Nihilismus）为标志的。“虚无主义”这个名称表示的是一个为尼采所认识的、已经贯穿此前几个世纪并且规定着现在这个世纪的历史性运动。尼采把对虚无主义的解释综括在一个短句中：“上帝死了！”

213 或许人们会认为，“上帝死了”这句话表达了尼采这个无神论者的一个意见，从而只不过是个人发表的意见，因此是片面的，由于这个缘故，它也是很容易反驳的；为反驳它，我们只消指出，今天，到处都有大量的人在上教堂，并且基于一种基督教式的上帝信仰来承受生活的困苦磨难。然而，问题依然是，尼采所讲的这句话是否只不过是一位思想家的乖张的观点——关于这位思想家，现成的就有一个正确的说法，即：他最后是发疯了。有待追问的还是，是否尼采在这里倒是表达出在被形而上学所规定的西方历史范围内总是已经未曾明言地被道说了的这句话。在发表任何一种过于仓促的意见之前，我们首先必须尝试来思考“上帝死了”这句话的本来意思。因此，我们最好排除我们在面对这样一句可怕的话时很快就会冒出来的所有仓促意见。

下面所做的思考试图就某些本质性的方面来解释尼采的这句

① 此处“同一者的独一无二的切近”（eine einzige Nähe des Selben）中的“同一者”（das Selbe）和“切近”（Nähe）在海德格尔那里都有特定含义，意指存在成其本身（Ereignis）的差异化的到来、发生。特别可参看海德格尔《在通向语言的途中》一书中的“语言的本质”等篇。——译注

话。再强调一下：尼采这句话说的是两千年来的西方历史的命运。我们本身和在座所有人一样都还没有做好准备，我们不可认为，通过一个关于尼采这句话的演讲报告就能改变这一命运，或者哪怕只是充分学会去认识这一命运。尽管如此，我们眼下必须做一件事情，就是我们要从沉思中接受教导，并且借助于这种教导来学会沉思我们自己。

无疑地，任何一种解释不但必须获取文本的内容，它也必须不加注明地把从它自己的内容而来的某种东西加给文本，而不是固执于文本。门外汉总是把这种添加与他所认为的文本的内容相比较，觉得它是一种穿凿附会的加入，并且指摘它是任意独断——门外汉固然有他自己的道理吧。但是，一种正当的解释对文本的理解绝不会比文本作者对文本的理解更好些，而倒是不同的理解。214 不过，这种不同必定是这样的，即，它切中了被解释的文本所思考的同一东西。

尼采是在1882年出版的著作《快乐的科学》第3卷中首次表达出“上帝死了”这句话的。随着这部著作，尼采开始走上了他的道路，去形成其形而上学的基本立场。在这部著作之后，尼采出版了另一部作品，即《查拉图斯特拉如是说》。这以后，尼采致力于写作他所计划的主要著作，为之思殚力竭而徒劳无功。计划中的主要著作最终未能完成。这部主要著作暂时被冠以《权力意志》的书名，并且立有一个副题：“重估一切价值的尝试。”

早在青年时代，尼采就相信上帝死了和诸神垂死这样一个怪异的思想。在起草他的第一部著作《悲剧的诞生》时，尼采就在一个笔记中写道（1870年）：“我相信原始日耳曼人的话：一切神都必然要走向死亡。”青年黑格尔在《信仰与知识》(1802 年)一文的结尾处指出:“新时代的宗教赖以建基的那种情感——就是:上帝本身死了……”黑格尔的话所思考的东西不同于尼采的话所思考的。不过,两者之间有着一种根本性的联系,这种联系隐藏在一切形而上学的本质中。帕斯卡尔从普鲁塔克那里引来的话“伟大的潘是死去了”(Le grand Pan est mort)(《思想录》,第 695 节),①尽管是出于一些相反的理由,但也是在这同一个领域里说的话。

我们首先来听听《快乐的科学》一书第 125 节的整节原文。这节文字的标题是“疯子”。原文如下:

> **疯子**。——你们是否听说过那个疯子,他大白天点着灯
> 笼,跑到市场上不停地喊叫:“我寻找上帝!我寻找上
> 帝!”——由于那里刚好聚集着许多不信上帝的人,所以他引
> 215 起了一阵哄然嘲笑。怎么搞的!他失魂了吗?其中一个说
> 道。他是不是像小孩一样走错了路?另一个说。还是他迷失
> 了自己?他害怕我们吗?他在梦游吗?人们议论纷纷,哄然
> 大笑。这个疯子突然闯进人群之中,并张大双眼瞪着大家。
>
> “上帝到哪里去了?”他大声喊叫,“我要对你们说出真相!**我们把它杀死了**——你们和我!我们都是凶手!但我们是怎样杀死上帝的呢?我们又如何能将海水吸光?是谁给我们海绵去把整个地平线拭掉?当我们把地球移离太阳照耀的距离

① 参看帕斯卡尔:《思想录》(Pensees),中文版,何兆武译,北京 1987 年,第 329 页。句中的“潘”(Pan)为古希腊神话中的牧神。——译注

之外时又该做些什么？它现在移往何方？我们又将移往何方？要远离整个太阳系吗？难道我们不是在朝前后左右各个方向赶吗？还有高和低吗？当我们通过无际的虚无时不会迷失吗？难道没有宽广的空间可以让我们呼吸吗？那儿不会更冷吗？是否黑夜不会永远降临且日益黯淡？我们不必在大白天点亮提灯吗？难道我们没有听到那正在埋葬上帝的挖掘坟墓者吵嚷的声音吗？难道我们没有嗅到神性的腐臭吗？——就连诸神也腐朽了！上帝死了！上帝真的死了！是我们杀死了他！我们将何以自解，最残忍的凶手？曾经是这世界上最神圣、最万能的他现在已倒在我们的刀下——有谁能洗清我们身上的血迹？有什么水能清洗我们自身？我们应该举办什么样的祭典和庄严的庙会呢？难道这场面对我们来说不会显得太过于隆重了吗？难道我们不能使自身成为上帝，就算只是感觉仿佛值得一试？再也没有更伟大的行为了——而因此之故，我们的后人将生活在一个前所未有的更高的历史之中！"

说到这里，疯子静下来，举目望望四周的听众，听众也寂然无声并惊讶地看着他。最后，他将提灯掷在地上，而使灯破
火熄。"我来得太早了，"他接着说，"我来得不是时候，这件惊 216
人的大事尚未传到人们的耳朵里，雷电需要时间，星光需要时间，大事也需要时间，即使在人们耳闻目睹之后亦然，而这件大事比最远的星辰距离人们还要更为遥远——**虽然他们已经做了这件事**！"

据说，在同一天，这个疯子还跑到各个教堂里，在里面唱他的 Requiem aeternam deo[安魂弥撒曲]。而当有人问他缘由时,他总是回答说:“假如这些教堂不是上帝的陵墓和墓碑,那么,它们究竟还是什么玩意?”

四年之后(1886年),尼采给原为4卷的《快乐的科学》增补了第5卷。第5卷的标题为“我们无畏者”。该卷的第1节(第343个格言)有“**喜悦的含意**”的题目。这一段的开头写道:“最近发生的最伟大的事件——‘上帝死了’,对于基督教上帝的信仰成为不可信的了——已经开始把它最初的阴影投在欧洲大地上。”

从这个句子中可以清楚地看出,尼采关于上帝之死的话指的是基督教的上帝。但不无确定地,并且首先要思索的是,在尼采思想中,“上帝”和“基督教上帝”这两个名称根本上是被用来表示超感性世界的。上帝乃是表示理念和理想领域的名称。自柏拉图以来,更确切地说,自晚期希腊和基督教对柏拉图哲学的解释以来,这一超感性领域就被当作真实的和真正现实的世界了。与之相区别,感性世界只不过是尘世的、易变的,因而是完全表面的、非现实的世界。尘世的世界是红尘苦海,不同于彼岸世界的永恒极乐的
217 天国。如果我们把感性世界称为宽泛意义上的物理世界(康德还是这样做的),那么,超感性世界就是形而上学的世界了。

“上帝死了”这句话意味着:超感性世界没有作用力了。它没有任何生命力了。形而上学终结了,对尼采来说,就是被理解为柏拉图主义的西方哲学终结了。尼采把他自己的哲学看作对形而上学的反动,对他来说,也就是对柏拉图主义的反动。

然而,作为单纯的反动,尼采的哲学必然如同所有的“反……”(Anti-)一样,还拘执于它所反对的东西的本质之中。作为对形而

上学的单纯颠倒，尼采对于形而上学的反动绝望地陷入形而上学中了，而且情形是，这种形而上学实际上并没有自绝于它的本质，并且作为形而上学，它从来就不能思考自己的本质。因此，在形而上学中并且作为形而上学本身而真正发生的事情，对形而上学来说并且通过形而上学，始终是被遮蔽着的。

如果作为超感性的根据和一切现实的目标的上帝死了，如果超感性的观念世界丧失了它的约束力，特别是它的激发力和建构力，那么，就不再有什么东西是人能够遵循和可以当作指南的了。因此，在我们前面所引的那段文字中有这样一个问题：“当我们通过无际的虚无时不会迷失吗?”“上帝死了”这句话包含着以下断言：这种虚无展开自身。“虚无”在此意味着：一个超感性的、约束性的世界的不在场。虚无主义，“一切客人中最可怕的客人”，就要到来了。

我们试图解释尼采的话“上帝死了”，其意就是要阐述尼采所理解的虚无主义，从而表明尼采本人是如何对待虚无主义的。但是，由于“虚无主义”这个名称往往只被人们当作流行的标语来使用，常常也被当作谴责性的骂人话来使用，所以我们就有必要了解一下它的意思。一个人皈依于基督教信仰和无论何种形而上学信 218
念，但他并不因此就在虚无主义之外了。而反过来说，也并非每一个思索虚无及其本质的人都是虚无主义者。

人们喜欢以某种语调来使用这个名称，仿佛光是“虚无主义者”这个名字——人们在这个词语上另无所思——已经足以提供证据，表明一种关于虚无的沉思就必定使人投入虚无之中，就必定意味着虚无之专制的建立。

根本上，我们要问，严格地在尼采哲学的意义上来看，“虚无主义”这个名称是不是仅仅具有一种虚无主义的意思，也即一种否定的、遁入一无所有的虚无之中的意思。因此，在准确地讨论尼采本人对于虚无主义所说的话之前，就人们对“虚无主义”这个名称的模糊的和任意的使用，我们有必要去获得一个正当的视点，有了这个正当的视点，我们才可以追问虚无主义。

虚无主义是一种历史性的运动，而并不是何人所主张的何种观点和学说。虚无主义在西方民族的命运中以一种几乎尚未为人们所认识的基本过程的方式推动了历史。因此，虚无主义也不只是其他历史性现象中间的一个现象，也不只是一个精神思潮而可以与欧洲历史中出现的基督教、人文主义和启蒙运动等思潮相提并论。

从其本质上来看，虚无主义毋宁说是欧洲历史的基本运动。这种基本运动表明这样一种思想深度，即，它的展开只不过还可能引起世界灾难。虚无主义乃是被拉入现代之权力范围中的全球诸民族的世界历史性的运动。因此之故，虚无主义不只是当代的一个现象，也不只是 19 世纪的产物——诚然，在 19 世纪，人们清晰地看到了虚无主义，“虚无主义”这个名称也变得司空见惯了。虚
219 无主义同样也不仅是个别民族的产物，即便这些个别民族的思想家和作家专门谈论了虚无主义。那些误以为自己摆脱了虚无主义的人们，也许最深刻地推动了虚无主义的展开。这个最可怕的客人的可怕之处在于，它不能说出自己的来源。

也并不是只有在基督教的上帝被否定，基督教受到攻击，或者仅仅还是自由意志论者们传布一种鄙俗的无神论之处，虚无主义

才流行开来。只消我们一门心思只看见这种背弃基督教的无信仰及其表现形式，那么，我们的眼光就还固执于虚无主义的浅显而贫乏的外表上。那个疯子的话恰恰就是说，“上帝死了”这个说法与那些“不信仰上帝”的人们的乱七八糟的空洞意见毫无共同之处。诸如此类的完全无信仰的人们根本还没有理解作为他们本己的命运的虚无主义。

只要我们仅仅把“上帝死了”这句话把捉为无信仰之公式，那么，我们就是在神学—教义辩护上来看待这句话了，并且放弃了尼采所关心的问题，也即放弃了对那种和超感性世界的真理及其与人之本质的关系一道出现的问题的沉思。

因此也可以说，尼采意义上的虚无主义绝不是指那种完全否定地被设想的状态，即，人们不再能够信仰圣经启示的基督教的上帝了；正如尼采所理解的基督教说到底也并不是那种在新约福音撰写之前和保罗传教之前一度并且短期内存在过的基督教生活。在尼采看来，基督教乃是在西方人和西方现代文化之形成中的教
会及其权力要求的历史性的、世俗政治的现象。这种意义上的基 220
督教与新约全书的信仰的教义（Christlichkeit）不是同一回事情。就连一种非基督教式的生活也能肯定这种基督教，并且把它当作权力因素来使用，同样，反过来讲，一种基督教式的生活也并非必然需要这种基督教。正因此，一种与基督教的争辩绝非一定是对基督教信仰的斗争，正如一种神学批判并不就是一种对神学所解释的信仰的批判。只要人们忽视了这一本质性的差异，那么，人们就还在世界观斗争的泥坑里面打转。

从本质上看，“上帝死了”这句话中的“上帝”这个名称是表示超感性的理想世界的，后者包含着尘世生活的高于这种生活本身的目标，并且如此这般地从高处规定了尘世生活，因而在某种程度上是从外部规定了尘世生活。但如果这种纯粹的、由教会规定的信仰烟消云散了，尤其是，如果信仰学说，即神学，在其充当存在者整体的决定性解释的作用方面受到了限制和排挤，这样的话，也还绝不是那种基本结构分崩离析了——根据这种基本结构，一种深入超感性领域的目标设定过程才掌握了感性的尘世生活。

上帝和教会圣职的权威消失了，代之而起的是良知的权威，突兀而起的是理性的权威。反抗这种权威而兴起的是社会的本能。向着超感性领域的遁世为历史的进步所取代。一种永恒幸福的彼岸目标转变为多数人的尘世幸福。对宗教文化的维护被那种对于文化的创造或对于文明的扩张的热情所代替。创造在以前是《圣经》的上帝的事情，而现在则成了人类行为的特性。人类行为的创造最终转变为交易。

221 如此这般取代超感性领域的东西，乃是对基督教教会的和神学的世界解释的变换；而这种世界解释从泛希腊的—犹太的世界那里承继了它的秩序模式，即存在者的等级秩序的模式。在西方形而上学的开端处，柏拉图就确立了这个泛希腊的—犹太的世界的基本结构。

虚无主义的本质领域和发生领域乃是形而上学本身；在这里我们总是假定，我们所谓的形而上学并不是指一种学说，或者，根本上不仅仅是指哲学的一门专门学科，不如说，我们在“形而上学”这个名称那里想到的是存在者整体的基本结构，是就存在者整体被区分为感性世界和超感性世界、并且感性世界总是为超感性世界所包含和规定而言来考虑的。形而上学是这样一个历史空间，在其中命定要发生的事情是：超感性世界，即观念、上帝、道德法则、理性权威、进步、最大多数人的幸福、文化、文明等，必然丧失其构造力量并且成为虚无的。对于超感性领域的这种本质性崩塌，我们称之为超感性领域的腐烂（Verwesung）。所以，在基督教信仰学说的跌落意义上的无信仰绝不是虚无主义的本质和基础，而始终只是虚无主义的一个结果；因为事情也许是，基督教本身乃是虚无主义的一个结果和构成。

由此出发，我们也就认识到人们在把握虚无主义时和对虚无主义的臆想的斗争中所遭受到的最后迷误了。由于人们并没有把虚无主义当作一场已经持续很久的、其本质根据就在形而上学本身之中的历史性运动来经验，因此，人们便沉溺于这样一种有害的癖好，就是把已经是和仅仅是虚无主义的结果的那些现象看作是虚无主义本身，或者把结果和作用看作虚无主义的原因。在对这种表象方式的不假思索的适应中，人们几十年以来已经习惯于把技术的统治地位或民众的反抗暴动举为时代的历史性状况的原因，并且根据这些方面孜孜不倦地去分析时代的精神处境。但是， 222
每一种对人及其在存在者范围内的地位的分析，无论多么有见地、多么机智，只要它没有去思考人之本质的处所，并且在存在之真理中经验这种处所，那么，它就还是不假思索的，还只是产生一种沉思的假象而已。

只消我们一味地把虚无主义的现象当作虚无主义本身，则我们对于虚无主义所发表的看法就还是表面的。如果我们的看法是从对世界状况的不满中，或者是从几乎已经得到承认的绝望中，或

者从道德上的愤怒中，或者从信教者的自负的优越感中，借得某种抵触情绪，那么，我们的看法就根本改变不了什么。

与此相对，首要的事情是我们自己展开沉思。因此，让我们现在对尼采本人发问：他所理解的虚无主义是什么；这里，我们先且不管尼采凭这一理解是否已经触及和是否能够触及虚无主义的本质。

尼采在 1887 年的一个笔记中提出问题（《权力意志》，第 2 条）："虚无主义意味着什么？"他答曰："**最高价值的自行贬黜**。"

这个回答是加了着重号的，并且还有一个说明性的附注："没有目标；没有对'为何之故'的回答。"

根据这则笔记来看，尼采是把虚无主义理解为一个历史性的过程。他把这一过程解释为对以往的最高价值的废黜。上帝、超感性世界（作为真实存在着的并且决定着一切的世界）、理想和理念、决定并包含着一切存在者（特别是人类生活）的目标和根据，所有这一切在这里都是在最高价值的意义上被表象的。根据那种至今仍在流行的意见，人们所理解的最高价值就是真、善、美——真
223 就是现实存在者；善就是普遍地决定一切的东西；美就是存在者整体的秩序和统一性。但现在，由于出现了这样的洞识，即，理想世界是绝不能在实在世界内实现的，于是，那些最高价值就已然自行废黜了。最高价值的约束力量摇摇欲坠了。由此产生出这样一个问题：如果最高价值不能同时为那些在它们之中被设定起来的目标之实现提供保证、途径和手段，那么，这些最高价值又有何用呢？

但如果我们仅仅想在字面上来理解尼采对虚无主义之本质的规定，即虚无主义就是最高价值的失落，那就会得出那样一种关于虚无主义之本质的观点，这种观点此间已经成了流行的观点了，它

的流行受到了虚无主义这个名称的支持；这种观点认为，最高价值的废黜明显意味着一种堕落。可是，对尼采来说，虚无主义绝不只是一种堕落现象，而毋宁说，虚无主义作为西方历史的基本过程同时、并且首先是西方历史的法则。因此，即便是在他对虚无主义的考察中，尼采也很少重视对最高价值的废黜过程作历史学上的描述，并且最后从中得出西方的没落的结论；尼采倒是把虚无主义当作西方历史的“内在逻辑”来思考的。

尼采同时认识到，随着以往的最高价值的废黜，对世界来说就只剩下世界本身了，而且首先，这个变得无价值的世界不可避免地力求一种新的价值设定。① 在以往的最高价值失效之后，这种新的价值设定在以往的价值方面来看就转变为一种“对一切价值的重估”。对于以往价值的否定来自对于新的价值设定的肯定。因为以尼采的看法，在这种肯定中不存在任何与以往价值的调解和 224
平衡，所以，这种对新的价值设定的肯定包含着绝对的否定。为了反对向以往价值的倒退而保证这种新的肯定的绝对性，也即为了确立作为一种反动的新的价值设定，尼采也还把新的价值设定称为虚无主义，也即那种虚无主义，通过它，最高价值的废黜才得以完成而成为一种新的和惟一地起决定作用的价值设定。尼采把虚无主义的这一决定性阶段称为“完成了的”亦即古典的虚无主义。尼采所理解的虚无主义就是以往最高价值的废黜。但是，尼采同时也对“对以往一切价值的重估”意义上的虚无主义采取了肯定的

① 1950年第一版：在何种前提下？“世界”：存在者整体，相同者的永恒轮回中的权力意志。——作者边注

态度。因此,“虚无主义”这个名称始终是多义的,极端地看来,这个名称首先始终是两义的,因为,它一方面是指以往的最高价值的单纯废黜,但另一方面又是指对这种废黜过程的绝对反动。这种意义上的两义也就是被尼采引为虚无主义的先行形式的悲观主义(Pessimismus)。在叔本华那里,悲观主义乃是这样一种信仰,它相信,在这个极其恶劣的世界中,生命是不值得经受和肯定的。根据这种学说,生命是必须否定的,同时也即说,存在者之为存在者整体是必须否定的。这种悲观主义在尼采看来是“弱者的悲观主义”。它往往只看到阴暗的东西,为一切找到一个失败的根据,并且要求知道普遍苦难意义上的一切是如何发生的。与此相反,强者的和作为强者的悲观主义却并不自欺欺人,它看到了危险,不想作任何掩盖和粉饰。它洞穿了那种对于以往失却的东西的回归的
225 一味期望的不妙之处。它深入地分析现象,要求人们去觉悟那些无论如何保证着对历史性状况的控制的条件和力量。

一种更为本质性的沉思可以表明,在尼采所谓的“强者的悲观主义”中,现代人如何完成了一种暴动,从而进入到在存在者之主体性范围内的主观性的绝对的统治之中。① 通过这种具有双重形式的悲观主义,各种极端显露出来。极端之为极端拥有优势。于

① 在海德格尔思想中,“主体性”(Subjektität)和“主观性”(Subjektivität)是有分别的。前者意指存在在存在者方面显示自身的方式,即存在显示为“主体”;而这个“主体”的原义为“基体、基底、基础”,即拉丁文的 subiectum 和希腊文的ὑποκείμενον。只是到近代之初,这种意义上的“一般主体”才转化为“自我意识”或“自我”(ego),即特指人的“主体”;而只有对后者而言,才有与“客观性”相对的“主观性”(Subjektivität)。英译者把“主体性”(Subjektität)译为 subjectness,把“主观性”(Subjektivität)译为 subjectivity。——译注

是，也就出现了那种导致“或此或彼”（Entweder-Oder）的选择的绝对尖锐化状态。一个“中间状态”受到注意，因为在其中显然可见，一方面以往最高价值的实现并没有完成。世界看来是无价值的。另一方面，这种觉悟把人们探索的目光对准了新的价值设定的源泉，而世界并没有因此就重新获得其价值。

诚然，鉴于以往价值的动摇，人们还可以作另一种尝试。这就是说，如果基督教上帝意义上的神已经从它在超感性世界的位置那里消失了，那么，这个位置本身总还是保留着的，尽管已经是一个空位了。人们依然可以紧紧抓住超感性世界和理想世界的这个已经空出来的位置领域。这个空出的位置甚至要求人们重新去占领它，用别的东西去替代从那里消失了的上帝。新的理想被建立起来。在尼采看来（《权力意志》，第 1021 条，1887 年），这是通过世界幸福说和社会主义而发生的事情，同时也是在瓦格纳音乐中发生的事情，也即说，是在“独断的基督教”“已经破产”之处普遍发生的事情。于是便出现了“不完全的虚无主义”。对此，尼采说道（《权力意志》，第 28 条，1887 年）：“**不完全**的虚无主义，它的各种形式：我们就生活于其中。**没有**重估以往的价值，而试图逃避虚无主义：此类尝试会事与愿违，使问题更尖锐化。”

我们可以对尼采关于不完全的虚无主义的思想作更清晰和鲜 226
明的把握，我们可以这样来说：不完全的虚无主义虽然用其他价值替代了以往的价值，但它始终还是把它们置于那个旧位置上，后者仿佛是作为超感性的理想领域而被保留着的。但是，不完全的虚无主义甚至还必须清除价值位置本身，即超感性领域，从而以不同的方式来设定和重估价值。

由此可见，完全的、完成了的、因而是古典的虚无主义虽然包含着“对一切以往价值的重估”，但这种重估并不仅仅是以新的价值来替代旧的价值。价值重估成了对价值评价的特性和方式的颠倒。价值设定需要一个新的原则，也即需要某种东西作为它的出发点和立身之地。价值设定需要另一个领域。其原则不再能够是已经失去生命的超感性世界。因此，以如此这般被理解的重估为目标的虚无主义将去寻求最有生命力的东西。于是，虚无主义本身就成了“最充沛的生命的理想”（《权力意志》，第 14 条，1887 年）。在这一新的最高价值中隐含着对生命的另一种评价，也即对一切生命的决定性本质的依据的另一种评价。所以我们还要问，尼采所理解的生命为何。

上面对虚无主义的不同等级和方式的提示表明：根据尼采的阐释，虚无主义不外乎是这样一种历史，在其中关键的问题是价值、价值的确立、价值的废黜、价值的重估，是价值的重新设定，最后而且根本上，是对一切价值设定之原则所作的不同的评价性设定。最高的目的、存在者的根据和原则、理想和超感性领域、上帝和诸神——所有这一切被先行把握为价值了。可见，只有当我们知道了尼采所理解的价值为何时，我们才能充分地了解尼采的虚无主义概念。由此而来，我们也才能理解“上帝死了”这句话的本
227 来意思。对尼采价值思想的充分清晰的解说，乃是理解尼采形而上学的钥匙。

在 19 世纪，关于价值的谈论是很常见的，对于价值的思考也是司空见惯的。然而，只有当尼采的著作在市面上传布开来之后，关于价值的谈论才成了大众化的事情。人们大谈特谈生命价值、

文化价值、永恒价值、价值等级、精神价值（譬如，人们以为在古典文化中发现了这种精神价值）。在哲学的学术研究中，在新康德主义的改造中，人们获得了价值哲学。人们构造出种种价值系统，并且在伦理学中探究价值的层次。甚至在基督教神学中，人们也把上帝，即 summum ens qua summum bonum［作为最高的善的最高存在者］，规定为至高的价值。人们认为科学是价值中立的，而把价值评价抛向世界观一边。价值和价值因素成了形而上学因素的实证主义的替代品。与人们阔谈价值这一情形相应的是概念的不确定性。而这种不确定性本身又与来自存在的价值的本质渊源的模糊性相一致。因为如果我们假定，以这种方式屡屡被引证的价值并不是一无所有的，那么，它必然在存在中有其本质。

尼采所理解的价值为何？价值之本质植根于何处？为什么尼采的形而上学是价值形而上学？

在一则笔记（1887—1888 年）中，尼采道出了他对于价值的理解：“着眼于[1]生成范围内的生命之相对延续的复合构成物，‘价值’的观点乃是**保存—提高的条件**的观点。”（《权力意志》，第 715 条）

价值的本质在于成为观点。[2] 价值是指已经被收入眼帘的东西。价值意味着一种观看的视点，这种观看针对某个东西，或者如 228
我们所说，指望某个东西同时也必须指望其他东西。价值处于与一种“如此之多”的内在关联中，与量和数的内在关联中。所以，价

① 1950 年第一版：透视角度、境域。——作者边注

② 海德格尔在此强调，“观点”（Gesichtspunkt）乃是“观看之点”。——译注

值关系到一个“数字和计量刻度”(《权力意志》,第 710 条,1888 年)。而问题依然是,升和降的刻度的基础何在。

由于把价值标识为一种观点,这里便得出了对尼采的价值概念来说是本质性的一点:作为观点,价值总是被一种观看、并且为这种观看而设立起来了。这种观看具有这样的特性,即它看,是因为已经看到了;而它已经看到,是因为它表象并设定了被看见的东西本身。通过这种表象着的设定,那个对“针对某物的看”来说必需的、从而对这种观看的视线起着指导作用的点才成为视点(Augenpunkt),也即才成为在观看中并且在一切受视野引导的行为中起标尺作用的东西。因此,价值并非首先是某个自在的东西,然后才得以偶尔地被看作观点。

价值之为价值,是由于它起作用。价值之起作用,是由于它被设定为标尺。它如此这般地被设定起来,通过一种对必须被指望的东西的看望而被设定起来。视点、视角、视界在这里指的是在一种为希腊思想所决定的、但经历了从 εἶδος[爱多斯、外观]到 perceptio[知觉]的观念转变的意义上的视觉和观看。这种观看是这样一种表象,它从莱布尼茨以来就相当明确地在 appetitus[欲望]的基本特征中被把捉的。一切存在者都是表象着的存在者,因为存在者之存在包含着一种 nisus[欲求],亦即一种露面的冲动,这种冲动使得某物涌现(显现)出来,从而决定着它的出现。一切存在者的本质——具有这种欲求的本质——于是就占有自己,并为自己设定一个视点。这个视点给出要遵循的视角。这个视点就是价值。

在尼采看来,凭着这种作为观点的价值,“保存—提高的条件”

(Erhaltung-,Steigerungs-Bedingungen)就被设定起来了。尼采 229
在“保存”和“提高”之间忽略了一个“和”,而代之以一个连字符;光从这种书写方式就可以看出,尼采是想表明,作为观点的价值在本质上是、并因而始终同时是保存**和**提高的条件。价值被设定之处,必然总是有两种制约作用的方式被收入眼帘了,而且是这样,即,这两种方式总是一体地相互联系在一起了。为什么呢?显然只是因为表象着—欲求着的存在者本身在其本质中就是如此这般地存在的,即,它需要这双重的视点。如果作为观点的价值必然地既制约着保存又制约着提高,那么,这种价值是何种东西的条件呢?

保存和提高标志着生命的原本一体的基本特征。生命之本质包含着生长欲望,即提高。生命的任何保存都服务于生命的提高。任何一种生命,如果一味地自限于单纯的保存,那么它就衰败了。譬如,生存空间的保障对生命体来说从来就不是目的,而只是生命提高的手段。反过来讲,得到提高的生命又增加了生命以前对空间扩张的需要。但如果不是已经有一个被保障的、并且因而能够提高的生命成分已经得到了保存,那么,无论在哪里都不可能有提高。所以,生命体乃是一个由提高和保存这两个基本特征联结起来的产物,即“生命的复合构成物”。作为观点,价值引导着那种“着眼于复合构成物”的观看。这种观看一向是那种贯通一切生命体的生命目光(Lebensblick)的观看。由于生命为生命体设定视点,生命在其本质中便表明自身是设定价值的生命(参看《权力意志》,第556条,1885—1886年)。

“生命的复合构成物”依赖于那些保存和持续的条件,而且,持续者只是为了在提高中成为非持续者才持存。这一生命的复合构

230 成物的延续乃基于提高和保存的交互关系。所以，这种延续是一种比较而言的延续。它始终是生命体的"相对延续"，也就是生命的"相对延续"。

用尼采的话来说，"着眼于生成范围内的生命之相对延续的复合构成物"，价值就是"保存—提高的条件的观点"。这里，而且一般地在尼采形而上学的概念语言里，"生成"（Werden）这个单纯的和不确定的词语并不意味着万物的某种流变，并不意味着纯粹的状态变化，也不是指无论何种发展和不确定的展开。"生成"乃是指从某物到某物的过渡，是莱布尼茨在《单子论》（第 11 章）中称之为 changments naturals[自然变化]的那种运动和激动，这种运动和激动完全支配着 ens qua ens[存在者作为存在者]，也即，ens percipiens et appetens[知觉的和欲望的存在者]。尼采把这种支配作用思考为一切现实之物即广义的存在者的基本特征。他把如此这般规定着在其 essentia[本质]中的存在者的那个东西把捉为"权力意志"。

如果说尼采以"生成"一词结束了对价值之本质的刻画，那么，"权力意志"这个结束语就启示着那个根本说来完全包含着价值和价值设定的基本领域。"生成"，这对尼采来说就是"权力意志"。"权力意志"因而就是"生命"的基本特征。尼采往往也对"生命"一词作广义的使用，而在广义上，这个词便在形而上学范围内（譬如在黑格尔那里）等同于"生成"了。在尼采的语言中，"权力意志"、"生成"、"生命"和最广义的"存在"，乃是同一个意思（《权力意志》，第 582 条，1885—1886 年，以及第 689 条，1888 年）。在生成内部，生命即生命体便构成自身为权力意志的诸中心。这种中心因此就是支配性构成物。尼采所理解的支配性构成物就是艺术、国家、宗教、科学、社会等。所以，尼采也可以说（《权力意志》，第715条）：
“‘价值’，从本质上说，就是这种支配性中心的增或减的观点。”（也 231
即是就其支配统治特征方面来说的。）

在上面所引的对价值之本质的界定中，尼采把价值把捉为生命的保存和提高的观点上的条件，但又在作为权力意志的生成中看到了生命的根据，这样一来，权力意志便被揭示为设定那种观点的东西。权力意志乃是那种东西，它根据它的“内在原则”（莱布尼茨）——作为ens［存在者］之esse［存在］中的nisus［欲求］——来作价值评价。权力意志乃是价值设定的必然性的根据和价值评价的可能性的本源。因此，尼采说（《权力意志》，第14条，1887年）：“**价值及其变化**始终与**价值设定者的权力增长**成比例。”

这里我们看到，价值乃是权力意志本身所设定的它自身的条件。惟当权力意志作为一切现实的基本特征显露出来，也即成为真实的，并因此被把捉为一切现实的现实性之际，我们才能表明，价值从何而来，一切价值评价始终由何种东西来承荷、受什么引导。现在，价值设定的原则是已知的了。价值设定将成为“原则性的”，也即，从作为存在者之根据的存在而来是可实行的。

因此，作为这样一种已知的、也即被要求的原则，权力意志同时也是一种新的价值设定的原则。这种价值设定之所以是新的，是因为它首次根据对其原则的认识而有意识地来实行自己。这种价值设定之所以是新的，是因为它本身确信自己的原则，并且同时把这种确信把握为一种根据其原则而设定的价值。然而，作为那种与以往的价值相关的新的价值设定的原则，权力意志同时也是对以往一切价值的重估的原则。但由于以往的最高价值是从超感性领域的高度上统治了感性领域，而这种统治的结构就是形而上学，所以，随着对一切价值之重估的新原则的设定，也就进行了一
232 种对一切形而上学的颠倒。尼采把这种颠倒看作对形而上学的克服。[①] 可是，具有这种方式的任何颠倒始终都只是卷入到那种已经变得不可知的同一者中去了。这是一种自我迷惑的卷入。

但由于尼采把虚无主义理解为那种对以往的最高价值的废黜的历史的规律性，而又在重估一切价值的意义上来解说这种废黜，这样，照尼采的解释，虚无主义就植根于价值的统治和价值的崩溃中，从而也就植根于一般价值设定的可能性之中。价值设定本身是以权力意志为根据的。因此之故，惟从权力意志的本质而来，尼采的虚无主义概念和"上帝死了"这句话才能得到充分的思考。所以，为了揭示"上帝死了"这句话，我们这里要做的最后一步，就是解释尼采在"权力意志"这个他所创造的名称中所发挥出来的思想。

"权力意志"这个名称被认为是一目了然的，以至于人们难以理解，何以有人竟还要花一番心思来专门解释这个词的构造。因为所谓"意志"（Wille），是每个人无论何时都能在自己身上经验到的。有意志的意愿就是追求某种东西。至于"权力"（Macht）的意思，现在大家都根据日常经验把它理解为统治权和暴力的运用了。于是，"趋向"（zur）权力的意志明言就是取得权力的追求了。

根据这种意见，"权力意志"这个名称假定了两个不同的、事后

① 1950年第一版：对尼采而言亦即：对柏拉图主义的克服。——作者边注

又相互联系的事实：一方是意愿，另一方是权力。如果我们刨根究底来追问权力意志的根据——不光是为了描述上述内容，而且同时是为了说明上述内容——我们就可以看出，作为对这样一种还 233 没有占有的东西的追求，权力意志显然来自一种匮乏感。追求、统治权的运用、匮乏感，乃是我们在心理学知识中所把握的表象方式和状态（心灵能力）。因此，对权力意志之本质的探讨就是心理学的事情了。

上面对于权力意志及其可知性所作的阐述固然洞若观火，但它并没有思及尼采就“权力意志”这个词所作的思考以及这种思考的方式。“权力意志”这个名称表示着尼采最后的哲学的基本词语。所以，我们可以把这种哲学标识为权力意志的形而上学。对于尼采意义上的所谓“权力意志”，我们绝不能根据流行的关于意愿和权力的观念来理解它，而只能通过一种对形而上学思想的沉思，并且同时也即通过一种对西方形而上学的整个历史的沉思来理解它。

我们下面对于权力意志之本质的解释就是根据这些关系来思考的。这种解释尽管恪守尼采自己的阐述，但必然同时也比尼采本人的直接表述更清晰地把握他的阐述。不过，对我们来说，变得更清晰的东西始终只是首先对我们变得更意味深长的东西。意味深长的是那种本质上与我们更亲近的东西。在前文和下文中，我们都是根据形而上学的**本质**，而不只是根据形而上学诸阶段中的一个阶段来思考的。

尼采在1883年发表了《快乐的科学》一书；一年之后，他又出版了《查拉图斯特拉如是说》。在后面这本书的第2卷中，尼采首次在特定的相关语境中道出了“权力意志”：“只要有生命的地方，我就会找到‘权力意志’；甚至在仆人的意志中，我也找得到那种要做主人的意志。”

234 意愿(Wollen)乃是做主人的意愿。这样理解的意志也还存在于仆人的意志中。尽管这并不是说，仆人力求摆脱奴仆的角色而自己成为主人。而毋宁说，奴仆之为奴仆，仆人之为仆人，总是还想支配某种东西，也即他在自己的仆役中所命令和利用的东西。这样，他作为奴仆也还是一个主人。做奴仆也就是想做主人。

意志绝不是一种愿望，绝不是一种对某物的单纯追求，而不如说，意愿本就是命令(参看《查拉图斯特拉如是说》，卷 1 和卷 2；进一步参看《权力意志》，第 668 条，1888 年)。这种命令的本质在于，命令者在对作用行为之可能性的有意识的支配中成为主人。在命令中被命令的，乃是这种支配的实行。在命令中，命令者(并不只是执行者)服从这种支配和支配能力，从而服从自己。这样，由于命令者还敢于孤注一掷，他便战胜了自己。命令，也许始终要与那种对他人的单纯的发号施令区分开来，它乃是自我克服，比服从更难。意志是专注于所接受的使命。只有那个还不能服从自己的人才必须特别地被命令。意志所意愿的，并不是追求它还不具有的东西。意志意愿它已经具有的东西。因为意志意愿它的意志。它的意志乃是它所意愿的东西。意志意愿自身。意志超越自己。这样，意志之为意志意愿超出自身，从而必然同时超过自己、支配自己。因此，尼采说(《权力意志》，第 675 条，1887—1888 年)：“一般的**意愿**，无异于要**更强大**的意愿，生长的意愿……”在这里，“更强大”意味着“更多的权力”，而后者意味着：只有权力。因为权力的本质在于成为那个支配一向已经达到的权力等级的主人。只有当权力保持为权力之提高，并且受命于“权力之增加”，权力才是持久的权力。即便只是中断权力之提高，只是停滞于某个 235
权力等级上，也已经是权力之下降的开始了。权力的本质包含着对它自身的征服。这种征服归于权力本身并且来自权力本身，因为权力乃是命令，并且作为命令而授权自己去征服当下的权力等级。于是乎，虽然权力不断在走向自身的途中，但并不是作为无论在何处都自为地现存着的意志而在一种追求意义上力求获得权力。权力也不仅仅是授权自己为达到下一个等级才去征服当下的权力等级，而只是为了在其本质的绝对性中征服自己。根据这种本质规定性来看，意愿就不是一种追求，而毋宁说，一切追求始终只不过是意愿的补充形式或预备形式。

在“权力意志”这个名称中，“权力”一词所命名的无非是就其为命令而言的意志自我意愿的方式的本质。作为命令，意志专注于其本身，也就是专注于它所意愿的东西。这种专注乃是权力的力量运作。并没有自为的权力，同样地，也没有自为的意志。所以，意志和权力也并非只有在权力意志中才相互结合起来，不如说，作为求意志的意志（Wille zur Willen），意志乃是在权力之征服这种意义上的权力意志。[①] 但权力的本质在于，它作为在意志中存在的意志而与这种意志相对待。权力意志是权力的本质。它显示出那种作为纯粹意志而自我意愿的意志的绝对本质。

① “求意志的意志”（Wille zur Willen）与“权力意志”（der Wille zur Macht）两词的构造相同，后者亦可译为“求权力的意志”。——译注

因此，权力意志也不能与一种求其他某种东西的意志分离开来，譬如，不能与那种“求虚无的意志”分离开来；因为就连这种“求虚无的意志”，也还是求意志的意志，以至于尼采能够说(《道德的谱系》，第3篇论文，第1节，1887年)：“与其说它(意志)还要意愿**虚无**，不如说它**并不**意愿。——”

236 “意愿虚无”绝不意味着意愿一切现实的纯粹不在场状态，而是指，恰恰要意愿现实，却是意愿那种一向并且普遍地作为一个虚无的东西的现实，并且通过这种虚无的东西才意愿否定。在这样一种意愿中，权力始终还获得了命令的可能性和成为主人的可能性。

作为意志的本质，权力意志的本质乃是一切现实之物的基本特征。尼采说(《权力意志》，第693条，1888年)：权力意志是“存在的最内在本质”。这里的“存在”依照形而上学的语言用法，是指存在者整体。因此，作为存在者的基本特性，权力意志的本质和权力意志本身是不能通过心理学上的考察来加以确定的，相反地，心理学本身倒是通过权力意志才获得了它的本质，也即它的对象的可设定性和可知性。所以，尼采并不是在心理学上来理解权力意志的，倒是相反，他重新把心理学规定为“**权力意志的**形态学和**发展学说**”(《善与恶的彼岸》，第23节)。这种形态学(Morphologie)就是关于ὄν[存在者]的存在学(Ontologie)，而ὄν[存在者]的μορφή[形式]——通过εἶδος[爱多斯、外观]向perceptio[知觉]的转变——在知觉的appetitus[欲望]中显现为权力意志。形而上学自古以来就着眼于存在者之存在而把存在者思考为ὑποκείμενον[基体、基底]、sub-iectum[一般主体]；形而上学发展为具有上述规定性的心理学，这一事实仅仅作为一个后果，证实了那个在存在者之存在状态的变化中的基本事件。sub-jectum［一般主体］的οὐ-σία［在场］（即存在状态）演变为自我意识的主体性，而自我意识则把其本质揭示为求意志的意志。作为权力意志，意志是趋向更大权力的命令。为了使意志能够在对自身的征服中超越当下的等级，这种等级必须首先已经被达到、保证和保持。对当下权力等级的保证乃是权力之提高的必要条件。但为了意志能够自我意愿，也即为了一种要更强大的意愿的**存在**，一种权力之提高的**存在**，这一必要条件还是不充分的。意志必须观入一种视野，并且首先开 237
启出这一视野，从而才显示出那些可能性，为一种权力之提高指明轨道。意志必须这样来设定那种超出自身的意愿的条件。首要地，权力意志必须设定权力之保存和权力之提高的条件。意志包含着对这些共属一体的条件的设定。

“一般的**意愿**，无异于**要变得更强大**的意愿，生长的意愿——**此外**，还有取得**手段**的意愿。”（《权力意志》，第675条，1887—1888年）

根本的手段乃是权力意志本身为它自己设定的条件。尼采把这些条件称为价值。他说（《全集》，大八开本版，第13卷，第395节，1884年）：“在一切意志中都有**评价**。”评价意味着：构成和确定价值。权力意志进行评价，因为它构成提高的条件并且确定保存的条件。按其本质来看，权力意志就是设定价值的意志。价值乃是存在者之存在范围内的保存和提高的条件。一旦权力意志在其纯粹的本质中合乎本己地显露出来，则它本身就是价值设定的根据和领域。权力意志的根据并不在某种匮乏感中，而不如说，权力

意志本身就是最充沛的生命的根据。这里，生命意味着求意志的意志。“‘生命’，这说的就是‘评价’。”（同上）

只要意志意愿征服它自己，它便不会安于生命的任何一种丰富。意志在呈献（Überreichen）中——也即呈献出它自己的意志——发挥其力量。这样，意志不断地作为同一个意志返回到作为相同者的自身那里。存在者整体的 essentia[本质]乃是权力意
238 志；存在者整体的存在方式，即它的 existentia[实存]，就是“相同者的永恒轮回”。尼采形而上学的两个基本词语是“权力意志”和“相同者的永恒轮回”；它们从自古以来对形而上学起着指导作用的方面来规定在其存在中的存在者，也即在 essentia[本质]和 existentia[实存]意义上来规定 ens qua ens[存在者作为存在者]。

“权力意志”与“相同者的永恒轮回”之间的本质关系就要这样来思考；但这种本质关系在此还不能直接描述出来，因为对于 essentia[本质]与 existentia[实存]之区分的来源，形而上学既没有作过思考，甚至也没有稍事探问。



如果形而上学把在其存在中的存在者思考为权力意志，那么，它就势必要把存在者思考为设定价值的东西。形而上学在价值、价值作用、价值废黜和价值重估的视界中来思考一切。现代形而上学由此发端，其本质在于：它探求绝对不可怀疑的东西、确定可知的东西、确定性。以笛卡尔的话来讲，firmum et mansurum quid stabilire，意思就是：把某种固定的、持存的东西带向持留。这种持续的东西作为对象，符合于作为持续在场者的存在者的自古以来起支配作用的本质，而存在者作为持续在场者乃是处处已经摆在眼前的东西（即ὑποκείμενον[基体、基底]，subjectum[一般

主体])。就连笛卡尔也像亚里士多德那样，追问的是这个ὑποκείμενον[基体、基底]。只要笛卡尔是在先行规定的形而上学的轨道中来探求这个 subjectum[一般主体]的，那么，他在思考作为确定性的真理之际就会发现作为持续在场者的 ego cogito[我思]。于是，ego[我]就成了 subjectum[一般主体]，也就是说，主体就成了自我意识。主体的主体性取决于这种意识的确定性。

由于权力意志把保存，即对它本身的持存保证，设定为一种必然的价值，它同时也就为这种对一切存在者的保证的必然性作了辩护；而这一切存在者作为一种本质上表象着的存在者始终也是持以为真的存在者。对这种持以为真(Für-wahr-halten)的保证 239
被叫作确定性。所以，按照尼采的看法，作为现代形而上学的原则，确定性惟有在权力意志中才真正找到了根据；当然，这里假定了一点，即，真理是一种必然的价值，确定性是真理的现代形态。这就表明，何种程度上可以说，在尼采关于作为一切现实的“本质”(Essenz)的权力意志的学说那里，现代的主体性形而上学达到了完成。

因此，尼采能够说：“价值问题比确定性问题**更为基本**：因为后者只有在价值问题得到解答的前提下才达到其严格性。”(《权力意志》，第 588 条，1887—1888 年)

然而，即便权力意志已经被认作价值设定的原则，价值问题也必须首先去考虑，何者是根据这一原则来看必然的价值，何者是合乎这一原则的最高价值。只要价值的本质显示为在权力意志中被设定的保存和提高的条件，那么，对一种关于决定性的价值构造的特性刻画来说，就有适当的角度开启出来了。

对意志当下所达到的权力等级的保存就在于，意志用一个它能够随时并且牢靠地动用的东西的圆周区域把自己包围起来，以便从中争得它自身的可靠性。这一圆周区域界定了对意志来说直接可支配的在场者之持存（Bestand）（即οὐσία，根据这个词在希腊人那里的日常含义）。但这一持续的东西只有当它被一种摆置（Stellen）带向状态时，才成为一个持久的东西，也即成为那种总是可支配的东西。这种摆置具有表象性制造的特性。[①] 以这种方式持续的东西乃是持留者（das Bleibende）。尼采把这个持续的东西称为“存在者”，完全符合于在形而上学历史中起支配作用的存在之本质（存在＝持续的在场状态）。他往往也把这种持续的东西称
240 为“存在”，也还是完全符合于形而上学思想的说法的。自西方思想的开端以来，存在者就被当作真实的东西，当作真理，而同时，“存在着”（seiend）[②]和“真实”（wahr）的意义却是变化多端的。尽管尼采对形而上学做了彻底的颠倒和重估工作，但当他把在权力意志中为意志的保存而固定下来的东西径直叫作存在或存在者或真理时，他还是停留在形而上学传统百折不挠的道路中。因此，真理就是一个在权力意志之本质中被设定的条件，也即权力之保存的条件。作为这样一种条件，真理乃是价值。不过，由于意志只能根据那种对持续的东西的支配进行意愿，所以，真理就是从权力意志之本质而来对这种意志来说必然的价值。在这里，“真理”这个名称既不意味着存在者之无蔽状态，也不是指知识与对象的符合



① 此句的德语原文为“Dieses Stellen hat die Art des vor-stellenden Herstellens”。——译注

② 德语系动词 sein 的分词形式。——译注

一致，也不是指那种作为明白易解的对被表象者的投送和确保(Zu-und Sicherstellen)的确定性。这里，而且在一种从前面所指出的真理之本质的方式而来的本质历史的渊源中，真理乃是对权力意志由之而得以意愿自身的那个圆周区域的持续的持存保证。

从那种对当下达到的权力等级的保证来看，真理乃是必然的价值。但真理不足以去达到某个权力等级；因为就其本身来看，持续的东西绝不能给出那个东西，即，意志为了作为意志超出自身也即为了进入命令之可能性中而首先就需要的那个东西。命令之可能性只有通过一种为权力意志之本质所包含的有所洞察的前瞻(durchblickenden Vorblick)才表现出来；因为，作为求更大权力的意志，权力意志本就是向可能性透视的(perspektivisch)。对这些可能性的开启和提供乃是对权力意志之本质而言的那种条件，这种条件——作为在词面意义上先行的条件——高于前面所说的条件。因此之故，尼采说(《权力意志》，第 853 条，1887—1888 241
年)：“但真理不是最高的价值尺度，更不是最高的权力。”

权力意志只有从意志之可能性而来才向其本身开放；而对尼采来说，意志之可能性的创造乃是艺术的本质。与这一形而上学概念相应，尼采在“艺术”这个称号下所思索的不只是艺术家的审美领域，甚至并不首先是这种审美领域。艺术乃是所有开启并且占有透视角度(das Perspektiven)的意愿的本质：“艺术作品，在没有艺术家情况下出现的艺术作品，譬如作为肉体、作为组织(普鲁士军官团、耶稣教团)等。何以艺术家只是一个初步阶段。世界乃是一件自我生殖的艺术作品——。”(《权力意志》，第 796 条，1885—1886 年)

根据权力意志来理解的艺术的本质乃在于:艺术激发权力意志首先成其本身,并且激励权力意志去超出自身。由于尼采在对早期希腊思想家的ζωή[生命]和φύσις[涌现、自然]的隐隐回应中,往往也把作为现实之现实性的权力意志称为生命,所以尼采能够说,艺术乃是“生命的最大兴奋剂”(《权力意志》,第851条,1888年)。

艺术是在权力意志之本质中被设定起来的条件,就是权力意志作为它所是的意志能够提升入权力之中、并且能够提高权力这样一回事情的条件。因为艺术是这样一种条件,所以它便是一种价值。作为那种条件,那种在持存保证之决定作用的等级中先行的、并因而先行于一切决定作用的条件,艺术乃是开启着一切上升高度的价值。艺术是最高的价值。与真理之价值相比,艺术是更高的价值。一方以常新的方式召唤着另一方。两种价值在它们的价值关系中规定着在自身中设定价值的权力意志的统一本质。这种权力意志乃是现实之现实性,或者,用比尼采通常所采用的更宽泛一些的词语来讲,就是存在者之存在。如果形而上学必须着眼
242 于存在来言说存在者,如果它借此以其方式道出存在者之根据,那么,权力意志形而上学的根据律[①]就必定说出了这个根据。这种形而上学的根据律言说的是,何种价值合乎本质地被设定起来,并且是在设定价值的权力意志的本质范围内的何种价值等级中作为存在者的“本质”(Essenz)被设定起来。这个根据律就是:“艺术**比**真理**更有价值**。”(《权力意志》,第853条,1887—1888年)

① 此处“根据律”原文为Grund-Satz,或可按字面直译为“根据-定律”。——译注

权力意志形而上学的根据律是一种价值律(Wertsatz)。

从这一最高的价值律可以清楚地看出,价值设定本身根本上是双重的。在价值设定中,无论是明确的还是不明确的,总有一种必然的价值和一种充分的价值被设定起来,而这两者乃是从它们相互的居支配地位的关系而来被设定的。价值设定的这一双重性符合于它的原则。这个贯穿并且引导着价值设定本身的原则就是权力意志。从其本质的统一性而来,权力意志渴求并且满足于它本身的提高和保存的条件。对于价值设定之双重本质的考察特别地能使思想直面于权力意志的本质统一性问题。只要权力意志是存在者之为存在者的“本质”,而形而上学的真实就是对存在者的言说,那么,当我们思考权力意志的本质统一性时,我们就是要追问这种真实的真理性。我们借此就达到这种形而上学和一切形而上学的极点。但在此何谓极点呢?我们要就权力意志的本质来解说其意思,并且同时保持在眼下的讨论所划定的界线之内。

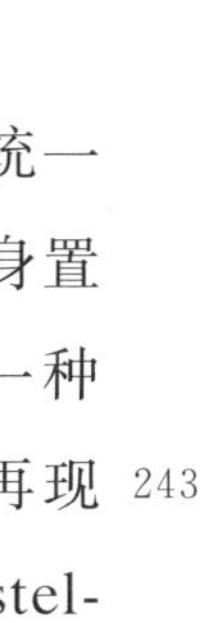



权力意志的本质统一性无非是权力意志本身。这种本质统一性乃是权力意志作为意志直面自身的方式。它把权力意志本身置入其本己的考验中,并使之接受考验,结果,权力意志在这样一种考验中才纯粹地、从而以其最高的形态再现出自己。但这种再现 243
(Repräsentation)在此绝不是一种事后追加的表现(Darstellung),而不如说,由这种再现所决定的在场(Präsenz)乃是权力意志的存在的方式,并且,权力意志就是作为这种方式而**存在**的。

然而,权力意志的存在方式同时也是它置自身于其本身的无蔽领域中的方式。权力意志的真理即植根于此。权力意志之本质统一性问题就是作为存在者之存在的权力意志在其中存在的那个真理的方式问题。而这种真理同时也是存在者之为存在者的真理，形而上学就是作为这种真理而存在的。照此看来，现在所追问的真理并不是权力意志本身作为存在者之为存在者的必然条件所设定的那种真理，而是设定条件的权力意志本身已经在其中成其本质的那种真理。权力意志在其中成其本质的这个一(dieses Eine)，即它的本质统一性，关涉到权力意志本身。

然则存在者之存在的这一真理具有何种方式呢？此种方式只能取决于那种东西，后者的真理就是此种方式。但是，只要在现代形而上学的范围内存在者之存在被规定为意志，并因而被规定为自我意愿(Sichwollen)，而自我意愿本身是自我认识(Sich-selbst-wissen)，那么，存在者，即ὑποκείμενον[基体、基底]、subjectum[一般主体]，就以自我认识的方式成其本质。存在者(即 subjectum[一般主体])自行呈现出来，而且是以 ego cogito[我思]方式向其自身呈现出来。这种自行呈现，即再现(Re-präsetation)(也即表象)，就是 qua subjectum[作为一般主体]的存在者之存在。自我认识便成了绝对主体(Subjekt schlechthin)。在自我认识中聚集着一切认识及其可认识的东西。它是认识的聚集，犹如山脉是群山的聚集。主体的主观性(Subjektivität)作为这样一种聚集就是 co-agitatio(即 cogitatio[思维])，是 conscientia[意识]，是认识之聚集(Ge-wissen)，即意识(conscience)。[①] 但 co-agitatio[思维]本身就是 velle，即意愿。在主体的主体性(Subjektität)中，作为主体

① 这里的 conscientia 和 conscience 分别是拉丁文和法文中的“意识”。而德文 Ge-wissen 在此并非“良知”(Gewissen)，而是取其前缀 Ge-的“聚集”意，故我们权译之为“认识之聚集”。——译注

性之本质的意志得以显露出来。作为主体性形而上学，现代形而 244
上学是在意志意义上思考存在者之存在的。

主体性所具有的第一个本质规定是，表象着的主体保证其自身，并且始终也保证它所表象的东西本身。根据这种保证，作为确定性的存在者之真理就具有可靠性（即 certitudo）之特性。确定性在其中成其本身的那种自我认识，就它而言始终是迄今为止的真理之本质，也即表象之正确性（即 rectitudo）的本质的变种。但是，正确性现在不再在于与某个在其在场性方面未曾被思考的在场者的相应。在这里，正确性乃在于对一切有待表象的东西的设置，这种设置符合于那种在表象着的 res cogitans sive mens［思维体或心灵］的认识要求中被设定起来的标尺。这种要求指向可靠性，而可靠性的要义在于，一切有待表象的东西和表象一道被逐入数学观念的清晰性和明确性之中，并在那里被聚集起来。ens［存在者］乃是 ens co-agitatum perceptionis［在知觉中一起活动的存在者］。现在，如果表象合乎这一可靠性要求，那它就是正确的。如此这般被表明为正确的，它——作为被恰当地制作的和可支配的——就是被合法地制作或辩护了。[1] 主体性的自身确定性意义上的存在者之真理，作为可靠性（即 certitudo），根本上乃是对在它自己的光亮面前的那种表象及其所表象者的合法制作或辩护。这种辩护（即 iustificatio）乃是对 iustitia［公正］的实行，从而就是公正（Gerechtigkeit）本身。既然主体向来是主体，它便得以为自

① 在此注意“正确的”（richtig）、“被恰当地制作”（recht gefertigt）与“被合法地制作或辩护”（gerecht-fertigt）三词之间的字画的和意义的联系，三者均出于词根 recht（合法的、正确的、正当的）。——译注

己确定可靠性。它在为其本身所设定的公正要求面前自我辩护。

在现代的开端，人们重新提出了下述问题：在存在者整体中，也即在一切存在者的最具有存在特性的根据（即上帝）面前，人如
245 何能够确定他本身的持久性，也即确定他的得救（Heil）。这个得救确定性的问题就是辩护问题，也就是公正（即 iustitia）问题。

在现代形而上学范围内，莱布尼茨首先把 subjectum[一般主体]思考为 ens percipiens et appetens[知觉和欲望的存在者]。他在 ens[存在者]的 vis[力]之特性中首次清晰地思考了存在者之存在的意志特征。他以现代的方式把存在者之真理思考为确定性。在其关于形而上学的二十四个论题中，莱布尼茨说（第二十个论题）：iustitia nihil aliud est quam ordo seu perfectio circa mentes[公正无非是心灵获得的秩序和完善]。照第二十二个论题看，mentes[心灵]，即 res cogitantes[思维体]就是 primariae Mundi unitates[原初的世界统一体]。作为确定性的真理是对可靠性的保证，是秩序（即 ordo）和普遍的确定，也就是完全的和彻底的完成（即 per-fectio[完善]）。对首先和真正地在其存在中的存在者的保证之特性乃是 iustitia（公正）。

在对形而上学的批判性奠基中，康德把先验主观性的终极的自身保证思考为先验演绎的 quaestio iuris[合法问题]。它就是表象着的主体的辩护（Recht-fertigung）的公正问题，这个表象着的主体把其本质固定在它的“我思”的自身公正（Selbst-Gerechtigkeit）中了。

在作为确定性的真理中——这种确定性被思为主体性的真理，而主体性被思为存在者之存在——隐含着根据可靠性的辩护

而被经验的公正。它虽然是作为主体性之真理的本质而起作用的,但在主体性形而上学范围内却并没有被思考为存在者之真理。而另一方面,一旦存在者之存在显现为权力意志,则公正——作为自我认识着的存在者之存在——就必然要来到现代形而上学思想面前。权力意志认识到自己是本质上设定价值的意志,它在设定价值即设定它自己的本质持存(Wesensbestand)的条件之际保证自己,从而不断地正确对待自己,并且在这种正确对待中成为公正。在公正中并且作为这种公正,权力意志的特有本质必定再现
(repräsentieren)出来,而以现代形而上学的方式来思考,再现也 246
就是:存在(sein)。正如在尼采形而上学中的价值思想比笛卡尔形而上学中关于确定性的基本思想更为基本,因为确定性只有在被看作最高价值时才能被看作公正;同样地,在西方形而上学达到完成(在尼采那里)的时代里,主体性的明白可解的自身确定性便表明自己是权力意志的辩护,这种辩护是按照在存在者之存在中起支配作用的公正来进行的。

早在一部早期的、也是众所周知的著作中,即在第二个不合时宜的考察"论历史学对于生命的利与弊"(1874 年)中,尼采就用"公正"(Gerechtigkeit)取代了历史科学的客观性(第 6 章)。但在一般情形下,尼采对于公正是保持沉默的。只是到关键的 1884—1885 年间,当时尼采洞识到"权力意志"乃是存在者的基本特征,他才写下了两段关于公正的思想的文字,但没有予以发表。

第一段笔记(1884 年)的标题为"自由的道路"。这个笔记如是说:"**公正**作为构造着的、离析着的、消灭着的思想方式,是从评价出发的;**生命本身的最高代表**。"(大八开本,第 13 卷,第 98 节)

第二段笔记(1885 年)说:“**公正**,作为一种全景式眺望着的权力的作用,它超越善与恶的细小视角向外观看,因而具有一个广大的**优势**境域——其意图是保存比这个和那个个人**更多**的某物。”(大八开本,第 14 卷,第 158 节)

对这一思想的准确解释超出了我们这里所尝试的沉思的范围。在此我们只对尼采思考的公正所归属的那个本质领域作一提
247 示。为了能够理解尼采所见的公正,我们必须排除所有关于公正的观念,来自基督教道德、人道主义道德、启蒙运动道德、资产阶级和社会主义道德的种种公正观念。因为,尼采根本没有首先把公正理解为伦理和法律领域的一种规定。毋宁说,他是根据存在者整体之存在,也即根据权力意志来思考这种公正的。公正的东西就是那种依法的。但什么是依法的,这取决于作为存在者而存在的东西。因此,尼采说(大八开本,第 13 卷,第 462 节,1883 年):“法 = 意志,一种使当下权力关系永存的意志。前提是满足于这种权力关系。一切令人敬畏的东西被吸引,其任务是让法显现为永恒的东西。”

次年写的一则笔记也说:“**公正**问题。就是说,第一性的和最强大的东西正是寻求优势的意志和力量。惟统治者随后来确定‘公正’,也就是说,统治者根据其尺度来衡量事物;如果他**十分强大**,他就能十分广泛地**放任**和承认**大胆尝试**的个体。”(大八开本,第 14 卷,第 181 节)可想而知,尼采关于公正的形而上学概念是与通常的观念格格不入的,但是,它依然没有触及公正的本质;这种公正在现代之完成的开端处,在围绕地球统治地位的斗争的范围内,已经是历史性的,并且因此明确或不明确地,隐蔽地或公开地,

决定了人在这个时代里的一切行动。

尼采所思的公正乃是以权力意志方式存在的存在者之真理。不过，尼采本人既没有明确地把这种公正思考为存在者之真理的本质，也没有根据这一思想把完成了的主体性形而上学诉诸语言而表达出来。但公正乃是由存在本身所规定的存在者之真理。作为这种真理，公正就是在其现代的完成中的形而上学本身。在如此这般的形而上学中隐含着一个原因，可以说明何以尼采尽管在 248
形而上学上把虚无主义经验为价值设定的历史，但却未能思考虚无主义的本质。

我们不知道，权力意志的形而上学保持有何种隐蔽的、由作为其真理的公正之本质所注定的形态。它第一性的根据律几乎还未曾被道出；即使曾被道出，它也不是作为具有这种形式的定律。当然，这一定律的定律特性在这种形而上学范围内具有自己的方式。第一性的价值律确实不是一个演绎的定律系统的最高定律。如果我们谨慎地来理解“形而上学的根据律”这个名称，就是把它理解为对存在者之为存在者的本质根据的命名，也即对存在者的本质统一性的命名，那么，它就还是十分宽泛和复杂的，足以随时对形而上学关于根据的言说方式作形而上学式的规定。

尼采还以另一种形式，表达了权力意志形而上学的第一价值律：“我们拥有**艺术**，是为了我们**不因真理而招致毁灭**。”（《权力意志》，第 822 条，1888 年）

我们当然不能根据我们关于真理与艺术的日常观念，来了解这一关于艺术与真理之间的形而上学的本质关系即价值关系的命题。否则的话，一切都会变得陈腐乏味，而后果十分严重的是，我们便失去了那种可能性，即，尝试与这个时代的正在自行完成的形而上学的隐蔽立场作一种本质性的争辩，以便把我们自己的历史性本质从历史学和世界观的蒙蔽中解放出来。

在刚才提到的权力意志形而上学的根据律的公式中，艺术与真理作为权力意志的第一性的占统治地位的构成物，乃是在与人
249 的关系中被思考的。存在者本身的真理与人之本质的本质关系究竟应当如何在形而上学范围内根据形而上学的本质来思考，这对我们的思想来说还是蔽而不显的。这个问题几乎还没有得到追问，就已经被风靡一时的哲学人类学不妙地混淆起来了。但无论如何，倘若我们想把价值律公式当作一个证据，来说明尼采所从事的是实存论上的(existenziell)哲学思考，那就是错误的。尼采从来没有做过实存论的哲学思考，而是做了形而上学的思考。我们还没有成熟，还不能去理解下面这种思想的严格性，这种思想是尼采在构思他的主要著作《权力意志》记录下来的：

“在英雄周围一切都变成悲剧，在半神周围一切都变成滑稽剧；在上帝周围一切都变成——什么呢？也许都变成‘世界’么？——”(《善与恶的彼岸》，第150节，1886年)

可是，确实到时候了：我们要学会去认识，尼采的思想——尽管从历史的角度并且就其名称看来必然显示出另一种情态——并不比亚里士多德的思想更少实际性和严格性；亚里士多德在其《形而上学》第4卷中把矛盾律思考为关于存在者之存在的第一真理。那种把尼采和克尔恺郭尔相提并论的看法已经是司空见惯的了，但并非因此就是无可置疑的了；这种看法没有认清这样一回事情，即，尼采作为形而上学思想家保持着与亚里士多德的亲近——而

之所以没有认清，乃是由于对思想之本质的误解。克尔恺郭尔与亚里士多德本质上是疏远的，尽管他常常提到后者。因为克尔恺郭尔不是思想家，而是一位宗教作家，而且不是一般宗教作家中的一员，而是与他的时代的命运相适应的独一无二的宗教作家。这就是他的伟大之处，如果我们这样说并非一种误解的话。

在尼采形而上学的根据律中，权力意志的本质统一性是以艺术与真理的价值的本质关系来命名的。根据存在者之为存在者的这一本质统一性，价值的形而上学本质得到了规定。价值乃是在 250
权力意志中、并且为权力意志而设定起来的权力意志自身的双重条件。

由于尼采把存在者之存在经验为权力意志，故他的思想必定针对价值而展开。所以就需要普遍地并且先于一切地把价值问题提出来。这种追问把自身经验为历史性的追问。



迄今为止的最高价值的情形如何？着眼于对一切价值的重估，这些最高价值的废黜意味着什么？因为对价值的思考植根于权力意志的形而上学中，所以尼采的解释——即把虚无主义解释为最高价值的废黜和一切价值的重估的过程——就是一种形而上学的解释，而且是在权力意志形而上学意义上的解释。但是，只要尼采在虚无主义的真正完成意义上来理解他自己的思想，即，作为“新的价值设定之原则”的权力意志之学说，那么，他就不再只是消极地把虚无主义理解为最高价值的废黜，而是同时也积极地来理解虚无主义，也即把它理解为虚无主义的克服；因为现在明确地被经验的现实之现实性，即权力意志，成了一种新的价值设定的本源和尺度。其价值直接规定着人的表象，并同时激励着人的行为。

人的存在被置入另一个发生维度之中。

在上文所引述过的《快乐的科学》第125节中，那个疯子对于杀死了上帝也即废黜了超感性世界的人们的行为说了这样的话："再也没有更伟大的行为了——而因此之故，我们的后人将生活在前所未有的更高的历史之中！"

随着"上帝死了"这样一种意识，也就开始了关于以往最高价值的彻底重估的意识。人本身按照这种意识而转入另一种历史
251 中，那是更高的历史，因为在其中，一切价值设定的原则，即权力意志，特别地被经验和接受为现实的现实性，也即存在者之存在。借此，作为现代人的本质之居所的自我意识完成了它的最后一步。它意愿本身成为无条件的权力意志的实行者。决定性价值的没落就要到尽头了。虚无主义，亦即"最高价值的自行废黜"，被克服了。那个人类——它意愿其本己的作为权力意志的人之存在，并且把这种人之存在经验为归属于那种由权力意志整体所规定的现实性的人之存在——被一种人的本质形态所规定，而这种本质形态超出了迄今为止的人。

这个超出迄今为止的人种的人类之本质形态，尼采用"超人"(der Übermensch)这个名称来表示。以尼采的理解，"超人"并不是某种个别的人的标本——在这种标本中，通常所见的人的能力和意图被扩大和提高到巨大的地步。"超人"也不是通过把尼采哲学应用到生活中去才出现的那样一种人。"超人"这个名称命名的是那个人类的本质，这个人类作为现代人开始进入其时代的本质完成过程之中。"超人"是那种根据由权力意志所规定的现实性、并且对这种现实性来说才**存在**(ist)的人。

其本质是从权力意志而来被意愿的本质，这样的人就是超人。对这种如此这般被意愿的本质的意愿必然符合于作为存在者之存在的权力意志。因此，与思考权力意志的那种思想一体的，就必然产生了这样一个问题：从存在者之存在而来被意愿的人的本质必然以何种形态表现和展开出来，从而得以满足于权力意志、并因此能够承担对存在者的统治？不知不觉地，而且首先就是不知不觉 252
地，人从存在者之存在而来发现自己面临了承担大地之统治地位的任务。以往的人已经充分思考了存在者之存在是以何种方式显现的吗？对于他的本质是否已成熟并且是否具有力量去响应这一存在的要求，以往的人有了确信吗？或者，以往的人不得不借助于那些权宜之计和曲折弯路——它们总是一再让他不能去经验所是的东西？以往的人想要保持为以往的人，同时已经是其存在开始显现为权力意志的那个存在者所意愿的东西。以往的人就其本质来看根本还没有对始终贯通存在者而起支配作用的存在作好准备。在存在者那里起支配作用的是这样一种必然性，即，人之超出以往的人，并不是出于一种单纯的兴趣，也不是为着纯粹的任性，而只是为了存在的缘故。

尼采关于超人的观点起于这样一种思想，这种思想从存在学上思考存在者之为存在者，从而适应于形而上学的本质，但却不能在形而上学范围内经验这种本质。因此之故，恰如在尼采之前的一切形而上学那里，对尼采来说也依然蔽而不显的是，形而上学的本质如何是根据存在之本质而得到规定的。所以，在尼采的形而上学中，权力意志与超人的本质之间的本质关系的根据必然是掩蔽着自己的。但在任何一种掩蔽中，都同时有一种显现在起支配作用。存在者之 essentia[本质]即权力意志所具有的 existentia[实存],乃是相同者的永恒轮回。在这种永恒轮回中被思考的存在包含着与超人之本质的关联。可是,这种关联在其合乎存在的本质方面必然是未曾被思考的。所以,对尼采本人也模糊不清的是:思考超人(以查拉图斯特拉为形象)的思想与形而上学的本质
253 处于何种关系之中。因此,《查拉图斯特拉如是说》这部著作的特性始终是蔽而不显的。只有当一种未来的思想已经到位,能够把这本“写给所有人的书又是无人能读的书”与谢林的《关于人类自由的本质的探究》(1809 年),同时也与黑格尔的《精神现象学》(1807 年),与莱布尼茨的《单子论》(1714 年),放在一起加以思考,并且不仅是以形而上学方式思考这本著作,而是从形而上学之本质而来思考这部著作,这时候,一种争辩的权利和义务也好,一种争辩的基础和视界也好,才被确立起来了。



要对超人的观念和形象——它们已经蒙受了特有的误解——生出愤怒,并且把这种愤怒假装为一种反驳,这是轻而易举的,但却是不负责任的。困难的、但对未来的思想来说不可避免的,乃是达到那种高尚的职责,正是出于这种职责,尼采思考了那种在权力意志的存在命运中注定要去承受对大地的统治的人类的本质。超人的本质并不是一种任意的癫狂症的通行证。它是一个由至高的自我克服过程构成的长链条的植根于存在本身的法则;这些至高的自我克服过程才使人游刃于存在者——存在者作为存在者归属于存在,而存在作为权力意志使它的意志本质显现出来,并且通过这种显现而开创一个时代,也即开创形而上学的最后时代。

根据尼采的形而上学,以往的人之所以被叫作以往的人,是因

为他的本质虽然是由作为一切存在者的基本特征的权力意志所决定的，但他并没有把权力意志当作这一基本特征来经验和接受。超出以往的人的人则把权力意志当作一切存在者的基本特征，把它接受到他本己的意愿之中，并且因此在权力意志意义上来意愿自身。一切存在者作为在这种意志中被设定的存在者而**存在**。先 254
前以目的和尺度的方式限定和规定了人之本质的东西，已经失去了它无条件的、直接的、首先普遍地不可或缺地起作用的力量。那种超感性的目的和尺度世界不再来唤起和支撑生命。那个世界本身成了无生命的——死了。基督教信仰还将在这里那里存在。但在这样的世界里起支配作用的爱并不是现在所发生的事情的具有活生生效果的原则。超感性世界的超感性根据曾经被看作一切现实的有效的现实性；但它已成为非现实的了。这就是在形而上学上被思考的“上帝死了”这句话的形而上学意义。

我们还想继续对尼采这句话的必须以上述方式来思考的真理视而不见吗？如若我们还想这样做，那么，无疑地，这句话通过这一奇特的蒙蔽并不就成为非真实的了。上帝还不是一个活的上帝——如果我们继续致力于控制现实，而没有首先严肃地对待其现实性，追问其现实性，也没有去考虑，人是否如此游刃于他从存在而来被卷入其中的那个本质，以至于他能够根据其本质而不是借助于单纯措施的虚假帮助来经受这一命运。

毫无错觉地去经验尼采这句关于上帝之死的话的真理性的尝试，与对尼采哲学的信奉不是一回事情。如果我们竟认为这是一回事，那么，凭这样一种同意是无助于思想的。我们只有通过思想才能关注一位思想家。这就要求我们去思考在这位思想家的思想中得到思考的一切本质性的东西。

如果上帝和诸神在上面所解释的形而上学经验的意义上已经死了，如果权力意志蓄意要成为对存在者之条件的一切设定的原则，也即一切价值设定的原则，那么，那种以对大地的统治为形态的对存在者之为存在者的统治，便转向新的、为权力意志所规定的
255 人的意愿了。《快乐的科学》是在 1883 年出版的，一年之后，尼采出版了《查拉图斯特拉如是说》。尼采以这样一句话结束了后书的第一部分：“**所有的神都已死了：现在我们要使超人活起来！**”

粗粗一想，人们也许会认为，这话说的是：对存在者的统治从上帝转到人那里了；或者，更粗泛地看，似乎尼采用人取代了上帝。当然，有这样看法的人们很少神性地看待上帝的本质。人是绝不能取代上帝的位置的，因为人的本质达不到上帝的本质领域。相反地，与这种不可能性相比较，倒是可能发生某种更为阴森可怕的东西，而对这种东西的本质，我们几乎尚未开始做出思考。从形而上学上看，上帝所居有的位置，乃是对作为被创造者的存在者的产生作用和保存作用的位置。这个上帝的位置是不能空着的。取代这个上帝的位置，就会有另一个在形而上学上相应的位置开启出来，后者既不是上帝的本质领域，也不是人的本质领域，但人又能进入一种与这个位置的优先的关系之中。超人并没有取代上帝，绝没有取代上帝，而不如说，超人的意愿所关心的那个位置乃是另一个领域，即，对在其另一种存在中的存在者作另一种根据说明的领域。这另一种存在者之存在这时已经成了主体性——而这一点正标志着现代形而上学的开始。

现在，一切存在者要么是作为对象的现实，要么是作为对象化

的作用者——在这种对象化中对象之对象性得以构成自己。对象化在表象之际把对象投置给 ego cogito[我思]。在这种投置(Zustellen)中,自我表明自身为它自己的行为(即表象着的投置)的根据,也即表明自身为 subjectum[一般主体]。主体自为地就 256
是主体。意识的本质是自我意识。因此,一切存在者不是主体的客体,就是主体的主体。存在者之存在普遍地植根于那种“面对自身摆置自身”(Sich-vor-sich-selbst-stellen)之中,从而植根于自身设置(Sich-auf-stellen)之中。在存在者之主体性范围内,人起立而入于他的本质的主体性中。人进入这种起立(Aufstand)之中。[①] 世界成为对象。在这一暴动性的对一切存在者的对象化中,大地,即那种首先必然被带入表象和置造(Vor-und Her-stellen)之支配中的东西,被置入人的设定和辨析的中心中。大地本身只还能作为那种进攻的对象显示自身——这种进攻在人的意愿中设立自身为无条件的对象化。自然便普遍地显现为技术的对象,因为它出于存在之本质而被意愿。

在写作上面所引“疯子”一节的1881—1882年那阵子,尼采有这样一则笔记:“争夺地球统治地位的斗争的时代就要到了——这场斗争将打着**哲学基本学说**的旗号。”(大八开本,第12卷,第441页)

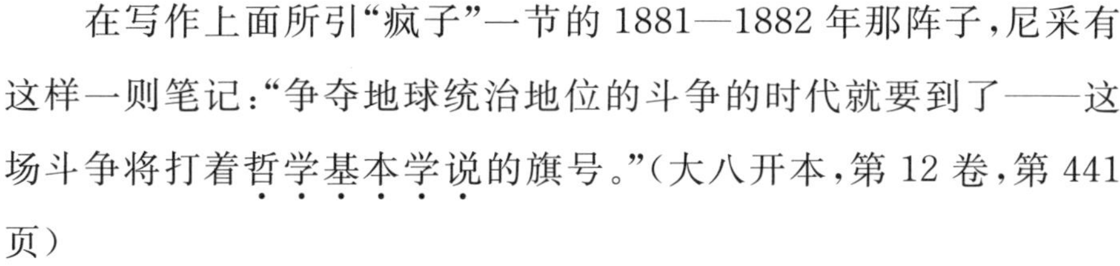

这话并不是说,为了使权力意志无条件地委身于其本质而围绕对作为原料领域的地球的无限制利用的斗争,以及围绕对“人的

① 此处译为“起立”的 Aufstand 在日常德语中有“起义、暴动”的意思。——译注

材料”的毫无幻想的应用的斗争，明确地要求助于一种哲学。相反地，我们可以猜测，作为学说的哲学消失了，作为文化构成物的哲学消失了，并且在眼下这种形态中的哲学也要消失了，因为哲学——只要它曾经是真正的哲学——已经把现实的现实性表达出来，并因此把存在者之为存在者带入其存在的历史中了。所谓“哲学基本学说”并不是指学究们的理论教条，而是指关于存在者之为存在者的真理的语言，这种真理乃是形而上学本身——以权力意志的绝对主体性的形而上学为形态。

257 争夺地球统治地位的斗争在其历史性的本质中已经是下面这个事实的后果，这个事实就是，存在者之为存在者以权力意志的方式显现出来，却没有被认识甚或理解为这种意志。随波逐流的行为学说和表象思想本来就绝不去言说存在着的并因而发生着的东西。随着地球统治地位的斗争的开始，主体性的时代被逐入其完成之中。这种完成的意思之一是，在权力意志意义上存在的存在者按其方式并且在任何一个方面，对它自己的关于它本身的真理都是确定的，因而也是有意识的。意识是那种根据权力意志来意求的意愿的一个必然工具。着眼于对象化来看，意识的发生采取了计划(Planung)形态。它是在人通过对历史处境的不断分解而起立进入自我意愿这样一个范围里发生的。从形而上学上看，“处境”始终是主体行动的处境。任何一种对处境的分析都建立在主体性形而上学的基础之上，无论它是否知道这一点。

“伟大的正午”乃是最明亮的时代，也就是意识的时代；意识绝对地并且在每一个方面都意识到它自身是那样一种认识，这种认识的要义在于：有意地去意愿作为存在者之存在的权力意志，并且

作为这种意愿向着自身发起暴动，去经受世界之对象化的每一个必然阶段，从而为一种尽可能相同和均衡的意愿保证存在者的持续持存。但在这一意志的意愿中，人被一种必然性攫住，要一道去意求这种意愿的条件。这就是说：要设定价值并且按照价值来评价一切。这样，价值便决定着一切在其存在中的存在者。这就使我们面临下述问题：

什么**存在着**（Was ist）——在现在这个时代里，在权力意志的绝对统治公然到来，并且这种公然的东西及其公开性本身成为这种意志的一个功能的时代里？什么存在呢？我们并不是要追问每 258
个人都能各按所需，随时在权力意志领域内为之提供证明和消除证明的那些事件和事实。

什么存在着？我们并不是要追问这个或那个存在者，而是要追问存在者之存在。更确切地说，我们要追问：存在本身的情形如何？我们也不是无的放矢地做这种追问，而是要着眼于存在者本身之真理来追问——这种真理以权力意志形而上学为形态而诉诸语言。在这个正在兴起无条件权力意志的统治的时代里，存在的情形如何呢？

存在成了价值。对持存之持续状态的维持（Beständigung der Beständigkeit des Bestandes）乃是一个必要的、由权力意志本身所设定的对它自身的保证的条件。而除了把存在特别地提升为价值，还能对存在做出更高的评价吗？不过，由于存在被尊为一种价值，它也就被贬降为一个由权力意志本身所设定的条件了。只要存在一般地被评价并从而被尊奉，则存在本身先就已经丧失了其本质之尊严。如果存在者之存在被打上价值的印记，并且借此就确定了它的本质，那么，在这一形而上学范围内，也即始终在这个时代的存在者本身之真理的范围内，任何一条达到存在本身之经验的道路就都被抹去了。在此作这一番谈论时，我们假定了也许我们根本不可做出的假定，即，总是有这样一条通向存在本身的道路，而且一种对存在的思想一向已经思考了存在之为存在。

自其开端以来，西方思想所思考的始终是存在者之为存在者，而没有思及存在及其本己的真理。其间它只是以这样一种真理性思考了存在，以至于它十分笨拙地在一种未曾被经验、因而未经清理的多义性中把“存在”这个名称表达出来。这种始终未思及存在
259 本身的思想乃是西方历史的简单的、包含一切的、从而神秘莫测的、未曾被经验的事件（Ereignis）；而西方历史眼下就要扩张为世界历史了。最后，在形而上学中，存在沦为一种价值了。从中表明，存在并没有得以成为存在。这意味着什么呢？

存在之情形如何？存在无情形可言。[①] 如果恰恰从这里才呈示出一直被掩蔽着的虚无主义的本质，那又如何呢？价值思想于是就是纯粹的虚无主义吗？但尼采却把权力意志形而上学理解为虚无主义的克服。实际上，只要虚无主义仅仅被理解为最高价值的废黜，而权力意志被思考为根据一种最高价值的重新设定而对一切价值的重估的原则，那么，权力意志形而上学就是一种对虚无主义的克服了。而在这种对虚无主义的克服中，价值思想却被提升为一个原则了。

---

① 这里两个句子的原文为：Wie ist es mit dem Sein? Mit dem Sein ist es nichts。——译注

然而，如果价值不能让存在成其为存在，[①]让存在作为存在本身而存在，那么，所谓的克服首先就是虚无主义的完成。因为现在，形而上学不仅不思存在本身，而且这种对存在的不思还被掩盖在一种假象之中，仿佛它由于把存在评价为价值就以最隆重的方式思考了存在，以至于一切存在之问都变得多余的了。但如果就存在本身来看，那种按照价值来思考一切的思想就是虚无主义，那么，甚至连尼采对虚无主义的经验——即认为虚无主义就是最高价值的废黜——也是一种虚无主义的经验了。对超感性世界的解释，对作为最高价值的上帝的解释，并不是根据存在本身来思考的。对上帝和超感性世界的最后一击就在于，上帝，这个存在者之
存在者(das Seiende des Seienden)，被贬低为最高价值了。对上 260
帝的最猛烈的一击，并不是上帝被认为不可知的，也不是上帝的存在被证明为不可证明的，而倒是在于：被认为是现实的上帝被提升为最高价值了。因为这一击并非来自那些不信上帝的游手好闲之辈，而是来自那些信徒及其神学家们，这些人夸夸其谈，谈论一切存在者中最具存在特性的东西(das Seiendsten alles Seienden)，而向来不想去思考存在本身，以便从中能够认识到：从信仰方面看，这种思想和那种谈论，如果它们去干涉信仰神学的话，就都不外乎是一种渎神。

至此，也只是有了一道微弱的光，稍稍照亮了那个幽暗的问题。我们在倾听那段关于疯子的话时就想向尼采提出这个问题了：人究竟如何能够杀死上帝？而显而易见，尼采思考的恰恰就是

① 1950年第一版：在此何谓“存在”？——作者边注

这一点。因为在整段话中只有两句是特别加了着重号的。一句是:“我们把它杀死了”,即把上帝杀死了;另一句说:“虽然他们已经做了这件事,”也就是说,人们已经做了杀死上帝的行为,虽然他们至今还对此闻所未闻。

这两个加着重号的句子给出了对“上帝死了”这句话的解释。这句话并不意味着:没有上帝——仿佛是出于否定和庸俗的仇恨而说的。这句话意味着更凶狠的东西:上帝被杀死了。因此才显露出一个决定性的思想。但这当儿,理解却变得更为困难了。因为我们更愿意把“上帝死了”这句话的意思理解为:上帝本身从自身而来已经远离它活生生的在场了。而要说上帝是被别的东西,
261 甚至是被人杀死的,这是不可思议的。尼采本人对这一思想也惊奇不已。惟因此,紧接着“我们把它杀死了——你们和我!我们都是凶手!”这句关键的话之后,尼采就让疯子发问:“但我们是如何杀死上帝的呢?”尼采以三个形象来描绘问之所问,他通过重复这个问题来解释这个问题:“我们又如何能将海水吸光?是谁给我们海绵去把整个地平线拭掉?当我们把地球移离太阳照耀的距离之外时又该做些什么?”

对最后这个问题,我们可以回答说:当人们把地球移离太阳照耀的距离之外时,人们要做的就是去言说最近三个半世纪以来的欧洲历史。但在这一历史的根基中,与存在者一道发生了什么事情?当尼采说出太阳与地球的关系时,他所想到的不只是现代自然观中的哥白尼转向。“太阳”这个名称立即让我们想到柏拉图的譬喻。在他这个譬喻中,太阳和太阳光的领域是这样一个区域,在那里,存在者按其外观、外表(即理念)而显现出来。太阳构成并限

定存在者之为存在者在其中显示自身的那个视界。“地平线”意指作为真实存在者的超感性世界。它同时也是像大海那样拥抱一切、涵盖一切的整体。作为人的栖留之所的大地被移离太阳照耀的距离之外了。那个自在存在的超感性领域不再作为决定性的光亮照临人世。整个视界被拭掉了。存在者之为存在者整体，即大海，被人们吸干了。因为人起身而进入 ego cogito［我思］的自我性中了。随着这一起立，一切存在者都成了对象。存在者作为客体而被汲入主体性的内在之中了。地平线不再自发地闪光。它无非是在权力意志的价值设定中被设定的观点。

以三个形象（太阳、地平线、大海）为引线（它们对思想来说也
许还不同于形象），这三个问题解释了上帝被杀死这个事件的意 262
思。此所谓杀死，是指人把自在存在的超感性世界消除掉了。杀死指的是一个过程，在这个过程中，存在者之为存在者并没有彻底被消灭，而也许是在其存在中变了样。但在这个过程中，人也变了样，而且首先是人变了样。人变成那个消除自在存在者意义上的存在者的人。人起立而入于主观性中的过程使存在者成了对象。但对象乃是通过表象而站立起来的。对自在存在者的消除，也即把上帝杀死，这是在那种持存保证（Bestandsicherung）中实现的；通过这种持存保证，人便为自己保证了质料的、身体的、心灵的和精神的持存——但这是由于他自己的确信的缘故，这种确信意求取得对作为可能对象的存在者的统治，目的是为了与存在者之存在即权力意志相符合。

作为确信之获得的保证植根于价值设定。这种价值设定控制了一切自在存在者，并因此把它们当作自为存在者而杀死了。杀

死上帝过程中的这最后一击是由那种形而上学来提供的，后者作为权力意志的形而上学进行着价值思考意义上的思想。由这一击，存在被打倒在地，成了纯粹的价值。但尼采本人不再把这最后一击视为从存在本身来看的一击。可是，尼采不是说“我们都是凶手！——你们和我！”吗？确实如此。据此，尼采也还把权力意志的形而上学理解为虚无主义。不过，这对尼采来说仅仅意味着，作为在重估以往一切价值意义上讲的反动过程，权力意志的形而上学确定地、从而最显明地实行着那种先行的“对以往最高价值的重估”。

但恰恰是那种根据一切价值设定的原则而作的对价值的重新
263 设定，是尼采不再能够思考为一种杀死和虚无主义的。在自我意愿的权力意志视界内，也即在价值和价值设定的视野中，这种重新设定不再是一种废黜。



然而，如果着眼于存在者之为存在者，也即从存在的角度，来思考价值设定，则这种价值设定本身的情形又如何呢？那样的话，价值思考就是彻底的杀死了。它不仅是在其自在存在方面击倒了存在者之为存在者，而是完全把存在给干掉了。还需要存在的时候，存在也只能作为一种价值起作用。权力意志形而上学的价值思想在一种极端的意义上是致命的，因为它根本就不让存在本身进入涌现中，也即进入其本质的生命力中。根据价值的思想自始就不让存在本身得以在其真理中成其本质。

但是，这一斩草除根的杀死首先是、并且仅仅是权力意志的形而上学的方式吗？只有这种把存在解释为价值的做法才不让存在本身成为它所是的存在吗？情形若此，那么，在尼采之前的时代里的形而上学就必定已经经验、思考了存在本身，或者至少已经追问了存在本身。**但我们哪儿也找不到这种对存在本身的经验**。我们哪儿也看不到一种思想，是思存在本身的真理的，从而是把真理本身作为存在来思考的。甚至当作为西方思想之开端的前柏拉图思想为柏拉图和亚里士多德的形而上学的展开作准备时，也没有思存在本身。ἔστιν（ἐὸν）γὰρ εἶναι［因为存在是、存在存在］[①]固然是命名存在本身的，但它恰恰不是把在场思为从其真理而来的在场。存在之历史始于、而且必然始于**存在之被遗忘状态**（Vergessenheit des Seins）。所以说到底，存在本身在其真理中始终未被思，这不能归咎于权力意志的形而上学。进一步讲，这种奇怪的缺席只能归咎于作为形而上学的形而上学。但什么是形而上学？我 264
们知道形而上学的本质吗？形而上学本身能够知道它的本质吗？如果形而上学理解这一本质，那也只是在形而上学上理解它。但形而上学的关于形而上学的概念始终滞后于形而上学的本质。这也适合于任何一种逻辑，假定后者根本上还能思考λόγος［逻各斯］是什么的话。一切关于形而上学的形而上学，和一切试图以某种方式超过形而上学的哲学逻辑，都最稳当地落到了形而上学下面，而不知道它们自身在这样做时掉到哪里去了。

这当儿，对我们的沉思来说，至少是虚无主义之本质的一个特性变得清晰一些了。虚无主义的本质植根于那种历史，根据这种历史，在存在者之为存在者整体的显现中并没有发生存在本身及其真理，而且其情形是，存在者之为存在者的真理是由于存在之真

---

① 巴门尼德的残篇第6。——译注

理的缺席才适合于存在。诚然,尼采在虚无主义开始完成的时代里经验到了虚无主义的某些特性,同时对它们做了虚无主义式的解说,从而完全掩埋了它们的本质。不过,尼采就如同他之前的任何一种形而上学,根本没有认识到虚无主义的**本质**。

但如果虚无主义的本质植根于历史中,以至于在存在者之为存在者整体的显现中存在之真理是缺席的,并因此而没有发生存在本身及其真理,那么,作为存在者之为存在者的真理的历史,形而上学本质上就是虚无主义。此外,如果形而上学是欧洲的和由欧洲所决定的世界历史的历史根据,那么,这种世界历史就在一种完全不同的意义上是虚无主义的。

从存在之命运来思考,“虚无主义”的虚无(nihil)意味着:根本就没有存在。存在没有达到其本己的本质的光亮那里。在存在者之为存在者的显现中,存在本身是缺席的。存在之真理失落了。它被遗忘了。



265 这样来看,虚无主义在其本质中就是一种与存在本身同时进行的历史。于是,在存在本身的本质中就包含着这样一回事情,即,存在由于自行隐匿而始终未曾被思。存在本身自行隐匿入其真理中。它庇护自身进入这种真理中,并在这种庇护(Bergen)中遮蔽自身。

由于看到了这种对其本己本质的自行遮蔽的庇护,我们也许就触着了那种神秘(das Geheimnis)的本质——存在之真理就是作为这种神秘而成其本质的。

据此,形而上学本身就不只是对一个还有待思考的存在问题的耽搁。它更不是一种错误。作为存在者之为存在者的真理的历史，形而上学乃是从存在本身之命运而来成其大事的。形而上学在其本质中乃是被扣留着的、因而未曾被思的存在本身之神秘。要不然，则一种努力遵循有待思的东西（即存在）的思想就不能不停地去追问：什么是形而上学？

形而上学是存在本身的历史的一个[1]时代。但在其本质中，形而上学就是虚无主义。虚无主义的本质归属于历史，而存在本身即是作为这种历史而成其本质的。然而，只要虚无（Nichts）无论如何指向存在，那么，对虚无主义的存在历史的规定至少更能表明那样一个领域，在其中，虚无主义的本质变得可经验的，从而成为我们的思想所关心的某种被思考的东西。我们习惯于从“虚无主义”这个名称那里首先听出一个不谐和音。但如果我们来思考虚无主义的存在历史的本质，则在对这个不谐和音的倾听中立即就出现了某种棘手的东西。“虚无主义”这个名称表示，它所指的东西根本上是 nihil（虚无）。虚无主义意味着：在任何方面一切都是虚无。“一切”是指存在者整体。但如果存在者作为存在者被经验了，那它就处在它的每一个方面中。因此，虚无主义就意味着： 266
存在者之为存在者整体是虚无的。但存在者从存在而来是其所是并且如其所是地存在。假如一切“是”（ist）都系于存在（Sein），那么，虚无主义的本质就在于，存在本身是虚无的。存在**本身**乃是在其**真理**中的存在，而这种真理归属于存在。

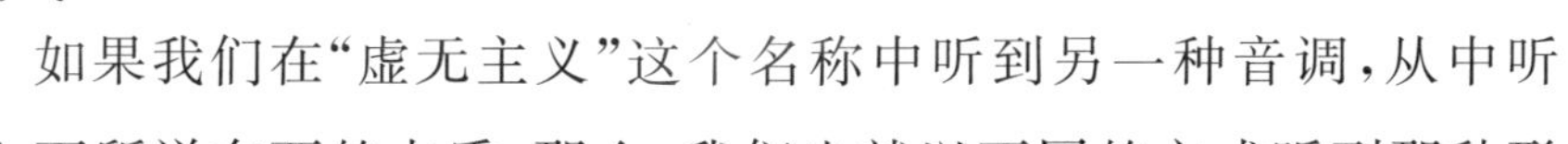

如果我们在“虚无主义”这个名称中听到另一种音调，从中听出上面所说东西的本质，那么，我们也就以不同的方式听到那种形

① 1950 年第一版：这个（die）。——作者边注

而上学思想的语言，这种形而上学思想已经经验到了虚无主义的某些东西，但又不能思考它的本质。也许终有一天，我们听到另一种音调，将以全然不同于以往的方式来思索这个虚无主义刚刚开始完成的时代。也许我们进而会认识到，无论是政治的还是经济的角度，无论是社会学的还是技术和科学的角度，甚至形而上学的和宗教的角度，都是不充分的，都不足以去思考在这个时代里发生的事情。给予思想以有待思的东西的，并不是某种深深地隐藏着的深层意义，而是某种平易近人的东西，是最平易近人的东西；因为它只是这样一种东西，所以我们往往就已经把它忽略不顾了。我们没有关注这种忽略，而是通过这种忽略不断地去实施那种在存在者之存在那里发生的杀害。

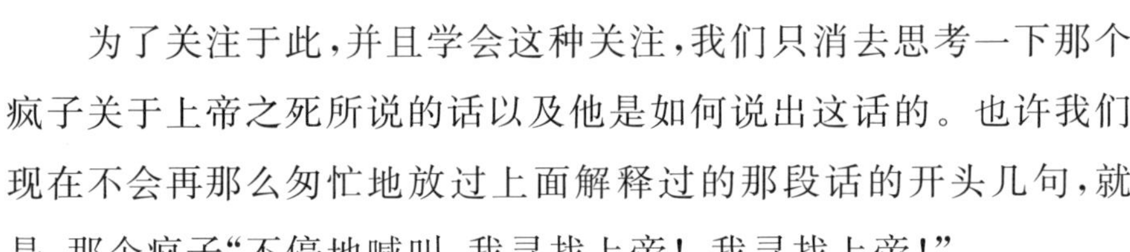

为了关注于此，并且学会这种关注，我们只消去思考一下那个疯子关于上帝之死所说的话以及他是如何说出这话的。也许我们现在不会再那么匆忙地放过上面解释过的那段话的开头几句，就是：那个疯子“不停地喊叫：我寻找上帝！我寻找上帝！”

此人何以是疯子？他发疯了。[①] 因为他被移离出以往的人的层面，在这个层面上，那些已经成了非现实的超感性世界的理想被假装为现实的东西，而它们的反面则变成现实了。这个发疯的人
267 被移到以往的人之外。但这样一来，他只不过是完全被移入以往的人的先行决定了的本质之中——即成为 animal rationale［理性动物］。因此，这个如此这般发疯的人与那种“不信上帝”的公共游

① 此句中的“发疯”（ver-rückt）一词，与下文接着出现的“被移离出”（ausgerückt）、“被移到……之外”（hinausgerückt）和“被移入”（eingerückt）有着相同的词根，即 rücken（移、推）。——译注

民毫无共同之处。因为公共游民们之所以不信神，并不是由于上帝本身对他们来说变得不值得信仰了，而是由于这些游民本身不再能够寻找上帝，从而放弃了信仰的可能性。他们不再能够寻找，是因为他们不再思想。公共游民们废除了思想，以连篇累牍的废话取而代之；在这种废话以为它自己的意思受到危害之际，它往往嗅到了虚无主义的气息。这种总还在不断发生的对于真正的虚无主义的自我蒙蔽，试图以这种方式来为它对思想的畏惧制造借口。但这种畏惧乃是对畏惧的畏惧。

相反地，从尼采这段话的开头几句中，我们可以清楚地看到（而对那些能够倾听的人们来说，根据这段话的最后几句就可以更清楚地看到），疯子乃是叫喊着上帝而寻找上帝的人。在这里，莫非实际上是一位思想者在作歇斯底里的叫喊么？而我们思想的耳朵呢？我们思想的耳朵总还没有倾听这叫喊吗？只消它还没有开始思想，它就还听不到这种叫喊。而思想何时开始思想呢？惟当我们已经体会到，千百年来被人们颂扬不绝的理性乃是思想最冥顽的敌人，这时候，思想才能启程。

269

# 5　诗人何为？

“……在贫困时代里诗人何为？”荷尔德林在哀歌《面包和葡萄酒》中如是问道。我们今天几乎不能领会这个问题了。我们又怎么会想到去把捉荷尔德林所给出的答案呢？

“……在贫困时代里诗人何为？”在这里，“时代”一词指的是我们自己还置身于其中的时代。对于荷尔德林的历史经验来说，随着基督的出现和殉道，神的日子就日薄西山了。夜晚到来，自从赫拉克勒斯、狄奥尼索斯和耶稣基督这个“三位一体”弃世而去，世界时代的夜晚便趋向于黑夜了。世界黑夜弥漫着它的黑暗。上帝之离去，“上帝之缺席”，决定了世界时代。当然，为荷尔德林所经验到的上帝之缺席，并不否认在个人那里和在教会中还有基督教的上帝关系继续存在着；荷尔德林甚至也没有轻蔑地看待这样一种上帝关系。上帝之缺席意味着，不再有上帝显明而确实地把人和物聚集在它周围，并且由于这种聚集，把世界历史和人在其中的栖留嵌合为一体。但在上帝之缺席这回事情上还预示着更为恶劣的东西呢。不光是诸神和上帝逃遁了，而且神性之光辉也已经在世界历史中黯然熄灭。世界黑夜的时代是贫困的时代，因为它一味地变得更加贫困了。它已经变得如此贫困，以至于它不再能察觉到上帝之缺席本身了。

由于上帝之缺席,世界便失去了它赖以建立的基础。“深渊”一词原本意指地基和基础,是某物顺势下降而落入其中的最深基地。但在下文中,我们将把这个“Ab-”看作基础的完全缺失。[①] 基 270
础乃是某种植根和站立的地基。丧失了基础的世界时代悬于深渊中。假定竟还有一种转变为这个贫困时代敞开着,那么,这种转变也只有当世界从基础升起而发生转向之际才能到来,现在明确地说,也只有当世界从深渊而来发生转向之际才能到来。在世界黑夜的时代里,人们必须经历并且承受世界之深渊。但为此就必须有入于深渊的人们。

世界时代之转变的发生,并非由于什么时候有某个新上帝杀将出来,或者,有一个老上帝重新自埋伏处冲出来。如若人没有事先为它准备好一个居留之所,上帝重降之际又该何所往呢?如若神性之光辉没有事先在万物中开始闪耀,上帝又如何能有一种合乎神之方式的居留呢?

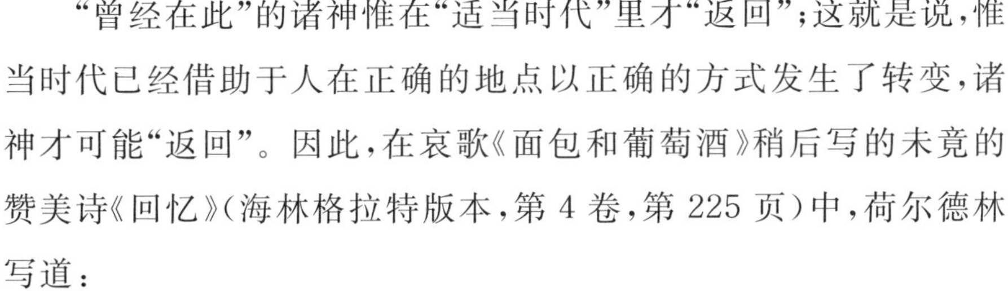

“曾经在此”的诸神惟在“适当时代”里才“返回”;这就是说,惟当时代已经借助于人在正确的地点以正确的方式发生了转变,诸神才可能“返回”。因此,在哀歌《面包和葡萄酒》稍后写的未竟的赞美诗《回忆》(海林格拉特版本,第4卷,第225页)中,荷尔德林写道:

……天神之力并非万能

① 德文中的“深渊”(Abgrund)一词由前缀Ab-和名词Grund(基础)构成。前缀Ab-表示“除去、减少、取消”等。——译注

正是终有一死者更早达乎深渊
于是转变与之相伴
时代久远矣，而真实自行发生。

世界黑夜的贫困时代久矣。既已久长必会达到夜半。夜到夜半也即最大的时代贫困。于是，这贫困时代甚至连自身的贫困也体会不到。这种无能为力便是时代最彻底的贫困了，贫困者的贫
271 困由此沉入暗冥之中。贫困完全沉入了暗冥，因为，贫困只是一味地渴求把自身掩盖起来。然而，我们理当把世界黑夜看作一种在悲观主义和乐观主义此岸发生的命运。也许世界黑夜现在正趋向其夜半。也许世界时代现在正成为完全的贫困时代。但也许并没有、尚未、总还尚未如此；尽管有不可度测的困境，尽管有一切煎熬痛苦，尽管有这种无名的痛苦，尽管有不断滋长的不安，尽管有持续扩张的种种混乱。这时代久而久之了，因为甚至那种被看作是转变之基础的惊恐，只要还没有伴随出现人的转向，它便无所作为了。不过，人的转向是在他们探入本己的本质之际才发生的。这一本质在于，终有一死的人比天神更早地达乎深渊。当我们思人的本质时，人依然是更接近于不在场（Abwesen）的，因为他们被在场（Anwesen）所关涉。此处所谓在场，自古以来被称作存在（Sein）。然则在场同时也遮蔽自身，所以在场本身即不在场。荷尔德林在赞美诗《泰坦》（第4卷，第210页）中把“深渊”称为“体察一切的”。在终有一死的人中间，谁必得比其他人更早地并且完全不同地入乎深渊，谁就能够经验到那深渊所注明的标志。对诗人而言，这就是远逝诸神的踪迹。从荷尔德林的经验来看，是狄奥尼

索斯这位酒神把这一踪迹带给处于其世界黑夜之黑暗中的失去了上帝的众生。因为酒神用葡萄及其果实同时为人和神保存了作为婚宴之所的大地和天空之间的本质性的共济并存。无论在哪里,都只有在这样一个婚宴之所的范围内,还可能为失去上帝的人留存着远逝的诸神的踪迹。

……在贫困时代里诗人何为?

荷尔德林不无惶惑地借他在哀歌中提到的诗友海因茨之口回答道:

你说,但他们如同酒神的神圣祭司,
在神圣的黑夜里走遍大地。

272



作为终有一死者,诗人庄严地吟唱着酒神,追踪着远逝诸神的踪迹,盘桓在诸神的踪迹那里,从而为其终有一死的同类追寻那通达转向的道路。然而,诸神惟在天穹之中才是诸神,天穹乃诸神之神性。这种天穹的要素是神圣者,在其中才还有神性。[①] 对于远逝的诸神之到达而言,也即对于神圣者而言,天穹之要素乃是远逝诸神的踪迹。但谁能追寻这种踪迹呢?踪迹往往隐而不显,往往

① 后期海德格尔提出了"天、地、神、人""四重整体"的"世界游戏"(Weltspiel)说,这里的"天穹"(Äther)即指"四方"中的一方。此外值得注意的是,海德格尔所思的"神圣者"(das Heilige)是高于"神性"(die Gottheit)的,是超出"诸神"(Götter,Göttliche)的,当然也是超出基督教的"上帝"(Gott)的。——译注

是那几乎不可预料的指示之遗留。在贫困时代里作为诗人意味着：吟唱着去摸索远逝诸神的踪迹。因此，诗人就能在世界黑夜的时代里道说神圣者。因此，用荷尔德林的话来说，世界黑夜就是神圣之夜。

在这样的世界时代里，真正的诗人的本质还在于，诗人职权和诗人之天职出于时代的贫困而首先成为诗人的诗意追问。因此之故，“贫困时代的诗人”必须特别地诗化（dichten）诗的本质。做到这一点，就可以猜测到一种顺应世界时代之命运的诗人职权。我们旁的人必须学会倾听**这些**诗人的道说，假使我们并不想仅仅出于存在者，通过分割存在者来计算时代，从而在这个时代里蒙混过关的话——这个时代由于隐藏着存在而遮蔽着存在。

世界黑夜愈是趋近夜半，贫困就愈是隐匿其本质，愈是占据了更绝对的统治。不光是神圣者作为通往神性的踪迹消失了，甚至那些导向这一消失了的踪迹也几乎消失殆尽了。这些踪迹愈是消失殆尽，则个别的终有一死的人就愈加不能达乎深渊，去摸索那里
273 的暗示和指引。那么，愈加严格的事情乃是，每个人只要走到他在指定给他的道路上所能达到的那么远，他便到达最远的地方了。提出“在贫困时代里诗人何为？”这个问题的那首哀歌的第三节，道出了支配贫困时代的诗人的法则：

有一件事坚定不移：
无论是在正午还是夜到夜半，
永远有一个尺度适用众生。
而每个人也被各各指定，

我们每个人走向和到达
我们所能到达之所。

1802年12月2日,荷尔德林在给波林多夫的信中写道:“萦绕在我窗口的哲学之光,眼下就是我的欢乐,但愿我能够保持它,一如既往!”

诗人思入那由存在之澄明所决定的处所。作为自我完成的西方形而上学之领域,存在之澄明已达乎其印记。荷尔德林的运思之诗也一起给这一诗性思想的领域打上了烙印。荷尔德林的作诗活动如此亲密地居于这一处所之中,在他那个时代里任何别的诗人都不能与之一较轩轾。荷尔德林所到达的处所乃是存在之敞开状态(Offenheit des Seins);这个敞开状态本身属于存在之命运,并且从存在之命运而来才为诗人所思。

然而,这一存在的敞开状态在业已完成了的形而上学范围内也许同时就是存在的最极端的被遗忘状态。但如果这种被遗忘状态竟是时代之贫困的贫困性的隐含本质,那又如何呢?那样的话,我们当然无暇审美地逃遁到荷尔德林的诗歌中去了。那样的话,我们当然无暇根据诗人的形象来制作一个人造的神话了。那样的话,我们也就无机可乘,把他的诗滥用为一种哲学的丰富源泉了。相反,冷静地运思,在他的诗所道说的东西中去经验那未曾说出的
东西,这将是而且就是惟一的急迫之事。此乃存在之历史的轨道。274
如若我们达乎这一轨道,那么它就将把思带入一种与诗的对话之中。这是一种存在历史上的对话。文学史研究势必会认为这种对话对它所认定的事实做了非科学的歪曲。哲学会把这种对话看作

一条堕入幻想的迷惘之中的邪路。然而，命运无视于这一切，而伸展着它的轨道。

我们今天在这一轨道上遇到了一位现代诗人吗？我们遇到一位现在往往匆匆忙忙地被硬拉入思之近旁，却又被极其浅薄的哲学掩盖起来的诗人了吗？还是让我们以恰当的严格性，更清晰地来追问这个问题吧。

里尔克是一位贫困时代的诗人吗？他的诗与这时代的贫困有着何种关系呢？他的诗达乎深渊有多深？假如这位诗人走向他能达到的地方，那么，他去往何处？

里尔克的那首有效诗歌浓缩在精心汇集的薄薄的两卷《杜伊诺哀歌》和《致俄尔甫斯十四行诗》之中。[①] 走向这首诗歌的漫长道路本身乃是诗意地追问的道路。里尔克在途中渐渐清晰地体会到时代的贫困。时代之所以贫困不光是因为上帝之死，而是因为，终有一死的人甚至连他们本身的终有一死也不能认识和承受了。终有一死的人还没有居有他们的本质。死亡遁入谜团之中。痛苦的秘密被掩蔽起来了。人们还没有学会爱情。但终有一死的人存在着。只要语言在，他们就存在。歌声依然栖留在他们的贫困的大地之上。歌者的词语依然持有神圣者的踪迹。《致俄尔甫斯十四行诗》中的一首歌（第 1 部，第 19 首）道说了这一切：

尽管世界急速变化

① 海德格尔认为每个伟大的诗人都只有一首“独一的诗歌”，故在此说里尔克的“那首有效诗歌”。此说特别可参看海德格尔《在通向语言的途中》中的《诗歌中的语言》一文。——译注

如同云形之飘忽，
但完成了的一切
都归本于原初。

在变化和运行之上，
更宽广更自由， 275
还有你的序曲歌唱不息，
带着七弦琴的上帝。

没有认清痛苦，
也没有学会爱情，
凡在死亡中远离我们的，
都不曾揭开面纱。
惟有大地上的歌声
在颂扬，在欢庆。

然而，甚至连神圣者的踪迹也已经变得不能辨认了。未曾决断的事情依然是，我们是否还把神圣者经验为导向诸神之神性的踪迹，或者，我们是否还只是遇到了那导向神圣者的踪迹。尚未明了的事情依然是，导向踪迹的踪迹会是什么。至于这样一种踪迹如何向我们显示出来，也还是一个疑问。

时代之所以贫困，乃是由于它缺乏痛苦、死亡和爱情之本质的无蔽。这种贫困本身之贫困是由于痛苦、死亡和爱情所共属的那个本质领域自行隐匿了。只要它们所共属一体的领域是存在之深渊，那么就有遮蔽。但是歌唱依然。歌唱命名着大地。歌唱本身是什么呢？终有一死的人如何能够歌唱？歌唱从何而来？歌唱在何种程度上达乎深渊？

为了揣度里尔克是否，以及在何种意义上是一位贫困时代的诗人，从而也为了洞晓诗人究竟何为，我们试图找出通往深渊的小径上的一些标志。我们把里尔克主要诗作中的一些基本词语当作标志。这些基本词语只有在它们被说出的那个领域的语境中才能得到理解。这个领域就是存在者之真理。自从尼采完成了西方形而上学以来，这种真理获得了展开。里尔克以他自己的方式，诗意地经验并且承受了那种由形而上学之完成而形成的存在者之无蔽
276 状态。我们要来看看，存在者之为存在者整体如何向里尔克显示自身。为了把这一领域收入眼帘，我们将留心考察里尔克的一首诗，这首诗比较晚出，但仍属于里尔克顶峰时期的诗篇。

我们不准备解释那些哀歌和十四行诗；因为它们由之得以言说的那个领域，在其形而上学的机制和统一性上，还没有充分地根据形而上学的本质而获得深思。作这种深思是困难的。原因有二：首先是因为里尔克的诗在存在历史之轨道中还没有达到荷尔德林的位置和起点。其二是因为我们对形而上学之本质几乎一无所知，并且我们也没有精通于存在之道说（Sagen des Seins）。

我们不但不准备解释那些哀歌和十四行诗，而且，我们也无权作这种解释，因为我们只能缓缓地揭示、通达和深思诗与思在其中进行对话的那个本质领域。今天谁能妄称他已经同诗与思的本质一并安居于家中，并且还有足够的力量把两者的本质带入最极端的争执之中，从而来建立它们的和谐呢？

我们下面要阐释的这首诗是里尔克生前没有公开发表的。它刊载于 1934 年出版的《诗集》第 118 页和 1935 年出版的《后期诗》第 90 页上。这首诗没有标题，是里尔克在 1924 年 6 月写的。1924 年 8 月 15 日，里尔克在慕佐写信给克拉拉·里尔克夫人，信中写道："但我尚未在**所有**方面变得如此拖沓和懒散；何其幸运，还是在我六月份离开**之前**，巴龙·卢修斯就收到了精美的《马尔特札记》。他的感谢信早已准备寄给你了。我也给你附上即兴诗几行。277
这几行诗，是我为他写在精致的皮面精装本第一卷上的。"

据《慕佐书简》编辑者做的说明（第 404 页），里尔克这里所提到的即兴诗就是下面这首诗：

正如自然一任万物
听其阴沉乐趣的冒险摆布，而绝没有
以土地和树枝给予特殊保护，
同样，我们对自己存在的原始基础
也不再喜好；它使我们冒险。不过我们
更甚于植物或动物
**随**这种冒险而行，意愿冒险，有时甚至
冒险更甚（并非出于贪营私利），
甚于生命本身，更秉一丝气息……
这就为我们创造安全，在保护之外，
那是纯粹之力的重力的统辖之所；
最终庇护我们的，是我们的无保护性，
而且当我们看到它逼近时，

我们已改变了它，使之进入敞开者中，
为的是在最宽广轨道中，
在法则触动我们的某个地方，来把它肯定。

里尔克称这首诗为“即兴诗”。但它的意外之旨却为我们开启了一个新视界，在那里我们得以更清晰地思里尔克的诗。我们必然是在这一世界瞬间（Weltaugenblick）中才学会，作诗无疑也是一件运思的事情。我们且把这首诗看作一番诗意的冥思。

诗的结构很简单。起承转合亦很清楚。它分成四个部分：第1—5行；第5—10行；第10—12行；第12—16行。第4行的“同样，我们……”对应于开头第一句的“正如自然……”。第5行的“不过”承接上面的那个“我们”。这个“不过”有所限定，却是用对
278 照方式来限定的。这种对照由第5—10行刻画出来。第10—12行道出这种对照的结果。第12—16行道出这种对照的真正旨趣。

通过开头的“正如……同样”，人的存在便进入诗的主题。这一番比较把人的存在突出在芸芸众生中，也即把人的存在与动植物生命体区别开来了。在《杜伊诺哀歌》第八首的开头也做了同样的比较，在那里，里尔克把芸芸众生称为“造物”。

所谓比较，就是用相同的东西来衡量不同的事物，从而揭示出差异。在这里，不同的事物，一方面是植物和动物，另一方面是人；就它们在同一者（das Selbe）中达到一致而言，它们是相同的（gleich）。这个同一者就是它们作为存在者所具有的与它们的基础的关系。芸芸众生的基础乃是自然。人的基础与植物和动物的基础不光是相同的。这个基础在人那里和动植物那里是同一的。

此乃自然，乃“完满的自然”（《致俄尔甫斯十四行诗》第2部，第8首）。

我们在这里必须在宽广的和根本的意义上来思自然，也即在莱布尼茨所使用的大写的Natura一词的意义上来思自然。它意味存在者之存在。存在作为vis primitiv activa［原始作用力］成其本质。这是一种开端性的、集万物于自身的力量，它在如此这般聚集之际使每一存在者归于本身而开放出来。存在者之存在乃是意志。这个意志是自行集中的使每一ens［存在者］成其本身的聚集。每一存在者作为存在者乃在意志之中。存在者是被意求的存在者。这意思是说，存在者并非首先和仅仅作为被意愿的东西存在，相反，就存在者存在而言，它本身便以意志之方式存在。只是作为被意求的东西，存在者才是在意志中具有自己的方式的意愿者。①

里尔克所谓的“自然”并不对立于历史。首先，它并不是指自然科学的对象领域。“自然”也并非对立于艺术。“自然”乃是历史、艺术和狭义的自然的基础。在这里所说的“自然”一词中，还回响着早期的希腊词语φύσις［涌现、自然］的意义，也与我们译为生命的ζωή相当。但在早期思想中，生命的本质并不是在生物学上被表象的，而是作为φύσις［涌现、自然］的涌现者（das Aufge- 279
hende）。里尔克这首诗的第9行也把“自然”称作“生命”。在这里，“自然”，也即生命，指的是存在者整体意义上的存在。在

① 在此注意“被意求的东西”（Gewilltes）、“意愿者”（Wollende）和“意志”（Wille）的字面和意义联系。——译注

1885—1886年的一则笔记中，尼采曾写道（《权力意志》，第582条）："存在——除'生命'外，我们没有别的关于存在的观念。某种死亡的东西又怎么能'存在'呢？"

就自然是我们人本身这个存在者的基础而言，里尔克称自然为原始基础（Urgrund）。这表明，人比其他存在者更深地进入到存在者的基础之中。自古以来，人们就把存在者的基础称为存在。无论在人那里，还是在植物和动物那里，建基的存在与被建基的存在者的关系都是相同的。原因在于，存在总是"一任"存在者"听冒险摆布"。存在让存在者放纵于冒险（das Wagnis）中。这一抛掷着的放纵乃是真正的大胆冒险。存在者之存在就是这种与存在者的抛掷关系。当下存在者都是所冒险者。[①] 存在是绝对冒险。[②] 存在冒我们人类之险。存在冒生物之险。[③] 存在者存在，因为它始终是所冒险者。但是，存在者总是被冒险而入于存在，也即入于一种大胆冒险。因此之故，存在者本身就是冒险着的，它一任自己听冒险摆布。存在者存在，因为它随自身放纵于其中的冒险而行。存在者之存在是冒险。这种冒险基于意志中。自莱布尼茨以降，意志日益清晰地表明自身是在形而上学中被揭示出来的存在者之存在。这里我们思考的意志，并不是对心理学上所谓的意愿



① 此处"所冒险者"（das Gewagte）或译为"被冒险者"、"所冒之险"。存在是"冒险"，而存在者是受存在这种"冒险"摆布的东西，也即"被（所）冒险者"，或可以说，是被存在拿来冒险的东西。——译注

② 此句原文为：Das Sein ist das Waglis schlechthin。——译注

③ 或译"存在使我们人类冒险。存在使生物冒险"。——译注

(Wollen)的抽象概括。而毋宁说,在形而上学上了解的人的意愿,始终只是作为存在者之存在的意志(Wille)的被意求的对立面。里尔克把自然表象为冒险,就此而言,他是以形而上学的方式根据意志的本质来思考自然的。这一意志的本质依然蔽而不显,无论是在求权力的意志中还是在作为冒险的意志中。意志是作为 280
求意志的意志而成其本质的。

里尔克这首诗根本就没有直接道说存在者的基础,也即没有直接道说作为绝对冒险的存在。但如果作为冒险的存在乃是抛掷关系,并因此甚至把所冒险者扣留于抛掷中,那么,这首诗就是通过谈论所冒险者而间接地告诉我们有关冒险的东西。

自然使生物冒险,"绝没有特殊保护"。同样,我们人类作为所冒险者也"不再喜好"使我们冒险的那种冒险(das Wagnis)。这两者意味着:冒险包含着抛掷入于危险中这回事情。冒险(wagen)乃是投入游戏。[①] 赫拉克利特把存在思为世界时间(Weltzeit),把世界时间思为儿童的游戏(残篇第52):Αἰὼν παῖς ἐστι παίζων ,πεσσεύων· παιδὸς ἡ βασιληίη."世界时间是儿童的游戏,是游戏的跳棋;王权乃儿童的游戏。"倘若那被抛掷者保持在危险之外,那么它就没有冒什么险。而倘若存在者已经受到保护了,那它就在危险之外了。在德语中,"保护"(Schutz)、"射手"(Schütze)和动词"保护"(schützen)属于动词"发射"(schießen)一类,犹如"弓形物"(Buck)、"弯腰"(bücken)属于动词"弯曲"

① 这里的"投入游戏"是德文 auf das Spiel setzen 的字面直译;在日常德语中,此短语意谓"拿某事冒险,孤注一掷"。——译注

(biegen)。“发射”意味着“推、插、伸”(schieben),如插上一个门闩,屋顶伸出墙外。在乡下,我们还说:农妇“把……推入”(schießt ein),她把成形了的生面团推入炉灶中烘烤。保护(Schutz)乃是被推出来和被推到前面的东西。它阻止那种危险去伤害甚至攻击受威胁的东西。被保护者委身于保护者。我们的更古老、更丰富的语言曾用 verlaubt,verlobt 这样的词语,意即“喜好”(geliebt)。相反,未被保护者则是不再“喜好的”(lieb)。就它们根本上都是存在者即所冒险者而言,植物、动物和人有一致之处,即,它们都没有受到特别保护。不过,因为在它们的存在中它们是彼此相异的,所以,在他们的无保护性方面也是有某种差异的。

然而,作为所冒险者,那些不被保护者却没有被抛弃。倘若它
281 们被抛弃了,那它们就会像受到保护那样没有冒什么险。倘若它们仅只被消灭了,那它们就不再在天平中了。在中世纪,“天平”(Wage)一词还差不多是“危险”的意思。那是某物在其中能够这样或那样出现的位置。因此,那个以这样或那样倾斜的方式移动的仪器被称为“天平”。它游戏并且渐趋平衡。在“危险”的含义上,并作为这种仪器的名称,Wage 一词源出于 wägen、wegen,后者的意思是“上路”,也即“行走”、“处于活动中”。所谓 Be-wägen,就是“使上路并因而带入活动中”,即:“摇摆”(wiegen)。某物摇摆,这可说是因为它能够使天平这样或那样地进入运动游戏。摇摆的东西具有重量。“衡量”(wagen)意味着:“带入游戏活动中,放到天平上去,放纵于危险之中。”由此看来,所冒险者当然是无保护的;但由于它置于天平上,所以被扣留在冒险之中。它是被支撑的。从其基础方面看,它始终隐蔽于冒险中。作为存在者的所冒险

者是一个被意求者(ein Gewilltes);它被扣留于意志之中,本身始终在意志的方式中,并且自我冒险。所冒险者因此是无忧烦的,是无忧无虑的,是 sine cura,securum,也即是安全的(sicher)。只是就所冒险者安全地居于冒险之中,它才能追随冒险,也即进入所冒险者的无保护之中。所冒险者的无保护性不仅没有排除在其基础中的安全存在,而且必然包括这种安全存在。所冒险者随此冒险而行。

把一切存在者保持在天平中的存在,因此总是将存在者引向自身,引向作为中心的自身。作为冒险的存在把作为所冒险者的一切存在者保持在这种牵引之中。但是,这个有所吸引的牵引的中心同时也从一切存在者那里退隐。以这种方式,这个中心一任存在者听冒险摆布,而存在者就是作为这种冒险而被冒险的。在这种有所聚集的放纵中,隐藏着形而上学的、根据存在来思考的意志的本质。吸引着的、对一切起中介作用的存在者中心,即冒险,乃是一种能力,它赋予所冒险者一种重量,也即一种重力。冒险是重力。里尔克后期的一首诗的标题就叫《重力》。这首诗道说了重 282
力(《后期诗》,第 156 页):

### 重　力

中心,你怎样从万物中引出自身,
甚至从飞翔之物中复得自己:
中心,万物之中最强大者!

站立的人们:如同酒水穿透了渴望,
重力穿透了他。

但是从沉睡者那里，
如同从低垂的云那里，
降下丰厚的重量之雨。

这首诗中所说的重力乃是存在者整体的中心，与我们通常听说的物理学的重力是大相径庭的。因此，里尔克才把它称为"闻所未闻的中心"(《致俄尔甫斯十四行诗》，第2部，第28首)。它是一个基础，作为"中介"(Mit)，它保持存在者相互调节，并在冒险之游戏中聚集一切。这个闻所未闻的中心乃是在存在之世界游戏中的"永恒的游戏者"。把存在当作冒险来咏唱的同一首诗(第11、12行)也把起中介作用的牵引称为"纯粹之力的重力"。纯粹的重力、一切大胆冒险的闻所未闻的中心、存在之游戏中的永恒游戏者，就是冒险。

由于冒险抛掷所冒险者，它就同时把所冒险者置于天平中。冒险放纵所冒险者，而且实际上，它放纵被抛掷者，使之进入某种趋向中心的吸引(Zug zur Mitte)中，而非进入别处。所冒险者被授予这种趋向中心的吸引。在这种吸引中，冒险总是时时把所冒险者导入自身。从某处引出、获得某物，使某物出现——就是我们所谓的"牵引某物"。这是"牵引"(Bezug)一词的原始含义。我们还在谈论商品收购、薪水收入和电流配给，其中都有这个Bezug。[①]

① 德文的Bezug日常含义是"得到、购进、联系、关系"等，海德格尔在此强调其"引得"之意，故我们权译之为"牵引"。——译注

作为冒险的吸引引入并涉及一切存在者,并使它们保持于趋向自身的吸引中;此吸引乃是绝对牵引。"牵引"一词是里尔克主要诗作中的一个基本词语,而且往往以下面的组合出现,如:"纯粹的牵引"、"整体的牵引"、"现实的牵引"、"最清晰的牵引"、"另一种牵引"(也即同一牵引的另一面)。 283

假如我们仅仅从"关系"一词出发来把捉"牵引",并且在"联系"的意义上来把握"关系",[①]那么,我们就只是半通不通地——在此情形中也即根本就没有——理解里尔克的牵引一词。假如我们把这种"关系"看作是自我与对象的"自身关涉"的话,我们就在误解中更掺入了另一些东西了。"自身关涉于"(sich beziehen auf)这一含义在语言历史上是较晚出现的含义。里尔克的"牵引"一词虽然也是在这一含义上使用的,但它首先并不指这一含义,而只是在其原始含义的基础上使用的。如果我们把牵引看作单纯的联系,那么,"整体的牵引"这个词就是完全不可思议的。纯粹之力的重力、闻所未闻的中心、纯粹的牵引、整体牵引、完满的自然、生命、冒险——它们是同一的。

上面列举的所有名称都是命名存在者之为存在者整体的。形而上学的通常说法也称之为"存在"。里尔克的这首诗则把自然思为冒险。"冒险"一词在这里既指大胆冒险的基础,也指所冒险者整体。这种歧义既非偶然,也不足以让人对此大惊小怪。形而上学的语言明显是以这种歧义说话的。

---

① 海德格尔在此把"牵引"(Bezug)与"关系"(Beziehung)、"联系"(Relation)区别开来,而这三者在日常德语中并没有严格的区分。——译注

任何一个所冒险者，作为如此这般的存在者，得以进入存在者整体之中，并居留于这个整体之基础中。当下如此这般的存在者，乃根据一种引力而存在，由此种引力，它才被保持于整体牵引的吸引之中。在牵引范围内的引力的方式乃是那种与纯粹重力这个中284 心的关系的方式。因此，当我们说，所冒险者总是以何种方式被引入趋向中心的吸引之中时，自然就得到了表达。根据那种方式，所冒险者就始终处于存在者整体之中。

里尔克喜欢用“敞开者”（das Offene）一词来命名那种整体牵引，即每一存在者作为所冒险者始终被交托于其中的那种整体牵引。“敞开者”一词是里尔克诗中又一个基本词语。用里尔克的语言来说，“敞开”意指那个没有锁闭的东西。它没有锁闭，因为它没有设立界限。它没有设立界限，是因为它本身摆脱了所有界限。敞开者乃是那一切没有界限的东西的伟大整体。它让进入纯粹牵引中被冒险的芸芸众生作为被吸引者而吸引，以至于它们继续多样地相互吸引，而没有碰到任何界限。如此这般被吸引地吸引着，它们便融入无界限的东西之中，融入无限的东西之中。它们并非化为空洞的虚无，而是兑现为敞开者整体。

里尔克以“敞开者”这个词所指说的东西，绝对不是由存在者之无蔽状态意义上的敞开状态（Offenheit）来规定的；这种敞开状态让存在者作为这样一个存在者而在场。倘若我们想在无蔽状态和无蔽领域的意义上来解释里尔克所说的敞开者，那么，或许就可以说：里尔克所经验的敞开者，恰恰就是被锁闭者，是未被照亮的东西，它在无界限的东西中继续吸引，以至于它不能遇到什么异乎寻常的东西，根本上也不能遇到任何东西。某物照面之处，即产生界限。哪里有限制,被限制者就在哪里退回到自身那里,从而专注于自身。这种限制扭曲、关闭了与敞开者的关系,并使这种关系本身成为一种扭曲的关系。无界限的东西中的限制,是在人的摆置中被建立起来的。对置的对立(das gegenstehende Gegenüber)并没有让人直接处于敞开者之中。它以某种方式把人从世界中排除,并把人置于世界面前——在这里,“世界”意指存在者整体。相反地,世界性的东西(das Weltische)乃是敞开者本身,是非对象性的东西的整体。但是,即便是“敞开者”这一名称,也如同“冒险”一
词一样,作为形而上学的概念是有歧义的。它既指纯粹牵引的无 285
界限的牵引之整体,也指那种在普遍地起支配作用的摆脱限制意义上的敞开性。

敞开者允许进入。但这种“允许进入”(Einlassen)却并不意味着:准许……进入和通达那被锁闭者,仿佛那遮蔽者能够自行解蔽而作为无蔽者显现出来似的。“允许进入”意味着:引入和嵌入到那纯粹牵引之吸引的未被照亮的整体中去。作为敞开者的存在方式,“允许进入”具有那种以纯粹之力的重力的方式“把……吸引包括在内”(Einbeziehen)的特征。所冒险者越少被阻止进入纯粹的牵引之中,它就越是属于敞开者的伟大整体中。因此之故,里尔克把直接进入这一伟大整体中被冒险、并在其中自行衡量的芸芸众生,命名为“伟大的寻常之物”(《后期诗》,第22页)。人不属于这里所说的芸芸众生。《杜伊诺哀歌》第8首就是咏唱万物和人对于敞开者的这一不同关系的诗篇。这种不同在于意识的等级不同。按照这个方面来区分存在者,这对从莱布尼茨以来的近代形而上学来讲,乃是司空见惯的事情了。

里尔克以“敞开者”一词所思考的东西,可以从他在生命的最后一年里所写的一封信中找出证据;这封信是他 1926 年 2 月 25 日写给一位向他询问第 8 首哀歌的俄国读者的(参看 M·贝茨:《里尔克在法国。回忆录·书信·文稿》,1938 年,第 289 页)。里尔克在其中写道:“对于我试图在哀歌中提出来的‘敞开者’这个概念,你必须作如是理解,即,动物的意识程度把动物投入世界,但动物没有每时每刻都把自身置于世界的对立位置(我们人却正是这样做的)。动物在世界中存在;我们人则站在世界面前,而这依靠的是我们的意识所作的特有的转折和强化。”里尔克继续写道:“因此,我所说的‘敞开者’,并不是指天空、空气和空间;对于观察者和
286 判断者而言,它们也还是‘对象’,因此是‘opaque’[不透明的]和关闭的。动物、花朵,也许就是这一切,无须为自己辩解;它在自身之前和自身之上就具有那种不可描述的敞开的自由(offene Freiheit)——这在我们人这里也有等价的东西(极度短暂),但或许只是在爱情的最初瞬间,那时,人在他人身上,在所爱的人身上,在向上帝的提升中,看到了他自己的广度。”



植物和动物被允许进入敞开者之中。它们是“在世界之中”。这个“在……之中”意味着:未被照亮地被包括、吸引入纯粹牵引的牵连之中。与敞开者的关系——如果在这里竟还谈得上一种“与”的话——是一种无意识的关系,即那个仅仅争求着和吸引着的入于存在者整体中的支撑过程(Verstrebung)的无意识的关系。随着意识——意识的本质对于现代形而上学来说就是表象——的提高,对象之站立和对立状态也提高了。意识越是提高,有意识的生命也就越是被排除出世界。因此之故,按里尔克信中的话来说,人

是“在世界面前”。人没有被允许进入敞开者之中。人相对世界而立。人没有直接栖居于整体牵引的吸引和牵引之风中。上面这一段信可以帮助我们更好地领悟“敞开者”,尤其是因为,里尔克在信中明确地否认人们从天空和空间的被开启者意义上去思考“敞开者”。不过,只有我们关于在本质上更原始的存在之澄明(Lichtung des Seins)意义上的敞开者的思想,才真正超出了里尔克的诗的范围;而里尔克的诗依然笼罩在尼采式的调和的形而上学的阴影中。

凡是直接归属到敞开者中去的东西,总是被敞开者接收入中心之吸引的牵引中去的。因此,在所有的所冒险者中,总是那种所冒险者最能归属到敞开者中去,这种所冒险者是按自己的本质而被收取的,因而它在这种被收取状态中绝不追求可能与它对立的任何东西。凡是如此这般成其本质的东西,就“在阴沉乐趣中”。

正如自然一任万物
听其阴沉乐趣的冒险摆布……

“阴沉”在此的意思是“镇静”:不冲破那无界限的继续吸引的牵连;这种无界限的继续吸引是不会被扰攘不宁的来回吸引扰乱不宁的,而有意识的表象却正是作为此种扰攘不宁的来回吸引而忙乱着。“阴沉”的意思还有如阴沉的音调,是指其根甚深而有承担者的特性的东西。“阴沉”的意思并不是指阴郁沉闷的消极意义。里尔克并不是把阴沉乐趣思为低贱的东西。阴沉乐趣确证了自然之伟大的寻常之物归属于纯粹牵引之整体中。因此,里尔克 287

能够在一首后期诗中说:“花之存在对我们来说是伟大的”(《后期诗》,第 89 页;参看《十四行诗》,第 2 部,第 14 首)。上面所引的信中那段话是从意识方面去看出人和生物对于敞开者的关系之不同,并且从此看法中去思人与生物;与此情形一样,这首诗也是着眼于人和万物对冒险的关系之不同(第 5 行以下)去写“万物”与“我们”的:

……不过我们
更甚于植物或动物
**随**这种冒险而行……

人更甚于动植物即随此冒险而行——这首先可以意味着,人比那些万物还更无阻拦地被允许进入敞开者中。即使这个“随”(mit)字没有被加上着重号写出来,这个“甚”(mehr)也必然是这个意思。强调这个“随”字,并不意指无拦阻的随行提升了,而是指:随冒险而行是特别为人而设想的,而且是作为在人的高位中被提高的东西来设想的。冒险及其所冒险者,自然、存在者整体、世界,都是为人而摆出来的,都是从摆脱限制的牵引之镇静了的东西中摆出来的。但是,如此这般被摆置的东西摆置到哪里去,并且是通过什么来摆置的呢?自然通过人的表象(Vor-stellen)而被带到人面前来。人把世界作为对象整体摆到自身面前并把自身摆到世
288 界面前去。人把世界摆置到自己身上来并对自己置造自然。这种置造(Her-stellen),我们须得从其广大的和多样的本质上来思考。人在自然不足以应付人的表象之处,就订置(bestellen)自然。人

在缺乏新事物之处，就置造新事物。人在事物搅乱他之处，就改置(umstellen)事物。人在事物使他偏离他的意图之处，就调整(verstellen)事物。人在要夸东西可供购买或利用之际，就把东西摆置出来(ausstellen)。在要把自己的本事摆出来并为自己的行业作宣传之际，人就摆置出来。在如此多样的置造中，世界便被带向站立并被带入站立位置中。敞开者变成对象，并因此转到人的本质上去了。人把世界当作对象，在世界的对面把自身摆出来，并把自身树立为有意来进行这一切置造的人。①

把某物带到自身面前来，而在带的时候，这种被带到面前来的东西作为事先被表象的东西在任何方面都规定着置造的一切方式；这样地把某物带到自身面前来，就是我们称为意愿(das Wollen)的这种行为的基本特征。这里所谓的意愿就是置造，而且是在有意贯彻对象化的意图的意义上的置造。植物和动物毫无意愿，因为他们被镇静在乐趣之中，绝不把敞开者作为对象摆到自身面前来。它们不能把冒险作为一种被表象的东西而随之而行。因为它们被允许进入敞开者中，所以，纯粹牵引也绝非它们本身之外的对象性的其他东西。反之，人“随”冒险而行，因为人是上述意义上的有意愿的东西。

……不过我们，

① 注意在这段话中的“表象”(Vor-stellen)、“置造”(Her-stellen)、“订置”(bestellen)、“改置”(umstellen)、“调整”(verstellen，或译“伪置”)和“摆置出来”(ausstellen)等动词，均以“摆(置)”(-stellen)为词根。海德格尔后来以“集置”(Ge-stell)一词来表示技术的本质，即技术对于自然的多样摆置方式。——译注

更甚于植物或动物
随这种冒险而行，意愿冒险……

这里所谓的意愿就是贯彻，这种贯彻的意图已经把世界作为
289 可置造的对象之整体设定起来了。这种意愿规定着现代人的本质，而现代人起先却对此种本质的深远作用毫无所知；这种意愿究竟是从什么样的作为存在者之存在的意志中发出来的，这是现代人迄今尚未能够知道的。现代人在这种意愿中把自身作为这样一种人摆出来，这种人在对一切存在者的一切关系之中，因而也在对他自身的一切关系之中，都作为贯穿自身意图的置造者而站立起来了，而且把此种站立建立为无条件的统治。世界是作为对立的持存(Bestand)显现出来的，这种对立的持存整体听凭贯穿自身意图的置造的摆布与处理，并因此处于他的命令之下了。意愿在自身中就具有命令的特性；因为有意的贯彻就是一种方式，在此方式中，置造活动的状况和世界的对象特性会合成一个无条件的、因而是完满的统一体了。在此会合中，意志的命令性质就透露出来了。凭着这样一种透露，在现代形而上学的历程中，那作为存在者之存在的早就成其本质的意志的久久隐蔽着的本质就显露出来了。

与此相应，人的意愿也只能是这样地以自身贯彻的方式，即，人的意愿事先就把一切(虽尚不能遍览一切)逼入它的领域之内。一切都自始而且不可遏止地要变成这种意愿的自身贯彻的置造的材料。地球及其大气都变成原料。人变成被用于高级目标的人的材料。把世界有意地置造出来的这样一种无条件自身贯彻的活动，被无条件地设置到人的命令的状态中去，这是从技术的隐蔽本

质中出现的过程。这种情形只是到了现代才开始作为存在者整体之真理的命运展现出来，虽然存在者整体之真理的零星现象与尝试，一向始终散见于文化和文明的广泛领域之内。

现代科学和极权国家都是技术之本质的必然结果，同时也是 290
技术的随从。在为组织世界公众意见与人们的日常想法而准备的各种手段和形式中，也有同样的情形。不仅生命体在培育和利用中从技术上被对象化了，而且，原子物理学对各种生命体现象的进攻也在大量进行当中。归根到底，这就是要把生命的本质交付给技术制造去处理。今天，人们极其严肃认真地在原子物理学的各种成就和状况中去寻找证明人的自由和建立新价值学说的各种可能性，这正是技术观念占了统治地位的标志。而在技术观念的统治展开来的时候，个体的个人看法和意见的领域早就被弃之不顾了。甚至当人们在可以说较不重要的地区还试图凭借过去的价值观念来掌握技术，而在进行这种努力时已经运用了技术手段，而所运用的技术手段已非仅存外貌而已，在这种时候，技术之本质的威力还是表现出来了。因为利用机器和机器生产都根本上并不就是技术本身，而只是把技术的本质在技术原料对象中设置起来的过程中适合于技术的一种手段而已。甚至，人变成主体而世界变成客体，也是自行设置着的技术之本质的结果，而不是倒过来的情形。

当里尔克体会到作为完满自然的非对象性的东西的敞开者的时候，有意愿的人的世界就必定与此相反地、并且以相应的方式作为对象性的东西显露于里尔克面前。反过来，洞察那美妙的存在者整体的一瞥倒可从正在出现的技术之现象那里获得一种暗示，

指示出一些范围的内幕，从这些范围中也许可能出现一些更深远地形成起来的克服技术的办法。

291 技术生产的不伦不类的产物涌现于纯粹牵引的敞开者面前。旧日成长的事物迅速消逝。这些事物一经对象化之后就不再能够显示自身的特色了。里尔克在1925年11月13日的一封信中写道：

> 对我们祖父母而言，一所"房子"，一口"井"，一座他们熟悉的塔，甚至他们自己的衣服，他们的大衣，都还是无限宝贵，无限可亲的；几乎每一事物，都还是他们在其中发现人性的东西和加进人性的东西的容器。现在到处蜂拥而来的美国货，空乏而无味，似是而非的东西，是生命的冒牌货……一座美国人所理解的房子，一个美国苹果或一棵美国葡萄树，都与我们祖先的希望和沉思所寄的房子、果实、葡萄毫无共同之处……
>
> （《慕佐书简》，第335页以下）

但就欧洲而论，至少在尼采完成形而上学之际，一个在其中作为求意志的意志的存在开始占统治地位的世界的本质上值得追问的许多方面，无疑都是先已想到了的；而美国的东西已经只是欧洲的东西的被意求的现代本质对欧洲的集中反击而已。并不是美国的东西现在才来威胁我们现代人，不如说，技术的未被体会到的本质早已威胁我们的祖先及其事物了。里尔克的沉思给人启发之处，并不在于他还企图挽救我们祖先的事物。我们必须更有所先行思考,去认识在物之物性中值得追问的东西是什么。里尔克也在更早些时候(1912 年 3 月 1 日)自杜伊诺写道:“世界在收敛;因为事物也在收敛,事物日益将其存在置入金钱的震动之中,并且在此发展出一种精神性,此精神性现在已经超过了其可捉摸的实在性。在我现在正在涉猎的时代(里尔克指的是 14 世纪),金钱还是金子,还是金属,是美好的东西,是一切东西中最贴手、最可理解的东西。”(《书信》,1907—1914 年,第 213 页以下)差不多更早十年, 292
里尔克就在《时辰书》第 2 部,即《朝圣书》(1901 年)中,发表了预见甚远的诗句(《全集》,第 2 卷,第 254 页):

世界君王皆衰老,
将无人继承王位。
王子哥儿早夭折,
憔悴的公主小姐呵
把破烂王冠委于暴力。

暴民们把它捣成钱币,
趋时的世界主人
把它锻造成了机器,
隆隆机器效力于人欲;
却未见带来福祉。

矿石怀着乡愁,
生机渺渺无踪迹,

一心离弃钱币和齿轮，
离开工厂和金库，
回归到敞开群山的脉络中，
群山将在它身后幽然自闭。

技术统治之对象事物愈来愈快、愈来愈无所顾忌、愈来愈完满地推行于全球，取代了昔日可见的世事所约定俗成的一切。技术的统治不仅把一切存在者设立为生产过程中可置造的东西，而且通过市场把生产的产品提供出来。人之人性和物之物性，都在自身贯彻的置造范围内分化为一个在市场上可计算出来的市场价值。这个市场不仅作为世界市场遍布全球，而且作为求意志的意志在存在的本质中进行买卖，并因此把一切存在者带入一种计算行为之中，这种计算行为在并不需要数字的地方，统治得最为顽强。



293 里尔克的诗把人思为一种已冒险而深入一种意愿中的东西，这种东西在求意志的意志中受到意求而并不自知这一点。人如此这般地意愿着，就能随冒险而行，此时他就把自己作为自身贯彻者置于其一切所作所为之前。因此，人比植物和动物更加冒险。与此相应，人处于危险中的情形也与动植物不同。

在万物（植物和动物）中，也无任何物被特别保护，虽然它们被允许进入敞开者之中而且安然于敞开者中。反之，人作为自身意愿者，不仅不受存在者整体特别保护，而且是无保护的（第 13 行）。人作为表象者和置造者处于被伪装过的敞开者面前。因此，人本身及其事物都面临着一种日益增长的危险，就是要变成单纯的材料以及变成对象化的功能。自身贯彻的规划又更扩大了这个危险的范围，人有在无条件的置造这回事情上失掉他自己的危险。落在人的本质上的威胁是从这种本质本身中增长起来的。而人的本质基于存在对人的关联。因此，人由于他的自身意愿而在一种本质性的意义上被威胁着，也就是说，人需要保护，但又由于同一个本质特性而同时是无保护的。

这种“我们的无保护性”(第12行)始终与动植物的不被特别保护不同，正如动植物的“阴沉乐趣”不同于人的以自身为意愿的情形。这种区别乃一种无限的区别，因为从阴沉乐趣不能过渡到自身贯彻的对象化。但这种自身贯彻活动不仅把人置于“保护之外”，而且，世界对象化的贯彻还日益坚决地甚至把保护的可能性都消灭了。当人把世界作为对象，用技术加以建设之际，人就把自己通向敞开者的本来已经封闭的道路，蓄意地而且完完全全地堵塞了。自身贯彻的人，不管他作为个别的人是否知道和愿意知道这一点，总之就是技术的活动家。这种人不仅处于敞开者之外而 294
在敞开者面前，而且由于把世界对象化之故，他更加远离了“纯粹牵引”。人与纯粹牵引告别了。技术时代的人在这种告别中对立于敞开者。这种告别不是“向……告别”，而是一种“反对……告别”。[1]

存在者的闻所未闻的中心作为纯粹牵引把一切纯粹之力集中于自身，在一切对象性中总是要远离这种纯粹牵引的，而技术就是

① 此处“向……告别”(Abschied von...)或可译作“从……而来告别”，是非对象性的态度；“反(对)……告别”(Abschied gegen...)则标识人的对象性态度。——译注

以远离此种纯粹牵引为前提的一种无条件的设置，一种在人的自身贯彻过程中建立起来的对无条件的无保护存在的无条件设置。技术的生产就是这种告别的组织。在刚才所概述的意义上的"告别"（Abschied）一词，乃是里尔克主要诗作中的另一个基本词语。

人们大谈特谈的具有特别杀伤威力的原子弹，并不是致命的东西。早已用死而且是用人的本质之死来威胁着人的，乃是有意在一切中自身贯彻之意义上的单纯意愿的无条件的东西。在人的本质中威胁着人的，是这样一种出自意志的意见，即认为：依靠对自然能源的和平解放、改造、储藏和控制，就能使人人都觉得做人是可以忍受的，而且是完全幸福的。但这种和平事业中的和平，只不过是那种有意只以自身为目标的自身贯彻之天翻地覆的忙乱毫不被搅乱地继续扰攘不休而已。在人的本质中威胁着人的，是这样一种观念：贯彻置造的工作可以没有危险地大胆进行，只要此外还有别的兴趣，也许是一种信仰的兴趣仍然起作用的话。仿佛还可以在一座附属建筑中，为人受技术意愿摆布而与存在者整体发生的那种本质关系安设一个特别的居留之所似的，仿佛这个居留之所可能比时常逃向自欺的出路有更多的办法似的，而逃向希腊
295 诸神也就属于这种自欺的范围之内。在人的本质中威胁着人的，是这样一种意见：技术的置造使世界井然有序。其实恰恰是这种井然有序把任何一种 ordo［秩序］即任何一种等级都拉平为制造的千篇一律，从而自始就把一个从等级和出于存在的承认而来的可能渊源的领域破坏掉了。

并非意愿的总体性才是危险，而是在只准许作为意志的世界范围之内以自身贯彻的形态出现的意愿本身才是危险。这种从此

种意志而来被意求的意愿已经决定执行无条件的命令了。这种意愿一经这样决定就已经听凭总体的组织摆布了。但首先是技术本身阻碍了对技术之本质的任何体会。因为当技术充分展开的时候，技术就在诸门科学中发展出一种知识（Wissen），这种知识始终无法达到技术的本质领域，更不消说追溯技术的本质来源了。

技术之本质只是缓慢地进入白昼。这个白昼就是变成了单纯技术的白昼的世界黑夜。这个白昼是最短的白昼。一个惟一的无尽头的冬天就用这个白昼来进行威胁。现在不仅人失却了保护，而且整个存在者的未受伤害的东西也仍在黑暗之中。美妙事情隐匿自己。世界变得不美妙了。这样一来，不仅神圣者作为通向神性的踪迹仍遮蔽着，而且甚至连通向神圣者的踪迹，即美妙事情，也似乎灭绝了。[①] 除非还有一些终有一死的人能够看到不妙事情（das Heillose）**作为**不妙事情正在进行威胁。他们急需看清何种危险正落到人身上。这个危险就在于这样一种威胁，它在人对存在本身的关系中威胁着人的本质，而不是在偶然的危难中威胁着人的本质。这种危险才**确实是**危险。这种危险隐藏在一切存在者的深渊之中。为了看见并且指出这种危险，就必须有较早达乎深渊的终有一死的人。

但哪里有危险，　296
哪里也生出拯救。

① 注意这里的“神圣者”（das Heilige）与“美妙事情”（das Heile）之间的字面和意义联系。——译注

（荷尔德林：《全集》，第4卷，第190页）

也许任何不是从危险所在之处而来的其他拯救都还无救。用无论多么好的补救方法来进行的任何拯救，对于本质上遭受危害的人，从其命运的长远处看来，都是一种不耐久的假象。拯救必须从终有一死的人的本质攸关之处而来。是那些较早达乎贫困的深渊的终有一死者么？那么，终有一死者当中的这些佼佼者就会是最大胆冒险者了。人的本质已比动植物冒险更甚，而这些佼佼者就会比这些自身贯彻的人的本质冒险更甚。

里尔克的诗第5行以下说：

……不过我们
更甚于植物或动物
随这种冒险而行，意愿冒险……

紧接着，里尔克说：

……有时甚至
冒险更甚（并非出于贪营私利），
甚于生命本身，更秉一丝气息……

人不仅是在本质上比动植物冒险更甚。人甚至有时大胆冒险更甚于“生命本身”。“生命”在此意味着：在其存在中的存在者，即自然。人有时比冒险更大胆冒险，比存在者的存在更具有存在特性。但是,存在乃是存在者的基础。凡比基础更加冒险者,就冒险入于一切基础破碎之处,即进入深渊。但如果人是意愿冒险而随冒险而行的被冒险者,那么,有时冒险更甚的人们也必须是意愿更甚。然而,这种意愿的提高会超出有意的自身贯彻活动的无条件 297
东西吗?不会。那么,那些有时冒险更甚的人们,惟当他们的意愿在本质上不同时,才能意愿更甚。那样的话,意愿与意愿就不会马上同一。那出于意愿之本质而意愿更甚者,遵从意志更甚于遵从存在者之存在。他们更快地回应着那显示为意志的存在。他们意愿更甚,在于他们更具有意志。谁是那冒险更甚的更具有意志者呢?对此问题,里尔克的诗看来没有给予明确的回答。

诚然,第 8—11 行诗否定地并且约略谈到了那冒险更甚者。那冒险更甚者并非出于私利和为个体本己之故而冒险。他既非试图获得好处,也非沉溺于自私自利。尽管他们冒险更甚,但他们也不夸张任何显著功绩。因为他们冒险更甚只是凭这么一点点,即他们“……更秉一丝气息……”。他们在冒险方面的“更”就有如游丝般难察的气息那样微少。从这种提示中不难得出谁是冒险更甚者。

然而,诗的第 10—11 行道出了这种敢于超出存在者之存在的大胆冒险所带来的东西:

……这就为我们创造安全,在保护之外,
那是纯粹之力的重力的统辖之所;

如同一切万物,我们也只是在存在之冒险中被冒险的存在者。

但由于我们作为有意愿的东西随冒险而行，我们就更加冒险了，从而更早地面临危险。当人自身固执于有意的自身贯彻活动，并且通过无条件的对象化把自身置于反敞开者的告别中之际，他本身就助长了自己的无保护性。

298 可是，冒险更甚的大胆冒险却为我们创造了一种安全。当然，这事情的发生并不是由于这种大胆冒险在无保护者周围树立起保护防线；因为倘若这样的话，就只是在缺少保护的地方建立起一个保护者而已。为此又需要一种置造。这种置造惟有在对象化中才可能。然而对象化却把我们锁闭起来而与敞开者对立。这种冒险更甚的大胆冒险没有置造出任何保护。但它为我们创造了一种安全。安全的，即 securus，sine cura，意思就是：无忧烦的。在这里，忧烦具有凭借无条件的置造之有意的自身贯彻活动的特性。惟当我们没有完全彻底地把我们的本质设立于置造和订置的区域中、可利用者和可保护者的区域中之际，我们才无这种忧烦而存在。惟当我们既不计算无保护者，也不计算在意愿中树立起来的保护之际，我们才安全地存在。惟在超出那远离敞开者的对象化，“在保护之外”，超出那反纯粹牵引的告别，才有一种安全存在。纯粹牵引乃是一切吸引的闻所未闻的中心，这种吸引把万物吸入无界限之中，而且是为一中心吸引万物。这一中心乃是纯粹之力的重力起作用的“处所”。安全存在乃是在整体牵引之吸引中的隐蔽的安居。

冒险更甚的大胆冒险，比任何自身贯彻活动更有意愿，因为它是有意志的，为我们“创造”了在敞开者中的安全存在。“创造”意味着：汲取（schöpfen）。“从源泉中汲取”意思就是：接受喷涌出来的东西并且把所接受的东西带出来。有意志之意愿的冒险更甚的大胆冒险并不制作任何东西。它接受并给出所接受者。它通过展开所接受者的全部丰富性而把所接受者带出来。冒险更甚的大胆冒险完成着，但它并不制造。只有一种冒险更甚的大胆冒险——就其是有意志的而言——才能在接受中完成。

第12—16行诗界定了那冒险更甚的大胆冒险之所在，这种冒
险更甚的大胆冒险大胆进入对保护的超出，并且在那里把我们带 299
入安全存在。这种安全存在绝不消除无保护性，后者乃是凭借于有意的自身贯彻活动而被设立起来的。当人的本质完全献身于对存在者的对象化之际，人在存在者中间就是无保护的。如此这般地不受保护，人依然总是以缺乏的方式相关于保护，并因此处于保护之内。相反，安全存在超出任何与保护的关系之外，即“超出保护”之外。

相应地，看来仿佛是安全存在和我们对安全存在的获得这回事情要求一种大胆冒险，一种放弃任何与保护和无保护性的关系的大胆冒险。但也只是仿佛如此而已。实际上，如果我们从整体牵引的被锁闭的东西方面来思考，那么，我们最终就体会到，是什么最后——这也就是：预先——把我们从无保护的自身贯彻的忧烦中解放出来（第12行）：

……最终庇护我们的，是我们的无保护性……

如若只有敞开者才提供庇护状态，而无保护性却处于持续不断的反敞开者的告别之中，那么，无保护性将如何庇护我们呢？惟

有当那种反敞开者的告别被颠倒过来，从而使无保护性转向敞开者并且进入敞开者中，无保护性才能庇护我们。因此，无保护性颠倒过来，就是庇护者。在这里，“庇护”(bergen)一方面意味着：对那种告别的颠倒实行着庇护；另一方面，无保护性本身以某种方式允许一种安全。那庇护我们的，

是我们的无保护性，
而且当我们看到它逼近时，
我们已改变了它，使之进入敞开者中，

这里的“而且”过渡到一种说明，它告诉我们，这件异乎寻常的事情，即，我们的无保护性超出保护之外允诺我们一种安全存在这件事情，以何种方式是可能的。当然，无保护性从来都不是由于我们总是在它逼近我们时改变它而来庇护我们的。无保护性之庇护
300 我们，只是因为我们已经改变了它。里尔克说：“我们已改变了它，使之进入敞开者中。”在已经改变这回事中，含着改变的一种特别方式。在我们已经把它改变之际，无保护性自始就作为整体在其本质上被改变了。这种改变的特别之处在于，我们已经看到了向我们逼近的无保护性。惟有这样一种已经看到才看到危险。它看到，无保护性本身拿丧失对敞开者的归属性这回事情来威胁我们。在这种已经看到中必定有已经改变这回事情的根据。于是，无保护性被改变而“进入敞开者中”。由于已经看到了本质的危险，我们必定已经完成了对那种反敞开者的告别的颠倒。这是因为：敞开者本身必定已经以那种我们得以把无保护性转向它的方式转向

我们了。

为的是在最宽广轨道中，
在法则触动我们的某个地方，来把它肯定。

什么是最宽广之轨道呢？或许里尔克想的是敞开者，而且是根据一个特定方面来思考的。最宽广之轨道包括全部存在者。这种环行（das Umkreisen）把所有存在者围成一体，而且是这样，即，在具有统一作用的一中，环行就是存在者之存在。而什么叫“存在着”（seiend）呢？虽然诗人以“自然”、“生命”、“敞开者”、“整体牵引”等名称来命名存在者整体，甚至按形而上学的语言习惯把这一圆满的存在者整体命名为“存在”（das Sein），但我们却经验不到存在的本质是什么。可是，当里尔克把存在命名为敢冒一切之险的冒险时，他难道于存在之本质无所道说么？确然！据此，我们也曾试图把这种被命名的东西追溯到存在者之存在的现代本质中，追溯到求意志的意志之中。不过现在，当我们试图把这样被命名的东西思考为整体存在者，把环行思考为存在者之存在时，关于最宽广轨道的谈论却根本没有告诉我们任何明确的东西。

作为思想者，我们理当记得，最早人们就是着眼于环行来思考 301
存在者之存在的。但如果我们不是已经追问和经验到存在者之存在原初是如何发生的，那么，我们对存在的这种球形特性的思考就难免太草率马虎，始终只是表面化的。ἐόντα的ἐόν，即存在者整体的存在，被称为ἕν[一]，即具统一作用的一（das einende Eine）。但是，这个作为存在之基本特征的环行的一是什么呢？什么叫存

在？ἐόν，即存在着(seiend)，意思就是：在场着(anwesend)，而且是在无蔽领域中在场着。但在在场中遮蔽着对那种让在场者作为这样一个在场者成其本质的无蔽状态的显示。而真正在场着的只是在场本身；在场本身处处作为自身处于它本己的中心之中，并且作为这个中心，在场就是球体。球形特性并不在于无所不包的循环，而在于那个照亮着庇护在场者的解蔽着的中心。一的球形特性和这个一本身，是具有解蔽着的照亮之特征的，在此照亮范围内，在场者才能在场。因此之故，巴门尼德(残篇第8，第42行)把ἐόν，即在场者之在场，命名为εὔκυκλος σφαίρη[圆满的球体]。这个圆满的球体必须被看作是在解蔽着和照亮着的一的意义上的存在者之存在。这个普遍地如此这般起作用的统一者促使我们把它称为照亮着的球壳；它作为解蔽着的球壳恰恰并没有无所不包，而是本身照亮着释放到在场之中。对这一存在之球体及其球形特性，我们绝不可以对象性地加以表象。那么，它是非对象性的吗？非也。这样说无非是遁入空话而已。我们必须根据在解蔽着的在场意义上的原初存在之本质来思考这一球形特性。

里尔克关于最宽广之轨迹的话语指的是存在的这一球形特性吗？我们不仅毫无依据对此作肯定的回答，而且，把存在者之存在标画为冒险(意志)，这完全对此作了一个否定的回答。但里尔克本人有一次也谈到"存在之球体"，而且是在直接关涉到对"最宽广
302 轨道"这个说法的解释的语境中来谈论的。里尔克在1923年三王来朝节(1月6日)的一封信(参看《孤岛文学年鉴》，1938年，第109页)中写道："如同月亮一样，生活确实有不断规避我们的一

面,但这并不是生活的对立面,而是对它的完满性和丰富性的充实,是对现实的美妙而圆满的空间和存在之球体的充实。”尽管我们不应强行把这种比喻关系套到对象性地加以描述的天体上去,但依然明显的是,里尔克在此并非从照亮着和统一着的在场意义上的存在方面来思考球体,而是根据其所有面相的完备性意义上的存在者来思考的。这里所谓的“存在之球体”,也即存在者整体的球体,乃是敞开者,是无限制地相互充溢并且因此相互作用的纯粹之力的被锁闭者。最宽广之轨道乃是吸引的整体牵引之整体性。这个最宽广的圆周相当于最强大的中心,纯粹之力的“闻所未闻的中心”。

把无保护性改变而使之进入敞开者之中,这说的是在最宽广之轨道中“肯定”无保护性。只有轨道整体在各个方面不仅是完满的而且是均等的,且本身已摆在我们面前,因而就是实在(Positum)——惟在这种地方,上述这种肯定才是可能的。惟有一种肯定而绝非一种否定才能适应它。即便是生命的规避我们的诸方面,只要它们存在,就必须肯定地予以看待。在上文已提及的1925年11月13日的信中,里尔克有这样的话:“死亡乃生命的一面,它规避我们,被我们所遮蔽。”(《慕佐书简》,第332页)死亡和死者的领域是存在者整体的另一面相。这一领域是“另一种牵引”,也即敞开者之整体牵引的另一面相。在存在者之球体的最宽广轨道中存在着这样一些领域和位置,它们作为离开我们的东西
看起来是某种否定的东西,但如果我们深入思考,看到一切都在存 303
在者的最宽广轨道之内的话,那么,它们就不是某种否定的东西了。

从敞开者方面来看，无保护性作为反纯粹牵引的告别，似乎也是某种否定的东西。对象化的告别性的自身贯彻活动所到之处都意愿所置造的对象的持续因素，并且仅仅把这种持续因素当作存在者和肯定的东西。技术对象化的自身贯彻活动是对死亡的持久否定。通过这种否定，死亡本身成为某种否定的东西，成为绝对非持续的东西和虚无的东西。但是，当我们改变无保护性而入于敞开者之中时，我们便把它改变而入于存在者之最宽广轨道中——在此轨道范围内我们只能肯定无保护性。转变入于敞开者之中，这乃是放弃对存在者的否定性读解。但与死亡相比，还有什么更具存在者特性的呢？——按现代的说法，还有什么更确定的呢？在上面引用过的 1923 年 1 月 6 日的信中，里尔克说，关键是“不带否定意味地来读解‘死亡’这个词语”。



当我们把无保护性本身改变而入于敞开者之中，我们就在其本质上（即作为反整体牵引的告别）把它朝向最宽广的轨道。这里留给我们的只是肯定如此这般颠倒过来的东西。但这种肯定并不是把一种否定颠倒为一种肯定，而是把肯定的东西认作已经摆在眼前的东西和在场的东西。这样做，是由于我们使在最宽广之轨道中颠倒过来的无保护性归属到“法则触动我们的某个地方”。里尔克没有说“一个法则”。他也并非意指一个规则。他想的是“触动我们”的东西。我们是谁人？我们就是那意愿者，是以有意的自身贯彻的方式把世界设立为对象的意愿者。当我们从最宽广之轨道那里被触动时，这种触动关涉到我们的本质。“触动”意味着：带
304 入运动之中。我们的本质被带入运动之中。在触及中，意愿受到动摇，以至于只有意愿的本质才显现出来并且进入运动之中。于

是乎,意愿才是一种有意志的意愿。

然而,那从最宽广轨道而来触动我们的是什么呢?在我们自己对世界进行对象化的日常意愿中,什么东西把我们锁闭起来、并且禁止我们呢?那是另一种牵引——死亡。死亡乃是触及终有一死的人的本质的东西;死亡因而把终有一死的人投入通往生命之另一面相的途中,从而把他们设入纯粹牵引的整体之中。死亡由此把终有一死者聚集入于已经被设定的东西的整体之中,入于整体牵引之实在(Positum)中。作为这种设定(Setzen)的聚集,死亡就是法则(Ge-setz),正如山脉乃是使群山进入它们的形态之整体的聚集一样。[①] 法则触及我们之处,乃是最宽广之轨道范围内的这样一个地方——我们能够进入其中,肯定地使颠倒过来的无保护性进入存在者整体之中。这样改变过来的无保护性最终庇护我们超出于保护之外而进入敞开者之中。但这种改变是如何可能的呢?对那种告别性的反敞开者的背离的颠倒,以何种方式才能进行呢?也许仅仅是这样:这种颠倒首先使我们转向最宽广之轨道,并且使我们本身在我们的本质中朝向和进入这个轨道。安全存在的领域首先必须已经向我们显明,它作为颠倒之可能地带必定事先是可以通达的。但是,给我们带来一种安全存在的东西,以及随之而来的一般安全性之维度,乃是那种有时比生命本身冒险更甚的大胆冒险。

不过,这种冒险更甚的大胆冒险并不是间或对我们的无保护

① “山脉”(Gebirg)把“群山”(Berge)聚集起来,类似地,死亡这种“法则”(Ge-setz)把“设定”(Setzen)活动聚集起来。海德格尔在此从字面上强调了前缀“Ge-”的“聚集”之义。——译注

性忙碌一番。它并非试图改变对世界的对象化的这种或那种方式。而毋宁说,它转变无保护性本身。冒险更甚的大胆冒险根本上是把无保护性带入它自己的领域中。

如果无保护性在于那种以有意的自身贯彻活动为基础的对象化之中,那么,无保护性的本质又是什么呢?世界的对象之物在表象着的制造中变成持续的。这种表象有所呈现(präsentieren)。
305 但呈现出来在场的东西(das Präsente)是在一种具有计算方式的表象中呈现的。这种表象不知道任何直观的东西。物之外观的可直观因素消失了,即,提供给直接的感性直观的形象消失了。技术的计算性制造是一种“无形象的活动”(《杜伊诺哀歌》,第9首)。有意的自身贯彻活动在它的种种筹划中,把对一味被计算的产物的计划置于直观形象之前。当世界进入由思想杜撰出来的产物的对象领域时,世界就被摆置到非感性的东西和不可见的东西中去了。这种持续的东西的在场归功于一种摆置(Stellen),这种摆置的活动属于 res cogitans[思维体],也即意识。对象之对象性领域处于意识之中。对象领域中的不可见的东西归属于意识内在性的内在领域之中。

但是,如果无保护性是反敞开者的告别,而告别乃是植根于对象化的,此对象化归属于计算性意识的不可见东西和内在东西之中,那么,无保护性的本质范围就是意识的不可见东西和内在东西了。

不过,既然无保护性之被颠倒而入于敞开者之中的过程自始关涉到无保护性的本质,则这种对无保护性的颠倒就是一种对意识的颠倒,而且是在意识范围之内的颠倒。不可见东西和内在东西的范围规定了无保护性的本质，但也规定了把无保护性改变而入于最宽广轨道之中的方式。因此，那本质上内在的东西和不可见的东西，必须转向那样一种东西去寻获它本身，这种东西自身只能是不可见东西中最不可见的东西和内在东西中最内在的东西。在现代形而上学中，不可见的内在东西的范围被规定为计算对象的在场（Präsenz）领域。笛卡尔把这一内在范围称为 ego cogito［我思］的意识。

几乎与笛卡尔同时，帕斯卡尔发现了对立于计算理性之逻辑 306
的心灵之逻辑。心灵世界的内在东西和不可见东西，不仅比计算理性的内在东西更内在，因而也更不可见，而且，它也比仅仅可置造的对象的领域伸展得更为深广。在心灵的不可见的最内在深处，人才切近于为他所爱者：祖先、死者、儿童、后人。这一切都属于最宽广之轨道，这个轨道现在显示自身为整个美妙的牵引的在场范围。虽然这种在场与那种计算性制造的习惯意识一样，也是一种内在性的在场，但是，非习惯意识的内在东西保持着一个内心世界，在此内心世界中，万物对我们来说超出了计算的数字性，并且能挣脱这种束缚而充溢地流入敞开者的无界限的整体之中。这种超出计数的流溢，就其在场方面来说，乃源出于心灵的内在东西和不可见东西。《杜伊诺哀歌》吟唱人如何归属于敞开者，其第9首最后一句话就说：“过剩的此在，源于我内心。”

存在者之最宽广轨道在心灵的内在空间中在场。世界整体在这里以其全部的吸引而进入同样本质性的在场中。对此，里尔克用形而上学的语言“此在”（Dasein）来加以表达。世界的整体在场乃是这个最广义的“世界此在”（weltische Dasein）。这是表示敞开者的一个不同名称，其不同是由于不同的命名方式，这种命名现在是就那种表象着和置造着的反敞开者的告别已经从计算意识的内在性倒转为心灵之内在空间而言，来思考敞开者。因此，适合于世界实存的心灵的内在空间也被叫作“世界的内在空间”（Weltinnenraum）。“世界的”意指存在者整体。

里尔克在1924年8月11日寄自慕佐的一封信中写道：

307 不管“外部世界”多么广大，所有恒星间的距离也无法与**我们内心之深层维度**相比拟，这种深不可测甚至连宇宙的广袤性也难以与之相匹敌。因此，如果死者和后人都必须有一个居留之所，那么，还有**何种**庇护之所比这想象的空间更合适、更宜人呢？在我看来，似乎我们的习惯意识越来越局促于一座金字塔的顶尖上，而这金字塔的基础却在我们心中（并且以某种方式在我们底下）如此充分地扩展着，以至于我们越是深远地看到我们自己有能力进入这个基础，我们就越是普遍地显得被包括进入了那些独立于时空的事情中，即尘世的、在最广义的理解上就是**世界**此在的事情中。

相反地，世界之对象领域仍然在表象中被计算，这种表象把时间和空间当作计算的量，并且对时间的本质和对空间的本质同样一无所知。即便是里尔克，也没有对世界内在空间的空间性作更为深入的思考，甚至也没有追问，给予世界之在场以居留之所的世界内在空间究竟是否随着这种在场而建基于一种时间性；这种时间性的本质性的时间与本质性的空间一起，构成了那种时—空的

原始统一体,而存在本身就是作为这种时—空成其本质的。

然而,里尔克试图在现代形而上学的球形特性的范围内,也即在作为内在的和不可见的在场领域的主体性领域的范围内,去理解由人的自身贯彻的本质建立起来的无保护性,认为这种无保护性本身作为颠倒了的无保护性,庇护着我们进入最宽广之世界内在空间的最内在和最不可见的东西之中。无保护性本身有所庇护。因为,作为内在和不可见的东西,它给予其本质以一个暗示,即关于反敞开者的告别的一种颠倒的暗示。这种颠倒指向内在东西之更内在的东西。对意识的颠倒因而就是一种内在回忆,即,使表象之对象的内在性进入心灵空间内的在场之中的内在 308
回忆。[①]

只要人一味地献身于有意的自身贯彻活动,那么,就不光人本身是无保护的,而且物也是无保护的,因为物已经成了对象。虽然这里也有一种使物入于内在的东西和不可见的东西之中的转换,但是,这种转换是用被计算的对象的在思想上杜撰出来的产物来取代物的衰弱。这些对象为了使用的目的而被置造出来。对象愈是快速地被使用,就愈是有必要更急速和更轻便地去取代它们。那在对象性的物的在场中持留的东西(das Bleibende),并非物在它们自身特有的世界之中的自持(das Insichberuhen)。作为单纯的利用对象,被置造的物中的持续的东西乃是替代品(Ersatz)。

正如在对象性居有优势地位的情况下,我们熟悉的物的消失

① 以字面直译,此处“内在回忆”(Er-innerung)可作“使内在化”。——译注

归因于我们的无保护性，同样地，我们的本质的安全存在也要求把物从单纯的对象性中拯救出来。这种拯救乃在于：让物能够在整体牵引的最宽广之轨道范围内居于自身之中，也即能够无限制地居于相互之中。也许连对我们的无保护性的改变也必须开始进入处于世界内在空间之内的世界此在（Dasein）之中，这样做所凭借的是，我们把对象性的物的易逝的、因而短暂的因素，从一味制造着的意识的内在领域和不可见领域，转变而入于心灵空间的真正内在领域之中，并且使它在那里不可见地产生出来。因此，在1925年11月13日的信中（《慕佐书简》，第335页），里尔克写道：

> ……我们的任务是使这一短暂易逝的大地如此深刻、如此痛苦和如此热情地依存于我们自身，从而使它的本质重新在我们身上“不可见地”产生。**我们是不可见者的蜜蜂。** *Nous butinons éperdument le miel du visible, pour l'accumuler dans la grande ruche d'or de l'Invisible.*（我们不息
> 309 地采集可见者的蜂蜜，将它储入不可见者的一只巨大的金色蜂箱之中。）

内在回忆把我们的惟求自身贯彻的本质及其对象转变入心灵空间之最内在的不可见领域中。在这里，一切都是内向的：不仅一切都始终转向了意识的这个真正内在领域，而且在这个内在领域内，每一物都毫无限制地转向我们而进入另一物之中。世界内在空间的内向性（das Inwendige）为我们清除了对敞开者的限制。惟有我们如此这般内向地（inwendig）——即从心里（par coeur)——持有的东西，才是我们真正外向地(auswendig)知道的。[1] 在这个内向领域中，我们才是自由的，才超出了与那些仅仅在表面上具有保护作用的、在我们周围被摆置的对象的关系之外。在世界内在空间的内向领域中，有一种超出保护之外的安全存在。

可是，我们总是要问：那种使意识的业已内在的对象进入心灵的最内在领域中的内在回忆是如何可能发生的？内在回忆关涉到内在的东西和不可见的东西。因为无论是被回忆者，还是被回忆者之所向，都具有这样一种本质。内在回忆乃是颠倒那种告别而达于敞开者的最宽广之轨道中。而在终有一死的人中间，谁能够作这种颠倒着的回忆呢？

诚然，里尔克在诗中说道，我们的本质的安全存在之被带向我们，是由于人“有时喜好冒险……甚于生命本身，更秉一丝气息……”。

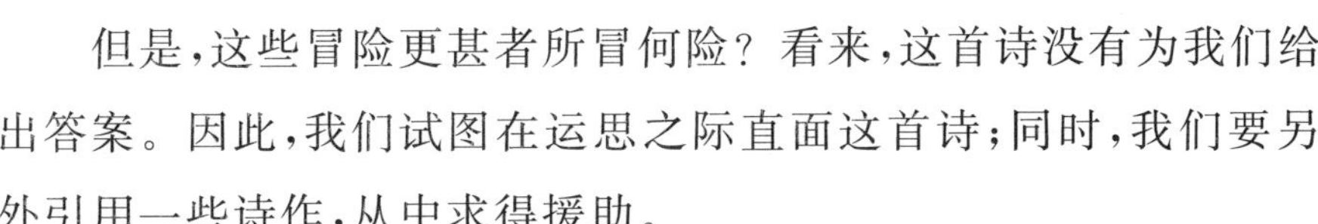

但是，这些冒险更甚者所冒何险？看来，这首诗没有为我们给出答案。因此，我们试图在运思之际直面这首诗；同时，我们要另外引用一些诗作，从中求得援助。

我们要问：比生命本身即比冒险本身或存在者之存在本身冒险更甚的冒险者，还能冒何种险呢？无论在何种情形下，无论在哪一方面，所冒险者必以这样一种方式存在，即，就它是一个存在者而言，它关涉到每一个存在者。具有这种方式的乃是存在(das 310
Sein)，而且，这个存在不是其他方式中的任何一种特殊方式，而是

① 这里取直译。在日常德语中，etwas inwendig und aus-wendig wissen 有“清楚地知道某事”之意。注意“内向的”、“外向的”与动词 wenden(转向、转变)的字面联系。——译注

存在者之为存在者的方式。

如果存在是存在者的惟一性质，那么，存在还能被什么超过呢？只能被它自身，只能被它本己的东西，而且是以它特别地进入其本己之中的方式。那么，存在就是绝对超出自身的惟一性质了（即 transcendens schlechthin［绝对超越者］）。不过，这种超越并不是越过去和转向另一东西，而是回归到它本身，并且归入其真理的本质之中。存在本身穿越这一回归，并且存在本身就是这一回归的维度。

当我们思及这一点之际，我们便在存在本身中体会到：在存在中有一个为存在所固有的“更甚”（mehr），因而有这样一种可能性，即，在存在被思为冒险之处，那冒险更甚者也能比存在本身冒险更甚——只要我们通常是从存在者方面来表象存在的。存在作为存在本身穿越它自己的区域，此区域之被标划（τέμνειν，tempus），乃由于存在是在词语中成其本质的。语言是存在之区域——存在之圣殿（templum）；[①] 也就是说，语言是存在之家（Haus des Seins）。语言的本质既非意谓所能穷尽，语言也绝不是某种符号和密码。因为语言是存在之家，所以，我们是通过不断地穿行于这个家中而通达存在者的。当我们走向一口井，当我们穿行于森林中，我们总是已经穿过“井”这个词语，穿过“森林”这个词语，哪怕我们并没有说出这些词语，并没有想到语言方面的因素。从存在之圣殿（Tempel）方面来思考，我们就能够猜断，那些有时冒险更甚于存在者之存在的冒险者所冒何险。他们是冒存在之区

① 拉丁文 templum 一词有“界限、划界、场所、圣殿”等义。——译注

域的险。他们是冒语言之险。一切存在者，无论是意识的对象还是心灵之物，无论是自身贯彻的人还是冒险更甚的人，或者所有的生物，都以各自的方式作为存在者存在于语言之区域中。因此之故，无论何处，**惟有在这一区域中**，从对象及其表象的领域到心灵空间之最内在领域的回归才是可完成的。 311

就里尔克的诗而言，存在者之存在是在形而上学上被规定为世界性在场的，这种在场始终关涉于意识中的再现（Repräsentation），不论此种意识是具有计算着的表象的内在性特性，还是具有那种进入心灵可通达的敞开者之中的内在转向的特性。

整个在场范围是在道说（Sagen）中现身的。置造活动的对象事物处于理性的计算性命题和原理的陈述之中。此理性从命题到命题不断延续。自身贯彻的无保护性领域被理性统治着。理性不仅为其道说，为作为说明性谓词的λόγος[逻各斯]，建立了一个独特的规则系统，而且理性的逻辑本身就是对在对象领域中进行的有意自身贯彻活动的统治的组织化。在对对象性表象的颠倒中，心灵的逻辑吻合于内在回忆之道说。这两个领域都被形而上学所规定，其中都是由逻辑起着支配作用，因为内在回忆大抵是要出于无保护性本身、并且超出保护之外而创造一种安全存在。这种庇护关涉人，关涉人这种具有语言的生物。人具有语言。在被形而上学打上烙印的存在范围内，人以这样一种方式拥有语言，即，人自始而且一味地只把语言当作一种所有物，从而把它当作人的表象和行为的依据。正因此，λόγος[逻各斯]，作为推理工具的道说，就需要逻辑来加以组织。惟在形而上学中才有逻辑。

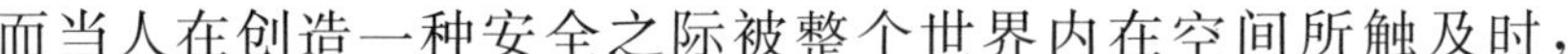

而当人在创造一种安全之际被整个世界内在空间所触及时，

人本身就在其本质上被触及了，这是因为，作为自我意愿者的人已经是道说者了。然而，就一种安全存在的创造出于那冒险更甚者而言，那冒险更甚者必定是带着语言而冒创造之险的。冒险更甚
312 者冒道说之险。可是，如果这一冒险的区域，即语言，以无与伦比的方式属于存在，超出存在和在存在之外不可能有其他方式，那么，那道说者必须道说的东西应该向着何处被道说呢？这些道说者的道说关涉到对意识的回忆性颠倒，此种颠倒使我们的无保护性转入世界内在空间的不可见领域。他们的道说因为关涉着颠倒，所以不仅从两个领域中说出来，而且从这两个领域的统一性中说出来——只要两者的统一性已经作为救渡的一体化（die rettende Einigung）发生出来。因此，在存在者之整体被思为纯粹牵引的敞开者之际，那回忆性颠倒必定是一种道说；这种道说向一个生灵道说它要道说的，那个生灵已经在存在者之整体中安全地存在，因为他已经完成了对被表象的可见领域向心灵中不可见领域的转换。这个生灵被吸入存在之球的这一面和另一面的纯粹牵引之中。对于这个生灵来说，几乎不再有牵引之间的界限和差异；这个生灵掌握了最宽广之轨道的闻所未闻的中心，并且让这个中心显现出来。在里尔克的《杜伊诺哀歌》中，这个生灵乃是天使。“天使”这个名字是里尔克诗中又一个基本词语。这个名字与“敞开者”、“牵引”、“告别”、“自然”一样，也是一个基本词语，因为在这个名字中所说出的东西，乃是从存在方面来思考的存在者整体。在1925年11月13日的一封信中，里尔克写道：

《哀歌》中的天使乃是这样一种造物，在他身上，我们所

> 做的把可见领域转化入不可见领域的工作，看来已经完成了……《哀歌》中的天使是这样一种生灵，它保证我们在不可见领域中去认识现实的更高秩序。
>
> （《慕佐书简》，第 337 页）

惟有根据一种对主体性之本质的更原始的阐明，我们才能表明：在现代形而上学之完成过程中，与这样一种生灵的关系如何属于存在者之存在，以及里尔克的天使和尼采的查拉图斯特拉形象，如何在内容上尽管有诸多差异，但**在形而上学上**却是**同一个东西**。313

里尔克这首诗把存在者之存在，亦即自然，思为冒险。任何存在者皆进入一种冒险而有所冒险。作为所冒险者，任何存在者都处于天平之上（auf der Wage）。这一天平乃是存在时时衡量存在者的方式，也即存在把存在者保持在衡度（Wagen）的运动中的方式。任何所冒险者都处于危险中。存在者的领域，可以按它们对天平的关系的种类来加以区分。着眼于天平方面，天使的本质也必定可得到明确的说明——假如它在整个领域中是更高级的存在者的话。

动植物在“其阴沉乐趣的冒险”中被无忧烦地保持到敞开者之中。动植物的形体并没有使它们迷惘混乱。这些生物为它们的本能所衡度而进入敞开者之中。虽然它们也始终遭受到危险，但并非在它们的本质上遭受到危险。动植物如此这般处于天平之上，以至于这个天平始终处于一种安全存在的宁静之中。动植物冒险入于其中的天平，还没有到达那个本质性的、因而持久的非镇静领域（das Ungestillte）。即使是天使在其中冒险的天平，也仍然外在于那个非镇静领域；但这并非因为天使尚未属于非镇静领域，而倒是因为天使不再属于非镇静领域。根据天使之无形体的本质，可能的迷乱就由于可见的感性因素而转化为不可见的东西。由于在世界内在空间范围内的那两个领域得到平衡的统一体的已镇静的宁静，天使才成其本质。

与之相反，人作为有意的自身贯彻者，已经冒险进入无保护性之中。在如此这般冒险的人的手中，危险的天平本质上是非镇静的。以自身为意愿的人处处把物和人当作对象事物来计算。被计算的东西成了商品。万物不断地被改换入新的秩序之中。反纯粹牵引的告别在不断衡量着的天平的非镇静中建立自身。在对世界的对象化中，告别违背自身的意图而推动了那种反复无常的事情。

314 如此这般进入无保护者而冒险，人就活动于商业和“交换”的媒介中。自身贯彻的人靠投入他的意愿这种赌注为生。人根本上是在金钱和通用价值的变化中拿他的本质冒险。作为这种持久的交易者和中介者，人就是“商人”。他不断地衡量和度量，却不知道物的真正重量。他也从不知道他本身的真正重量和优势。里尔克《后期诗》中的一首诗（第 21 页以下）这样说道：



呵，有谁知道他自身中的优势！  
是温存？是畏惧？  
是目光？是声音？还是书本？

但同时，由于人把无保护性本身转变入于敞开者之中，并把它转换入不可见者的心灵空间中，所以人能外在于保护，创造“一种安全存在”。这种情况一旦发生,则无保护性的非镇静的东西就转向那种地方,在那里,有一个生灵在世界内在空间的平衡了的统一性中显现出来;这个生灵使那个统一体的统一方式显露出来,并因此把存在表现出来。于是,危险的天平就出于计算性意愿的领域而转向天使。在里尔克晚年,有四句诗显然是为着手筹划一首较长的诗而写的。眼下我们无须对这四句诗说更多的话。这四句诗是这样的(《全集》,第3卷,第438页):

当天平挣脱商人之手
移交给那个天使
天使便用空间的均衡
在天空中使它镇静和安定……

均衡的空间乃是世界内在空间,因为它给予世界性的敞开者整体以空间。因此,它就允诺此一牵引和彼一牵引,使它们的具有统一作用的统一体显现出来。这个统一体作为存在的美好球体, 315
包围了存在者的一切纯粹之力,因为它绕遍一切生灵,无限地解放它们。当天平移交时,这种事情就出现了。天平何时移交呢?谁使天平从商人那里移交给天使呢?如若这样一种移交根本上实现了,那么,它就是在天平的区域中发生的。天平的要素乃是冒险,是存在者之存在。我们曾专门将存在之区域思为语言。

当代人的习惯生活,乃是交换者在无保护的市场上进行自身贯彻活动的寻常生活。相反,把天平移交给天使的过程却是非同寻常的。它甚至是在这样一种意义上非同寻常,即,它不光是任何规则的例外，而且它着眼于人的本质，把人置于保护和无保护的规则之外。正因为如此，这种移交只是“有时”发生而已。在这里，“有时”一词绝不意味着偶然和任意。“有时”的意思是：罕见地，在一正确时间、在惟一的场合以惟一的方式。天平从商人那里转向天使，也即对告别的颠倒，是作为进入世界内在空间的内在回忆来发生的，在那时，那些“有时喜好冒险……，更秉一丝气息……”。

因为这些冒险更甚者随存在本身大胆冒险，并且因而自身大胆冒险进入存在之区域，即语言之中，所以他们就是道说者。不过，难道不正是人才按其本质具有语言，而且不断地随语言大胆冒险吗？确然！那么，甚至在惯常方式中的意愿者也已经在计算着的制造中冒道说之险了。当然啰！但这样一来，冒险更甚者却不可能仅只是道说者而已。冒险更甚者的道说必须特别地冒道说之险。[①] 只有当他们是道说更甚者之际，冒险更甚者才是其所是。

如果我们在表象着和置造着的对存在者的关系中同时采取陈述的态度，那么，这样一种道说就不是所意愿的东西。陈述始终是途径和手段。与此相区别，有一种道说（das Sagen）真正进入道说
316 (die Sage)之中，但却没有对语言进行反思——这种反思甚至也要把语言当作一个对象。进入道说（die Sage）之中，乃是一种道说（das Sagen）的标志，这种道说跟随那有待道说的东西，目的只是为了去道说此种东西。如此看来，那有待道说的东西理当是那种本质上属于语言之区域的东西。在形而上学上看来，这种东西

① 前一“道说”（das Sagen）为动名词，后一“道说”（die Sage）则为名词。海德格尔后期以名词“道说”来命名“存在—本有”意义上的语言。——译注

乃是存在者整体。存在者整体的整体性乃是纯粹牵引的完好无损,乃是敞开者的美妙,因为它为人设置空间。这事情发生在世界内在空间中。当人在颠倒着的内在回忆中转向心灵空间时,这个世界内在空间便触及于人。冒险更甚者把无保护性的不妙的东西转变入世界此在的美妙之中。美妙的世界此在就是有待道说的东西。在道说中,这种有待道说的东西自身朝向了人。冒险更甚者乃是那些具有歌者之方式的道说更甚者。他们的吟唱(Singen)背离了一切有意的自身贯彻活动。这不是什么欲望意义上的意愿。他们的歌唱(Gesang)并不谋求任何被置造的东西。在歌唱中,世界内在空间为自己设置空间。这些歌者的歌唱既非任何招徕张扬,亦非任何手艺行业。

那些冒险更甚者的道说更甚的道说乃是歌唱。但是——



歌唱即此在。

《致俄尔甫斯十四行诗》第3首的第一部分如是说。这里,“此在”(Dasein)一词是在“在场”(Anwesen)这一传统意义上作为“存在”(Sein)的同义词来使用的。吟唱,真正去道说世界此在,是从整体的纯粹牵引的美妙方面去道说,而且只是道说这种美妙。吟唱意味着:归属到存在者本身的区域中去。这一区域作为语言之本质乃是存在本身。唱歌(den Gesang singen)意味着:在在场者本身中在场,意味着此在。

但是,道说更甚的道说也只是有时发生,因为只有冒险更甚者才能作这般道说。因为这种道说始终是艰难的。其艰难就在于:

317 去完成此在。其艰难不仅在于难以构成语言作品，而且也在于，难以从对事物的一味贪婪的观看的言说作品，从视觉作品，转向“心灵的作品”。歌唱是艰难的，因为吟唱不再可以是招徕张扬，而必须是此在。对于无限地栖留于敞开者中的俄尔甫斯神来说，歌唱唾手可得，但对于我们人来说却并非轻巧之事。因此之故，上面所说的那首十四行诗的第 2 节问道：

> 但我们何时**存在**？

这诗句的重音放在“存在”上，而没有放在“我们”上。我们无疑也是一个存在者，而且就此而言，我们在场着，这是不成问题的。但依然值得追问的是：何时我们如此这般存在，以致我们的存在就是歌唱，而且此种歌之吟唱并非四处轰响，而倒真正地是一种吟唱，它的实现并不依赖于一个最终才达到的东西，而是在唱出之际已经毁灭自身，从而惟有那被吟唱者本身才成其本质。当人是比存在者本身冒险更甚的冒险者时，人才是如此这般的道说更甚者。据里尔克的诗，这些冒险更甚者乃是“更秉一丝气息……”。我们引用的那首十四行诗的结尾写道：

> 在真理中吟唱，乃另一种气息。
> 此气息无所为。它是神灵，是风。

赫尔德尔在《人类历史哲学之观念》一书中写道：“我们口中的一种气息变成世界的图画，变成我们思想的类型和进入另一个灵魂的情感的类型。在一丝流动的空气中，寄托着人性的一切，那在大地上的人所曾思考过和意欲过的一切，做过和将做的一切；因为，要不是这种神圣的气息已经在我们周围吹拂，要不是它已经像魔音一般回旋于我们的唇际，我们所有的人恐怕还在森林中游荡呢”（《全集》，苏弗安编，第 13 卷，第 140—141 页）。

那冒险更甚者所凭借的气息，并非仅仅、而且并非首先意指一
种因为稍纵即逝而几乎不能觉察的区别尺度，而倒是直接意味着
词语和语言之本质。那些更秉一丝气息而大胆冒险者，是随语言 318
而大胆冒险。他们是道说更甚的道说者。因为那些冒险更甚者所
秉有的这一丝气息，不仅仅是一般道说，而不如说，这一丝气息是
与其他的人类道说完全不同的另一种气息，另一种道说。这另一
种气息，不再追求这种或那种对象事物，它是一种无所求的气息。
歌者之道说道说着世界此在的美妙整体，此世界此在在心灵的世
界内在空间中无形地为自己设置空间。这歌唱甚至并不首先追随
那有待道说的东西。歌唱乃是入于纯粹牵引之整体的归属
（Gehören）。吟唱是由完满自然之闻所未闻的中心的风的吸引来
引发的。歌唱本身乃是：“一种风！”

因此，里尔克这首诗毕竟诗意地道明了，谁是那种冒险更甚于生命本身的冒险者。他们是“更秉一丝气息……”而更冒险的人。在诗中，“更秉一丝气息”这句诗后面加了六个点。这六个点道出默然不表的东西。

冒险更甚者是诗人，而诗人的歌唱把我们的无保护性转变入敞开者之中。因为他们颠倒了反敞开者的告别，并且把它的不妙东西回忆入美妙整体之中，所以，他们在不妙（das Unheile）中吟

唱着美妙(das Heile)。回忆性的颠倒已经超过了反敞开者的告别。这种回忆性颠倒乃在“一切告别之前”，并且在心灵的世界内在空间中战胜了一切对象事物。颠倒着的内在回忆乃是大胆冒险，它出于人的本质而自行冒险，因为人具有语言而且是道说者。

但是，现代人却被称为意愿者。冒险更甚者意愿更甚，因为他们是以一种与世界对象化的有意自身贯彻活动不同的方式意愿着。他们的意愿绝不意愿前一种方式。如若意愿依然只是自身贯
319 彻，他们就无所意愿。在此意义上，他们无所意愿，因为他们更有意志。他们更快地响应于意志；而意志作为冒险本身，把一切纯粹之力吸引到自身那里——作为敞开者的纯粹整体牵引的自身那里。冒险更甚者的意愿乃是道说更甚者的意志(das Willige)；道说更甚者是决断的，不再在反对意志——作为这种意志，存在意愿着存在者——的告别中锁闭起来。[①] 冒险更甚者的有意志的本质道说更甚地去道说(用《杜伊诺哀歌》第9首的话讲)：



大地，你所意愿的难道不是——
不可见地在我们心中苏醒？
你的梦想，难道不是想有朝一日成为不可见的？
大地！不可见的！
要不是这种转变，
你急切的使命又是什么？

---

① 此处“决断的”(ent-schlossen)或可译为“展开的”；注意它与“锁闭的”(verschlossen)的词根联系。——译注

大地,亲爱的大地! 我要!

在世界内在空间的不可见的东西中——天使就是作为这空间的其世界性统一体而显现出来的——世界性存在者的美妙成为可见的。惟有在美妙事情的最宽广之轨道中,神圣者才能显现出来。作为冒险更甚者,诗人在走向神圣者之踪迹的途中,因为他们能体会不妙之为不妙。他们在大地之上歌唱着神圣者。他们的歌唱赞美着存在之球的完好无损。

不妙之为不妙引我们追踪美妙事情。美妙事情暗示着招呼神圣者。神圣者联结着神性。神性将神引近。[1]

冒险更甚者在不妙事情中体会着无保护性。他们为终有一死的人带来消逝诸神的踪迹,即,消逝在世界黑夜之黑暗中的诸神的踪迹。作为美妙事情的歌者,冒险更甚者乃是“贫困时代的诗人”。

这种诗人的标志在于:诗的本质对他们来说是大可追问的,因为他们诗意地追踪着他们必须道说的东西。在对美妙事情的追踪中,里尔克得以达到诗人的问题:何时才有本质性的歌唱? 这个问题并不在诗人道路的开端处,而是在里尔克的道说达到诗人职权的诗人天职之际——这个诗人职权应合着正在临近的世界时代。320
这个世界时代既非一种沉沦,亦非一种没落。作为命运(Ge-

[1] 此处中译文未能显明“不妙(事情)”(das Heillose, das Unheil)、“美妙(事情)”(das Heile)与“神圣者”(das Heilige)诸词语之间的联系。“不妙”(das Unheile)与“美妙”(das Heile)显然还与“得救、救恩”(das Heil)相关。在此并可注意“神圣者”(das Heilige)、“神性”(das Göttliche)和“神”(der Gott,或“上帝”)之间的“秩序”关系。——译注

schick),这个世界时代基于存在中,并且要求着人类。

荷尔德林是贫困时代的诗人的先行者。因此之故,这个世界时代的任何诗人都超不过荷尔德林。但先行者并没有消失于未来;倒不如说,他出于未来而到达,而且,惟有在他的词语之到达中,未来才现身在场。到达(die Ankunft)越是纯粹地发生,持留(das Bleiben)就越是成为本质性的。到来者越是在先行道说(die Vorsage)中隐藏自己,到达就越是纯粹。因此,那种看法——即认为,惟当有朝一日"全世界"都听到他的诗歌时,荷尔德林的时代才会到来——恐怕是错误的。在这种畸形的看法中,荷尔德林的时代是永远不会到来的;因为,正是世界时代自身的贫困给世界时代提供了力量,凭着这种力量,它——不知其所为地——阻碍荷尔德林的诗成为合乎时代的诗。

先行者是不可超越的,同样地,他也是不会消逝的;因为他的诗作始终保持为一个曾在的东西(ein Ge-wesenes)。到达的本质因素把自身聚集起来,返回到命运之中。以此方式永不陷入消逝过程中的东西,自始就克服了任何消逝性。那一味地消逝的东西甚至在它消逝之前就是无命运的东西。相反地,曾在的东西则是有命运的。在被认为是永恒的东西中,无非是隐匿着一个被悬置起来的消逝者,它被悬置在一种停滞的现在的虚空之中。

如果里尔克是"贫困时代的诗人",那么,也只有他的诗才能回答这样的问题:诗人何为?诗人的歌唱正在走向何方?在世界黑夜的命运中,诗人到底何所归依?世界黑夜的命运决定着:在里尔克的诗中,什么东西保持为命运性的。

# 6　阿那克西曼德之箴言 321

这个箴言被视为西方思想中最古老的箴言。相传，阿那克西曼德生活在公元前7世纪末至公元前6世纪中叶的萨摩斯岛上。

根据通行的文本，这个箴言如是说：

> ἐξ ὧν δὲ ἡ γένεσίς ἐστι τοῖς οὖσι καὶ τὴν φθορὰν εἰς ταῦτα γίνεσθαι κατὰ τὸ χρεών· διδόναι γὰρ αὐτὰ δίκην καὶ τίσιν ἀλλήλοις τῆς ἀδικίας κατὰ τοῦ χρόνου τάζιν.

> 万物由它产生，也必复归于它，都是按照必然性；因为按照时间的程序，它们必受到惩罚并且为其不正义而受审判。
>
> （尼采：《全集》，第10卷，第26页）

这个译文是青年尼采在1873年为他的题为《希腊悲剧时代的哲学》的论文所作的笔记中翻译的。这篇论文在三十年之后的1903年才公开出版，当时尼采已经去世了。该论文的蓝本是一个讲座，即尼采在19世纪70年代初多次在巴塞尔所作的一个讲座，其标题为：《前柏拉图哲学家与残篇选释》。

在尼采关于前柏拉图哲学家的论文首次公之于世的同一年，即1903年，海尔曼·第尔斯出版了《前苏格拉底残篇》一书。第尔斯的著作按当时经典语文学方法来编纂，在校勘上更为可靠，并附有译文。该著作题献给威廉姆·狄尔泰。第尔斯对阿那克西曼德的箴言作如下翻译：

> 但万物由它产生，毁灭后又复归于它，这都是按照必然性；
> 322 因为它们按照固定的时间为其不正义受到惩罚并相互补偿。

尼采的译文和第尔斯的译文起于不同的动机和意图。但这两个译文仍然很难相互区别开来。第尔斯的译文有几处在字面上更严格些。但只要一个译文仅只是按字面直译的，那么，它就未必是忠实的。只有当译文的词语是话语，[①]是从实事（Sache）本身的语言而来说话的，译文才是忠实的。

比两个译文的共同一致性更为重要的，乃是在这两个译文中所蕴含的对阿那克西曼德的理解。尼采把阿那克西曼德列于前柏拉图哲学家之中，第尔斯则把他视为一个前苏格拉底哲学家。两个名称说的是同一回事情。对早期思想家的解说和判断有一个不曾道破的标准尺度，那就是柏拉图和亚里士多德的哲学。这两位哲学家被视为具有继往开来之决定性作用的希腊哲学家。此种看法通过基督教神学而固定为一种普遍的、直到今天都没有动摇过

---

① “词语”（Wörter）、“话语”（Worte）在德文中为（das Wort）的两个不同的复数形式。——译注

的信念。诚然，在此期间，人们对柏拉图和亚里士多德之前的哲学家所做的语文学和历史学研究已经相当深入了；但即使在那里，柏拉图和亚里士多德的观念和概念——经过了现代的转换之后——也依然是阐释工作的指导线索。甚至当人们响应古典考古学和文学史研究，试图在早期思想中找出上古因素时，情形也是一样。古典的和古典主义的观念风行一时。人们谈论上古逻辑学，却无视于一个事实，即：惟有在柏拉图和亚里士多德的学院活动那里，才有一门逻辑学。

如若我们不是先行看清，那个在从一种语言到另一种语言的 323
翻译中被转渡的实事（Sache）的情形如何，那么，单纯地撇开那些晚出的观念，就会一无所获的。但在此，实事乃是思想的实事。在极其谨慎地对待语文学上得到澄清的语言的同时，我们在翻译中首先必须对这个实事有所思考。因此之故，要翻译阿那克西曼德这位早期思想家的箴言，只有思想家才能帮助我们。而当我们寻找这样一种帮助时，我们实际是在做徒劳无功的寻求。

诚然，青年尼采以他自己的方式获得了与前柏拉图哲学家们的个性的活生生的关系；但他对那些文本的解释却完全是传统式的，尽管并没有完全流于表皮。在思想上了解了思想史的惟一一位西方思想家，乃是黑格尔。可是，恰恰黑格尔对阿那克西曼德之箴言不置一词。此外，黑格尔同样也持有那种关于柏拉图和亚里士多德哲学的古典品格的流行信念。甚至，正是由于黑格尔把早期思想家理解为前亚里士多德哲学家，他才为下面这种意见提供了根据，这种意见认为，早期思想家乃是前柏拉图和前苏格拉底的哲学家。

在他关于希腊哲学史的演讲中，当他论及最早期的哲学知识的来源时，黑格尔说道：“亚里士多德是最丰富的源泉。他明确而缜密地研究了那些古代哲学家，尤其在他的《形而上学》开篇处（当然在别处也常常地）按历史顺序讨论了这些古代哲学家。他是如此深思熟虑，富有教益；我们满可以信赖他。要研究希腊哲学，最好的做法就是去读亚里士多德的《形而上学》第 1 卷。”（黑格尔：《全集》，第 13 卷，第 189 页）[①]

黑格尔在此向他 19 世纪初期的听众所提的建议，在亚里士多德时代，早已由亚氏的弟子和逍遥学派的第一位后继领袖泰奥弗
324 拉斯托做过了。泰奥弗拉斯托死于公元前 286 年左右。他撰写的一部著作题为Φυσικῶν δόξαι[《自然学说》]，即，“那些讨论φύσει ὄντα[自然存在者]的人们的意见”。亚里士多德也把他们称为φυσιολόγοι[自然学家]，指的是那些探讨自然万物的早期思想家。Φύσις[自然]意指天、地、植物、动物，在某种程度上也意指人。这个词表示着一个特殊的存在者领域，该领域在亚里士多德以及柏拉图学派那里，一般是与ἦθος[习俗、气质]和λόγος[逻各斯]相区别的。在那里，Φύσις[自然]不再具有存在者之总体（das All des Seienden）这一宽广含义。在物理学亦即关于φύσει ὄντα[自然存在者]之存在学的专题考察的开始处，亚里士多德把这种在φύσει ὄντα[自然存在者]意义上的存在者与τέχνη ὄντα[技术存在者]区划开来。前者是在其自行涌现中自己产生出来的东西，后者则是通过人的表象活动和制造活动而产生的东西。

① 参看黑格尔：《哲学史讲演录》，第一卷，贺麟、王太庆译，北京 1995 年，第 173—174 页。——译注

当黑格尔说亚里士多德是如此深思熟虑、富有教益时,他的意思是说:亚里士多德是在历史的视界中并且以他的物理学为尺度,来看待那些早期思想家的。这对我们来说意味着:黑格尔把前柏拉图和前苏格拉底的哲学家理解为前亚里士多德学者。随后,由此而来,一个双重的看法就固定为关于亚里士多德和柏拉图之前的哲学的普遍观点了:一、当早期思想家追问存在者的第一开端时,他们首先并且常常只是把自然当作他们的表象的对象。二、与后来在柏拉图和亚里士多德学派那里,在斯多葛学派和医生学派那里发展的自然知识相比,早期思想家关于自然的陈述还是粗糙的和不充分的。

泰奥弗拉斯托的Φυσικῶν δόξαι[《自然学说》]成了希腊化时代的哲学史教本的主要来源。这些教本同时规定了人们对当时还保存下来的早期希腊思想家的原著的解释,并且构成了哲学后来的史料编目学的传统。不仅是这一传统的内容,而且包括这一传 325
统的风格,共同塑造了后来的、直至黑格尔以后的思想家与思想史的关系。

公元530年左右,新柏拉图主义者辛普里丘撰写了一部篇幅浩大的对亚里士多德《物理学》的注释。在这部注释著作中,辛普里丘收入了阿那克西曼德之箴言的原文,从而使这个箴言为西方世界所接受。他是从泰奥弗拉斯托的Φυσικῶν δόξαι[《自然学说》]一书中转录这一箴言的。从阿那克西曼德道出这句箴言以来——我们不知道他是在哪里,怎样和对谁说的——到辛普里丘把这个箴言收入他的注释著作中,之间已经过去一千多年了。而从辛普里丘的记录到现在,又有一千五百年的时间过去了。

阿那克西曼德的这个箴言,从这两千五百年的年代学和历史学距离来看,还能对我们道说些什么吗?凭何种权威它可以有所言说呢?只是因为它是最古老的箴言吗?古代的和古老的事物本身并不具有任何重要性。再者,此箴言虽说是流传下来的最古老的一个箴言,但我们并不知道它是否也是西方思想中按其本性而言最早的箴言。假如我们首先根据早期箴言所言说的东西来思考西方的本质,我们便能够对此做出猜断。

但是,早先(die Frühe)具有何种要求在呼吁着我们——我们这些或许是哲学最后的末代子孙?我们是那种现在正在急速地走向其终结的历史的末代子孙吗?——这个终结(das Ende)结束了一切,并把一切带入一种越来越空虚荒疏的千篇一律的秩序之中。或者,在这个箴言的年代学和历史学的疏远过程中,竟隐藏着它的将向后世道出的未曾言说者的历史性趋近?

根本上,我们是处于整个地球最巨大的变化的前夜中,处于地球悬于其中的那个历史范围之时代的前夜之中吗?我们正面临着那个走向另一个拂晓的黑夜之傍晚吗?[①] 为了进入地球的这个傍晚(Abend)的历史疆域之中,我们才刚刚启程吗?这个傍
326 晚的疆域才刚刚兴起吗?这个傍晚之疆域(Abend-Land)越过西方和东方,并且超越欧洲,才成为即将到来的、却又更开端性地被命运发送出来的历史的处所吗?[②] 在一种通过我们向世界黑

① 此处“拂晓”(die Frühe)或可译为“早先”。注意此句中的“黑夜”(Nacht)与“傍晚”(Abend)之分别。——译注

② 德文 Abend-Land 由 Abend(傍晚)、Land(土地、疆域)连结而成,故译为“傍晚之疆域”。又,日常德语中有 Abendland(西方)一词。——译注

夜(Weltnacht)的过渡才出现的意义上,我们今人已然是西方的(abendländisch)吗?所有仅只以历史学方式算计出来的历史哲学可以为我们做出什么样的历史说明——如若它们只是凭着对历史学上提供出来的材料的概观来向我们炫耀,如若它们向来不是从历史的本质出发来思考它们的说明理由的基础,向来不是从存在本身方面来思考这种历史的本质?我们是我们所是的末代子孙吗?但我们同时却也是一个完全不同的世界时代——这个世界时代已经抛弃了我们今天关于历史的种种历史学观念——的早先(die Frühe)的早产儿吗?

斯宾格勒从对尼采哲学的太过毛糙的理解出发,得出了西方的没落的结论;他这里所谓西方乃是指西方的历史世界。尼采本人在他于1880年发表的著作《漫游者及其阴影》(第125个格言)中写道:"当诸民族的欧洲已成为一种暗冥的遗忘,而欧洲却还在三十本十分古老的、永不过时的书籍中生活之际,人类的一个高级状态才是可能的……"(《全集》,第3卷)

一切历史学都是根据它们被当代所规定的关于过去的图景来计算未来。历史学是对未来的不断摧毁,是对那种与命运之到达的历史性关联的不断摧毁。[①] 在今天,历史主义不仅没有被克服,而且它正在进入它的扩张和稳固阶段。通过无线广播和已然落伍跛行的报刊对世界舆论的技术组织化,乃是历史主义的真正统治形式。

---

① 德文 Historie 意谓"历史学"或"(历史学上的)历史",可说是被记录下来的"历史",是"显"出的"历史",而非本真的历史;本真的、真实发生的历史是 Geschichte,是亦"显"亦"隐"的,与"命运"相关联的。——译注

然而，我们竟还能以不同于历史学方式的别的方式，来表现和
327 描述一个世界时代的早先吗？也许对我们来说，历史学依然是回想历史的一个必要手段。但这绝不意味着，历史学本身能够在历史范围内构成那种在严格意义上充分的与历史的关联（Bezug zur Geschichte）。

决定着阿那克西曼德之箴言的古代，乃属于傍晚之疆域[①]的早期的早先。但如果这个早先的东西超出了一切晚近的东西，甚至根本上最早先的东西竟最远地超过了最晚近的东西，则情形又如何呢？那样的话，命运之早先的往昔（Einst）就会作为往昔而走向终极（ἔσχατον），亦即走向与迄今一直被掩蔽了的存在之命运的分离。存在者之存在聚集自身（λέγεσθαι，λόγος）[②]入于存在之命运的终极之中。以往的存在之本质[③]一直湮没于它依然被掩蔽了的真理[④]之中。存在之历史聚集自身入于这种分离。入于这种分离的聚集，作为对以往存在之本质的极端情形（ἔσχατον）的聚集（λόγος），乃是存在之末世论（die Eschatologie des Seins）。存在本身作为命运性的存在，本来就是末世论的。

但我们并不把“存在之末世论”这个称号中的“末世论”一词理解为一门神学或者哲学学科的名称。我们是在相当的意义上来思考存在之末世论的，亦即，我们是在存在历史性地思考精神现象学

① 原文为 Abend-Land，或译为“西方”。——译注

② 希腊文λέγεσθαι为动态动词形式，λόγος是相应的名词形式。海德格尔认为它们不光意味着“言说”，而且更有“聚集”之义。——译注

③ 1950 年第一版：在场状态——让在场：在场者。——作者边注

④ 1950 年第一版：自行遮蔽之澄明。——作者边注

这一意义上，来思考存在之末世论的。精神现象学本身构成存在之末世论的一个阶段，因为作为无条件的求意志之意志的绝对主体性，存在聚集自身入于它以往的、为形而上学所烙印的本质的终极之中。

如果我们从存在之末世论方面来思考，那么有朝一日，我们就不得不在未来的将来之物（das Einstige）中期待早先的将来之物，并且在眼下必须学会，由之而来思考这种将来之物。

如果我们一旦能够倾听这个箴言，那么，它就不再作为一个在 328
历史学意义上早已过去了的意见向我们说话了。这样，它也就不能把我们引诱到一个徒劳无功的意图中去，该意图就是：要在历史学上亦即在语文学—心理学上清算出，在从前米利都地方的一个名叫阿那克西曼德的人那里，作为他的世界观而实际地存在过的东西是什么。但假如我们一旦倾听到这个箴言之所说，那么，是什么东西驱使我们力图去翻译此箴言呢？我们如何通达这个箴言之所说，以使我们的翻译免去任意之虞？

我们系缚于箴言的语言。我们系缚于我们自己的母语。就此两者而言，我们根本上乃是系缚于语言和对语言之本质的经验。较之于一切语文学和历史学事实的尺度——这些事实惟有从此尺度中才获得了它们的事实性——，后面这种来自语言方面的约束力范围更广、更为严格，但也更不显著。只消我们还没有经验到这种约束力，那么，任何一种对箴言的翻译就都必然表现为纯粹的任意独断。不过，即便当我们系缚于箴言之所说时，不仅翻译，而且这种系缚，也仍旧保持着强行占有的印象。仿佛我们这里要倾听和道说的东西，是必然要忍受暴力的。

思想之箴言惟有在思想与箴言之所说的对话中才能得到翻译。而思想乃是作诗，[1]而且，作诗并不是在诗歌和歌唱意义上的一种诗。存在之思乃是作诗的原始方式。在思想中，语言才首先达乎语言，也即才首先进入其本质。思想道说着存在之真理的口授。[2] 思想乃是原始的 dictare［口授］。[3] 思想是原诗（Urdich-
329 tung）；它先于一切诗歌，却也先于艺术的诗意因素，因为艺术是在语言之领域内进入作品的。无论是在这一宽广的意义上，还是在诗歌的狭窄意义上，一切作诗在其根本处都是运思。思想的诗性本质（Das dichtende Wesen des Denkens）保存着存在之真理的运作。由于它运思着作诗，因而那种想让思想的最古老之箴言道说出来的翻译，必然表现为暴力性的。



我们试图来翻译阿那克西曼德之箴言。这就要求我们把一个以希腊文道说出来的东西翻译到我们的德语中去。为此，我们的思想在翻译之前就必需转渡到那个以希腊文道说出来的东西那里。[4] 运思着转渡到那在箴言中达乎其语言的东西那里，这乃是跳越一个鸿沟。此鸿沟绝不仅仅是二千五百年之久的年代学—历史学的距离。此鸿沟更宽更深。首先是因为我们濒临其边缘而立，此鸿沟才如此难以跳越。我们是如此紧临此鸿沟，以至于我们

---

① 此处“思想”（Denken）也简译“思”，“作诗”（Dichten）也简译“诗”。在海德格尔那里，“思”（思想）与“诗”（作诗）是本真的“道说”（Sagen）的两个方式，两者之间有着“近邻关系”——“亲密的区分”的关系。——译注

② 1950 年第一版：亦即说，思想乃是失言（Ent-sagen），居有之道说（die Sage des Ereignens）。——作者边注

③ 德语的 das Diktat 和拉丁文的 dictare 有“口授、口述、命令”等义。——译注

④ 德文中 Übersetzen 一词作为可分动词，意谓“转渡、摆渡”等；作为不可分动词，意谓“翻译、改写”等。——译注

得不到足够的助跑来做此种间距的跳越；我们因此容易做太短的跳越——如果在缺乏一个充分坚固的基地的情况下竟还允许起跳的话。

什么东西在此箴言中达乎语言呢？这个问题还是模棱两可的，因而是不确切的。它可能问的是箴言对之有所道说的那个东西。它也可能意指这个箴言所道说出来的东西本身。

在字面上作严格的翻译，这个箴言就是：

> Aus welchem aber das Entstehen ist den Dingen, auch das Entgehen zu diesem entsteht nach dem Notwendigen; sie geben nämlich Recht und Buße einander für die Ungerechtigkeit nach der Zeit Anordnung.

> 但万物的产生由它而来，又根据必然性复归于它的毁灭；因为它们根据时间程序为不正义而赋予正义并且相互惩罚。

根据流行之见，这句话说的是万物的产生和消失。它描绘了这个过程的特性。产生和消失返归于它们所从出的地方。万物生生灭灭。万物生生灭灭之际，在自然的保持不变的财政收支中，显示出一种交换经济方式。当然，建造和毁灭过程的交换只是大体 330
上被确定为自然事件的普遍特征。因此，还没有根据万物的确定的质量关系，在其运动方式上精确地把万物的变化表象出来，更没有某个运动规律的相应公式。这种在后世的进步时代所做的评价是足够宽容的，目的是为了不对这一原初的自然研究加以指摘。

人们甚至顺理成章地发现，一种刚刚开始的自然考察就是根据人类生活中常见的事件来描述万物过程。因此之故，阿那克西曼德这句话才谈到万物中的正义和不正义、惩罚和补偿、赔偿和清还。道德的和法律的概念掺和到关于自然的图景之中。所以，泰奥弗拉斯托就已经批评了阿那克西曼德，指出后者是ποιητικωτέροις οὕτως ὀνόμσιν αὐτὰ λέγων，亦即认为，后者是用十分诗意的名称来道说他所探讨的事情的。泰奥弗拉斯托指的是δίκη[正义]、τίσις[补偿]、ἀδικία[不正义]和διδόναι δίκην[惩罚]等词语。

现在首先要搞清楚这个箴言所道说的是什么。只有这样，我们才能确定，这个箴言对它所道说的东西说了些什么。

从语法上看，这个箴言由两个句子组成。第一句开头说：ἐξ ὧν δὲ ἡ γένεσις ἐστι τοῖς οὖσι……。此句谈的是ὄντα；在字面上翻译，τὰ ὄντα的意思是“存在者”（das Seiende）。这个中性名词的复数是τὰ πολλά，即，存在者之多样性意义上的“多”。但τὰ ὄντα并非意指一种任意的或无界限的多样性，而是指τὰ πάντα，即存在者之总体。故τὰ ὄντα[存在者]意味着多样性存在者整体。第二句的开头说：διδόναι γὰρ αὐτὰ……。这个αὐτὰ[它们]又承接第一句中的τοῖς οὖσι。

这个箴言谈论多样性存在者整体。但是，存在者不仅包括物。
331 而且物也不只是自然物。人、人所制造的物、受人的所作所为影响而致的状态和事态，也属于存在者。魔鬼的和神性的物也是存在者。所有这些东西不仅也是存在者，而且比纯粹之物更具有存在者特性。亚里士多德—泰奥弗拉斯托的假设认为，τὰ ὄντα[存在者］是φύσει ὄντα，即狭义的自然物。这个假设是完全没有根据的。这个假设对我们的翻译来讲是失效了。但即便用“万物”（die Dinge）来翻译τὰ ὄντα［存在者］，也还没有切中在这个箴言中达乎语言的事情。

然而，如果这个认为箴言所做的乃是对自然物的陈述的假设失效了，那么，以下断言的全部基础也就崩塌了，这个断言主张：必须严格地按照自然科学方式表象出来的东西，还可以在道德上和法律上得到说明。这个假设认为箴言所追求的是一种科学知识，即关于被界定了的自然领域的科学知识。而随着这个假设的废除，则以下假定也就失效了，此假定相信：在那个时代，道德和法律方面的事情是根据伦理学和法学等专门学科而得到思考的。对这样一些界限的否定绝不是要主张，早期的人们是不知道法和道德的。但如果说这种在专业（诸如物理学、伦理学、法哲学、生物学、心理学等）视界中为我们所习见的主张在此不具有任何位置，那么，在没有专业界限的地方，也就不存在任何超越界限的可能性，不存在从这个领域到那个领域的不当的观念移植的可能性。而在没有出现专业界限之处，也并非必然地只有无界限的不确定的东西和变动不居的东西横行称霸。也许正好相反，那纯粹地被思考的事情的本己构造，由于摆脱了任何专门化，倒是能够达乎语言了。

δίκη［正义］、ἀδικία［不正义］和τίσις［补偿］等，这些词语一概没有任何专业上界定的含义，而是具有宽广的含义的。“宽广”在此并不意味着：被扩大了的、被弄平了的、变稀薄了的；而是意指：范围广的、丰富的、隐含着先行被思考的东西。恰恰因此之故，这 332

几个词语才适合于把在其统一体之本质中的多样性整体形诸语言而表达出来。为了实现这一点，无疑地，思想必须完全据其本身去觉知（vernehmen）多样性之统一整体及其独有的特性。

这种让多样性存在者一体地进入本质洞察之中的方式，可以是一切其他的方式，惟独不是那种原始蒙昧的和神人同形同性论的表象方式（anthropomorphes Vorstellen）。

为了我们竟能在所有翻译之前转渡到在此箴言中达乎语言的东西那里，我们必须有意识地抛弃所有不当的先入之见：其一是认为此箴言关乎自然哲学；其次是相信在此箴言中不切实际地掺杂了道德因素和法律因素；再者是认定在此箴言中有那种从自然、道德、法律等特殊领域而来的高度专门化的观念在起作用；最后是坚信在其中还有一种原始蒙昧的体验起着支配作用，此种体验不加批判地、以神人同形同性论的观点来解释世界，所以它乞灵于诗意的表达——以上种种，皆为不当的先入之见也。

不过，只消我们没有在聆听之际得以进入那在这个箴言中达乎语言的东西中，那么，甚至这种对我们前面专门考虑过的那些不当假设的抛弃，也还是不够的。惟出于这样一种倾听，与早期希腊思想的对话才能如愿以偿。这种对话（Zwiesprache）之会话（Gespräch）谈论同一东西，而且是出于与同一东西的归属性来说话的，这一点，乃是对话的属性。据其原文来看，这个箴言谈论ὄντα[存在者]。它道出了存在者所包含的东西和存在者之所是的情形。通过道出存在者之存在，这个箴言谈论了存在者。存在作为存在者之存在而达乎语言。

在西方哲学之完成的极点处，有这样一句话："给生成打上存在之特征的烙印——这乃是最高的权力意志”。尼采在他的一个题为《要点重述》的笔记中这样写道。根据手稿的风格特性，我们必须把这个笔记的写作年份定在1885年左右，当时，尼采已经完 333
成了《查拉图斯特拉如是说》，还在计划他的系统的形而上学代表作。尼采在此所思的“存在”，乃是“相同者的永恒轮回”。所谓“相同者的永恒轮回”乃是一种持续方式，权力意志本身即在其中意愿自身，并保证它自己的在场为生成之存在（das Sein des Werdens）。在形而上学之完成的极端处，存在者之存在得以如是达乎言辞。

早期西方思想的早期箴言和晚期西方思想的晚期箴言都表达了同一者（das Selbe），但它们并非道说相同者（das Gleiche）。然而，哪儿能够根据不相同的东西来谈论同一者，那么在那里，晚期与早期的一种运思的对话的基本前提就已经由本身来满足了。

或者，这只是看来如此而已吗？在这一假象后面，隐藏着一道在我们的思想的语言与希腊哲学的语言之间的鸿沟吗？无论如何，只要τὰ ὄντα意味着“存在者”，而εἶναι无非是指“存在”，我们就能够越过任何鸿沟；尽管有时代的种种差异，我们仍与早期思想家一道在同一者之领域中。这个同一者保证我们，用“存在者”（das Seiende）和“存在”（sein）来翻译τὰ ὄντα和εἶναι。或者，为了表明这一翻译的颠扑不破的正确性，我们才必须摆出希腊哲学家的详尽文本吗？所有对希腊哲学的解释都已经建基于这一翻译之上。每一部词典都为我们给出了有关这几个词的最为丰富的信息：εἶναι意指“存在”（Sein），ἔστιν意指“是”（ist），ὄν意指“存在着”

(seiend)，τὰ ὄντα意指“存在者”(das Seiende)。[①]

实际情形如此。我们也无意去怀疑这一点。我们不想问，用“存在着”(seiend)来翻译ὄν，用“存在”(sein)来翻译εἶναι是否正
334 确。我们只是要问，在这一正确的翻译中，我们是否也正确地思想了。我们只是要问，在这一最常见的翻译中，究竟是否还有某种东西已经被思考了。

让我们做一番检验。让我们检验一下自己和他人。于是即可表明：在这一正确的翻译中，一切都还在漂浮不定的和不准确的含义中纠缠着。于是即可显明：常见的翻译往往带有匆忙的粗略性，而这种粗略性根本上不能被视为一种缺陷，它甚至也没有妨碍学术探究和描述。或许人们花了大力气，去挖掘希腊人在诸如θεός[神]、ψυχή[灵魂]、ζωή[生命]、τύχη[天命]、χάρις[恩典]、λόγος[逻各斯]、φύσις[自然]和ἰδέα[相]、τέχνη[技术]和ἐνέργεια[实现]等词语中真正表达出来的东西。然而，我们并没有认识到，只要此种努力以及类似的努力没有充分澄清这一所有领域的领域，即，没有充分揭示出在其希腊本质中的ὄν[存在着、存在者]和εἶναι[存在、是]，那么，它们就难免落入空洞和漫无边际之中。但我们所说的作为领域的εἶναι[存在、是]，全然也不是按γένος[种类]和κοινόν[共性]的逻辑说明方式表象出来的普遍性和大全者意义上的领域。这种以表象性概念方式来进行的总括(即 concipere)，自始就被当作存在本身之思想的惟一可能的方式；甚至当人们遁入

① 此处四个希腊文词语分别是系动词不定式、系动词单数第三人称、系动词中性分词的名词形式及其复数。——译注

概念辩证法或神秘象征的非概念性之中时，上面这种方式也还是为人们所承认的。尤其是，人们完全遗忘了，概念的霸权和把思想解释为一种概念性把握（Begreifen）的做法，已经而且仅仅建基于未曾被经验的、因而未曾被思的ὄν[存在着、存在者]和εἶναι[存在、是]的本质之上。

我们往往不假思索地把词语ὄν和εἶναι释为存在者和存在，就是以我们母语中相当的、但未经思的词语的意思来解释这两个希腊词语。准确地看来，我们甚至也不是用一种含义来解释这些希腊词语。我们直截了当地根据一种粗略的认识接受了这些词语，而此种粗略的认识已经把它自己的语言所具有的通常的解悟性赋予这些词语了。除了一种仓促意见的自命不凡的疏忽之外，我们没有把什么东西加给这些希腊词语。此种仓促意见往往会陷于窘境，举例说来，当我们在修昔底德的历史著作中读到εἶναι和ἔστιν，在索福克勒斯那里读到ἦν和ἔσται时，[①]就会有此窘境。

但是，如果说τὰ ὄντα[存在者]，ὄν[存在着]和εἶναι[存在、是]是思想的基本词语，并且不只是某一种任意的思想的基本词 335
语，而是作为整个西方思想的关键词语而在语言中发声的，那么，情形又如何呢？果如其然，则一种对翻译上的语言用法的考查就揭示了下述实情：

我们本身在我们自己的语言的词语“存在着”（seiend）和

① 此句中的εἶναι是系动词不定式，ἔστιν是系动词第三人称单数，ἦν是系动词过去时单数第一人称和第三人称，ἔσται是系动词将来时单数第三人称。——译注

"存在"(sein)中所思考的东西,是不清晰的和没有获得根据的;

我们一向所持的意见是否切中了希腊人在ὄν和εἶναι两个词语中谈论的东西,这也是不清晰的和没有获得根据的。

究竟ὄν和εἶναι在希腊思想中道说什么,是不清晰的和没有获得根据的;

在这种情况下,我们往往也不能做出考查,看看我们的思想是否以及在何种程度上符合于希腊人的思想。

这些简单的关系完全是令人迷惘的、未经思考的。而在这些关系之内和在这些关系之上,漂荡、蔓延着一种漫无边际的关于存在的闲谈(Seinsgerede)。此种闲谈与那种把ὄν和εἶναι翻译为"存在着"和"存在"的做法的形式上的正确性相联盟,持续不断地隐瞒了上述纷乱不清的情况。不过,在这种纷乱不清中迷路的不只是我们今天的人们。在这种纷乱不清中着了魔的,乃是几千年来从希腊哲学流传下来的观念和表达。这种纷乱的原因既不在于语文学的纯粹疏忽,也不在于历史学研究的不足。这种纷乱来自那种关系之深渊(Abgrund)——存在[①]已经具有了西方人的本质而使之入于此深渊中。所以,我们通过某种定义而赋予词语ὄν和εἶναι(即"存在着"和"存在")以一个更准确的含义,是不能消除这种纷乱的。恰恰相反,不懈地关注这种纷乱,并以其顽强的力量去促成一种解决——这样的尝试有朝一日会成为一种诱因,唤起另一种

① 1950年第一版:作为本有之居有(Er-eignen)。——作者边注

存在之天命(Geschick des Seins)。为着此种诱发所作的准备已 336
然十分急迫,为的是在那种依然持续着的纷乱之范围内推动一种与早期思想的对话。

如果说我们是如此执着地坚持要以希腊方式思希腊思想,那么,我们这样做绝不是要在某些方面更适恰地塑造出作为一个消失了的人群的希腊人整体的历史画像。我们寻求希腊的东西(das Griechische),既不是为希腊人的缘故,也不是为了完善科学,甚至也不只是为了达到一种更为清晰的对话;相反,我们惟独着眼于此种对话想表达出来的东西——如果这个东西是从自身而来达乎语言的话。这个东西就是那个同一者(das Selbe),它命运性地以不同方式关涉到希腊人和我们自己。正是它把思想的早先(die Frühe)带入西方的命运之中。[①] 依照这种命运,希腊人才成为历史性意义上的希腊人。[②]

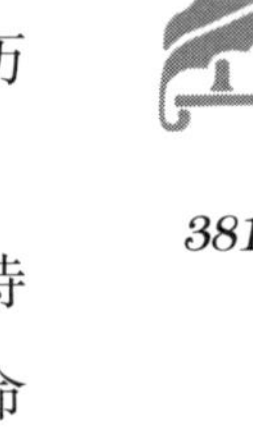



以我们的讲法,“希腊的”并不是指一个民族的或者国家的特性,也绝不意味着一种文化的和人类学的特性。“希腊的”乃是命运之早先,存在本身[③]作为此种命运在存在者中自行显明,并且要求着[④]人的本质;而人的本质历史性地展开为命运性的东西,被保存于“存在”中,被“存在”释放出来,但绝不与存在分离开来。

希腊、基督教、现代、全球和上述意义上的西方——对于这一

① “西方的命运”(das Geschick des Abend-Landischen)或译“傍晚之疆域的命运”。——译注

② 注意“命运”(Geschick)与“历史性的”(Geschichtlich)两词之间的字面联系。只有在“历史性的”意义上才谈得上“命运”。——译注

③ 1950年第一版:本有。——作者边注

④ 1950年第一版:用(Brauch)——归本(Vereignung)。——作者边注

切,我们都是根据存在的一个基本特征来加以思考的;作为在Λήθη[遮蔽]中的'Αλήθεια[无蔽],存在更容易遮蔽这一基本特征,而不是揭示这一基本特征。但这一对它的本质和本质来源的遮蔽乃是存在原初的自行澄明的特征,虽然这样一来,思想恰恰并不追随
337 存在。存在者本身并没有进入这种存在之光中。存在者的无蔽,即那种被允诺给存在者的光亮,晦蔽着存在之光(Licht des Seins)。

存在隐匿自身,因为存在自行解蔽而入于存在者之中。

如此这般,存在在有所澄明之际以迷途(die Irre)来迷惑存在者。存在者已经发生出来进入迷途之中;在此迷途中,存在者簇拥着存在,使存在走投无路,并从而创建着迷误之领地(这是在侯爵领地或诗人领地意义上说的)。[①] 迷误乃是历史的本质空间。在迷误中,历史性的本质因素迷失于类似于存在的东西(Seinesgleichen)当中。因此之故,那种历史性地出现的东西就必然被曲解。贯穿这种曲解,命运等待着从它的种子里生长出来的东西。命运把它所关涉的东西带入命运性和非命运性的东西(das Geschickliche und Ungeschickliche)的可能性中。命运着力于命运。[②] 人之看错自身,相应于存在之澄明的自身遮蔽。

倘若没有迷途,也就不会有任何命运与命运的关系了,也就不会有历史了。年代学的距离和因果的排列虽然属于历史学,却并

① 这里译为"迷误之领地"的der Irrtum一词由die Irre(迷途、迷误)加后缀-tum构成,类似于"侯爵领地"(Fürstentum)和"诗人领地"(Dichtertum)两词的构成。——译注

② 此句原文为:Geschick versucht sich an Geschick。——译注

不是历史。[1] 如若我们历史性地存在，那么，我们既不在一种与希腊的东西的大距离中，也不在一种与希腊的东西的小距离中。我们倒是存在于对希腊的东西的迷误中。

存在隐匿自身，因为存在自行解蔽而入于存在者之中。

如此这般地，存在便随其真理而抑制自身。这种自行抑制乃是存在之解蔽的早期方式。自行抑制的早期标志乃是'Α-λήθεια[无蔽]。由于它带来存在者之非遮蔽状态(Un-Verborgenheit)，它才引发存在之遮蔽状态。而遮蔽却保持在自行抑制之拒绝(Verweigern)的特性中。

我们可以把这种随其本质之真理的澄明着的自行抑制称为存在之ἐποχή[悬搁]。这个词是从斯多葛派哲学家的语言用法中借来的；但它在此却不同于胡塞尔的用法，并不是指在对象化过程中对设定的意识行为的中止方法。存在之悬搁(Epoche)属于存在本身。这里，我们是根据对存在之被遗忘状态的经验来思这种悬 338
搁的。

真正的世界历史在存在之命运中。存在之命运的时代本质来自存在之悬搁。[2] 每每当存在在其命运中自行抑制之际，世界便突兀而出乎意料地发生了。世界历史的任何悬搁都是迷途之悬搁。存在之时代本质归属于存在之被遮蔽了的时间特性，并且标

---

① 注意 Historie(历史学、历史学上的历史)与 Geschichte(历史、真实发生的历史)的区分。——译注

② 此句中的"时代本质"原文为 das epochale Wesen，"存在之悬搁"原文为 die Epoche des Seins。中译未能显明"时代的"(epochal)与"悬搁"(Epoche)之间的字面联系。——译注

志着在存在中被思考的“时间”之本质。[①] 人们一向在“时间”这个名称中表象出来的东西，只不过是一种虚幻时间的空洞，而这种虚幻时间乃是从被看作对象的存在者那里获得的。

然而，对我们来说，此之在（Da-sein）的绽出特性乃是首先可得经验的与存在之时代特性的应合。存在之时代本质（das epochale Wesen）居有着此之在的绽出本质（das ekstatische Wesen）。人的绽出之实存（Ek-sistenz）忍受着绽出因素（das Ekstatische），因而保持着存在的时代因素；而存在之本质包含着这个“此”（Da），[②]从而包含着此之在。[③]

从时代上思考，存在之悬搁的开端就蕴含在我们所谓的希腊因素中。这一本身要在时代上思考的开端，乃是在存在中由存在而来的命运的早先。

重要的并不是我们关于过去所想象和描绘的一切，而倒是我们思念命运性的东西的方式。要是没有思想，我们竟能有这种思念吗？而要是出现了思想，我们就会放弃一种目光短浅的意见的诸种要求，并且向命运之要求开放我们自己。那么，在阿那克西曼德的早期箴言中，有这种命运的要求在说话吗？

命运之要求是否向着我们的本质说话，对此我们没有把握。依然大可追问的是，存在之闪耀（Blick）——这也就是说，存在之

---

① 1950 年第一版：作为自行遮蔽着的庇护之澄明的时间—游戏—空间。——作者边注

② 1950 年第一版：在自行遮蔽之澄明意义上。——作者边注

③ 此处“绽出之实存”（Ek-sistenz）是海德格尔对“实存”（Existenz）一词的特殊写法，意指人进入（归属于）存在之本质中。后期海德格尔把实存的人进入存在的澄明境界称为“此之在”（Da-sein），亦称“存在之澄明”。——译注

闪电(Blitz)(赫拉克利特,残篇第64)——是否进入我们与存在之真理的关联中;或者,是否只还有一场早就消退了的雷雨的微弱闪 339
光,把它的暗淡光亮带入我们关于曾在者(das Gewesene)的知识之中。

阿那克西曼德之箴言向我们谈论了在其存在中的ὄντα[存在者]吗?我们领悟到它之所说,即存在者之εἶναι[存在、是]了吗?竟还有一线光亮穿透迷途之纷乱,告诉我们ὄντα[存在者]和εἶναι[存在、是]在希腊文中所道说的东西吗?惟有在这道光亮的明亮中,我们还能转渡到箴言之所说那里,从而得以在一种思想对话中翻译这个箴言。也许,贯穿于词语ὄντα和εἶναι(即“存在者”和“存在”)的用法中的纷乱,很少是因为语言不能把一切充分道说出来,而更多的是因为我们没有足够清晰地思考事情。莱辛曾说过:“语言能够表达我们清晰地思考的一切。”所以,对我们来说要紧的是去留心一个适当的时机,这个时机将允许我们清晰地去思考箴言所表达的事情。

我们想在阿那克西曼德之箴言那里去发现我们所寻求的时机。而在此情形中,我们总还缺乏翻译的道路所要求的那种细心。

因为一方面,在解释箴言之前,而且并非首先凭借于箴言,我们必须转渡(über-setzen)到箴言之所说由之得以达乎语言的那个东西上去,即,转渡到τὰ ὄντα[存在者]上去。这个词指的是箴言之所云,而不只是指箴言所表达出来的东西。箴言之所云在它的表达之前就已经是希腊语言在其日常低级和高级的用法中所说出的东西了。因此,我们必须事先在箴言之外寻找让我们往那里转渡的时机,以便借机去经验,τὰ ὄντα[存在者]在希腊思想中所道说的东西。另一方面，由于我们还完全没有界定箴言的原文，所以我们也不得不首先停留在箴言之外。最终（在事情本身看，此最终也即首先），这种划界受制于一种知识，即，关于那种区别于后期的
340 流行观念的、在早期诉诸语言的原文中被思的和可思的东西的知识。

上面所引用和翻译的文本取自辛普里丘的《物理学》注释，通常被当作是阿那克西曼德的箴言。然而，这部注释并没有十分清晰地引证此箴言，还不足以可靠地确定，阿那克西曼德之箴言始于何处止于何处。即使在今天，希腊语的出色行家们所接受的箴言文本也还是本文开头所引用的那个样子。

不过，早就有一位功勋卓著的希腊哲学著名专家约翰·布纳特，这位牛津柏拉图版本的编纂者，在他的《希腊哲学的开端》一书中提出了异议，怀疑这个来自辛普里丘的引文的已经被普遍接受的开头。与第尔斯的意见相左，布纳特写道（参看上书，第2版，1908年，德译本1913年，第43页，注4）：“第尔斯……使实际引文从ἐξ ὧν δὲ ἡ γένεσις……等词语开始。这种做法是违背把引文与文本交织在一起的希腊语用法的。一位希腊文作家直接从直接引文开始，这是十分罕见的。此外，更为可靠的是，我们不要把γένεσις［产生］和φθορά［消灭］这两个柏拉图专用的术语归到阿那克西曼德名下。”

根据这一怀疑，布纳特断定，阿那克西曼德的话仅从κατὰ τὸ χρεών开始。布纳特关于希腊语引文所说的一般性意见，支持了他对这些词语前面的词语的删除。相反，他对γένεσις［产生］和φθορά［消灭］这两个词语的术语用法的怀疑在此却是不可靠的。认为

γένεσις[产生]和φθορά[消灭]在柏拉图和亚里士多德那里是固定的概念词语,进而成了学院词语,这样一种看法是切合实际的。但另一方面,γένεσις[产生]和φθορά[消灭]乃是荷马就已经知道了的古老词语。阿那克西曼德必定没有把它们当作概念词语来使用。他根本还不能这样来使用这两个词语,因为概念语言对他说 341 来必然还是格格不入的东西。因为,概念语言只有基于对作为ἰδέα[相]的存在的解释才是可能的;从此以后,这种概念语言当然也是不可避免的了。

不过,根据结构和声调来看,在κατὰ τὸ χρεών之前的整个句子与其说是上古的,还远不如说是亚里士多德的。在一般采用的文本的结尾κατὰ τὴν τοῦ χρόνου τάξιν上,也显示出同样的后期特色。谁同意删去布纳特所怀疑的那段文字,他也就不能坚持通常所采用的结尾一段。这样一来,阿那克西曼德的原话就只剩如下的文字了:

...κατὰ τὸ χρεών· διδόναι γὰρ αὐτὰ δίκην καὶ τίσιν ἀλλήλοις τῆς ἀδικίας.

……根据必然性,因为它们为其不正义而相互惩罚并且相互补偿。

这些话也足以成为一种凭据,让泰奥弗拉斯托看到阿那克西曼德是以诗意十足的方式说话的。几年前,我又一次认真思考了整个在我的一些讲座中经常要论及的问题;自那以后,我倾向于仅仅把上面这些文字当作直接的、真正的阿那克西曼德的文字；当然这是有前提的，其前提就是：我们并没有简单地把前面的文本排除掉，而是根据他的思想的严格性和道说力量，把它确定为阿那克西曼德之思想的间接证据。这就要求我们，恰恰要像希腊的思考方式那样去理解γένεσις[产生]和φθορά[消灭]这些词语，不管它们是前概念性的词语还是柏拉图—亚里士多德的概念词语。

据此，γένεσις就绝不意味着现代人所设想的发展意义上的发生(das Genetische)；φθορά并非意指发展的对立现象，并非意指例如退化、萎缩和凋谢等。相反，我们必须根据φύσις[涌现、自然]，并且在φύσις[涌现、自然]范围内，来思考γένεσις和φθορά，把

342 它们思为自行澄明着的涌现和消隐的方式。或许我们可以用产生(Entstehen)来翻译γένεσις；但在这里，我们同时必须把产生思为逃脱(Ent-gehen)，它使任何产生者逃脱遮蔽者并使其处于无蔽者中而出现(hervor-gehen)。或许我们可以用消失(Vergehen)来翻译φθορά；但我们同时必须把消失思为行进(Gehen)，它从无蔽者那里重又产生(ent-stehen)，入于遮蔽者而离去和脱离。



也许阿那克西曼德谈论了γένεσις和φθορά。他是不是以流传下来的句子的形式来谈论的，此点尚可质疑，虽然诸如γένεσις ἔσ-τιν(我想如是读解之)和φθορὰ γίνεται——即“产生是”和“消失产生”[1]——这样的矛盾的句子结构又是为一种古老语言而说话的。γένεσις是入于无蔽者之中而出现和到达。φθορά意味着：作

---

[1] 这里的两个句子“产生存在”(Ent-stehen ist)和“消失产生”(Vergehen ent-steht)确乎自相矛盾。——译注

为从无蔽者而来的已经到达者入于遮蔽者而离开和脱离。“入于……的出现”(Das Hervor in...)和“去向……的离开”(Hinweg...zu)在遮蔽者和无蔽者之间的无蔽状态中**成其本质**。它们关涉到已经到达者的到达和离去。

阿那克西曼德必定就γένεσις和φθορά所命名的东西谈论了一些什么。至于他是否同时专门命名了τὰ ὄντα[存在者],或许还是悬而未决的,尽管并没有什么证据可以否认此点。第二句中的αὐτα[它们],从它所道出的东西的广度来看,并且根据第二句与κατὰ τὸ χρεών的反向关系来看,不外乎是指出了那种以前概念的方式被经验到的存在者整体,即:τὰ πολλά,τὰ πάντα,“存在者”。对于τὰ ὄντα[存在者],我们总还是这样来说的,而从来没有澄清在希腊思想中ὄν[存在着]和εἶναι[存在、是]命名着什么。不过,在此期间,我们已经获得了一个更为自由的领域,得以来尝试这种澄清了。

我们是从人们通常所采纳的箴言文本出发的。在对它所作的暂时考察中,我们已经排除了那些决定着对此箴言文本的阐释的通常假定。同时,我们已经从文本所表达出来的东西那里,从γένε-
σις[产生]和φθορά[消灭]那里,获得了一个暗示。这个箴言谈论 343
的是那种东西,它出现之际在无蔽者中到达,已经到达这里之后又脱离无蔽者而离去。

然而,如此这般在到达(Ankunft)和离去(Abgang)中有其本质的东西,我们宁可称之为生成者和消失者,也即短暂的东西,而并不称之为存在者;因为,我们久已习惯于把存在与生成对立起来,仿佛生成乃一种无(Nichts),仿佛生成甚至并不属于长期以来仅仅被人们理解为单纯持存的存在。但是,如果生成**存在着**,那么,我们就必须如此这般从根本上来思存在:存在不仅在某种空洞的概念性意思包含着生成,而且,存在以合乎存在的方式在本质上承担和创造着生成(γένεσις-φθορά[产生—消灭])。

因此之故,现在无须探讨的是,我们是否并且有何理由把生成者设想为短暂的东西;需要讨论的是,当希腊人在ὄντα[存在者]领域中把出现和离去经验为到达的基本特征时,他们思存在的何种本质。

当希腊人道说τὰ ὄντα[存在者]之际,什么东西达乎他们的语言呢?在阿那克西曼德之箴言之外,何处还有一种护送,可以把我们转渡到那里去?由于我们所追问的这个词语及其所有变式,即ἔστιν,ἦν,ἔσται,εἶναι,[①]无所不在地充斥于语言之中(而且是在一种思想把这个词语专门遴选为它的基本词语之前),因此,就有必要察觉一个时机——从它的实情、时间和范围来看,这个时机处于哲学之外,在任何方面都先行于思想之道说。

在荷马那里,我们察觉到这个时机。通过荷马,我们拥有了一个段落,它绝不是一个单纯的段落,不是一个词典式地包含着词语的段落。而毋宁说,它是这样一个段落,它把ὄντα[存在者]所命名的东西诗意地表达出来。由于词汇上的一切λέξις[言语]都是以λεγόμενον[所说]之所思为前提的,因此我们放弃了一种对出
344 处的空洞堆积,这些出处在此类情形中常常仅只表明,它们中的任

① 为希腊文系动词εἰμι(相当于英文的 be,德文的 sein)的变位形式,ἔστιν是主动语态现在陈述式单数第三人称,相当于英文的 it is;ἦν是其过去式;ἔσται是其将来式;εἶναι是其不定式。——译注

何一个都没有得到过深思。借助于这一人们乐意使用的方法，人们期望通过把一个未经澄清的段落与另一个同样未经澄清的段落堆积在一起，就会突然产生一种澄清。

我所解释的段落在《伊利亚特》第 1 章的开头，第 68—72 行诗。假如我们借助于诗人而能让自己摆渡（über-holen）到所道说的事情的河岸那里的话，这个段落就会给我们一个时机，让我们转渡（ über-setzen）到希腊人用ὄντα［存在者］所命名的东西那里。

对于下面的提示，我们需要作一个语言历史上的先行说明。这种先行说明并不要求去击中甚或解决眼下所面临的语言科学问题。在柏拉图和亚里士多德那里，我们遇到的ὄν［存在着］和ὄντα［存在者］这两个词语乃是概念词语。后来的名称“ontisch”（存在者状态的）和“ontologisch”（存在学的）就是据此而构成的。但是，从语言上看来，ὄν［存在着］和ὄντα［存在者］大致是ἐὄν和ἐόντα这两个原始词语的经过某种锤炼之后的形式。只是在这些原始词语中，词里行间还回响着我们就ἔστιν［是］和εἶναι［存在、是］所道出的东西。ἐόν和ἐόντα中的ε乃是在ἔστιν——即 est，esse 和“ist”（是）——中的词根ἐσ的ε。反之，ὄν和ὄντα看来好像是无词根的分词词尾，似乎它们本来并且专门来指示我们在那种被后来的语法学家解释为μετοχή即动词分词（Participium）的词语形式中要思考的东西：亦即那种同时具有词语的动词含义和名词含义的词语形式。

因此，ὄν说的是“一个存在者**存在**”意义上的“存在着”（seiend）；而同时，ὄν也指称一个存在着的**存在者**（Seiendes）。在ὄν的分词含义的分裂中，隐含着“存在着”和“存在者”之间的区别。

初看起来，如此这般描述出来的东西好像是一种语法上的吹毛求疵，实际上却正是存在之谜。ὄν这个分词词语正适合于表示在形而上学中作为先验的与超验的超越者（Transzendenz）而显露出来的东西。

345 上古的语言，从而也包括巴门尼德和赫拉克利特，始终是使用ἐόν和ἐόντα这两个词的。

可是，ἐόν，即“存在着”（seiend），不仅是动名词ἐόντα（即“存在者”）的单数，而且不如说，ἐόν指示着绝对单数（das schlechthin Singuläre），它在其单数中惟一地是在一切数之前的惟一具有统一作用的一（das eining einende Eine）。

我们不妨带些夸张、但也带着同样真理性的分量断言：西方的命运就系于对ἐόν一词的翻译，假如这种**翻译**是基于那种**转渡**，即，那种向在ἐόν中达乎言辞的东西的真理的**转渡**。[①]

荷马就这个词向我们说了些什么呢？我们知道在史诗《伊利亚特》开头阿凯亚人兵临特洛伊城的情景。九天以来，阿波罗带来的瘟疫肆虐于希腊人的兵营中。在聚集军队时，阿喀琉斯要求先知卡尔卡斯卜测神的愤怒。

...τοῖσι δ' ἀνέστη
κάλχας Θεστορίδης οἰωνόπλων ὄχ' ἄριστος
ὅς ἤδη τά τ'ἐόντα τά τ'ἐσσόμενα πρό τ'ἐόντα

① 此句中的“翻译”（Übersetzung）的对应动词是不可分动词 übersetzen，而“转渡”（Übersetzung）的对应动词是可分动词 über-setzen。——译注

καὶ νήεσσ' ἡγήσατ' Ἀχαιῶν Ἴλιον εἴσω
ἣν διὰ μαντοσύνην, τήν οἱ πόρε Φοῖβος Ἀπόλλων·

福斯的译文如下：

……重又站起
卡尔卡斯，忒斯托尔之子，最远视的鸟瞰者
他知道什么是，什么将是或者曾经是，
曾经凭预言的灵魂，太阳神阿波罗赏给他的灵魂，
把阿凯亚人的船队护送到特洛伊。

荷马在让卡尔卡斯说话之前，就把他描绘成一个先知。谁属于先知行列，他就是这样一个人，即，ὅς ἤδη...（“他已经知道了……”）；ἤδη是完成式οἶδεν（即“他已经看到”）的过去完成式。惟当一个人已经看到之际，他才真正地看。看乃是“已经看到”。被看见的东西已经到达，并始终在他面前。一个先知总是已经看 346
到了。因为事先已经有所看到，他才预见。他根据过去看见未来。如果诗人要把先知的看描述为“已经看到”，那么他就必须把“先知已经看到了”这回事情以过去完成时道说出来，即：ἤδη，他过去就已经看到了。先知事先看到了什么呢？显然只是那种在贯穿其视野的澄明光照之中在场的东西。这种看所看到的东西只能是在无蔽者中在场的东西。但什么东西在场呢？诗人指出一个三重的东西：既是τά τ' ἐόντα，即存在着的东西，又是τά τ' ἐσσόμενα，即将来存在的东西，又是πρό τ' ἐόντα，即过去存在过的东西。

我们从诗人的这段话中得出的第一点乃是：τά ἐόντα[存在者]是与τά ἐσσόμενα[将来存在者]和πρὸ ἐόντα[过去存在者]相区别的。据此看来，τὰ ἐόντα指的是当前事物意义上的存在者。当我们后人谈论“当前的”时，我们或者意指现在事物，并把它设想为某种时间内事物(lnnerzeitiges)。现在(das Jetzt)被当作时间过程中的一个阶段。或者，我们把“当前的”与对象事物联系起来。对象事物作为客观物则被联系于具有表象作用的主体。然而，当我们把“当前的”这个词用于对ἐόντα的更切近规定时，我们还是坚持从ἐόντα的本质方面来理解“当前的”，而不是相反。但ἐόντα也是过去的东西和将来的东西。此两者乃是在场者的一种方式，也即非当前地在场的东西的一种方式。希腊人把当前在场的东西也明白地命名为τὰ παρεόντα；παρά意指“寓于……”(bei)，也即伴随着进入无蔽状态之中。“当前的”(gegenwärtig)一词中的“gegen”(反对)并非意指与某个主体的对立(Gegenüber)，而是指无蔽状态之敞开地带(die offene Gegend)，伴随着到来的东西进入其中并在其中逗留。因此，“当前的”作为ἐόντα的特性，其意思无非是：已经到达而在无蔽状态之地带内逗留。那首先得
347 到言说，从而得到强调言说的ἐόντα，因此特别地与προεόντα和ἐσσόμενα区别开来了；对希腊人来说，它指的是在场者——在上面已有所解释的意义上入于无蔽状态之地带内的逗留而已经到达的在场者。这种已经到达状态(Angekommenheit)乃是真正的到达(Ankunft)，是真正在场的东西的在场。连过去的东西和将来的东西也是在场者，也即在无蔽状态之地带之外的在场者。非当前在场的东西乃是不在场者(das Ab-wesende)。作为不在场者，

它本质上依然关联于当前在场者，因为它或者入于无蔽状态之地带而出现，或者出于无蔽状态之地带而离去。连不在场者也是在场者，而且**作为**出于无蔽状态的不在场者，它入于无蔽状态而在场着。即使过去的东西和未来的东西也是ἐόντα。因此，ἐόν就意味着：入于无蔽状态而在场。

从以上关于ἐόντα的解释可知，即便在希腊经验中，在场者也是有歧义的，而且必然是有歧义的。一方面，τα ἐόντα意指当前在场者，而另一方面，它也意指所有的在场者：当前的和非当前的现身事物（das Wesende）。但是，我们绝不可以按照我们的概念性意见的习惯，把广义的在场者设想为关于一种有别于特殊在场者（即当前在场者）的在场者的普遍概念；因为事实上，它恰恰就是当前在场者和在当前在场者中起支配作用的无蔽状态，而这种无蔽状态贯穿于作为非当前在场者的不在场者的本质。

先知面临着在场者及其无蔽状态，此无蔽状态同时已经照亮了不在场者本身的遮蔽状态。先知看，因为他已经看到了作为在场者的一切东西；καὶ[并且]，只是因此之故，νήεσσ’ἡγήσατ’，他才能把阿凯亚人的船队护送到特洛伊城前。他之所以能够这样做，是因为他具有神所赋予他的μαντοσύνη[预言的灵魂]。先知，即ὁ μάντις，乃是μαινόμενος，即疯狂者。但疯狂的本质在何处呢？疯狂者在自身之外。他已离开。我们要问：往何处而离开？从何处离开呢？从眼前现成事物的单纯涌逼那里离开，从仅仅当 348
前在场的东西那里离开，去往不在场者那里而离开，因而同时也去往当前在场者，因为当前在场者始终只是某种在离开过程中到达的东西。先知入于以任何方式在场的东西的在场的某个区域之

中，从而在自身之外。因此之故，先知能够从那种入于这个区域的“离开”过程而来，又回到正好在场的东西那里，譬如肆虐的瘟疫。先知的“离开之存在”（weg-Sein）的疯狂并不需要他狂叫一气，疯癫地翻动白眼，扭曲四肢。看的疯狂者可以与身体上的镇静的毫不显眼的安宁结伴而行。

对于先知来说，一切在场者和不在场者都被聚集和保持于一种在场中。我们德文的一个古老词语“war”意味着“庇护”（Hut）。我们在“察觉”（wahrnehmen），也即“保持”（in die Wahr nehmen）中，在“发觉”（gewahren）和“保存”（verwahren）中，还可以看出这一点。“保护”（das Wahren）必须被思为澄明着—聚集着的庇护（Bergen）。在场保护在场者——当前和非当前的在场者——入于无蔽状态中。先知是从在场者的保护（die Wahr）方面来道说的。先知乃是预言者。[①]

这里，我们是在澄明着—庇护着的聚集意义上来思考“保护”的；它本身就显露为迄今为止一直被掩蔽了的在场的基本特征，也即存在的基本特征。终有一天，我们将学会从保护方面来思我们所使用的真理一词，并且体会到，真理乃是存在之保护（Wahrnis des Seins），而作为在场的存在就归属于这种保护。作为存在之庇护（Hut des Seins），保护（Wahrnis）乃是牧人的本色；这个牧人与一种田园般的放牧和自然神秘主义毫不相干，他只能成为存在的牧人（Hirt des Seins），因为他始终乃是无（Nichts）的看守人。存

① 此处“预言者”（Wahr-Sager）直译为“真实道说者”；而从海德格尔这里对Wahr等词语的解释来看，更应译为“保护的道说者”。中译无法在字面上体现海氏的一语双关的原意。——译注

在的牧人和无的看守人是同一回事。人只有在此之在(Da-sein)的展开状态(Ent-schlossenheit)中才能成为此两者。

先知就是已经看到了在场中的在场者之大全的那个人;按拉丁语来讲,就是vidit;用德语来说,就是er steht im Wissen(他处于知道之中)。“已经看到”乃是知道的本质。在“已经看到”中始 349
终已经起作用的东西不同于视觉过程的实行。在“已经看到”中,与在场者的关系已经退回到任何一种感官和非感官的把握方式之背后。由此,“已经看到”便关联于自行澄明的在场。看并非取决于眼睛,而是取决于存在之澄明。置于存在之澄明中的迫切性(Inständigkeit)乃是人类全部感官的构造。作为“已经看到”,看的本质就是知道。这种知道保持着视野。知道始终挂念着在场。知道乃是存在之回忆(Gedächtnis des Seins)。因此之故,Μνημοσύνη[回忆]是缪斯之母。知道并不是现代意义上的科学。知道乃是对存在之保护的运思着的保持。①

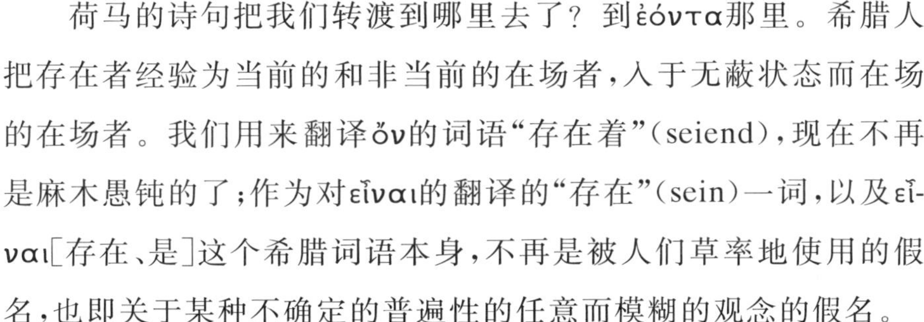

荷马的诗句把我们转渡到哪里去了?到ἐόντα那里。希腊人把存在者经验为当前的和非当前的在场者,入于无蔽状态而在场的在场者。我们用来翻译ὄν的词语“存在着”(seiend),现在不再是麻木愚钝的了;作为对εἶναι的翻译的“存在”(sein)一词,以及εἶναι[存在、是]这个希腊词语本身,不再是被人们草率地使用的假名,也即关于某种不确定的普遍性的任意而模糊的观念的假名。

同时也已显明,作为在场者之在场的存在本身就是真理,假定

① 此句原文为:Wissen ist das denkende Gewahren der Wahrnis des Seins.——译注

我们是把真理之本质当作澄明着—庇护着的聚集来思考的；假定我们摆脱了后起的、在今天已然不言自明的形而上学的先入之见(它认为真理乃是存在者或存在的一个特性)。存在，用现在所思考的词语来说，即作为在场的εἶναι[存在、是]，以隐而不显的方式，乃是真理的一个特性；这里所说的真理当然不是作为知识的一个特征的真理，无论它是神性的还是人性的，这里所说的真理也绝不是某种性质意义上的特性。进一步得到了澄清的是：τὰ ἐόντα一词两义，既指当前在场者，也指非当前在场者；从前者方面来理解，后者就是不在场者。但是，当前在场者并不像一块被切割的东
350 西那样处于不在场者之间。如若在场者预先处于视野之中，则一切都共同现身而成其本质：甲带着乙，乙使丙运行。在无蔽状态中当前在场者逗留于作为敞开地带的无蔽状态中。当前进入地带的逗留者(das Weilige)进入地带而出于遮蔽状态，并于无蔽状态中到达。但逗留着到达的是(ist)在场者，因为在场者也已经离开无蔽状态而走向遮蔽状态了。当前在场者总是逗留着。它逗留在到来和离去(Hervorkunft und Hinweggang)之中。逗留乃是从“来”(Kunft)向“去”(Gang)的过渡。在场者乃是始终逗留者(das Je-weilige)。在过渡中逗留着，在场者还在到来(Herkunft)中逗留，并且已经在去往(Hingang)中逗留。当下在场者，即当前在场者，出于不在场而现身成其本质。这一点恰恰必然是就真正在场者来说的，尽管我们通常的表象方式喜欢把真正在场者与一切不在场分划得泾渭分明。

τὰ ἐόντα指的就是，始终逗留者的统一多样性。任何如此这般入于无蔽状态而在场的东西，总是以其方式，向着其他每个在场

者而在场。

最后，我们从荷马这段诗中还引出一点：τὰ ἐόντα，即所谓的存在者，根本就不是指自然事物。在眼前的情形中，诗人拿ἐόντα一词指的是阿凯亚人在特洛伊城前的情景、神之愤怒、瘟疫之肆虐、丧葬之火、王侯们的束手无策，等等。在荷马的语言中，τὰ ἐόντα绝不是一个哲学上的概念词语，而是一个业经思考并且在思考之际被道说出来的词语。这个词语不但不是指自然事物，而且根本上也不是指与人类表象纯然对峙的对象。人也属于ἐόντα；人是那样一个在场者，他在揭示着—领悟着并因而聚集着之际，让在场者作为一个在场者在无蔽状态中成其本质。如果说在对卡尔卡斯的诗意描绘中，在场者是在与先知的看的关系中被思考的，那么，这就意味着，以希腊方式来思考，先知作为“已经看到”的人乃

是这样一个在场者，他在一种突出的意义上归属于在场者整体。351
但这并不意味着，在场者只不过是客体，完全依赖于先知的主体性。



τὰ ἐόντα，当前在场者和非当前在场者，乃是在阿那克西曼德之箴言中得到特别表达的东西的毫不起眼的名字。这个词语所命名的东西作为尚未被说出的东西，在思想中没有被说出，但被归于一切思想。这一词语所命名的，乃是从此以后占有着全部西方思想的东西，且不论这东西是否被说出来了。

但是，在阿那克西曼德之后又过去了几十年，ἐόν（即在场着）和εἶναι（即在场）才通过巴门尼德而成为西方思想的未曾被说出的基本词语。而这个事情的发生并不是由于，巴门尼德从陈述命题及其系词出发对存在者作了“逻辑的”解释——这乃是今天还在

四处流行的错误意见。实际上，在希腊思想中，就连亚里士多德也没有走得那么远，后者是根据κατηγορία[范畴]来思考存在者之存在的。亚里士多德把存在者看作那种对于陈述来说已经现成的东西，也即看作无所遮蔽地当下逗留的在场者。亚里士多德根本就用不着根据陈述命题的主词来说明ὑποκείμενον[基体、基底]即实体，因为实体的本质，即希腊文的οὐσία[在场]的本质，在παρουσία[在场着]意义上已经是显然的了。不过，甚至亚里士多德也不是根据命题对象的对象性来思考在场者之在场性的，而是把它思为ἐνέργεια[实现]，而后者却是与中世纪经院哲学的 actus purus[纯粹现实]之 actualitas[现实性]鸿沟相隔的。



然而，巴门尼德的ἔστιν却并非指作为命题之系词的"是"(ist)。它命名的是ἐόν，即在场者之在场。ἔστιν[是]应合于存在之纯粹要求，这种应合还在有第一 οὐσία[在场]与第二οὐσία[在场]，existentia[实存]与 essentia[本质]的区分之前。但在这里，
352 ἐόν是从ἐόντα之无蔽状态的蔽而不显的丰富性方面被思考的，此丰富性乃是早期希腊人所熟稔的，他们用不着、也不必从所有方面去经验这种本质丰富性。

从关于以先概念方式被道出的ἐόντα之ἐόν的运思经验而来，早期思想道出它的基本词语：Φύσις[涌现]和Λόγος[逻各斯]，Μοῖρα[命运]和Ἔρις[斗争]，Ἀλήθεια[无蔽]和Ἕν[一]。① 惟有通过必须回溯到基本词语领域之内而得思考的Ἕν[一]，ἐόν和εἶναι才

① 此句的六个希腊词语被海德格尔看作早期希腊思想的"基本词语"。其中的φύσις通译为"自然"，而海德格尔思之为存在之"涌现"；Λόγος不是后世的"逻辑"，而是存在之"聚集"，通译为"真理"的Ἀλήθεια，海德格尔解之为"无蔽、解蔽"。——译注

成为适合于在场者的被说出的基本词语。惟从作为Ἕν[一]的存在之命运而来，经过一系列本质的变革，现代思想才进入了实体之单子论的时期，这种单子论在精神现象学中达到了完成。

并不是巴门尼德对存在作了逻辑的解释。恰恰相反，源出于形而上学并且同时支配了形而上学的逻辑，使得存在的隐含于早期基本词语中的本质丰富性始终被掩蔽着。这样，存在才得以上升到最空洞和最普遍的概念的不幸地位上去了。

但是，自早期思想以来，“存在”就是指澄明着—遮蔽着的聚集意义上的在场者之在场，而Λόγος[逻各斯]就是作为这种聚集而被思考和命名的。Λόγος[逻各斯]（λέγειν，读、聚集）是从Ἀλήθεια[无蔽]方面被经验的，即从解蔽着的庇护（das entbergende Beren）方面被经验的。在Ἀλήθεια[无蔽]的分裂本质中隐藏着Ἔρις[斗争]和Μοῖρα[命运]的被思及的本质，而在Ἔρις[斗争]和Μοῖρα[命运]这两个名称中，Φύσις[涌现]同时也获得了命名。

在这些从在场之经验方面得到思考的基本词语的语言范围内，阿那克西曼德之箴言中的一些词语δίκη[正义]，τίσις[补偿]和ἀδικία[不正义]等说话了。

在这些词语中说话的存在之要求（Anspruch des Seins）规定着哲学，使哲学进入其本质中。哲学并非起源于神话。哲学只不过是从思想中产生，在思想中产生。但思想乃是存在之思想。思想并不产生——只消存在现身而成其本质，思想便存在。而思想 353
之沉沦（Verfall）[①]为科学和信仰，乃是存在的恶的[②]命运。

① 1950年第一版：在存在之遗忘状态中沉沦于存在者；参看《存在与时间》。——作者边注

② 1950年第一版：但并非“糟糕的”。——作者边注

在存在之命运的早期，存在者即τὰ ἐόντα达乎语言。从如此这般到来的东西被抑制的丰富性来看，阿那克西曼德之箴言把什么东西带入言辞中了呢？根据可能真实的文本，这个箴言如是说：

> ...κατὰ τὸ χρεών· διδόναι γὰρ αὐτὰ δίκην καί τίσιν ἀλλήλοις τῆς ἀδικίας.

通常的译文如下：

> ……根据必然性；因为它们为其不正义而相互惩罚和相互补偿。

这个箴言现在也还是由两个句子组成的；第一句只保留下来最后几个词。让我们着手来解说第二句。

αὐτά[它们]与前一句子中所命名的东西有关。它所意指的只能是：τὰ ὄντα，即在场者整体，也即入于无蔽状态的当前的和非当前的在场者。至于这个在场者整体是否也明确地被冠之以ἐόντα这个词，按文本的不可靠性来看，这还是悬而未决的。αὐτά指的是一切在场者，以始终逗留者的方式现身的一切在场者：诸神和人、神庙和城市、大海和国家、鹰和蛇、树和灌木、风和光、岩石和沙土、昼和夜。在场者在统一性的在场中共属一体，因为每个在场者在其逗留中与其他在场者一起逗留着而在场。这个"多"(πολλά)并非各不相干的对象的排列，仿佛在这些对象后面还有某种东西把这些对象涵括为一个整体似的。而毋宁说，在在场本身中起着支配作用的乃是一种被遮蔽的聚集的并存逗留(Zueinander-Weilen)。因此之故,当赫拉克利特在在场中洞察到聚集着—统一着并且遮蔽着的本质之际,他把Ἕν[一](即存在者之存在)称 354
为Λόγος[逻各斯]。

但是,在此之前,阿那克西曼德是如何首先经验到总是相互并存地逗留、并且进入无蔽状态而到达的在场者之全体的呢?根本上是什么普遍地贯穿着在场者?这个箴言最后一个词语说的就是这个。我们必须着手来翻译这个词。这个词指出了在场者的基本特征:ἡ ἀδικία。人们在字面上用"不正义"来翻译这个词。但这种字面的翻译就是忠实可信的吗?也就是说:所译的这个词是专注于该箴言所表达的东西的吗?αὐτά,也即始终逗留着入于无蔽状态的在场者整体,已经在我们眼前了吗?

何以始终逗留着的在场者就在不正义之中呢?在在场者那里,什么是不正义的呢?难道在场者的正义不就是始终逗留着、持续着,从而实现它的在场吗?



ἀ-δικία一词首先说的是:δίκη缺席不在。人们习惯于用"正义"来翻译δίκη一词。在对这个箴言的种种翻译中,甚至有用"惩罚"来译这个词的。如果我们撇开我们的法学—伦理的观念,如果我们坚持在该箴言所说的东西那里,那么,ἀδικία说的就是:它运作之处,事情不对头。这意思就是说:某物出于裂隙之外。[①] 但这是就何而言的呢?是就始终逗留的在场者而言的。可是在在场者

① 在日常德语中,"etwas ist aus den Fugen"这个短语的意思是"某物四分五裂,紊乱,乱了套"。我们这里据字面直译,以强调海德格尔所思的"裂隙"(die Fuge)。——译注

中，哪里有裂隙呢？何处有哪怕仅只一条裂隙（die Fuge）呢？在场者如何能够是无裂隙的，即ἄδικον，也即是出于裂隙之外的？

该箴言说得明白，在场者在ἀδικία中，也即是出于裂隙的。但这并不意味着，在场者不再在场。但它也不仅是说，在场者偶然地，抑或从它的某一特性方面，出于裂隙。该箴言说的是：在场者作为它所是的在场者出于裂隙。在场本身必然包含着裂隙连同出于裂隙的可能性。在场者乃是始终逗留者。逗留（Weile）作为进入离开（Weggang）的过渡性到达而成其本质。逗留在到来和离去
355 之间成其本质。在这一双重的不在场之间，一切始终逗留者的在场成其本质。始终逗留者（das Je-Weilige）被嵌入这一“之间”（Zwischen）中。这一“之间”乃是裂隙，而逗留者一向循此裂隙从来源而来、向离开而去被嵌入其中了。逗留者的在场向前移动进入来源的“来”（Her），并且向前移动进入离开的“往”（Hin）之中。在场按两个方向被嵌入不在场之中。在场在这种裂隙中成其本质。在场者从到来中出现，在离去中消失；而且，就在场者逗留着而言，其产生和消失两者是同时的。逗留在裂隙中成其本质。

然而，这样一来，始终逗留者就恰恰是在其在场的裂隙中，而绝不是——我们现在可以说——在非裂隙（die Un-Fuge）中，不是在ἀδικία中。但阿那克西曼德这个箴言却说它在非裂隙中。该箴言出于一种本质经验来说话，即认为ἀδικία乃是ἐόντα的基本特征。

始终逗留者在裂隙中成为逗留着的东西，这种裂隙把在场嵌入双重的不在场之中。不过，作为在场者，始终逗留者——恰恰是它并且只有它——能够同时在其逗留之际自行持留。已经到达的

东西甚至能坚持其逗留，仅仅是为了由此保持更久的在场——持存意义上的在场。始终逗留者坚持于它的在场。如此这般地，它出离于其过渡性的逗留。它在坚持（Beharren）的固有意义中展开自身。它不再牵挂其他在场者。它固执于持续的持存性，仿佛这种固执就是持留。

在逗留之裂隙中成其本质之际，在场者出自裂隙，并作为始终逗留者在非裂隙之中。一切始终逗留者都处于非裂隙中。ἀδικία属于在场者之在场，属于ἐόντα之ἐόν。于是乎，处于非裂隙之中，或许就是一切在场者的本质。所以，在思想的早期箴言中，就显露出了希腊的存在经验的悲观主义因素——即使不说是虚无主义因素的话。

可是，阿那克西曼德之箴言说“在场者的本质在于非裂隙”了 356
吗？答曰：它既如是说了，又没有如是说。虽然这个箴言把非裂隙称为在场者的基本特征，但这只是为了去道说：

διδόναι γὰρ αὐτὰ δίκην. . . τῆς ἀδικίας.

“它们必受到惩罚”，尼采如是译之；“它们受到惩罚”，第尔斯译道，“为其不正义”。但实际上，在这个箴言中哪儿也没有谈到“受到”，同样也没有谈到“惩罚”，没有谈到某物是受到惩处的，甚或必须按照那些把报仇看作公正的人们的意见而受到报复。

不过，根据已经被思及的始终逗留者的本质，漫不经心地道出的“物的不正义”已被澄清为逗留中的非裂隙。非裂隙就在于，始终逗留者寻求坚持于一味持存意义上的逗留。从逗留之裂隙方面来看，作为坚持的逗留乃是进入单纯持续的起立(Aufstand)。在使在场者入于无蔽状态之地带而逗留的在场本身中，持存过程起而立之。通过逗留的这一起立，始终逗留者坚持于单纯的持存状态。于是，在场者就是在没有逗留之裂隙和反对逗留之裂隙的情况下成其本质的。阿那克西曼德之箴言并没有说，始终逗留的在场者自失于非裂隙之中。这个箴言说的是，从非裂隙方面来看，始终逗留者διδόναι δίκην，即给出裂隙。

在此何谓"给出"呢？在非裂隙中成其本质的始终逗留者如何能够给出裂隙？它能给出它所没有的东西吗？如果它给出，那么，它难道恰恰不是使裂隙消失吗？始终逗留的在场者往何处、又如何给出裂隙呢？我们必须更清晰地来做追问，也即必须从事情而来进行追问。

在场者之为在场者如何给出它的在场的裂隙？这里所谓"给出"只能基于在场之方式中。"给出"(Geben)不仅是"使……离开而给出"(Weggeben)。更原始地，"给出"是"允许"或"添加"意义
357 上的"给出"。这种给出把某物所固有的东西归属于另一物。归属于在场者的东西乃是那种把它嵌入到来和离开之中的逗留之裂隙。在裂隙中，始终逗留者保持其逗留。所以，它并没有力求进入单纯坚持的非裂隙中而消失。裂隙归属于始终逗留者，而始终逗留者又归属于裂隙。裂隙乃是嵌合。①

从作为在场的存在来看，Δίκη乃是嵌缝着—接合着的嵌合。

---

① "裂隙"(die Fuge)与"嵌合"(der Fug)两个德文词语表面上仅有阴、阳性之差。——译注

'Αδικία即非裂隙就是非嵌合。[①] 只是，我们现在还有必要从其全部语言力量出发对这个大写的词语作宏大的思考。

始终逗留着的在场者在场，因为它逗留，逗留着产生和消失，逗留着经受从到来向离开的过渡的裂隙。这种一向逗留着的过渡之经受乃是在场者的嵌合的持存状态。它恰恰并不固守于单纯坚持。它并不落入非裂隙之中。它使非嵌合消失。逗留于其逗留之所之际，始终逗留者让嵌合归属于它的作为在场的本质。διδόναι指的就是这种“让归属”（Gehörenlassen）。

当下在场者之在场并不在自为的ἀδικία之中，并不在非嵌合之中，而是在διδόναι δίκην... τῆς ἀδικίας之中，也即在于：在场者一向让嵌合归属。当前在场者并没有被切割开来而游移于非当前在场者之间。当前在场者之为当前的，是因为它让自身归属于非当前的在场者中：

διδόναι... αὐτὰ δίκην... τῆς ἀδικίας，

——它们，这些相同之物，（在克服）非嵌合中让嵌合归属。

这里所表达出来的对在其存在中的存在者的经验并不是悲观主义的，也不是虚无主义的，但也不是乐观主义的。它始终是悲剧性的。这诚然是一个骄傲自大的词语。不过，对于悲剧性的本质来说，也许当我们不是在心理学上和美学上来解释它，而只是通过

① “非裂隙”（die Un-Fuge）和“非嵌合”（der Un-Fug）以及“裂隙”和“嵌合”，标明“在场—不在场”的差异运动。——译注

358 思考διδόναι δίκην...τῆς ἀδικίας来思索它的本质方式，即存在者之存在时，我们才能发现它的踪迹。

始终逗留着的在场者（即τὰ ἐόντα）在场，因为它让接合着的嵌合归属。裂隙之嵌合归属于谁，归属何处？始终逗留着的在场者何时给出嵌合？以何种方式给出？这个箴言对此没有直接说明，至少就我们眼下对此箴言的词语所作的思考来看是这样。但是，如若我们注意一下尚未翻译的那些词语，那么，这个箴言似乎明白地说出了，διδόναι所指的是谁或什么：

διδόναι γὰρ αὐτὰ δίκην καὶ τίσιν ἀλλήλοις

始终逗留着的在场者让嵌合相互（ἀλλήλοις）归属。人们往往这样来阅读这段文字。如若人们要更清晰地来表象ἀλλήλοις，并且像第尔斯那样专门把它命名出来（而尼采甚至在译文中忽略了它），人们就要把ἀλλήλοις与δίκην和τίσιν联系起来。但在我看来，ἀλλήλοις与διδόναι δίκην καὶ τίσω的直接关系在语言上并非必然的，更重要地，在实情上也是没有根据的。所以，我们只有从实情出发来才能追问，ἀλλήλοις[相互]是否也直接关系到δίκην，是否它并非相反的倒是仅只关系到紧位于它前面的τίσιν。对这个问题的决断同时也取决于我们如何翻译位于δίκην和τίσιν之间的 καί。而后者则取决于τίσις在此所说的意思。

人们往往用“惩处”（Buße）来翻译τίσις。所以容易把διδόναι解说为“受到”（bezahlen）。始终逗留着的在场者受到惩处，它清偿这一惩处而受到惩罚（δίκη）。法庭是完备的。它并不缺乏什么，甚至也并非没有非正义——尽管无疑地，对于这种非正义，没有人真正知道它的内容。

诚然，τίσις可以有惩处的意思，但它必然不是惩处，因为借此并没有道出这个词的本质性的和原始性的含义。因为，τίσις乃是“重视”(Schätzen)。重视某物意味着：关注它，从而使受重视者在其所是中得到满足。重视的本质结果乃是“满足”，在善事中可以 359
是善行，关涉到恶事时则是惩处。不过，如若我们不是已经像对待ἀδικία和δίκη那样，从这个箴言所表达的事情本身来思考的话，那么，一种对词语的单纯解释就没有把我们带到该箴言的词语的事情那里。

根据阿那克西曼德之箴言，αὐτά(τὰ ἐόντα)，即始终逗留着在场者，处于非嵌合之中。由于它们逗留着，它们便持留着。它们固守着。因为，在从到来向离去的过渡中，它们踌躇不定地贯穿着逗留之所。它们固守着，也即它们抑制着自身。就始终逗留者逗留着固守而言，它们固守之际也倾向于在这种固守中坚持，并且甚至坚持于这种固守。它们坚持于不断的延续而没有牵挂于δίκη，即逗留之嵌合。



但这样一来，每个逗留者也就已经对着其他逗留者展开自身。任何一个都不去关心其他逗留者的逗留着的在场。始终逗留者毫无顾忌地相互反对，任何一个都出自在逗留着的在场本身中起支配作用、并且由这种在场引起的坚持之渴望。因此之故，始终逗留者并不消解于单纯的毫无顾忌。这种毫无顾忌本身把始终逗留者趋迫到坚持之中，以至于它们还是作为在场者在场。在场者整体并没有消解于一味无顾忌地个别化的东西中，并没有消散于非持

存之物中。相反地,阿那克西曼德之箴言在此如是说:

διδόναι... τίσιν ἀλλήλοις

它们,即始终逗留者,让一方归属于另一方:即相互顾视。我们用"顾视"(Rücksicht)来翻译τίσις,或许更好地切中了关注和重视的本质性含义。这种翻译是从事情出发的,也即是从始终逗留者的在场出发来思考的。但"顾视"这个词对我们来说过于直露地指示着人类的特性,而τίσις则是中性的,因为更为本

360 质性地,它是就一切在场者来说的:αὐτὰ(τὰ ἐόντα)。我们的"顾视"一词不仅缺乏必要的广度,而且首先是没有分量的,难以在该箴言范围内作为τίσις的对译词而与作为嵌合的δίκη相吻合。



这里,我们的语言中有一个古老的词语,十分典型地,我们今人又仅仅识得其否定性形态,实际上只是在贬义形式中识得这个词,就像"非嵌合"一词一样。在我们的习惯上,"非嵌合"(Unfug)一词充其量仅只是表示一种无礼的和低级的行为,以粗俗的方式做出的事情。

与此类似地,我们在使用ruchlos一词时也把其意思理解为"堕落的"和"可鄙的",即:无顾虑(ohne Ruch)。我们根本不再知道,Ruch的含义是什么。在中古高地德语中,"ruoche"一词指的是谨慎、忧虑。忧虑就是牵挂于某物如何保持在其本质中。从始终逗留者出发并且联系于在场来看,这一牵挂就是τίσις,亦即牵

系(Ruch)。[1] 我们的“geruhen”一词归属于牵系(Ruch),而与宁静(Ruhe)毫无干系;geruhen 意味着:重视某物,同意某物而允许某物成其本身。我们对“顾视”一词所作的说明——即认为此词指的是人类关系——也适合于 ruoche。但是,我们要利用词语的已经失落了的含义,重新把它纳入一种本质性的幅度之中,并且相应于作为嵌合的δίκη,来谈论作为牵系的τίσις。

因为始终逗留者并没有完全消散于向单纯坚持的持续而展开这样一个过程的无限制执拗中,从而得以在相同的渴望中出于当前在场者而相互排挤,它们就让嵌合归属,即διδόναι δίκην。

就始终逗留者给出嵌合而言,它们因此也就已经一体地,在相互关系中,向来让一种牵系(Ruch)归属于另一种,διδόναι... καὶ τίσις ἀλλήλοις。惟当我们预先已经把τὰ ἐόντα思为在场者,并且把在场者思为始终逗留者之整体之际,我们才得以思及ἀλλήλοις[相互]在这个箴言中所指说的东西,即:在无蔽状态之敞开地带范围内每一个逗留者去向另一个逗留者而在场。只要我们没有思τὰ ἐόντα,那么,ἀλλήλοις[相互]就始终是一个表示在模糊的多 361
样性范围内某种不确定的交互关系的名称。我们越是严格地在ἀλλήλοις[相互]中思考始终逗留者的多样性,ἀλλήλοις与τίσις的必然关系就越是显明。这种关系越是显明地凸现出来,我们就越加清晰地认识到,διδόναι... τίσιν ἀλλήλοις,即一方给予另一方以牵系,根本上乃是作为在场者的始终逗留者的逗留方式,也就是

① 日常德语中没有 Ruch 一词,英译本译作 reck,我们据海德格尔的解释,译之为“牵系”。——译注

διδόναι δίκην，给出嵌合的方式。在δίκην与τίσιν之间的καί[和、与]，绝不是一个空洞的、只具有连接作用的“与”(und)。它意指一个本质性的过程。如果在场者给出嵌合，那么，这个过程就发生了：在场者作为始终逗留者相互给予牵系。非嵌合之克服根本上是通过牵系之让归属而进行的。这就是说：作为非牵系(Un-Ruch)之非嵌合的本质性过程，无牵系之物处于ἀδικία之中。

διδόναι...αὐτὰ δίκην καὶ τίσις ἀλλήλοις τῆς ἀδικίας

它们让嵌合相互归属，因而(在克服)非嵌合中让牵系相互归属。①



这一让归属(Gehörenlassen)，正如καί一词所说的，是一种双重的让归属，因为ἐόντα的本质得到了双重的规定。始终逗留者出于到来和离开之间的裂隙而在场。它们在一种双重的不在场的“之间”(Zwischen)中在场。始终逗留者时时依照其逗留而在场。它们作为当前在场者而在场。着眼于它们的逗留来看，它们给予牵系，而且是使一个逗留者牵系于另一个。但在场者让裂隙之嵌合归属于谁呢？

我们眼下所解说的阿那克西曼德之箴言的第二句对这个问题

① 这是海德格尔的德译文，原译如下：gehören lassen sie Fug somit auch Ruch eines dem anderen (im Verwinden) des Un-Fugs。——译注

没有作出回答。但这个句子给予我们一个暗示；因为我们还忽视
了一个词：διδόναι γὰρ αὐτὰ...，“因为它们让归属……”。其中
的γάρ，即“因为”，导出一种论证。无论如何，第二句是要解释在 362
前面一句中说出的东西如何如其所说的那样。

这个箴言中已经译出的第二句说的是什么？它说ἐόντα，说在场者，说作为始终逗留者的在场者被释放到无牵系的非嵌合之中，以及作为如此这般的在场者，它如何通过让嵌合归属、并且让牵系一方归属于另一方来克服非嵌合。这种让归属乃是始终逗留者持留并因而作为在场者而在场的方式。这个箴言的第二句命名着在其在场方式中的在场者。这个箴言道说在场者，道出在场者之在场。它把在场者之在场置入思想之光亮（die Helle des Gedachten）中。这第二句给出关于在场者之在场的解释。

因此，第一句必然是命名在场本身的，而且是就在场规定着在场者本身而言来命名的；因为只有这样，并且只有在此意义上，第二句才可能反过来，在通过γάρ[因为]这个词表达出来的与第一句的逆向关系中，从在场者方面来解释在场。在与在场者的关系中，在场始终是在场者据以成其本质的那种东西。第一句命名着在场：“根据……”。第一句中只有最后三个词保留下来了：

...κατὰ τὸ χρεών·

人们把它译为：“根据必然性”。我们暂且不译τὸ χρεών。但即使这样，我们也已经可以从前面得到了解释的第二句、并从它与第一句的逆向关系的特性出发，对τὸ χρεών作出两种思考。其

一，它命名在场者之在场；其二，如果它思考的是在场者之在场，那么，无论如何，在χρεών中已经思考了在场与在场者的关系；或者，它表明，存在与存在者的关系只能来自存在，只能基于存在之本质。

在τὸ χρεών前面还加了一个κατά。[1] κατά意味着：从上而
363 下，从上而来。κατά反过来指向某种东西，从这种高处的东西而来，一个低处的东西在它下面并且作为它的后果而出现。κατά所指说的那个东西本身具有一个落差（Gefalle），它和其他东西都循此落差而在如此这般的情形中。

但是，如果不在在场的后果和在场的落差中，那么，在何种落差和在谁的后果中在场者才能成其为在场者呢？始终逗留着的在场者κατὰ τὸ χρεών而逗留着。不论我们如何思考τὸ χρεών，这词语乃是表示我们前面已经思考过的ἐόντα的ἐόν的最早名称。τὸ χρεών乃是思想借以把存在者之存在表达出来的一个最古老的名称。

始终逗留着的在场者在场，因为它们克服了无牵系的非嵌合，即克服了作为一种根本可能性（Mögen）而在逗留本身中起支配作用的ἀδικία。在场者之在场乃是这样一种克服。这种克服的实行是由于始终逗留者让嵌合归属，从而让相互牵系。嵌合归属于谁？这个问题的答案现在已经有了。嵌合归属于那种东西，循着这种东西，在场才成其本质，也即克服（Venwindung）才成其本质。嵌

[1] 希腊文的介词，跟第二格时意为“从……而下”，跟第四格时意为“根据、按照”。——译注

合乃是κατὰ τὸ χρεών。在这里,χρεών之本质得到了澄亮,尽管还只是一种很遥远而模糊的澄亮。如若它作为在场之本质从根本上关涉于在场者,那么,在这种关系中必然有这样一回事情,即,τὸ χρεών把嵌合接合起来,从而也把牵系接合起来。χρεών有所接合,在场者循着χρεών而让嵌合和牵系归属。χρεών使在场者获得这种接合(Verfügen),并因此赋予在场者以其到达方式,作为始终逗留者之逗留的到达方式。

在场者通过克服非嵌合(Un-Fug)中的"非"(Un-)(即ἀδικία中的ἀ-)而在场。ἀδικία中的这个ἀπό吻合于χρεών的κατά[从……而下、根据]。在第二句中具有起承作用的γάρ[因为]拉开一条从一端到另一端的弧线。

到此为止,我们所尝试的只是按与之具有反向联系的箴言的第二个句子,来思考τὸ χρεών所命名的东西,而并没有追问这个词语本身。τὸ χρεών一词意味着什么呢?我们最后才来解释这段箴言文字中的第一个词,是因为按实事来看,这个词乃是第一位 364
的。在何种实事中呢?在在场者之在场的实事中。但存在之实事(Sache)[①]乃是存在者之存在。[②]

这一神秘多义的第二格的语法形式[③]指示着一种发生,在场者的一个出自在场的来源(Herkunft)。[④] 但是,凭着在场和在场

① 1950年第一版:命运。——作者边注

② 1950年第一版:指示着存在学差异。——作者边注

③ 指上句中的"存在者之存在"(das Sein des Seienden)中的定冠词第二格"之(的)"(des)。——译注

④ 1950年第一版:在在场之闪耀(Scheinen)中显现出来,在场者到来(出现)。这种闪耀从不显现!——作者边注

者这两者的本质，这一来源的本质始终还是蔽而不显的。不但于此，而且甚至连在场和在场者的关系也始终未经思考。从早期起，在场和在场者就似乎是各各自为的某物。不知不觉地，在场本身成了一个在场者。从在场者方面来表象，在场就成了超出一切的在场者，从而成为至高的在场者了。只要在场得到命名，在场者就已经被表象出来了。根本上，在场本身就没有与在场者区分开来。它仅仅被看作在场者的最普遍的和至高的东西，从而被看作这样一个在场者。在场之本质，以及与之相随的在场与在场者的区分（Unterschied），[1]始终被遗忘了。**存在之被遗忘状态乃是存在与存在者之区分的被遗忘状态**。

然而，这种区分的被遗忘状态绝非思想之健忘的结果。存在之被遗忘状态属于由这种被遗忘状态本身所掩盖起来的存在之本质。它如此本质性地归属于存在之命运，以至于实际情形是：这种命运的早期就是作为对在场中的在场者的揭示而发端的。这就是说：存在之历史始于存在之被遗忘状态，因为存在——随其本质一道，随其与存在者的区分一道——抑制着自身。区分脱落了。它
365 始终被遗忘了。惟区分双方，即在场者与在场，才自行解蔽，但并非**作为**（*als*）有区分的东西自行解蔽。相反地，就连区分的早期踪迹也被磨灭了，因为在场如同一个在场者那样显现出来，并且在一个至高的在场者那里找到了它的渊源。

存在之命运始于区分之被遗忘状态，并得以在区分中完成自

① 1950年第一版：区—分（Unter-Schied）完全不同于所有存在，所有保持为存在者之存在的存在。因此，用“存在”（Sein）——无论是带y的还是不带y的（应该指“存在”的古式写法Seyn——译注）——来指称区—分，始终是不合适的。——作者边注

身；但区分之被遗忘状态并非一种缺乏，而是一个最丰富和最广大的本有事件(Ereignis)——在其中，西方的世界历史得到了裁决。它乃是形而上学的本有事件。现在**存在**(ist)的事物就处于存在之被遗忘状态的早已先行在前的命运的阴影之中。

可是，惟当存在与存在者之区分已经随着在场者之在场揭示自身，从而已经留下了一条踪迹，而这条踪迹始终被保护在存在所达到的语言中——这时，存在与存在者之区分作为一种被遗忘的区分才能进入一种经验之中。这样来思考，我们就可以猜度：与其说在后期的存在之词语中，倒不如说在早期的存在之词语中，区分更多地澄明了自身；但无论何时，区分都没有作为这样一种区分而被命名出来。因此，区分之澄明也并不能意味着区分显现为区分。相反地，在在场本身中倒可能显示出与在场者的关系，而且情形是：在场**作为这种关系**而达乎词语。

存在的早期词语，即τὸ χρεών，命名着这样一种关系。不过，如若我们竟认为，只要我们作足够的词源学分析，来分析χρεών一词的含义，我们就能切中区分并且深入到区分之本质背后，这乃是一种自欺。也许，惟当我们把未经思考的东西——存在之被遗忘状态——历史地经验为有待思的东西，并且从存在之命运而来最持久地思考了久已得到经验的东西，早期的词语才可能在后来的追忆(Andenken)中发声。

人们通常把χρεών一词译为“必然性”。人们借此来意指强制性，不可逃避的必然。但当我们完全固执于这种派生的含义时，我 366
们便误入歧途了。χρεών是从动词χράω，χράομαι中派生而来的。其中含有ἡ χείρ即手的意思；χράω意即：我处置某物，把手伸向某物，关涉某物并帮助它。所以，χράω也意味着：交到手上，交付以及交给，把某物托付给某人。但这种交给具有这样一种特性，即，它把托付保持在手中，并且随此托付保持着被托付之物。

因此，原始地看来，分词χρεών根本就没有指说什么强制和必然。但首要地，并且从整体上看，这个词语同样也并不意味着一种认可和命令。

此外，如果我们注意到，我们必须在阿那克西曼德之箴言范围内来思考这个词语，那么，此词语就只能命名在在场者之在场中的本质因素，因而只能命名那种以第二格十分模糊地暗示出来的关系。于是，τὸ χρεών就是在场之交付（das Einhändigen des Anwesens），这种交付把在场交给在场者，因而恰恰把在场者作为这样一个在场者保持在手中，也即保护在在场之中。

在在场本身之本质中起支配作用的与在场者的关系，乃是一种惟一的关系。它完全不可与其他任何一种关系相提并论。它属于存在本身之惟一性。所以，为了命名存在之本质因素，语言必须寻找一个惟一的词语。由此惟一的词语，我们便能测度，任何一个向着存在道出的词语是如何冒险的。不过，这种冒险并非根本不可能，因为存在以最为不同的方式说话，始终都贯穿于一切语言。困难并不在于，在思想中寻找存在之词语，而倒是在于，把已经寻找到的词语纯粹地保留于本真的思想之中。

阿那克西曼德说：τὸ χρεών。我们且冒险做一种翻译。这种翻译听来是令人诧异的，而且目前还容易引起误解：τὸ χρεών，我们译之为“用”。①

① 阿那克西曼德箴言中的τὸ χρεών通译为“必然性”，而海德格尔以德文der Brauch译之；我们中译为“用”，似可与中国思想中的“体—用”之“用”互诠。——译注

以此翻译，我们过高地指望这个希腊词语具有一种含义，这种 367
含义既没有与词语本身相疏离，也没有与这个词语在此箴言中所命名的事情相违背。但这种翻译仍然是一种苛求。即使我们已经考虑到，一切在思想领域内做的翻译都脱不了是这样一种苛求，我们这种翻译也还没有失去此种特性。

何以τὸ χρεών是“用”呢？如果我们更清晰地来思考我们语言中的这个词语，那么，这种译法的令人诧异的特性就会得到缓和。习惯上，我们把“brauchen”的意思理解为利用和在利用权限范围内的需要。利用过程中所需要的东西就成了通常的事物。被用的东西在用中（in Brauch）。但在这里，作为τὸ χρεών的对译词的“der Brauch”，并不是在这些惯用的和派生的含义中得到思考的。而毋宁说，我们是要遵循其词根含义：brauchen 乃是 bruchen，拉丁语叫作 frui，我们德语叫作 fruchten（结果实、起作用）和 Frucht（果实、结果）。我们大胆地以“genießen”（享有）来译之；但 nießen 意味着：对一件事情感到高兴，从而使用它。只是在派生含义中，“genießen”才单纯地意指吃喝和贪食。奥古斯丁说：Quid enim est aliud quod dicimus frui, nisi praesto habere, quod diligis? [要是并非手头拥有某种特别受珍视的东西，那么，当我们说 frui 时又是指什么意思呢？]（《论教会品行》，载《文集》，第 1 卷，c.3；参看《论基督教学说》，载《文集》，第 1 卷，c.2—4）。这里，上述作为 frui 的 brauchen 的基本含义便被切中了。frui 含有 praesto habere 之意；praesto，praesitum，在希腊语中叫ὑποκείμενον[基体、基底]，即在无蔽领域中已经摆在眼前的东西，也就是οὐσια[在场]，即始终逗留着的在场者。据此看来，“brauchen”的

意思就是：让某个在场者作为在场者而在场；frui，bruchen，brauchen 和 Brauch 就意味着：把某物交给其本己的本质，并且把作为这样一个在场者的某物保持在具有保护作用的手中。

在对τὸ χρεών的翻译中，“用”（Brauch）被思为存在本身的本质因素。bruchen，frui，现在不再只是说人的享受行为，也不是
368 联系于无论何种存在者——哪怕它是至高的存在者，也即作为 beatitudo hominis［人之极乐］的 fruitio Dei［神性享有］——来说的；而毋宁说，“用”现在指的是存在本身的现身方式，即存在本身作为与在场者的关系——关涉和牵连在场者本身——而成其本质的方式：τὸ χρεών。

“用”把在场者交到它的在场中，也即交到它的逗留中去。“用”给予在场者以其逗留的份额。逗留者每每被给予的逗留基于裂隙中，此裂隙把在双重的不在场（到达和离开）之间的在场者在过渡中接合起来。逗留之裂隙限制和界定着在场者本身。始终逗留着的在场者，即τὰ ἐόντα，在界限（πέρας）内成其本质。

作为裂隙份额的给予，“用”乃是发送着的接合（das zuschickende Fügen），即：嵌合的接合作用，以及相随地，还有牵系的嵌合作用。“用”交付嵌合和牵系，其交付方式是：它先行保留着被交付者，把被交付者聚集到自身那里，并且把它作为在场者庇护入在场之中。

但接合着嵌合、限制着在场者的“用”交出界限，所以，作为τὸ χρεών，“用”同时也是τὸ ἄπειρον，即无界限者，[①]因为它是在把

① 此处“无界限（者）”（τὸ ἄπειρον）或译“无定形”、“阿派朗”等。一般的哲学史教本视之为阿那克西曼德的基本“哲学概念”。——译注

逗留之界限赋予给始终逗留着的在场者之际成其本质的。

根据辛普里丘在他对亚里士多德《物理学》所做的注释的流传文字记载，阿那克西曼德曾经说过，在场者在无界限者中有其本质来源：ἀρχὴ τῶν ὄντων τὸ ἄπειρον。无界限者乃是没有通过嵌合和牵系而接合起来的东西，不是在场者，而是：τὸ χρεών［用］。

"用"在接合嵌合和牵系之际纵身于逗留，并赋予每个在场者以其逗留。但这样一来，在场者也就进入了一个持续的危险之中，即，它出于逗留着的固守而僵化于单纯坚持。因此，"用"本身始终同时也是那种使在场进入非嵌合（Un-Fug）中的交付过程。"用"嵌合这一"非"（Un-）。

因此之故，始终逗留着的在场者只能就其让嵌合、从而也让牵系归属于"用"而言才能在场。在场者κατὰ τὸ χρεών，即根据"用"而在场。"用"乃是使在场者入于其时时逗留的在场之中的接 369 421
合着、保持着的聚集。

我们以"用"来翻译τὸ χρεών，这并非基于一种词源学—词汇学方面的考虑。"用"（Brauch）这个词语的选择起于一种先行的对思想的转渡（*Über*setzen），这种思想试图进入存在之被遗忘状态的命运性开端之中来思在存在之本质中的区分。在对存在之被遗忘状态的经验中，"用"一词被强加给思想了。关于在"用"一词中真正还有待思的东西，也许τὸ χρεών指示出一条踪迹；而此踪迹很快就在存在之命运——它世界历史地展开为西方形而上学——中消匿了。

阿那克西曼德之箴言在思考在场着的在场者之际解说了τὸ χρεών［用］所命名的东西。在这个箴言中得到思考的χρεών，乃是对希腊人在Μοῖρα[命运]的名义下经验为份额之发送的那个东西的首要的和最高的运思解释。Μοῖρα[命运]涵盖了诸神和人类。Τὸ χρεών,即“用”,乃是使在场者每每进入一种在无蔽领域中的逗留的交付。

Τὸ χρεών[用]于自身中隐含着那种澄明着—庇护着的聚集的尚未凸现出来的本质。“用”是聚集,即ὁ Λόγος[逻各斯]。根据这样来思考的Λόγος[逻各斯]的本质,存在之本质被规定为统一着的一,即Ἕν。巴门尼德思了这同一个Ἕν[一]。他明确地把这个统一者的统一性思为Μοῖρα[命运](残篇第8,第37行)。从存在之本质经验方面得到思考的Μοῖρα[命运]相应于赫拉克利特的Λόγος[逻各斯]。而在阿那克西曼德的χρεών[用]中,Μοῖρα[命运]和Λόγος[逻各斯]的本质先行得到了思考。

追索各个思想家之间的依赖性和相互影响,这乃是思想的一种误解。每个思想家都是依赖的——都依赖于存在之劝说(Zuspruch des Sein)。这种依赖性的广度决定着思想免于令人迷惑的
370 影响的自由。这种依赖性愈是广大,思想的自由就愈是富有,从而思想的危险也就愈强大;这个危险即是:思想错失了以往之所思,但依然——甚至也许只有这样——去思同一者。

无疑,我们后人必须已经在追忆中预先对阿那克西曼德之箴言有所思考了,方能去追思巴门尼德和赫拉克利特的思想。这样一来,我们就可以消除一种曲解,按照这种曲解,人们认为巴门尼德的哲学是关于存在的学说,而赫拉克利特的哲学是关于生成或变易的学说。

然而,为了思考阿那克西曼德之箴言,我们有必要首先——但

也总是一再地——实行一个简单的步骤，经由这一步骤，我们得以转渡到那个往往未被说出的词语ἐόν[在场]，ἐόντα[在场者]，εἶναι[存在、是]所道说的东西那里。这个词语说的是：入于无蔽状态而在场。其中还隐含着：**在场本身一道带来无蔽状态**。无蔽状态本身就是在场。两者是同一者（das Selbe），但不是相同者（das Gleiche）。

在场者是在无蔽状态中当前和非当前地现身在场的东西。与存在之本质所固有的Ἀλήθεια[无蔽]一道，Λήθη[遮蔽]也还完全未经思考，从而，“当前的”和“非当前的”，也即敞开地带之领域，也还始终未经思考。在这个敞开地带范围内，每个在场者到达，始终逗留者的相互并存的在场展开自身并限制自身。

因为存在者乃是以始终逗留者的方式的在场者，所以，入于无蔽状态而到达了的存在者能够在无蔽状态中逗留着而显现出来。显现乃是在场的本质结果，并且具有在场的特性。始终还就其在场方面来思考，惟有显现者才显示出一种外貌和外观。只有一种思想，一种先行在入于无蔽状态而在场的意义上思考了存在的思想，才能把在场者之在场思为ἰδέα[相]。但始终逗留着的在场者同时也作为入于无蔽状态而被带出来的东西而逗留。它之被带来，是因为它从自身而来涌现之际把自身带出来。它之被带来，是因为它被人类制造出来。就这两方面来看，那入于无蔽状态而到 371
达的东西在某种程度上就是一个ἔργον[作品]，希腊人思之为：一个被带出来的东西。着眼于这种根据在场状态来思考的ἔργον[作品]特性，就可以把在场者之在场经验为在被带出状态中成其本质的东西。被带出状态就是在场者之在场。存在者之存在是

ἐνέργεια[实现]。

亚里士多德思之为在场(即ἐόν)之基本特征的ἐνέργεια[实现],柏拉图思之为在场之基本特征的ἰδέα[相],赫拉克利特思之为在场之基本特征的Λόγος[逻各斯],巴门尼德思之为在场之基本特征的Μοῖρα[命运],阿那克西曼德思之为在场之本质因素的χρεών[用],凡此种种,命名的都是同一者。在此同一者蔽而不显的丰富性中,具有统一作用的一的统一性,即Ἕν[一],为每一个思想家以各自的方式思考了。

可是,很快就到了存在的一个时代,在其中,人们用 actualitas[现实性]来翻译ἐνέργεια[实现]。希腊思想于是被掩埋起来了,直到我们今天,它只还以罗马的特征显现出来。actualitas[现实性]变成事实性(Wirklichkeit)。事实性变成客观性(Objektivität)。但即使客观性本身也还需要在场之特性,才能保持在其本质之中,也即保持在其对象性之中。这一在场之特性乃是在表象之再现(Repräsentation)中的"在场"(Präsenz)。在作为ἐνέργεια[实现]的存在之命运中,决定性的转折就在于这种向 actualitas[现实性]的过渡。

仅仅一种翻译就可以导致这种过渡吗?诚然,也许我们要学会思索在翻译中可能发生的事情。历史性语言的真正的命运性遭遇乃是一个寂静的本有事件(Ereignis)。但在这种本有事件中,存在之命运在说话。西方转渡到何种语言之中?[①]

我们现在来尝试翻译阿那克西曼德之箴言:

① 此句中的"西方"(Abend-Land)或可译为"傍晚之疆域(土地)"。——译注

...κατὰ τὸ χρεών· διδόναι γὰρ αὐτὰ δίκην καὶ τίσιν ἀλλήλοις τῆς ἀδικίας.

"...entlang dem Brauch; gehören nämlich lassen sie 372
Fug somit auch Ruch eines dem anderen (im Verwinden) des Un-Fugs."

"……根据用；因为它们（在克服）非嵌合中让嵌合从而也让牵系相互归属。"

我们既不能科学地证明这种翻译，我们也不可以凭无论何种权威而一味地相信这种翻译。科学的证明过于局限。相信在思想中是无任何位置的。这种翻译只能在箴言之思中得到思考。而思想乃是在思想者的历史性对话中的存在之真理的作诗。

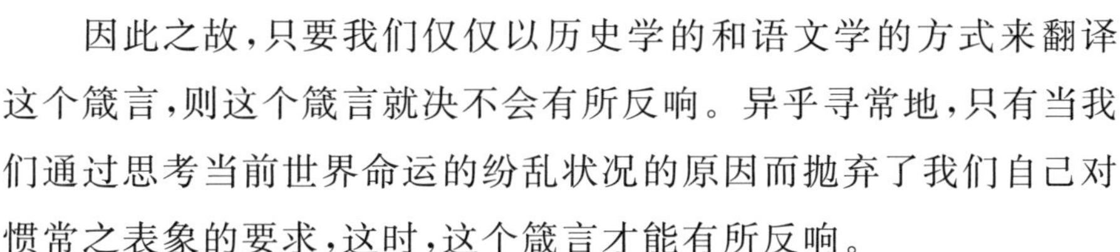

因此之故，只要我们仅仅以历史学的和语文学的方式来翻译这个箴言，则这个箴言就决不会有所反响。异乎寻常地，只有当我们通过思考当前世界命运的纷乱状况的原因而抛弃了我们自己对惯常之表象的要求，这时，这个箴言才能有所反响。

人类正在贪婪地征服整个地球及其大气层，以权力方式僭取自然隐蔽的支配作用，并且使历史进程屈服于一种对于地球的统治过程的计划和安排。这样的蠢蠢欲动的人无能于径直去道说：什么是；无能于去道说：这是什么——某物存在。[①]

① 此处"什么是"（was ist）或可译为"什么存在"；"这是什么——某物存在"（was-dies ist，daß ein Ding ist）或可译为：什么是"某物存在"。——译注

存在者整体乃是一种惟一的征服意志的单一对象。存在之质朴性被掩埋于一种独一无二的被遗忘状态之中了。

何种终有一死的人能够探测这种纷乱状态的深渊呢？人们满可以对此种深渊视而不见。人们满可以设立一个又一个幻象。而此种深渊并不会消失。

种种自然理论和历史学说都不能解除此种纷乱状态。它们倒是把一切弄得混乱不堪而使之成为不可知的东西了，因为它们本身就是乞灵于那种笼罩于存在者与存在的区分之上的纷乱的。

373 那么，究竟还有救吗？当而且仅当有危险时，才有救。[①] 当存在本身入于其终极，并且那种从存在本身而来的被遗忘状态倒转过来时，[②]才有危险。

而如果存在于其本质中需要使用人之本质呢？如果人之本质乃基于存在之真理的思想之中，那又如何呢？



那么，思想就必须在存在之谜上去作诗。思想才把所思之早先带到有待思想的东西的近邻。

---

① 此为荷尔德林之诗句：哪里有危险，哪里也生出拯救。——译注

② 1950年第一版：作为极端的被遗忘状态的集置（Gestell），同时作为对本有（Ereignis）的暗示。——作者边注

# 说　　明 375

## 1.《艺术作品的本源》

最初的文本系一个演讲稿，该演讲是1935年11月13日在弗莱堡艺术科学协会上做的；应大学学生会之邀，1936年1月在苏黎世重做。眼下这个文本包括三个分别于1936年11月17日、11月24日和12月4日在美茵法兰克福自由德国主教教堂议事会上做的演讲。“后记”的一部分是后来写的。“附录”作于1956年，在1960年收在雷克拉姆万有丛书中的单行本上首次发表。雷克拉姆版在若干处经作者稍事加工，章节安排更丰富了些。这里付印的论文文本即据雷克拉姆版。

## 2.《世界图像的时代》

系作者在1938年6月9日做的一个演讲。当时讲的标题是《形而上学对现代世界图像的奠基》，是弗莱堡艺术科学、自然研究和医学协会举办的一个系列演讲的最后一讲；这个系列演讲的主题为“现代世界图像的奠基”。“附录”当时就已经写好了，但报告时没有讲到。

## 3.《黑格尔的经验概念》

本文的内容更多地是以讲授的形式，在 1942—1943 年举办的关于黑格尔的《精神现象学》和亚里士多德的《形而上学》(第 4 卷和第 9 卷)的研究班上详细讨论过，同时在一个小圈子里分两个报告阐述过。眼下的文本引用现在通行的由霍夫迈斯特编辑的《精神现象学》校勘本，即 1937 年列入哲学丛书(梅纳出版社)中的版本。

## 4.《尼采的话“上帝死了”》

本文的主要部分于 1943 年在几个小圈子里重复演讲。其内容依据作者在 1936 年至 1940 年间的五个学期中在弗莱堡大学所
376 做的尼采讲座。这些讲座的任务是根据存在之历史把尼采思想理解为西方形而上学的完成。文中的尼采著作引文依据大八开本。

## 5.《诗人何为?》

本文是为纪念 R. M. 里尔克逝世二十周年(里尔克逝世于 1926 年 12 月 29 日)在一个极小圈子里做的演讲。有关本文的问题，可以参考恩斯特·齐恩的研究论文，载于《欧福里昂》(续辑)，第 37 卷(1936 年)，第 125 页以下。

## 6.《阿那克西曼德之箴言》

本文摘自作者 1946 年所写的一篇论文。在文本批评方面，亦可参看迪尔梅尔:《米利都的阿那克西曼德之残篇》，载《莱茵语文学博览》(增刊),第 87 卷(1938 年),第 376—382 页。我赞同该文对阿那克西曼德文本所做的厘定,但不同意其论证。

377 
# 编 者 后 记

## 一

《林中路》单行本第 6 版（1980 年）首次采用了全集版（第 5 卷）的新版式，不过仍然略去了录入全集版脚注中的采自海德格尔样书的边注。眼下端出的单行本第 7 版采纳了这些作者边注，因此从现在起，单行本与全集版第 5 卷在文字和页码上都一致无异了。

自单行本第 6 版开始，“艺术作品的本源”一文是根据海德格尔重新审订的、收入 1960 年雷克拉姆万有丛书中的单行本印刷的。与此前《林中路》的文本相比较，这个重新审订过的文本做了几处文字修改，段落划分上更显丰富了，还补上了 1956 年所撰的“附录”。

由于采纳了《林中路》全集版的新版式，第 6 版之后的单行本也包含了海德格尔在自己的样书中所做的几处文体上的或者解说性的校正。它们只是为了修正润色而做的，因此可区别于那些针对具体段落文字的作者边注。海德格尔用校正符号对它们做了标识，这也可使它们与作者边注区别开来。根据海德格尔的指示，此类校正不应在文本中专门标示出来。

为出版《林中路》全集版，编者径自订正了海德格尔在拼写和标点方面的几个明显失误。

单行本第1版至第5版的页码一仍其旧，标于页边上。[①] 378

## 二

对于采自海德格尔样书的边注，在此需要作几点说明。在正文中标出的小写字母（a，b，c……）指示着在脚注中给出的边注。[②]这些作者边注或者是在样书页边上发现的，或者是在夹有白纸条的样书的相关纸张上发现的。它们与编者以小写字母标出的文字的对应关系，是依据作者亲自加的指引符号，或者，如果没有这种符号的话，则是编者依据上下文的意思联系来认定的。

就《林中路》来说，有1950年第一版的一本样书。作者在卷首空白页上书有“梅斯基尔希样书”之字样。至于“艺术作品的本源”一文，除此之外还有1957年的单行本第3版样书，以及1960年收入雷克拉姆万有丛书中的单行本的两本样书，其中经常使用的一本夹有一些白纸条。该文大部分作者边注也正是从后面这本样书中采录的。海德格尔生前曾特地向编者指出过它们的重要意义。

编者是根据作者本人给出的指导方针来处理这些边注的编排工作的。这些指导方针使编者负有责任，要根据作者手写的注解材料做出一种尽可能简洁的、仅仅指向根本要义的筛选。此外，必定也有一些注释，它们虽然简短，但对读者来说是显而易见的。如

① 中译本未予标识。——译注

② 中译本中以“作者边注”标示。——译注

379 果一个注释具有对某个文字段落做一种思想提示的特征，而这种提示适合于增进读者的理解，那它就是重要的，因而是对读者有所传达的。这个意义上来讲重要的边注有三个方面：其一，边注可能是作者在相同思索层面上对某处文字的解说；其二，我们会碰到一些自我批判的边注，它们属于一个变化了的思索层面；其三，我们会碰到一些记录，它们显示出某个稍后出现的主导词语与一个较早的思想之间的事实关联。

这些作者边注是不可能确凿而清晰地注明日期的，这缘于它们的特征以及它们的形成情况。除少数几个特例外，它们根本不是作为补充或者作为自成一体的小段文字而拟定出来的，而是在对往往只是个别的段落的反复阅读和查阅过程中形成的。在多数情况下，那是作者匆匆记录下来的一些突兀偶发的思想碎片。可想而知，此种阅读笔记是不会像作者精心做成的文本那样注明日期的。

为了大致确定日期，在作者边注前面标示的样书版次年份可供定向之助。从梅斯基尔希样书中采纳的边注作于 1950 年至 1976 年间。从雷克拉姆版《艺术作品的本源》两本样书中采纳的作者边注，形成期在 1960 年至 1976 年间。

但根本上，这个确定边注日期的问题，只有当我们不仅为其自身之故把它提出来，而且由于感兴趣于它们与海德格尔在自己思想道路上所采取的不同居留位置的思想对应关系而把它提出来，这时候，这个问题才具有某种意义。谁专心地而反复地研读了海
380 德格尔的著作，他也就能懂得，根据思想内容和语言用法把不同的边注与某个较早的或者较迟的路段联系起来。

因为这些边注作为阅读笔记跨越了久长的时段，始于样书初版年份并且经常扩大到后来诸版本，所以，我们不能整个地把它们视为作者对自己的著作的总结性说法。尤其是对于那些属于某个已经穿越了的居留位置的思索层面的边注，我们更不能如是看待了。但这也不能助长下面这样一种意见，即，似乎只有那些从这位哲学家的最后居留位置而来的边注才是重要的，因为他其实已经离开了前面的居留位置。按照海德格尔的理解，他的全部居留位置都是一体的，归属于其思想道路的统一体。之所以要寻找一个新的居留位置，并不是因为以往的居留位置已经被证实为错误的了，而是因为其思想的同一事实以变换了的方式向他显示出来了。这些路段上的每一个都证明了自身的真理性，因为它提供了在惟一的存在问题之追问进程中的一个问题步骤。正如我们不想放弃一个较早的居留位置上的任何一部著作，那些来自某个较早的思索层面的边注，同样也是秉有自身的分量的。

F. W. 冯 · 海尔曼

1994 年 9 月 1 日于弗莱堡

# 人名对照表

| | |
|---|---|
| Achilles | 阿喀琉斯 |
| Aischylos | 埃斯库罗斯 |
| Anaximander | 阿那克西曼德 |
| Aristoteles | 亚里士多德 |
| Augustinus | 奥古斯丁 |
| Bacon, Francis | 弗兰西斯·培根 |
| Bacon, Roger | 罗吉尔·培根 |
| Beethoven | 贝多芬 |
| Betz M. | 贝茨 |
| Boehlendorf | 波林多夫 |
| Boehme, Jacob | 雅各布·波墨 |
| Burnet, J. | 伯纳特 |
| Descartes | 笛卡尔 |
| Diels, H. | 第尔斯 |
| Dilthey, W. | 狄尔泰 |
| Dirlmeier, Fr. | 迪尔迈尔 |
| Dürer, A. | 丢勒 |
| Fichte | 费希特 |
| Galilei | 伽利略 |
| van Gogh | 凡·高 |
| Hegel | 黑格尔 |
| Heidegger | 海德格尔 |
| Heinze | 海因茨 |

| | |
|---|---|
| Hellingrath | 海林格拉特 |
| Heraklit | 赫拉克利特 |
| Herder | 赫尔德尔 |
| Hoffmeister | 霍夫迈斯特 |
| Hölderlin | 荷尔德林 |
| Homer | 荷马 |
| Kalchas | 卡尔卡斯 |
| Kant | 康德 |
| Kierkegaard | 克尔恺郭尔 |
| Jünger,Ernst | 恩斯特·荣格 |
| Leibniz | 莱布尼茨 |
| Lessing | 莱辛 |
| Lotze, H. | 洛采 |
| Lucius Baron | 巴龙·卢修斯 |
| Meyer,C.F. | 迈耶尔 |
| Newton | 牛顿 |
| Nietzsche | 尼采 |
| Parmenides | 巴门尼德 |
| Pascal | 帕斯卡尔 |
| Platon | 柏拉图 |
| Plutarch | 普卢塔克 |
| Protagoras | 普罗泰戈拉 |
| Rilke Clara | 克拉拉·里尔克 |
| Rilke,R.M. | 里尔克 |
| Schelling | 谢林 |
| Schopenhauer | 叔本华 |
| Shakespeare | 莎士比亚 |
| Simplikius | 辛普里丘 |
| Socrates | 苏格拉底 |
| Sophokles | 索福克勒斯 |
| Spengler | 施本格勒 |

| | |
|---|---|
| Theophrast | 泰奥弗拉斯托 |
| Thukydides | 修昔底德 |
| Voß | 福斯 |
| Zinn，Ernst | 恩斯特·齐恩 |

# 译 后 记

《林中路》(Holzwege)是 20 世纪德国伟大的思想家马丁·海德格尔(1889—1976)的后期代表作品之一。它在当代学术界享誉甚高,业已被视为本世纪西方思想的一部经典著作。如其中的第一篇《艺术作品的本源》,原为海德格尔在 1935 年至 1936 年间所做的几次演讲,当时即激起了听众的狂热的兴趣——此事后被德国当代解释学哲学大师伽达默尔描写为"轰动一时的哲学事件"。书中其余诸篇也各有特色,均为厚重之作。若要了解后期海德格尔的思想,这本《林中路》是我们不可不读的。

《林中路》,以这样的书名,听来总不像一本哲学书,而倒像一本散文集或诗歌集。的确,它不是一本"严格的"哲学著作。在此所谓"严格的",确切地讲,应是"通常的",或"传统的"。人们所熟悉的德国古典哲学的正经面孔,在海德格尔这本《林中路》中是没有的。今天我们似乎已经可以说,这是一本"反哲学的哲学著作"。它在当代西方的(海德格尔之后的)后现代的思想中有其位置。要说严格性,《林中路》具有它自身的严格性,而它的这种严格性断不是传统"哲学"所要求的严格性,毋宁说,是"思"的严格性了。

众所周知,海德格尔早年以半部《存在与时间》(1927 年)起家,赢得了"存在主义哲学家"的鼎鼎大名。但《存在与时间》仅只代表着海德格尔前期的哲学思路。前期海德格尔的思路确实在“存在主义”(更确切地,应为“实存主义”)的范畴之内,并且标志着20世纪上半叶西方“存在主义”哲学思潮的一个顶峰。这条路子的基本特征,我们可用“极端的主观主义”或“极端的唯我论”来加以标识。海德格尔自己明言,乃是要制定一门以“人”这种“此在”(Dasein)为基础的“基础存在学”(Fundamentalontologie)。以这条从“此在”到“存在”的思路,海德格尔是跳不出“时间”“地平线”的限制的,终究也跳不出近代以来西方哲学中的主体形而上学传统的范围。

海德格尔本人对此立即有了自觉和省察。《存在与时间》终成残篇,这绝非偶然,实出于思路的困难——此路不可通也。故而,行至30年代,海德格尔的思想道路发生了一个著名的“转向”。对于这个“转向”,海内外的学术界颇多意见,可谓众说纷纭。当然,也有人否认有此种“转向”,主张海德格尔一生的思想是始终一贯的,前期和后期并没有什么变化;甚至有学者认为,海德格尔的思想在《存在与时间》中已告完成,之后并无大的进展。此种看法是有违于海德格尔思想的实情的。

实际上,我们看到,自《存在与时间》之后,海德格尔还有近半个世纪的运思经验,为世人留下了五六十卷著作(含讲座稿、手稿等)——这洋洋大观,又岂是半部《存在与时间》可以囊括的?海德格尔自己承认,从1930年代以来,他一再地尝试了对《存在与时间》的“问题出发点”作一种“内在的批判”(参看海德格尔:《面向思想的事情》,第61页)。在眼下这本书中,海德格尔也说,《存在与时间》是他的思想道路上的一个“路标”。其言下之意:往后的思想之路还漫长得很。

在1930、40年代的动荡岁月里，海德格尔经历了政治上的磨难，一度沉沦，留下一生难洗的政治污点——纳粹政权时期，海德格尔担任了不足一年的弗莱堡大学校长职务（1933年）。而这时候，海德格尔的思想也正处于激烈的自我修正中。尽管海德格尔在整个1930年代少有文字问世，但他并没有真正沉默；相反，1930年代实是海德格尔思想的最“高产”时期。大量的演讲稿、授课稿和笔记等，以其至为多样化的论题，记录了这位思想家当时所经历的多维度的、艰苦的思想“历险”。

《林中路》一书，正是海德格尔在那个人类命运的非常时期的思想结晶。该书收集了作者在1930、40年代创作的六篇重要文章。这些文章初看起来是很难统一的。而这也可说是本书的一个特点，正如本书书名所标明的：《林中路》——林中多歧路，而殊途同归。

从内容上看，本书几乎包含了趋于成熟的后期海德格尔思想的所有方面。举其要者，其中最为引人注目的方面，乃是海德格尔围绕“存在之真理”（Wahrheit des Seins）问题对艺术和诗的本质的沉思。这主要可见于本书中的《艺术作品的本源》和《诗人何为？》两文。此两文已成为当代西方诗学（美学）领域的名篇而备受关注。而从中传达出来的海德格尔关于艺术（诗）的主张，实际上很难归诸西方传统美学或诗学的范畴了。

在传统学术中，“美”与“真”历来是两个领域的问题，前者属于美学，后者归于知识论，两者泾渭分明。海德格尔要在“真理”之名下讨论“美”，这本身已属怪异。海德格尔所思的“真理”，明言也不是传统的“物”与“知”的“符合一致”意义上的知识学上的真理，不是知物的科学的真理。“存在之真理”乃是一种至大的明澈境界，此境界绝非人力所为；相反地，人惟有首先进入此境界中，而后才能与物相对峙，而后才能“格物致知”，才能有知识学上的或科学的真理。此“境界”，此“存在之真理”，海德格尔亦称之为“敞开领域”(das Offene)，或“存在之澄明”(Lichtung des Seins)。海德格尔并且认为，这也正是希腊思想的基本词语Ἀλήθεια的原意，即：作为“无蔽”的“真理”。

“存在之真理”的发生，从人方面讲，亦即人如何“进入”“存在之澄明”境界，便成为后期海德格尔思想的一个核心题目。此课题之所以落实于“艺术”或“诗”，是因为在海德格尔看来，“诗”乃是“存在之真理”之发生的原始性的(本源性的)方式之一，而且是一种基本的、突出的方式。海德格尔1930年代以后对荷尔德林等诗人之诗作的阐释(如本书第5篇对诗人里尔克的诠解)和对艺术之本质的沉思(如本书第1篇)，实际都是以海氏的“存在”之思为基石的。

我们不难看到，海德格尔的艺术见解明显地构成了对近代以来的以“浪漫美学”为其标识的主观主义(主体主义)美学传统的反动；而这也是海德格尔对其前期哲学的主体形而上学立场的一个自我修正。在海德格尔眼里，正如“真”(真理)不是主体的认知活动，“美”也绝非主体的体验，绝非“天才”的骄横跋扈的创造。因此，把海德格尔安排在德国“浪漫美学”传统的思想家队伍里，恐怕是一种一厢情愿的做法；那种认为海德格尔以“浪漫美学”反抗现代技术文明的看法，终究也难免轻薄。

顺便指出，海德格尔在本书中已经初步形成了他在更后期的《在通向语言的途中》等书中表达出来的语言思想，即：把“诗”和“思”思为语言—道说（Sage）之发生——亦即“存在”之发生——的两个基本方式，从人方面看，也就是人之道说（人进入“存在之澄明”境界）的两个基本方式。可见，《林中路》之思贯通着海德格尔50年代重点实行的语言之思。

海德格尔在本书中表达的另一个重要的观点，是他独特的“存在历史”（Seinsgeschichte）观，也即他对于西方形而上学历史以及西方文明史的总体观点。书中的《阿那克西曼德之箴言》和《黑格尔的经验概念》两篇，呈现着海德格尔这方面的思想。阿那克西曼德处于西方思想史的发端时期，是有文字传世的最早期的希腊思想家（尽管阿那克西曼德只传下一句话）；黑格尔则是德国古典哲学的集大成者，标志着西方传统形而上学哲学的一个顶峰。阿氏和黑氏简直就是历史的两端，足供海德格尔藉以表达出他对于西方思想和哲学历史的见解了。

海德格尔的“存在历史”观，简言之就是这样一幅历史图景：前苏格拉底的早期希腊是“存在历史”的“第一开端”，发生了原初的存在之“思”与“诗”（在阿那克西曼德、赫拉克利特、巴门尼德等早期希腊“思者”和荷马、品达、索福克勒斯等早期“诗人”那里）；之后，“第一开端”隐失了，进入了形而上学的时代，也即以“存在之被遗忘状态”为特征的哲学和科学时代，此时代自柏拉图和亚里士多德以降，至黑格尔而达于“完成”（海德格尔也说，尼采是“最后一个形而上学家”）；今天，我们现代人处身于又一个转折性的时代，是形而上学哲学趋于终结而非形而上学的“思”和“诗”正在兴起的

"转向"(die Kehre)的时代——"存在历史"的"另一开端"正在萌发之中。

在1930年代中期的讲座《形而上学导论》(1953年出版)以及此后的其他一些专题论文中，海德格尔对前苏格拉底的早期希腊思想进行了大量的研讨；而本书最后一篇关于"阿那克西曼德之箴言"的长篇大论，可谓最具代表性和总结性。海德格尔在该文中对早期希腊思想提出了他的总体看法，对"存在历史"之发生和演进也有所提示。此外值得指出的是，海德格尔在本文中实践的"思—言"("思想—语言")一体的思想史考察方法(所谓"词源学探究")，应具有普遍的启示性意义，值得我国的思想文化史研究借鉴。

与其"存在历史"观相联系，海德格尔在本书中对现代人之生存境况作了深入的思索，主要包括他的尼采阐释和对技术之本质的思考。这方面，特别可见于本书的《尼采的话"上帝死了"》和《世界图像的时代》两文。而书中其他各篇，也处处见证着思的"当代性"。当代的思无法回避的课题，归结起来大致有两项：其一，价值虚无，在西方，即由尼采的话"上帝死了"所判定的"虚无主义"时代的人类精神生活的"无根"状态；其二，技术困境，即由现代技术所造成的人类生存的灾难性现实。海德格尔从对西方形而上学的批判入手，对虚无主义的本质和技术的本质的问题提出了自己的独到见解，以期在这个"危险"的技术时代里寻求人类的得救之法。

海德格尔对西方哲学文化传统的批判和对当代技术世界的分析，充分显示出一位思想家应有的稳重、冷静和深度。他的具体的观点，我们不拟一一细表。这里只还想指出一点：后期海德格尔把形而上学的基本机制规定为"存在—神—逻辑学"(Onto-Theo-

Logik),实际就是挑明了存在学(希腊哲学精神)、神学(犹太—基督教神学)和近代科学三者相结合的西方传统哲学文化的根本内涵。这应是对西方形而上学哲学的一个全面的把握。海德格尔启示我们,对于现代西方的诸种现象,无论是价值和信仰的危机,还是日益扩张的技术—工业文明及其不妙后果,我们都必须立足于"形而上学"("存在—神—逻辑学")这个"根本"来加以分析和透视。

这个世界是技术的世界。这个时代是技术的时代,是神性隐失的时代。在本书第5篇文章(《诗人何为?》)中,海德格尔把这个普遍技术化的"世界时代"标识为"世界黑夜的贫困时代"。处身于"世界黑夜"中的人类总体正在经受着"世界历史"的前所未有的严峻考验,不论是东方人还是西方人,恐怕谁也逃不过"存在之命运"的法则了。因此,行进在"林中路"上的思想家海德格尔,西方人固然绕不过去,我们东方人也非轻易绕得过去。

与去年出版的拙译《在通向语言的途中》(台湾时报文化出版企业有限公司,1993年)一样,《林中路》的翻译最初也是为准备我的博士论文而做的。想当年,大约在1991年上半年的几个月间,我一气做完本书的初译,密密麻麻记满了两大本笔记。当时我为之投入的热情真可谓巨大。时隔两年之后,我接着来做本书的译事,依然是困难重重。加上教务和杂事的压迫,我为校译和审订,断断续续又花了近一年的时间。而今终于得以交付出版,也算完成了我的一桩心愿。

《林中路》初版于1950年,由德国法兰克福(美茵河畔)的维多里奥·克劳斯特曼(Vittorio Klostermann)出版社出版,后多次重版;1977 年被编为海德格尔《全集》第 5 卷出版。本书自问世以来已被译成多种文字(包括日文等亚洲文字)。中国学者对此书早已有所关注和论述,也做过翻译的尝试。而遗憾的是至今尚未有中译本。

译者在翻译时主要依据 1980 年第 6 版(德文版),后又据 1994 年第 7 版审订,并参照了英译文。《林中路》各篇之英译文散见于以下各种英译海德格尔文集:《艺术作品的本源》和《诗人何为?》两篇,载于《诗·语言·思》(*Poetry, Language, Thought*, New York,1975);《世界图像的时代》和《尼采的话"上帝死了"》两篇载于《技术之追问以及其他论文》(*The Question Concerning Technology and Other Essays*, New York, 1977);《黑格尔的经验概念》一篇有单独成书的英文本,(*Hegel's Concept of Experience*, New York, 1970);《阿那克西曼德之箴言》一篇,载于《早期希腊思想》(*Early Greek Thinking*, New York, 1975)。这些英译文对我的中译工作的帮助是很大的。

本书原著没有"注释",也没有"索引"。中译本在不得已处做了一些注释,并增加了"人名对照表",凡正文中出现的人名,均已收入此表中。

对海德格尔著作的汉语翻译,或许始终只能是一种"试译"。不可译处多。译者虽然全心全力地做了,但由于学养的浅薄,译文中必定有许多错讹和失当的地方。相信高明的读者一定会不吝赐教的,也希望不久会有更可靠的译本面世。

北京大学的熊伟教授曾选译过本书第五篇(《诗人何为?》)中

的几段文字，我在翻译此文时参考了熊伟先生的译文。本书中有大量的希腊文，其中几处颇令我棘手，幸得杭州大学的陈村富教授提供帮助。张志扬教授仔细审校了第一篇《艺术作品的本源》的译文。我妻子方红玫为我打印了全部译稿。在此一并致谢。

孙周兴

1994 年 3 月 10 日识于西子湖畔

1997 年 4 月 10 日补记

# 修订译本后记

《林中路》的中译本先在台湾时报出版有限公司出繁体版(1994 年),因为排印错误甚多,几不可读。1997 年在上海译文出版社出简体版,印刷品质尚可。但原来的翻译是根据德文单行本进行的。近几年来译者一直在电脑里根据全集版对译文进行修订加工。此次出版修订译本,主要基于如下几个原因:



其一,全集版增加了"作者边注",即海德格尔生前在自己的样书上做的评注,现在由全集版编者冯·海尔曼教授录入全集版中。1994 年出的单行本第 7 版也补充了这些边注。特别是在本书第一篇文章"艺术作品的本源"中,读者可以看到数量不小的"作者边注"。译者以为,这些"边注"对于我们深入理解海德格尔思想的进展是很有意义的,理应在中译本中完全呈现。

其二,旧译本中存在不少错讹,旧译本是译者比较早的工作,译文品质和文气均不够理想。此番修订时对译文做了逐字逐句的对照重审,订正明显错误不下几百处,表达及语气不当、不足之处予以重新处理,亦不止千百处。因此,译者自以为,修订译本的品质当有不少提高了。

其三,译者这些年来对一些重要译名有了新的考虑,如 Ereignis,原译为"大道",现改为"本有",少数几处也作"本有事件"

（虽然我在新近重订的《在通向语言的途中》译本中仍坚持了“大道”这个译名）；再如 Ge-stell，原从已故熊伟先生译为“座架”，现统一改定为“集置”；再如第五篇中出现的 Dasein，当时因为考虑是诗人里尔克所用，译为“实存”，现统一改译为“此在”；又如 Ontologie，原从《存在与时间》中译者陈嘉映、王庆节先生译之为“存在论”，现稍做变化，译为“存在学”。如此等等。

其四，旧译本中的一些希腊词语和句子的中译存在不当之处，甚至在打印时也犯了一些可笑的错误，因为当时译者并不懂希腊文，连希腊字母φ与ψ都分不清楚。现在译者初习了这门语言。趁着此次修订，可以改正其中不应有的错误。

修订过程中还增加了一些译注，但量不太多。此外补译了原版“编者后记”，以为完备。

武汉大学哲学系的邓晓芒教授对本书第一、第五篇译文提出了几十个修改意见，其对学术和学术翻译的严格态度令我感动。中山大学哲学系倪梁康教授指出了旧译文中存在的几处错误。我在修改时充分考虑、采纳了他们的宝贵意见。在此谨表谢意。同时我要感谢上海译文出版社的赵月瑟女士和戴虹女士，承她们允诺，使我有机会实施这次修订计划。

译无止境。译者在修订时虽然对全部译文做了逐字逐句的重新审查校正，但一是惯性厉害，二是译事艰难，所以仍旧会留下遗憾。希望得到读者的批评。

孙周兴

2002 年 6 月 30 日记于南都德加

2004 年 5 月 18 日记于沪上康桥

林中路

---

补记:修订译本出版后,译者仍发现了几处误译和误植,又蒙中山大学的朱刚博士和华东师范大学的刘梁剑博士指出译文中两处明显错误,趁此重版机会一并改正。在此谨向两位博士表示感谢。

2008 年 2 月 26 日

**图书在版编目(CIP)数据**

林中路/(德)海德格尔著;孙周兴译.—北京:商务印书馆,2017
(汉译世界学术名著丛书:120 年纪念版:珍藏本)
ISBN 978-7-100-14813-9

Ⅰ.①林… Ⅱ.①海… ②孙… Ⅲ.①海德格尔(Heidegger, Martin 1889-1976)—哲学思想—文集 Ⅳ.①B516.54-53

中国版本图书馆 CIP 数据核字(2017)第 160010 号



汉译世界学术名著丛书
(120 年纪念版·珍藏本)
**林中路**
〔德〕海德格尔 著
孙周兴 译

商务印书馆出版
(北京王府井大街 36 号 邮政编码 100710)
商务印书馆发行
北京冠中印刷厂印刷
ISBN 978-7-100-14813-9

2017 年 12 月第 1 版　　开本 710×1000 1/16
2017 年 12 月北京第 1 次印刷　　印张 28½
定价:142.00 元